袁宝华文集

第一卷

文 选

(1946年8月—1980年9月)

中国人民大学出版社
·北京·

《袁宝华文集》
编委会

名誉主任： 李岚清　王忠禹　陈锦华
主　　任： 徐绍史
副 主 任： 黄　达　张彦宁　吴树青　李德成　靳　诺　陈雨露
　　　　　　宋志平　尹援平
委　　员：（以姓氏笔画为序）
　　　　　　马绍孟　王利明　王菲菲　史向辉　冯惠玲　李昭公
　　　　　　杨德福　罗国杰　周兴健　周晓飞　郑杭生　俞家庆
　　　　　　贺耀敏　徐彦儒　郭彦全　曹明新　董玉麟　韩家增

《袁宝华文集》
编辑部

主　　任： 曹明新　贺耀敏
编　　委：（以姓氏笔画为序）
　　　　　　王　喆　王宏霞　毛术芳　刘广宇　杜　敏　李　伟
　　　　　　沈小农　陈泽春　徐安琳　徐海艳　彭莉莉　彭理文
　　　　　　霍殿林

袁宝华

在新世纪的第一个企业家活动日，我谨向全国企业家致以节日的祝贺！

　　希望我们的企业家继续解放思想、刻苦学习、群策群力、严于自律、放眼世界、搏击市场、锐意创新、开拓进取，为我国社会主义现代化建设做出更大贡献！希望全社会都来关心企业家、爱护企业家、理解企业家、支持企业家！祝愿中国企业家队伍在新世纪里不断发展壮大、健康成长！

袁宝华　2001年4月

袁宝华同志简介

袁宝华同志1916年出生，河南南召人。1934年考入北京大学，1935年参加了著名的"一二·九"运动，1936年加入中国共产党，1937年七七事变爆发后，回到家乡组织群众开展抗日救国运动，1940年到延安中央党校学习，1941年到中央组织部工作，1945年赴东北，先后担任中共县委书记和省青委书记等职务。

新中国成立后，袁宝华同志先后担任东北工业部秘书长兼计划处处长，重工业部副局长、局长，冶金工业部副部长，国家经济委员会副主任兼国家物资管理总局局长，物资管理部部长，国家计划委员会常务副主任，国家经济委员会主任兼全国职工教育管理委员会主任，1985年5月至1991年12月兼任中国人民大学校长。系中国企业管理协会（中国企业联合会）、中国企业家协会、中国职工思想政治工作研究会的创建者和主要领导人。他是中共第十一届中央候补委员、第十二届中央委员，在中共十三大上当选为第二届中央顾问委员会委员。

50多年来，袁宝华同志一直在国家工业主管部门和国民经济综合部门担任主要负责人，经历了建国以来我国经济发展的各个历史时期，对中国工业和经济发展作出了卓越贡献。他对我国经济工作十分熟悉，有敏锐的洞察力和丰富的实践经验。他一贯主张，经济建设必须从我国的国情出发，实事求是、量力而行、循序渐进、讲求实效，尤其要重视科学技术在发展生产中的重要作用，力主经济建设要走出中国自己的新路子。他认为管理科学不能停留在西方现代管理理论的圈子内，学习外国的先进经验要采取"以我为主，博采众长，融合提炼，自成一家"的方针。他是我国管理科学的创始人和奠基人之一。他指出"人的研究是一切管理的核心问题"，"企业家的首要任务是学习"，并提出企业家要坚持进行"十大修养"，不断提高自身素质，做清正廉明的企业经营者，要永葆创业青春。

他在担任国家计委常务副主任和再次担任国家经委副主任、主任时，用了八年时间在全国范围内开展企业整顿，扩大企业自主权和深入进行企业改革，推动了我国企业改革事业的深入发展。他十分重视职工教育，指出"职工教育是万古长青的事业"。他在兼任全国职工教育管理委员会主任的八年间，把提高企业职工素质作为改善企业管理、提高企业素质的一项战略任务组织实施。他是我国MBA教育的开拓者。他针对美国MBA教育的发展方向提出"中国也要发展技术型的工商管理硕士"。我国的企业改革、职工队伍建设、企业家队伍建设都凝聚着他的心血和智慧。

他在兼任中国人民大学校长和党组书记期间，领导中国人民大学弘扬优良传统，发挥学科优势，团结合作，民主办学，为保证学校坚持正确的社会主义办学方向、为学校的改革和发展作出了重要贡献。

袁宝华同志在长期工作中积累了丰富的经验，形成了自己的思想方法、工作方法和工作作风，在经济建设、物资管理、企业管理、工业管理、经济体制改革、经济管理干部教育、职工教育和高等教育等方面多有论述，著作颇丰。

出版说明

袁宝华同志是我国宏观经济管理部门的卓越领导人，杰出的经济学家、宏观经济管理专家和教育家。他在1935年"一二·九"运动中投身革命，1936年加入中国共产党，参加了抗日战争和解放战争。新中国成立后，他长期工作在我国经济战线的领导岗位，担任我国工业主管部门和国民经济综合部门的主要领导，在近80年的革命生涯中积累了丰富的实践经验和理论成果，形成了自己的思想方法、工作方法和工作作风，尤其在经济体制改革、搞活企业、强化企业管理和职工教育以及高等教育等方面作出了重要贡献。他在经济体制改革、企业改革、教育改革等方面发表了大量重要文章和讲话，出版了《袁宝华经济文集》、《袁宝华访谈录——中国社会主义企业管理论要》、《袁宝华教育文集》、《袁宝华文集》（共四卷）、《袁宝华访谈文集》、《偷闲吟草》（诗集）、《袁宝华协会工作文集》、《袁宝华论企业家修养》、《袁宝华谈政府与企业》等著作。

袁宝华同志经历了共和国经济建设的各个历史时期，是我国经济各个重要时期和重大事件的见证者。为方便我国经济工作者、企业管理者、教育工作者以及学术界的专家学者学习研究他的丰富的经济建设经验和宝贵的管理思想，深入了解我国经济发展的历史，很多同志建议在已出版的几本书的基础上将他的著作重新整理，出版一套内容比较全面系统的《袁宝华文集》。这样由国家发改委曹明新同志、中国人民大学贺耀敏同志负责组成了编辑组，历时五年，经过几番寒暑的辛勤劳作，将袁宝华同志的著作和很多未发表的文稿进行了全面的、系统的收集，加以整理和认真审核，精心编选。

《袁宝华文集》分十卷出版，包括他的文稿、专著、访谈和诗词。《文集》选编了袁宝华同志从1945年离开延安中组部参加东北解放战争，担任县委书记，到2012年回忆和怀念已去世的老战友，长达67年的大部分文稿，以及从参加"一二·九"运动开始到现在的主要诗词。其中前六卷是他1946年到2011年的文章和讲话，第七卷是《论社会主义企业管理》，第八卷是《袁宝华访谈文选》，第九卷是《永远的怀念》（内容包括他对已故领导、战友和同志的缅怀与回忆），第十卷是他1936年到2009年写的诗词（还收入了部分战友和同志写的唱和诗词）。

《袁宝华文集》第一次较全面、系统地收集和整理了袁宝华同志的主要文稿，相信这些文稿对我们了解袁宝华同志的思想、观点、学识，深化对社会主义建设规律的认识，科学把握中国特色社会主义发展道路，推进我国改革开放和社会主义现代化建设，都有重要的借鉴和指导作用。《袁宝华文集》真实地反映了我国经济发展和建设的历史进程，也是我们总结历史经验的重要参考文献。

感谢中共中央政治局原常委、国务院原总理朱镕基同志为《袁宝华文集》作序，特别感谢中共中央政治局原常委李长春同志对出版《袁宝华文集》的关心和支持。

感谢杨洪、齐向武、王守家等许多原国家经委的老同志和黄达、李文海等中国人民大学的老同志在过去出版袁宝华著作过程中所做的大量工作和给予的支持，这些书籍为《袁宝华文集》提供了很好的基础。还要感谢中国企业联合会、中国企业管理科学基金会、中国人民大学以及所有关心和支持《袁宝华文集》出版的同志。

在本次编辑整理过程中，《袁宝华文集》中有关经典著作的引文已按新版本作了校改。

《袁宝华文集》编委会

2013年12月

但愿人长久　辉煌青史留[*]

朱镕基

宝华同志是我参加工作后的最早领导，也是我一直努力学习的榜样。

1951年夏，我从大学毕业后，分配到东北工业部计划处工作。当时宝华同志担任计划处处长，我刚出校门，不知道如何工作，更不知道如何待人接物，宝华同志就是我最好的启蒙老师。他为人正直，工作勤奋，对人谦和，从不疾言厉色，总是使你感到他对你的信任、肯定和支持，让你敢于大胆地去工作。我和许多曾经在他领导下工作过的同志一样，无不感到那段时期工作默契、心情愉快。我们总是称他"宝华同志"，不称官衔，我们谈到他的时候叫他"宝华"，在亲切的感情中，更透出充分的信赖。他的这种人格魅力，来源于他的真诚。他的真诚发自内心，表现于对人的关爱，是真心实意的关爱，是从不为自己，总是为别人着想的关爱。

宝华同志博闻强记，勤奋刻苦，批阅文件从不过夜，而且看的仔细，常常勾出报告中的错误数字。批语观点明确、言简意赅，让人知道该怎么去做。他讲话不看讲稿，论点鲜明，数据翔实，逻辑井然，语言生动，大家都爱听他讲话。他的这种非凡能力，来源于他对革命事业的忠诚和使命感，来源于长期的工作历练。宝华同志从1935年参加"一二·九"学生运动，1941年起在延安党中央组织部工作，1946年后参加东北地区的解放和建设，五十年代到中央重工业部主管钢铁工业工作，六十年代主持全国物资工作，七十年代后主持全国工交生产工作，他的经历反映了新中国经济建设的一个重要历史方面，也造就了他的卓越才干。基于他对中国经济实际的深切了解，在经济发展的转折时期，他总能作出符合客观实际的理性判断，不唯上，不媚俗，这种品德是极其难能可贵，

---

[*] 这是朱镕基同志为祝贺袁宝华同志九十华诞撰写的文章，原为《袁宝华》画册前言。获悉《袁宝华文集》出版，朱镕基同志又专门增加补语，作为《文集》代序言。

也是值得我们认真学习的。

宝华同志九十寿辰,是值得庆贺的。特别是对我来说,在宝华同志直接领导下工作虽然只有十年,但是,五十多年来宝华同志在我心中的地位,仍然和1951年7月12日我们"初识"时一样。

1996年,宝华同志作七律《八十述怀》示我,我当时深受感染,虽不通韵律,也即兴和诗如下:

奉天初识韩荆州,亦师亦友五十秋,
廉颇跨鞍情未老,赤臣谋国志不休。
忠诚练达功绩著,公正廉明口碑留,
我学袁公高格调,无愧于心复何求。

今天,我仍怀着这种心情,祝贺宝华同志九十寿辰,祝贺《袁宝华》画册出版,但愿人长久,辉煌青史留。

2004年12月28日

补语

今年1月是宝华同志九十八岁华诞,恰逢《袁宝华文集》(十卷本)将于年底出版,是为双喜。2004年我曾为祝贺宝华同志九十华诞撰文,作为《袁宝华》画册出版前言。宝华同志近日嘱咐:就以此前言,作为《袁宝华文集》(十卷本)代序言。我以极其崇敬的心情,祝贺宝华同志双喜。

2013年4月

目　　录

乾安半月群众运动的经验 ································· 1
　　（1946年8月9日）
学道理，开脑筋 ··· 6
　　——祝各屯冬训班成立
　　（1947年1月29日）
在乾安县第二次农工代表大会上的总结报告（摘要） ········· 7
　　（1947年3月18日）
在乾安县区干部会上的总结报告 ··························· 9
　　（1947年3月20日）
"三大自由"有利于解放农村生产力 ························ 11
　　（1948年3月）
调查研究是了解情况的最基本方法 ························ 13
　　（1948年7月17日）
把青年团工作提高一步 ·································· 14
　　——在省青委二届青工会议上的总结报告
　　（1949年3月1日）
怎样才能做好设计 ······································ 19
　　（1953年9月11日）
在成本计划会议上的讲话 ································ 22
　　（1954年9月）
采取积极措施克服生产中的薄弱环节 ······················ 26
　　（1957年3月25日）
努力提高冶金工业生产水平 ······························ 29
　　（1958年1月7日）
必须和一切浪费现象进行坚决的斗争 ······················ 33
　　（1958年1月17日）

1

勤俭办企业，多快好省地建设社会主义 ⋯⋯⋯⋯⋯⋯⋯⋯⋯ 37
　　（1958年5月18日）
抓重点　抓两头 ⋯⋯⋯⋯⋯⋯⋯⋯⋯⋯⋯⋯⋯⋯⋯⋯⋯⋯⋯⋯ 40
　　（1958年7月7日）
在烟台全国黑色冶金矿山会议上的报告 ⋯⋯⋯⋯⋯⋯⋯⋯⋯⋯ 43
　　（1960年1月11日）
把技术革新和技术革命运动推向新阶段 ⋯⋯⋯⋯⋯⋯⋯⋯⋯⋯ 58
　　（1960年2月25日）
关于物资体制改革中的几个问题 ⋯⋯⋯⋯⋯⋯⋯⋯⋯⋯⋯⋯⋯ 60
　　（1960年9月15日）
鞍钢弓长岭铁矿调查汇报提纲 ⋯⋯⋯⋯⋯⋯⋯⋯⋯⋯⋯⋯⋯⋯ 64
　　（1961年5月20日）
　　附件一：鞍钢弓长岭铁矿中茨山采矿工段调查资料 ⋯⋯⋯ 79
　　附件二：鞍钢弓长岭铁矿选矿厂磁选工段调查资料 ⋯⋯⋯ 92
　　附件三：鞍钢弓长岭铁矿运输车间调查资料 ⋯⋯⋯⋯⋯ 104
关于鞍钢生产上内部和外部关系中几个主要问题的调查报告 ⋯ 116
　　（1961年8月23日）
在1962年全国物资工作会议上的报告 ⋯⋯⋯⋯⋯⋯⋯⋯⋯⋯ 128
　　（1962年5月30日）
走向集中统一管理物资的转折点 ⋯⋯⋯⋯⋯⋯⋯⋯⋯⋯⋯⋯ 135
　　（1962年6月14日）
物资工作的最终目的是为生产建设服务 ⋯⋯⋯⋯⋯⋯⋯⋯⋯ 137
　　（1962年9月22日）
关于国家物资储备局和物资管理总局合并问题给谷牧、
　　薄一波的报告 ⋯⋯⋯⋯⋯⋯⋯⋯⋯⋯⋯⋯⋯⋯⋯⋯⋯⋯ 139
　　（1963年2月15日）
关于如何做好中央局经委物资局工作的几点意见 ⋯⋯⋯⋯⋯ 141
　　（1963年6月27日）
关于解决钢材的硬性搭配问题的报告 ⋯⋯⋯⋯⋯⋯⋯⋯⋯⋯ 145
　　（1963年9月15日）
做好利用库存积压物资的工作 ⋯⋯⋯⋯⋯⋯⋯⋯⋯⋯⋯⋯⋯ 147

（1963年9月29日）
在全国物资供应计划会议上的总结发言 ……………………… 149
（1963年9月29日）
在1963年全国物资部门统计工作会议上的总结报告 …………… 153
（1963年11月8日）
在1964年全国物资部门经营管理工作会议上的报告 …………… 160
（1964年2月27日）
关于物资管理体制改革的几个问题 ……………………………… 179
（1964年3月6日）
湖南物资管理工作调查报告 ……………………………………… 183
（1964年5月15日）
目前突出的问题是领导落后于群众 ……………………………… 187
（1965年4月21日）
大胆培养新生力量 ………………………………………………… 191
（1965年11月3日）
管物又管人，管物先管人 ………………………………………… 193
（1966年2月2日）
领导干部思想要革命化 …………………………………………… 195
（1966年4月8日）
在全国清产核资、清仓节约电话会议上的讲话 ………………… 197
（1971年7月23日）
认真做好清产核资工作 …………………………………………… 202
（1972年2月11日）
在全国清产核资经验交流会第一次全体大会上的讲话 ………… 204
（1972年5月10日）
对冶金部工作提的五点意见 ……………………………………… 207
（1972年8月16日）
在国家计委生产组煤炭生产日报上的批示 ……………………… 208
（1972年9月23日）
节约是战胜困难的法宝 …………………………………………… 209
（1972年12月10日）

3

节约潜力很大 ·· 211
    （1973年4月29日）

要重点抓好煤炭的节约 ······································ 214
    （1973年12月5日）

切实加强节约工作的组织领导 ································ 216
    （1974年9月11日）

坚持革新，反对守旧 ·· 218
    （1974年11月6日）

加强安全生产 ·· 219
    （1975年2月）

在全国废钢铁回收上交、物资节约、利用库存工作电话
    会议上的讲话要点 ···································· 221
    （1975年6月21日）

黄金生产是一件大事 ·· 228
    （1975年6月27日）

要把质量提到第一位 ·· 230
    （1975年8月25日）

关于整顿企业的几个问题 ···································· 234
    （1975年9月1日）

尽快把稀土科研、生产和推广应用搞上去 ······················ 245
    （1975年9月5日）

在全国设备维修报告会上的讲话 ······························ 250
    （1975年10月16日）

"四人帮"批"唯生产力论"是别有用心 ······················ 253
    （1976年12月3日）

在全国物资部门学大庆座谈会上的讲话 ························ 256
    （1977年3月5日）

坚决把产品质量搞上去　促进国民经济高速度发展 ·············· 260
    （1978年4月18日）

提高职工技术水平是当务之急 ································ 275
    （1978年8月12日）

在日中经济协会欢迎中国国家经委访日代表团会上的讲话 …………… 281
　（1978年11月1日）
在中国国家经济委员会访日代表团与石川馨先生座谈日本开展"质量月"
　情况后的讲话 ………………………………………………………… 282
　（1978年11月13日）
日本工业企业管理考察报告 ……………………………………………… 284
　（1979年1月10日）
　　附件一：日本企业的组织、计划、专业化协作 …………………… 304
　　附件二：日本的质量管理 …………………………………………… 319
　　附件三：日本企业的职工培训工作 ………………………………… 329
　　附件四：日本企业刺激职工积极性的制度、办法和
　　　　　　职工生活水平 …………………………………………… 337
　　附件五：日本政府在经济发展中的作用 …………………………… 345
　　附件六：赴日考察的简要过程、感受和今后工作的建议 ………… 350
关于筹建中国企业管理协会的谈话 ……………………………………… 361
　（1979年1月）
在全国金属材料和机电产品利库工作会议上的讲话 …………………… 363
　（1979年3月1日）
与石川馨、河合良一先生的谈话 ………………………………………… 368
　（1979年3月28日）
以生产为中心，以企业管理为重点，继续深入开展工业学大庆 ……… 370
　（1979年3月29日）
认真做好企业管理改革试点工作 ………………………………………… 375
　（1979年4月20日）
当前重中之重是尽快把企业工作重点转移到以生产为中心、
　以管理为重点的轨道上 ……………………………………………… 378
　（1979年4月23日）
要实行全员培训方针 ……………………………………………………… 382
　（1979年5月18日）
培训干部是当务之急 ……………………………………………………… 385
　（1979年6月1日）

5

学习经济管理理论，做好当前工作 ·············· 388
　　（1979年7月4日）
认真搞好全国第二次"质量月"活动 ·············· 393
　　（1979年8月11日）
关于现有企业的挖潜、革新、改造问题 ·············· 396
　　（1979年10月7日）
在全国工交干部教育工作座谈会上的总结讲话 ·············· 401
　　（1979年10月20日）
培养人才要花大力气下大功夫 ·············· 413
　　（1979年10月24日）
根据我国资源特点，搞好铁矿地质工作 ·············· 416
　　（1979年12月29日）
美国经济管理考察报告 ·············· 421
　　（1979年12月）
关于1979年工业交通生产情况和1980年的任务 ·············· 451
　　（1980年2月9日）
建立永久性的培训基地是经济发展的需要 ·············· 463
　　（1980年2月28日）
把标准化工作提到议事日程上来 ·············· 465
　　（1980年3月17日）
联邦德国、瑞士、奥地利经济管理考察报告 ·············· 467
　　（1980年7月）
在全国第三次"质量月"广播电视大会上的讲话 ·············· 486
　　（1980年9月1日）
解放思想、独立思考、研究问题、总结经验 ·············· 490
　　（1980年9月8日）

乾安半月群众运动的经验*

（1946年8月9日）

从全县扩大干部会闭幕到现在已整整半个月了，由于会议一再强调大胆放手发动群众的方针，并讨论了"如何发动"与"怎样才算发动"等问题，工作干部和与会的农会积极分子提高了热情与信心，一回去就斗争起来，半个月来到处都闹得轰轰烈烈，群众算真正地"运动"起来了。斗争规模之广，群众热情之高，都远非各区领导同志的意想所及。安字区在开会回去后四天之中，全区群众（个别边缘井子不计）已普遍做到撕破脸，我工作干部则是到处放一把火，然后完全放手由群众自己去干；农会自动捉人罚款缴枪分地分粮分牲畜；地主富农完全软下来，加上政府催征公粮草代金及地照验讫费，逼得他们走投无路，"自愿"把土地房屋牲畜送给农会分配。农民翻身起来，就不按我们干部所安排的道路一步一步走，自然地越出了轨道，甚至过火地侵犯了中农利益，把大种地户一样看待，有的同志有点恐慌了，打电话来说："他们乱搞起来，简直掌握不了啦！"8月2日安字区召集各屯农会负责人开会进行政策教育：第一，不侵犯中农利益；第二，先打击最大最坏的；第三，没收财产要留给中农生活资料。这一期间侵犯中农经济利益的情况虽然还在个别屯子里发生，但都是些家里人当过警察、屯长、劳工队长、地主狗腿子的中农（像这样的个别坏中农仍是要斗争）。群众无理乱来的还没有，同时还留够了他生活需要的，没有搞得很苦。

赞字区基本上已推平了土地。现在还有占有土地一百垧以上的地主一个和一百垧以下的地主一个，但他们已请求农会接收他们的土地和牲畜，马上就要分配。敢字井三家小地主的土地早已分掉了，西半部土地

---

* 袁宝华同志1946年6月到乾安工作，任中共县委副书记，这是他和张健写给三地委书记刘彬、副书记郭峰同志的报告。张健时任县委书记。报告刊载在1946年9月2日中共辽吉省委材料研究室印《工作经验与工作资料》第六辑。

推平得早，地主送地给农会分配，东半部因为我工作干部顾虑财粮收入，没有让农会马上接受土地，迟迟未能推平。有几个屯还正打算把全屯土地牲畜（中农的在内）统起来，大伙均分；我们干部提议把中农除外，他们已接受。

赞字区举办了五天的乡干部训练（2—6日），乡政权已建立起来，全区分五个乡，乡长、副乡长、指导员都是当地农会领袖，多数也都是新党员。乡以下的屯牌长已取消，由农会完全取而代之。各屯农会都有比较宽绰的办公处所。户口、土地、牲畜、车辆、清算物资、出差、征收等都有比较详细的登记。有些农会已成立小型合作社。区农工会已成立。敢字井群众领袖马生同志当选为会长，副会长、委员都是各屯群众领袖，马生还兼任一个乡长。到昨天为止，全区已有快枪86支（区工作人员的13支在内），各屯都有自卫队，快枪编成快枪班，每天一早一晚两遍出操，夜晚查更放哨，好多屯子已取消原大户雇的更官，干脆自己打更，坏人私逃和牲畜走私大大减少。安字区连日查获私逃车辆及走私牛马四五起之多，赞字区屯子里插着红旗，农会会员臂膊上缠着红袖章，从屯里来的人都说："乡下可热闹啦！"

鳞字区一回去就召开农会代表大会，成立区农会，大家热情非常高，把全区划为五个联防区（乡范围的），区干部分头负责领导，并提出竞赛。其中三个联防区领导人都是新干部，都颇有信心。四五天的工夫已全部做到撕破脸。东部井子私地大部已分掉，这时发现了一些干部作风不好。区长兼区委书记杨橄中同志立即召集所有脱离生产的新老干部进行思想检讨，3号开了一天会，开得很好，好多干部检讨还很深刻。在屯子里工作有贪污腐化的、地主送礼的、企图发洋财的都已反省。大家下决心纠正并赌咒再不做这种事。区农会委员赵才是鳞字区的功臣，拼命保卫过区政府，他卖过公家子弹、贪污马匹，斗争地主时乘机发洋财。这次不肯坦白反省，经大家揭发方才承认。大家讨论决定给予处分：委员退职，坐禁闭两天。赵才说："我决心改过，以后再犯自己就拿枪打死自己。"说了就自动跑到禁闭室里去。

道字区四个区干部，各领导七八个井子分头并进，道字井附近几个屯子，已做到每户都有一两匹马、一两头牛，群众热情很高，这几个屯子过去一个月仅收获15支枪，这次会后三四天就搞出来17支藏枪。

农会订了红、黑册子，会员写入红册，其余写入黑册。地主富农恐慌起来，情愿献地给农会均分，要求允其入会。

让字区分路南、路北两块，路北工作有基础，即以海字井为重点深入斗争；路南只经过赞字区工作组"扫荡"一次，没有基础，群众要从新发动，还要开辟工作。海字井农会干部领导干得好，不是少数积极分子在前面干，而是组织和发动群众进入斗争，不让他们袖手旁观，真正做到群众与地主撕破脸。3号以前海字井已发展了5个党员，并建立了支部。

所、兰两区工作基础较差，这次会后开展也很快，到3号为止，兰区只剩下5个屯子还没有工作，兰区西部边境有安广、开通过来的胡匪七八十名，10日之中游击3次，群众工作受了一些影响。所区还有两个屯子可以作为典型，现王枫①同志正在该区搜集整理材料，加以总结，准备在代表大会上报告讨论。

城区政府已建立，并招待全县各界镇长。组长都已改造，总工会枪毙恶霸后，有毛病的人纷纷搬家，连中间分子都恐慌起来了，加以屯子里的农建会纷纷进城算账，弄得人心惶惶，坏人乘机造谣，说不参加建国会的都要清算。政府职员已有逃亡（电话局主任已逃），夜里很多人家偷运东西到处藏匿。3号由总工会发通告约法三章：第一，已清算者不再清算；第二，无毛病者保证不清算；第三，有毛病者应自动到工会坦白，轻者不予追究，重者亦宽大处理。近几天人心渐安。

这一个月中群众运动的特点是：

第一，以清算斗争为主要斗争形式，很容易把群众哄动起来，并和地主富农面对面地斗争，过去多数是和平分地，公家给、群众受，公开矛盾少，斗争不尖锐。

第二，真正采用了大胆放手的方针，包办代替、命令恩赐的现象已不多见。

第三，群众真正自动起来分地分家，捉人罚款缴枪缴马，真所谓"为所欲为，一切反常"。清算范围已涉及县大队的一些班长和战士（大都是富农子弟，还有做过警察的）。

---

① 时任中共乾安县委副书记兼组织部长。

第四，地主富农迫于清算威势，"自愿"送出全部或大部土地房屋牲畜等给农会。

第五，群众已普遍与地主富农撕破脸皮，并普遍收缴了他们的一切枪支，农会在屯子里已掌握一切、统治一切。

第六，采取分区领导全面负责的方法，区干部分工各掌握一个乡范围的地区，增强了干部的责任心，工作上深入指导，效率大大提高。

第七，个别地区及时地进行了政策教育和干部思想反省，纠正了一些偏差的发生和发展。

第八，斗争中改造了一批不称职的农会领导者，安字井的老邱和周、鳞、翔等井的会长都被群众罢免，周字井会长袒护地主被群众斗争，自卫队长上去摘下他肩头的枪，并告诉他："你不干好事，就不配背这支枪。"

群众运动中的几个偏向：

第一，侵犯了中农的经济利益。除了鳞字区自称未侵犯中农利益外，各区大部侵犯了；个别地区如安字区，还相当普遍地侵犯了；中农多半没有参加农建会，群众运动一起来，凡是"大户人家"，所谓有牲口、有地的，大都是先被打下去，中农也有挨打的，没有入会的人都恐慌起来，剩下的中农也有送牲口送地给农会请求庇护的（赞字区就有中农送地）。让字区大遐字井群众把8家种地户（包括富农中农）放在一起斗争，要他们合出4支枪、2匹全鞍马、80匹大布，中农被迫出卖耕马，余马已不够套一副犁杖。

第二，一些地区积极分子脱离广大群众，积极分子眼睛向上，只向我们，不向群众，只要和我们商量好就动手去干，不管群众意见和情绪，命令多于商量，斗争也有干部包办的，干脆连形式也是包办的。城关区清算配给米面时，只看见总工会委员率领五六个组长干部在街上跑来跑去，街两旁的群众都在袖手旁观。

第三，个别干部与地主富农妥协，怜惜地主，进行假清算，清算时事先与地主富农商量好，关起大门算，轻描淡写应付一下就算了事。赞字区就有该算10万而两三万了事的。

第四，工作先进地区干部大批抽调出去开辟工作，新干部尚未成长起来，工作脱节。先进地区变成了落后地区。鳞字区开辟最早，干部抽出最多，最近检查工作发现干部不称职，房租未减，工资未增，群众情绪消沉。经过发动群众，改造后才提起情绪来。城区群众工作也有这种现象。

第五，区与区、屯与屯之间有本位主义。清算斗争和搞枪斗争引起农会之间的意见纠纷，唯恐别人占便宜、自己吃亏，因此就主张关门清算，甚至包庇斗争对象，掩护他不让别人斗或不让别人参加斗。鳞字区陶、唐等井主张关门清算，拒绝外屯群众参加。赞、鳞两区已发生了三次纠纷，其中有一次还开了一枪，有两次都一直闹到县里。区干部也总说自己"儿子好"、护庇自己的人、说对方不是，县委为此专写信通知各区，"出区算账搞枪，一定事先得到该区同意，以免发生纠纷"。

第六，所字区队招兵买马已达20余人，没有经过群众路线，没有吸收群众斗争中的积极分子参加。各区区队，除鳞字区原有基础外其他各区都没有大量发展区武装队，而着重于组织训练自卫队快枪班（民兵）。

与群众运动有关的几个问题：

第一，地主已经认清早晚要均产，把土地交出来，但不肯验地照，不肯出地照费。地主富农被清算均产后，土地减少很多，仅足自保或难以自保，拿不出公粮草代金，使财粮征收发生极大困难。

第二，清算斗争展开后，中小地主及富农中农和多少有些毛病的人，不敢待在家里，大批涌进主力部队和县总队当兵，加上部队家属有被清算的，就在部队里形成反对农建会的情绪，自然也会见诸行动，已闹了几次冲突。部队成分还需要清洗一下，不然就很难成为真正的人民武装。

学道理，开脑筋
——祝各屯冬训班成立
（1947年1月29日）

冬学教员训练班（农工干部训练班第四期）日前已经结束，各屯宣传委员要纷纷回去筹办冬训班，这是穷人翻身后的一件大事情，各区乡及屯农会应立即负责筹备，争取在阴历一月初正式开学。

在第十二期农工报上我说过：穷人辈辈不得翻身，因为有三个穷鬼缠身，就是家鬼（老蒋、地主、恶霸）、外鬼（美国、日本）和胡涂鬼（脑筋不开）。家鬼、外鬼都是身外鬼，都容易打走，都不可怕，就怕自己身上这个胡涂鬼。胡涂鬼缠身，两眼墨黑不敢动弹，听任家鬼外鬼糊弄摆布。胡涂鬼一日不离身，穷人就一日不得翻身，穷人要想真正翻身，就得痛快送走胡涂鬼——学道理，开脑筋。

办冬训班就是为了帮助群众学道理，开脑筋。先开哪些人的脑筋呢？先开顶用的。民兵自卫队和屯子里的大小干部要先开脑筋，农会会员要先开脑筋。只要屋子装得下，妇女儿童愿意来学道理都欢迎。谁来当先生呢？受训练回去的冬学教员是先生，开过代表大会受过一、二、三期农工干部训练的农会干部也是先生，因为他们都学过这些道理；上冬训班的群众是学生也是先生，因为他们都是受苦受穷的人。他们经过的事情大都有道理，大家好好听听，寻思寻思就能开脑筋。学习啥东西呢？要紧的就是三苦三乐。

三苦是穷人苦、亡国苦、胡涂苦。也就是家鬼、外鬼、胡涂鬼缠身的痛苦。

三乐是翻身乐、发财乐、文化娱乐。也就是清算分地后的民主、自由、幸福、快乐。文化娱乐主要是学唱歌，办秧歌，唱斗争纲领，唱送郎参军，唱三大纪律八项注意，唱翻身群众自己编写的歌曲。

在乾安县第二次农工代表大会上的总结报告（摘要）*

（1947年3月18日）

从去年3月开始我们起来翻身，到现在已有一整年了，在这一年里，八路军在关内、在东北，都打了胜仗，而且打了一连串的胜仗。我们翻身的老百姓，在城里、屯子里也打了胜仗，而且也打了一连串的胜仗。这是值得我们庆贺的。去年"九一八"开了第一次代表大会，已整整过了半个年头，在这半年里我们做了很多工作，群众也都翻身抬了头。"九一八"大会后的第一次参军运动，半个月内动员了544名新兵，今年2月的第二次参军运动，10天内，就有702个翻身农民踊跃参军。战勤动员中，群众以将近1 000辆大车、500副担架和5 000个民夫有力地支援了解放战争。秋收中有104个屯组织了集体秋收，实行伙割伙打伙分，虽然很多壮年都上了前线，但秋收工作仍顺利完成并出现了秋收模范屯大珠字井，获得了丰富的经验。年关的拥优工作也都做得很好，如大珠字井订了15条优属办法，全屯划分五个组进行优待军属比赛。参军人员的家属被照顾得很满意，同时各区都选择了两三个重点屯做了查地工作，县农会也开办了四次训练班，训练了350多个干部，最近各区又开了区代表大会，这些工作都做得很好，都有成绩，但我们还不能自满，仔细一看，还有"夹生饭"问题。

大君字井的报告就是一面镜子，仔细照照，把自己吓了一跳，才知道毛病就在自己身上，敌人就在眼前，怕根未除，穷鬼缠身，胡涂鬼还在脑瓜里作怪，这样下去，咱们还得倒霉，还要吃大亏。

我热心诚意号召大家"精神起来"！现在就振作精神，回去后把工作做好。

---

* 作者时任中共乾安县委书记。

春耕在即，我们要以全力开展大生产运动，这是翻身翻到底的保证。从前我们给人家扛活，因为少吃无穿；翻身后我们有了地，还不能吃饱穿暖，就要叫地主耻笑，要"不蒸馒头争口气"，大家把生产做好。从前富人露脸，穷人露腚；翻身后穷人露了脸，如果依旧露腚，那不算光彩，我们要光露脸不露腚，这是我们翻身的好机会。我们好好生产，自己劳动发了财才是光荣财，才算真翻了身。还要精神起来，防止坏蛋地主造谣破坏，说什么中央军来了，还是他的，还说生产是给八路军用。要防止二流子怠工，要组织武装保卫春耕、保护牲口。大家要想办法解决春耕困难问题。我们翻身还只翻了个半拉架，还得斗争，去年斗了人，今年就要斗地，就是一定把地种好。

在大生产运动中一定要把"夹生饭"解决，要走群众路线，发动群众自己动手来干，干部代替包办、强迫命令不能使群众起来。要做到群众敢说真心话，敢种自己地。三国时刘备去东吴，临行前诸葛亮送给他三个锦囊，装着三条妙计，后来遇到困难都依计克服了。大会今天闭幕，明天大家就要回去，为了胜利地开展大生产运动，我也赠送大家三个锦囊：

1. 干部带头。干部是穷人头，穷头穷头给穷人带头，去年带头清算，今年要带头生产，要做动手干部，不要做抄手干部。

2. 自愿搭犋。劳动互助组织必须坚持自愿原则才能团结一齐干，强迫命令就会流于形式。

3. 发动比赛。在大会上已经有141个屯农会、23个妇女会及两个作坊自动报名和大珠字井比赛，掀起了生产竞赛热潮，要继续发动小组与小组、个人与个人的生产比赛，这样大生产运动才能有保证。

回到屯子里还要常常擦枪——检查自己的思想，擦掉思想上的锈，学习本领，上足子弹。去年这一枪是打响了，今年就应继续打下去，一直战斗到胜利！

在乾安县区干部会上的总结报告

(1947年3月20日)

在农工代表大会的总结报告中,我号召全体代表"精神起来"。昨天又开了一天小会,进行了深入的讨论,今天我来做总结,我号召同志们"走群众路线"!

春耕在即,我们工作的中心是春耕大生产。目前各阶层群众都迫切而一致地要求生产,道字区珍字井农民自动学习生产歌曲,积极完成春耕准备工作,一些同志说:耽误春耕,白翻了身,就说明这一点。

生产动员中也很容易暴露出"夹生饭"的问题,刺激群众要地要牲口,明分暗不分,这些问题一定要注意。

开展春耕大生产运动,群众思想上的顾虑还很多,顾虑主要是三怕:一怕变天,二怕再均,三怕负担。物质上的困难就是八难:牲口少,粪堆小,人缺粮,马缺草,种不全,铧要换,力量单,懒人懒。一句话,凡是种地必需的条件,耕畜农具、种子、肥料、人吃马喂和劳动力都不充足。

为解除群众思想顾虑,我们提出"翻身发财"、"发光荣财"的宣传口号;针对群众三怕,我们提出三大保证:第一,八路不走,第二,收粮不分,第三,负担不重;为把奋斗目标明确起来,我们提出六大计划:耕二余一,一面换新,顿顿有菜,夜夜有灯,家家养猪,人人种树。目前亟待完成的任务是两大准备工作:柴打够,粪上足。

回去后要立即进行生产动员宣传。区、乡干部要分赴各屯,协助屯干部开群众会庆祝胜利,宣传三大保证、六大计划,提高生产情绪,反对造谣破坏。各区要广泛发动小学生儿童团,组织宣传队秧歌队,剧团可以暂时脱离生产,专门做宣传动员工作。其他各区都可以临时成立宣传队流动演出。许多农谚都是具体而生动的口号,可以作标语,也可以编歌子。

解决春耕物质困难,首先要保护牲口,发动农会登记现有牲口,发动群众缉私,缉获牲口即归农会借用,整顿民兵自卫队打更放哨武装防匪，县大队也要参加保卫活动。其次是卖牛买棉籽，由群众自己组织牛出口，换回棉籽。再次是组织群众熬盐拉脚打柴购买种子、农具、粮食，使副业生产为农业服务，再次发动群众和平借粮，利息秋后还；组织二流子参加生产，教育改造他们，争取使他们成为劳动生力军。最后是节省民力。省政府已有指示，规定春耕期间停止动用人力、畜力，并以机关部队的人力、畜力帮助群众春耕。必要的战争勤务可按生产组轮流，粮草则由全屯负担。解决春耕困难，要靠群众自己动手，办法由群众提出，规矩由群众自定。

乾安群众工作，过去常常是干部包办代替，少数积极分子说了算，脱离群众，斗争方式简单化，斗力不斗理，走群众路线还很不够。这次开展春耕大生产运动必须走群众路线，必须在组织领导上贯彻群众路线。

干部带头就是负责同志亲自动手，积极生产，影响群众，推动生产运动。干部脱离生产，就会脱离群众，有的同志说：群众不怕地主，就怕干部作风，不管群众忙死，嗷叫一声开会，不到不行。干部参加生产，既提高群众的生产积极性，也解决了自己的困难。机关、部队、学校也都要生产。鳞字区准备春耕，打柴集肥已有成绩，大家都应向他们学习。

过去地主富农掌握了生产工具，穷人只好出卖劳动力，事事靠东家安排，因此总不得翻身，现在虽然翻了身，但还存在依赖思想，也就是均产思想，凡是缺乏的东西就想从地主富农那里拿。现在农会自己当家，应该让群众有翻身思想、自力更生的思想，用集体的组织力量克服困难。列宁说：我们无产阶级没有旁的力量，唯一的力量就是组织。我们的搭犋换工基本上还是穷人互助组织，是建立在个体经济基础上的集体劳动，它使穷人免于再陷入穷苦的深渊。

去年组织集体秋收的经验应好好研究接受，除了计工之外，自愿原则还必须坚持，推动生产运动不能强迫命令，还是说服动员，走群众路线。但也须配合必要的行政力量，对基本群众说服动员，对地主富农用行政力量，农会进行说服动员，政府使用行政力量。

推动生产运动，仍须培养典型，深入了解情况，发现问题，取得经验，推动全面。同志们回到屯子里要多多把群众意见反映上来，以便县委研究整理，修正自己的意见，吸取丰富的经验，才能对同志们的工作有所帮助。

"三大自由"有利于解放农村生产力[*]

(1948年3月)

我到洮安工作的第一件大事就是动员春耕生产，开展大生产运动。因为洮安的土改我没有参加，这个县的土改实际上和我在乾安的土改差不多，都是在宣传兰西经验的号召下，搞了一阵扫堂子，搞得比较"左"。所以对春耕动员生产有两种不同的意见：一种意见是放宽政策，动员大家集中力量投入春耕生产，因为这对支援东北解放战争非常重要；另一种意见则是要巩固和发展土改的成果，既然把农民组织起来了，不仅要组织互助合作，还应该搞得更高级一点。洮安县已经有两个区组织了大把青①，因为土改前大家一起给地主干活，打倒地主了，农民给自己干活了，大家还留恋一起干，说一个人干没劲。这两个区就采取了大把青的方式，把分配了的土地、农具、牲口等又都收上来归属大家。这两个区的干部是当地人，都是给地主当长工出身，原来老干部在那里当区委书记时，劲头就比较大，现在新干部做区委书记了，劲头更大了。这样一来，就在县里召开的动员春耕生产干部会上，两种意见展开了激烈的争论。

由于我刚到洮安县就遇到这个情况，所以就不得不下去做调查研究。先到了三合区调研，这个区的区长是当地干部，已经确定由他做区委书记。他反复讲，现在还不到搞大把青的火候，搞大把青要脱离绝大多数农民，因为刚刚分了土地、农具和房子，现在又要把土地、农具包括牲口都作为公共财产，农民一下子接受不了。这个区的干部大都赞成不搞大把青。

经过调查，我认为在目前情况下，最好政策放开一点，允许人家搭

---

* 这是袁宝华同志向省委汇报工作的提纲。省委肯定了他的意见，并将汇报提纲刊登在省委机关报《胜利报》头版头条。作者时任洮安县委书记。

① 个体经济基础上的集体劳动组织。

惧自由。因为种地就要搭犋，一家分一个牲口，没有办法耕地。另外就是在春耕生产的时候有些缺钱的困难户，要允许人家借贷自由，不然的话手里有钱的人不敢拿出来贷款，怕露富，需要钱的人又没有地方去借，春耕生产总需要投入些资本。再一个是，农民分了土地，分了生产资料，也分了一些生活资料，真正到春耕生产的时候，他们需要买一点东西，还需要卖一些东西，所以要允许人家买卖自由，这方面不应该限制。前段时间由于有些农民心里没有底，怕国民党来了反攻倒算，把刚分的土改果实卖掉了，所以干部管得很紧，不准买卖。结果农村市场销声也灭迹了。经过认真分析，我认为在这个情况下，提出政策上放宽，有利于发展生产力。如果把刚分的土地、农具、牲畜，一下子归于集体，农民接受不了，不利于发展生产。所以在政策上要实行"三大自由"，就是"搭犋自由、借贷自由、买卖自由"。我们一方面要肯定农民想走集体道路的积极性，另一方面也要向农民说明我们的经济发展还没到那么个程度，搞"三大自由"有利于解放农村生产力。

调查研究是了解情况的最基本方法*

（1948年7月17日）

了解情况，唯一的方法是向社会做调查，调查社会各阶层的生动情况，有意识有计划地选择典型，用马克思主义的根本观点——阶级分析的方法，做几次周密的调查，乃是了解情况的最基本的方法。

第一，眼睛向下。没有满腔热忱，没有眼睛向下的决心，没有求知的渴望，没有放下臭架子甘当小学生的精神，是一定做不到，也一定做不好的。

第二，开调查会。这是最简单易行，又最忠实可靠的方法。到会的人，应是真正有经验的中下级干部或群众。

---

* 这是袁宝华同志在洮安县直属单位及城区干部大会上的部分讲话要点。

把青年团工作提高一步[*]

——在省青委二届青工会议上的总结报告

(1949年3月1日)

这次青工会议开得很好,因为中央以至省委对新民主主义青年团的性质、任务、工作方针和步骤都有了明确的指示,各县市在将近半年的实际工作中获得了不少宝贵的经验教训,虽然会议仅仅开了四天,而过去已经存在的和今后可能发生的一些团的工作中的根本问题都解决了。会议生活是紧张的,讨论是认真的,对这些问题的体会是较为深刻的。

一、对过去工作的估计

五个月来,在各级党委的领导下,在土改、生产、支前、建党、建政等工作的基础上,在东北完全解放的胜利鼓舞下,由于青年群众的觉悟和进步,由于全省青年工作干部的努力,特别是有些地区由于过去民青工作的基础,我们的建团工作胜利开展,总的说来基本上执行了上次青工会议的正确方针,完成了上次青工会议的要求,给今后进一步发展团的组织打下了基础。

现在团的组织已遍及全省37个大小市镇,335个工厂,机关、农村、学校、群众团体单位,团员4 484人,建立了17个县筹委,31个相当于区的团部(包括直属团部、分团、总支),215个支部,726个小组。仅齐市即有4个分团,31个支部,112个小组,888个团员,去年在纪念"一二·九"运动的同时召开了团代表大会,正式成立了市团委。在全省215个支部中,工厂支部65个,学校及教联支部55个,机关支部76个,农村支部9个,街道支部10个。

---

[*] 作者时任中共嫩江省委研究室副主任兼省青委书记。

在各种工作中，团员一般都起了模范与带头作用，发挥了青年群众在各种工作中的积极性。例如齐市嫩江制造厂纺织部失火，团员牟延春、车鸿瑞带头进去救火抢救棉花，当时感动了群众，张世武冒着浓烟跑上去了，全厂工人齐来救火，带头救火的团员头发都烧掉了，结果工厂只损失90斤棉花。在农村也是如此，肇东八区与安村30多个团员，自动带头给政府送信支差，并带头送粪，造成热潮。在学校里团员大多成为模范学生，如大赉中学奖励了17名模范学生，其中即有15名是青年团员。在机关里团员也成为推进工作提高效率的动力，如泰康贸易局评分时，22天未得结果，经过建团迅速解决了。

　　各地建团工作中的宣传教育，以及建团后的工作和活动，使团的政治影响在群众中迅速扩大，使群众对团的各种顾虑和误解大部打消，有些人以为青年团和伪满的协和青年团一样，认为参加青年团就要去当兵，男的怕女的参加青年团变心，老太婆认为媳妇入团要到前方给伤兵缠腿……现在不然了，都知道参加青年团是为了教育其子弟学好，做好人。如镇赉织布工人李洪久入团后两星期识字60多个，父母很高兴。

　　在各地建团工作中，也取得了不少宝贵的经验和教训：1. 建团必须和各种群众运动与实际工作相结合，必须结合各种中心工作进行，不能孤立建团。2. 建团必须根据当地当时的实际需要和具体情况来进行，群众要生产，建团即应在生产中进行，以此来解决工作中领导上的积极分子问题。3. 建团必须加强对团员的阶级教育，离开了对团员以及青年群众的思想教育，是不堪设想的，故发展必须密切结合巩固教育。4. 必须及时地总结工作推广经验，不断地提高干部、改进领导，这对于团的建设是具有决定意义的。5. 建团工作是新的工作，必须兢兢业业地艰苦工作，不能也不应该有丝毫侥幸取巧的心理。

　　过去发展组织工作中，虽有些左右摇摆，或者小手小脚，长期酝酿或者重量不重质，轻率轰开，但亟应引起注意的还是以下几个主要缺点：1. 脱离实际工作和群众要求孤立地建团，为建团而建团，成为群众的负担。2. 对青年的特点和要求了解少，特别是对青年的思想状况了解不够，因而团的组织生活枯燥生硬，团的工作缺乏实际内容，组织起来没事干，这样就降低了青年团员的积极性，单纯地要求带头，脱离群众，如镇赉少数团员去抓赌抓大烟抓破鞋。3. 有的地方满足于一般文娱活动而忽略了阶级教育，对团的阶级性认识不足，片面地强调青年化。产生这些缺点的原因，主要还是领导上认识不够明确，兼职多，照顾不过来，新的工作缺乏经验，所谓头三脚难踢，走了一些弯路，但在摸索过程中，这也是不可避免的。过去省青委和省团筹委未能主动与各县联系，深入检查工作不够，了解情况少，未具体帮助各地总结与推广经验，未具体帮助解决困难问题，这也是很重要的原因。但是只要大家共同努力来改进我们的工作，这些缺陷是可以弥补的。

二、今后工作的要求

在生产支前两大战略任务下，今后工作的具体要求是发展组织，加强教育和培养干部。在领导上必须充分认识建团工作的战略意义——培养党的后备力量，必须从长远着眼，将团的工作提高一步。

1. 发展组织：东北团筹委会决定"在全东北大量地慎重地有步骤地发展新民主主义青年团应成为目前工作的中心"。"目前应即根据团章草案检查我们的组织，对现在的候补团员加以审查，合乎无须有候补期之规定者，应即转正，正式团龄应自本决定公布之日算起（一月廿日），不合者仍须给以候补期，但不合入团条件而又无重大错误者不应立即加以清洗，给以一定之候补期予以教育改正的机会"。

在城市即依此决定检查整理，加以教育，巩固中求发展，有些地方没有注意在青年工人中发展，今后要特别注意。过去领导思想上认为团的工作仅仅就是知识青年的工作，那是错误的。讷河烧锅170个工人，无一党员和团员，这是缺点。在城市中，已有三个支部以上者即可建立区团委。区委名单要经县委批准。工厂、学校、机关、街道支部，统由区委领导。城区团委书记一般以县团委兼任为宜。

农村建团将直接推动今后农村生产及其他各项工作，应即进行试点，取得经验，然后有重点地展开。发展组织必须密切联系巩固教育，再不能是"熊瞎子掰苞米"了。试点应由县青委亲自掌握，具体布置、检查，发现问题随时解决。4月底以前总结试点经验报告省委。农村建团要接受过去经验教训，必须以今年的大生产运动为中心。目前则应从准备春耕工作着手，在生产运动中发现与教育雇贫农青年中的积极分子，经过他们团聚青年农民进入春耕运动，在运动中发挥他们的积极作用，然后组织他们到青年团里来。至于一切自报公议批准宣誓等手续，都应采取简便方式，在生产空隙时间进行。总之所有形式主义的东西都要取消。

农村建团和工厂建团一样，主要为了生产，为了团结青年成为生产的主力，为了团结全体农民成为生产的大军。应该首先想到生产，而后想到建团；应该首先宣传生产，特别是宣传青年在生产中的积极作用和骨干作用，而后宣传建团；应该向全体农民宣传建团，而不只是向青年农民宣传建团。因为团"应在最大多数人民的最大利益的基础上，为青年群众的特殊利益与切身需要而服务"，团的工作首先是为了最大多数人民的最大利益（青年也在内），而不应只是为了青年的特殊利益；首先是为了全体青年的要求，而不应只为了青年团员的要求。肇东向农民宣传建团的经验还是很好的。

农村中的青年党员、青年劳模、青年干部和生产组长以及其他青年积极分子，都是最好的建团基础，农村团员成分应以青年雇贫农的积极分子为主，同时注意吸收青年中农积极分子。

总的说来，今后三个月，要求团的工作有基础的县按照团章草案建立团的县委（至少三个区委，每区至少三个支部）。如肇东、扶余、安达等县4月份即可做到。以后各级组织按团章草案实行整理，各级团部改为团委，团的主任改为书记。团的工作基础薄弱的县，如富裕、肇源应即建立县筹委，在城镇及人口较集中的村屯有重点地建团，少年儿童工作必须重视，先在主要城市试办。6月底召开全省团代表大会，讨论全国团代表大会决议，总结今后三个月工作，布置下半年工作，选举团的省委。省团代表大会后，农村将普遍发展组织。4月中旬召开全省青年代表大会，建立省青联，并选出出席全国青年代表大会的代表。各县市可酌开青年代表会议或青年团体代表会议，以简便的办法选出出席省青代会的代表。代表名额另行通知。

2. 加强教育：中央决议指出"团是党以马列主义教育青年的学校"。团应加强对于团员和青年群众的思想教育，组织他们学习毛主席著作、党的政策、文件，政府的法令指示，学习文化、历史、科学技术与业务知识，学习三年来东北各方面工作的丰富经验，提高政治文化水平和工作能力，建立革命人生观。尤须加强时事教育、阶级教育与国际主义教育，克服青年思想中存在着的和平观念、麻痹思想，对政策的模糊认识，对党与群众力量的估计不足以及恐美病和盲目的反苏情绪。省团筹委将在《嫩江新报》上出"嫩江青年副刊"，对象为青年工作干部和知识青年，用以交流经验、指导工作和组织学习，各县市应组织通讯工作、发行工作与读报工作。

应通过各种形式，宣传马列主义和新民主主义的各种政策，宣传团的性质与任务，通过业余文工团（中学、教联、机关、团体）、秧歌队、俱乐部、农村剧团、识字班、夜校进行宣传。如泰康东北书店设阅览室，自然形成青年俱乐部。青年化和政治化不能偏废，青年文娱活动应与政治教育结合起来。哈市青年团创造各种"适合环境特点与青年兴趣"的方法，可供参考。如团员一件事运动，团日举行入团仪式、传达决议、奖励批评等，举行故事晚会、读书会、讲演会、电影评议会、歌咏演剧演说比赛、青年讲座、青工讲座、学生讲座等。

各级青委、团委要经常了解各地区青年思想状况（城市与农村的），连同解决经过，每月底书面汇报省青委和省团筹委。

3. 培养干部：培养干部是进一步建团（发展组织与巩固教育）的基础。团的县委委员应经省委批准。省委党校下期附设青干班，今年计划培养500名青年干部，同时还可以通过干部会议培养干部，如齐市市团委分头召集各种干部会议（如团委书记联席会、组织委员联席会、宣传委员联席会）等讨论工作，总结经验，实际上也提高了干部。今后应特别注意培养青年工人干部。对知识分子应有正确看法，已确定了革命人生观的（为工农服务，站在无产阶级立场）可以而且应该成为团的干部。革命的形势正在发展，干部责任将愈加繁重，老干部身兼数职在所难免，最近干部大批南调，新干部虽已成长起来，但还不能满足形势和工作的需要。今后必须大胆提拔新干部，第一批干部对今后团的建设关系很大，更要慎重提拔，提拔干部的计划与成绩应作为今后每月汇报的重要内容之一。现有的青年工作干部要虚心自学，力求进步，特别应学习实际斗争知识，目前就要学习生产知识，学习深入了解情况、掌握情况、研究与分析情况，学习总结经验、提高自己、改进工作，把青年的工作提高一步。

怎样才能做好设计[*]

（1953年9月11日）

重工业部召开的设计干部会议闭幕以后，我局设计公司随即组织全体工作人员学习了会议的决议和指示。经过十多天分组学习讨论，一般同志基本上领会了批示的精神，在主要方面认识上趋于一致。但还有部分同志对会议的指示领会得不深，有些同志又提出了一些问题，因此有在这里加以说明的必要。

设计工作离不开技术，但设计的好坏并不只是一个技术问题，同时也是一个思想问题。这一点重工业部已明白地指出过了，而且指出了正确的设计思想具备的特点。所以要做好设计工作，就不仅需要不断地提高技术水平，同时必须学习马列主义，确立正确的立场、观点与方法。这是需要我们今后不断在实践中长期学习的。

在讨论中，有些同志认为"资产阶级也有总体设计"，好像资产阶级也有总体设计思想。我想，这些同志一方面把"整体观念"和"整体设计"两种概念混淆起来了，另一方面又把"总体设计思想"的范畴缩小了。我们知道，总体设计思想是基于整体观念产生的，没有整体观念就不可能想象会有总体设计思想。资本家建设一个工厂或矿山时，会不会考虑到人民整体的利益、长远的利益呢？肯定地说，不会的。因为整体利益和资产阶级的个人利益常常是冲突的。因此，资产阶级就不可能有从国家整体利益与从国家长期发展观点出发的总体设计思想。一个车间的布置、一件设备的安排并不能完全说明有没有总体设计思想，更谈不到整体观念。这一点必须认清。

有的同志说："资本家惯会精打细算，因之也有经济核算思想。"这些同志说对了，资本家是会精打细算的，否则他也就不会成为资本家了。

---

[*] 这是袁宝华同志在重工业部钢铁局设计公司学习讨论会上的讲话摘要，刊载在《重工业通讯》1953年第26期。作者时任重工业部钢铁局副局长。

资本家不仅在建设一个工厂或矿山时要精打细算,在每一个生产段落、每一件设备以至每个劳动力的使用上无不精打细算。这一点重工业部也已指出过了,而且我们也需要学会具体的经济核算业务。但我们绝不能把以个人利益为依据的狭隘的经济核算观点和我们所谈的社会主义经济核算观点混为一谈;必须认识到两者的根本区别,把它们严格地划分开来。

有些同志对"群众观点"的问题认识也不够明确。有人这样发问:"是为群众服务呢,还是依靠群众呢?"这是两个不同的问题,设计工作应该充分地与恰当地考虑到改善工人的劳动条件,考虑职工的生活福利问题,这不单是一个为群众服务问题,这是一个设计人员所应该具备的正确观点问题。依靠群众不只是设计工作中需要,其他任何工作也都需要。就设计工作来说,一方面是根据既有的科学成果,同时也总结与运用群众实际生产活动中的经验。重工业部指出,设计工作者是先进技术的组织者与传播者,把所有的新的技术成就适当地组织到新的企业中去,是设计工作人员的责任。因此,设计工作者就必须不断总结吸取现场的活动经验,也就是说经常吸取群众的智慧、群众的创造,把它组织到设计工作中去。能做到这一点,也就是依靠群众。

有些同志反映:"正确的设计思想我下决心树立了,但在具体工作中就忘掉了。""过去我也知道设计是政治、经济、技术的综合产物,三者应该结合起来,但在实际工作中就是结合不上。"造成这种现象的原因是还没有掌握正确的设计思想。重工业部指出:"学习是长期的",也就是说,学习过程就是一个认识过程,是一个思想斗争过程,正确的设计思想的树立,不是"一蹴可得"的。我们应该正视这一问题,不断地在实践中去学习领会正确的设计思想。

在讨论过程中,很多人提出了所谓"交卷思想"。有些同志说:"过去由于任务紧急,不能不按期赶出图纸'交卷'了事,因而保证不了质量。以后按时交吧,仍保证不了质量;不按时交吧,会耽误施工,怎么办呢?"对这个问题大家意见纷纭,争议得非常厉害。我想,在学习过程中我们可以争论,而且应该广泛热烈地争论。不每个人都开动脑筋,引起争论,就得不到真理;但花很多时间去争论这样一个问题是不必要的。当然,所谓"交卷思想"本身,是应该批判的。但我们不要忘了目前的实际情况：我们的工作水平与建设要求还不相适应，因而所谓"交卷"的问题今后一个时期可能还会有的。问题在于如何积极地从提高设计工作水平、提高设计效率上，去克服这种矛盾与避免错误，应该从加强计划性、及时总结经验教训、预见到今后工作中可能遇到的困难方面，去及早地主动地设法解决。

我们学习的目的主要是为了掌握正确的设计思想。因此我们应该如重工业部所指出的，实事求是地，采取思想教育的方式，在经常的、不断的实践中摒弃旧的、树立新的。这就首先要求我们端正学习的态度和掌握正确的学习方法。

有的同志说："不论什么错误，都是资产阶级设计思想造成的。"这些同志甚至把由于技术水平低和粗枝大叶写错数字造成的错误，也归之于有资产阶级设计思想。这是不妥当的。这样，就会使讨论的范围越来越窄，大家都来无原则地钻这些细小问题，反而放松了主要的方面。重工业部一再指出，虚心地学习检查、认真地揭发批评，都是为了总结经验教训，从而提高设计工作水平，不是为了追究责任。不应该把细小的问题不恰当地提到原则的高度去讨论。

有的同志认为，"过去我们固然没有社会主义设计思想，但也没有资产阶级设计思想；我们有的只是殖民地设计思想，这种设计思想的特点就是盲目抄袭外国的设计资料"，而且提出问题，问三一四厂设计会参考东北某厂设计的例子是否也是"殖民地设计思想"。（按：东北某厂是苏联为我们设计的，三一四厂的设计人员在设计时，学习了该厂的设计，但没有很好地结合三一四厂的具体条件。）这种看法是错误的，是错误的类比，是不科学的推论。同时，这些同志把盲目地抄袭英美设计资料和学习苏联先进经验混同起来是不对的。必须承认，我们在学习苏联先进经验方面还存在着很多缺点，譬如学了之后不能很好地消化，因而生搬硬套，这是学习过程中亟须克服的。学习苏联是为了树立正确的设计思想和吸取先进的技术理论，以提高设计工作水平。

重工业部要求我们从检查总结工作中吸取经验教训，这是完全必要的、正确的。过去发表过的某些检查与总结，对我们检查总结工作、取得经验教训，是有很大帮助的。因此我们希望今后继续不断地有认真分析问题、研究经验教训的总结。

在成本计划会议上的讲话

(1954年9月)

一、为什么要重视成本计划工作

计划管理作为中心工作,是从去年上半年开始的,可是我们计划工作中的弱点还很多。就目前情况来看,成本计划还是个薄弱环节。造成这种情况的原因,当然是领导上没有抓这项工作;但工作是一项一项抓起来的,不能一下子都抓起来。企业的工作,可以说是百废俱兴,没有经验,也只有一件件地做好。另一方面,做成本计划工作的同志,绝大部分都是新参加工作的,经验缺乏,业务不熟,而成本工作本身是很复杂的。成本计划工作就是业务经济活动的总结,应该是企业工作的一个主要环节、重要的任务。因为我们把经济核算做好,就可扩大积累,另外可以带动企业里其他部门的管理水平提高。因为成本的构成是企业里各种主要指标的有机的结合。从原料开始,一直到商业成本,有机地结合起来,构成产品成本。只要把这项工作做好,就可以带动其他部门的工作做好。不只是生产劳动供应部门的工作,甚至对辅助车间也有督促的作用。例如:运输部门的费用,成本方面加以控制,就可以改进运输方面的工作。零件备品控制得好,就可以加强改进机修方面的工作。整个企业的全部经济活动的成果,都在成本上体现出来。体现的好坏,就可以使领导上看出管理上的问题。再进行分析研究,就可以发掘每项工作中取之不尽的潜在能力。如原料从交车间到做出成品来,在原料上就存在着很大潜力。因此说做好成本工作就可加强和改进企业工作。产品成本低,则利润大,就扩大积累基金。企业在费用上减少一个,就可以多提一个利润。重工业的企业里,利润的比例是不小的,可以推行经济核算和节约制度,还是社会主义的管理方法。厉行节约,就可以增加积累基金，扩大再生产。马林科夫同志在联共（布）第十九次代表会议上的报告中曾指出："厉行节约的问题应经常是我们的一切经济工作和党的工作的中心环节。我们应当经常注意以爱惜公共的、社会主义的财产的精神教育苏联人民。必须根除一切浪费物力、人力和财力的现象。有计划地保证完成和超额完成降低产品成本的任务。"所以厉行节约，不仅是重要工作，也是政治任务。毛主席对于财政预算曾提出三道防线：一是增产，二是后备，三是厉行节约。

社会主义资金的来源，主要靠内部积累。所以我们要节约资金，扩大积累，为国家社会主义工业化准备资金。1954年国家收入预算中，国营企业收入占63.5%，合作社收入占2.5%，公私合营企业收入占2.9%，合起来为68.9%。国家的收入是从几方面来的，而国营企业收入和公私合营企业收入就占66.4%，由此可看出，要进行社会主义建设，资金主要是由内部积累的。资本主义工商业收入占15.4%，农业收入占13.4%（我们国家的农业还是落后的），共计是28.8%。那就是说，绝大部分是国营企业收入的，它是对社会主义积累有重大意义的。由此可以说，首先要做好成本工作，要有目的地节约，有系统地降低产品成本，扩大积累。

二、目前成本计划工作状况

1. 首先是在成本计划工作战线上反对保守思想。我们开了几次计划会议，会议情况都说明我们的生产计划不是冒进而是保守的，基本建设计划不是保守而是冒进的，基建定额上是保守的，而进度上是冒进的。当然今年生产计划完成情况不好，但这不能说计划就不保守，还是保守的。1953年就是这样。上半年计划都完不成，认为计划是冒进的；但下半年通过增产节约运动，最后却是超额完成计划。这说明作年度计划时，没有充分估计职工的潜力。成本计划也是如此，有些企业，成本比计划降低10%，也有的企业降低20%以上，这说明掌握实际情况不够，心中无数，很自然我们就怕冒进了，实际上却常常是保守的。另外是对企业潜力估计不足。劳动生产率的提高在社会主义社会是无穷尽的，苏联进行社会主义经济建设30多年了，劳动生产率仍在不断地提高，产品成本也是在不断地降低，这是一个法则。至少说明我们的认识还是不坚定的，缺乏充分的信心与决心。保守的计划指标，使企业不用努力就可完成任务，这就不能提高干部的工作水平，对企业管理是有害的。对企业应该给它一个紧张的任务，才能督促、鞭策企业生产和管理的改进。

2. 经常地检查计划的执行情况。不只是要制定出先进的计划，更重要的是检查计划的执行。不仅工业部门如此，其他部门也是如此。因为计划布置下去，不加强检查，就容易形成自流。所有经济部门都应这样，工业部门更重要一些。我们的工作是繁忙的、具体的、点点滴滴的，工作很多，从生产供应到劳动，都是这样，容易漏掉一项，造成脱节。所以要使各个计划全面完成，就必须加强检查。另外，我们的成绩很容易表现出来，不常检查就容易把缺点淹没在成绩里边。

3. 加强分析工作。现在报纸上发表的，常常是写产值、产量完成计划多少，这不能说明问题，缺点往往淹没在成绩里。只有通过分析研究，才可以把这些缺点暴露出来。例如：特殊钢厂产值、产量每月都超额完成计划，而新产品试制却没完成计划。新产品试制是重要的一项工作，没完成计划，就充分说明企业技术水平还没达到国家的要求。若把成本分析一下，问题就会更复杂了。例如：工资。从成本上来看，工资所占比例是很大的，往往就不大注意它完成计划与否。钢厂工业的工资一般占 10% 或 10% 以上，可是这一点超支了，就给劳动工作带来一系列的困难。劳动上加一个人，一系列的福利设施问题都来了。不经过分析，就反映不出这些情况。重要的原材料，特别是主要材料及贵重材料，要求节约。在这方面我们要加以分析，找出关键性材料的超降原因，这样至少可以敲起警钟，使领导同志保持清醒的头脑和对工作兢兢业业的心态。例如：抚顺钢厂新建三座汽锤。第一座是三吨汽锤座，由于设计部门采取了先进的定额，引起该厂注意，兢兢业业地打基础，很好地完成了。第二座是五吨汽锤座，也是很紧张认真地工作，也很好地完成了。第三座锤和第一座吨位相同，大家认为已经有了以前的经验和成绩，这一座没问题，很容易就可以完成，结果就在这锤上出了事故。这说明已增长骄傲自满情绪，缺乏了警惕性，就放松了工作，造成了工作上的损失。

加强分析工作，找出缺点的关键，敲起警钟，提高警惕，就可以找出经验教训，改进工作。

要求有系统地降低成本，改进工作。尤其对成本计划工作基础较好的企业要求更高一些，成本计划要逐项完成，同时进一步做好分析工作。

三、做好成本计划工作要有以下的保证

1. 组织机构的保证。基本上同意计划处提出的会议提案草案，要求企业执行和贯彻局这一指示。已有成本计划机构的，要健全起来；没有机构的，要迅速建立。这是计划工作的基本建设，要拿这一条来保证。

2. 要求所有做成本计划工作的同志，加强学习，提高业务水平：

（1）要学习政治理论知识，把政治理论水平提高。因为我们完成这项任务，关系到国家社会主义工业化，这是政治任务。另外，不提高政治认识，对工作的积极性不高，工作上也不会有创造性，业务水平的提高就很困难。例如：学绘画的人有政治认识，画的图画才能有思想性。我们做经济工作的更需要提高政治认识，特别是计划工作者提高政治水平，才能适应日益增长的工作要求。

（2）加强业务学习。每个工作同志要下决心干一辈子，不要三心二意。要下决心干下去。成本计划既然是重要的工作，没有熟练的工作者，是不行的。但在学习上找窍门、走捷径也是不行的，只有一点一滴地长期钻研，才能提高，才能做好工作。一般说鸡毛蒜皮是很琐碎的事，但钻下去，还有很多专门知识。所以对工作一定要下决心，一个人的精力和工作时间都是有限的，应该坚定工作岗位干下去。

采取积极措施克服生产中的薄弱环节[*]

(1957年3月25日)

1956年是冶金工业发展最快的一年，钢铁生产增长尤为迅速，因而暴露出来的问题也很多。与1955年比较，1956年钢铁工业总产值增长39%，钢增长59%，钢材增长51.2%，但生铁仅增长27.8%，焦炭增长13.2%，富铁矿（包括人造富矿[①]）增长也只12%，在钢铁工业生产发展中就出现了某些不平衡状态，在各部门生产配合上就出现了某些薄弱环节，妨碍着生产的正常发展、各部门的正常配合和企业管理工作的正常进行。

一个企业里常常存在着薄弱环节，一个车间、一个工段也常常存在着薄弱环节。各企业有着不同的薄弱环节，一个企业里各车间、各工段又有不同的薄弱环节。某一个企业里薄弱环节是设备维护，在另一个企业里则是煤气供应；某一个车间里薄弱环节是天车，在另一个车间里则是马达。如沈阳轧钢厂的薄弱环节是搬运装卸，而在它的第二车间则是剪切能力不足；一个工段也是如此。

因为生产发展的不平衡，一个企业里常常又出现新的薄弱环节，一个车间或一个工段也是如此。如矿山凿岩使用硬质合金钎头，掘进工效提高了，装运或支柱往往跟不上，装运或支柱就成为新的薄弱环节。炼钢车间推行快速炼钢，炼钢炉产量提高了，铸锭工作配合不上，铸锭就成为新的薄弱环节。不同的生产条件产生着不同的问题、不同的薄弱环节，而生产条件的发展变化，又引起薄弱环节的变化，产生着新的薄弱环节。看起来，薄弱环节是千差万别，而又是千变万化的，但是在一个

---

[*] 这是袁宝华同志为《冶金报》撰写的社论，载于1957年3月25日《冶金报》。作者时任冶金工业部部长助理。

[①] 为达到一定的经济效果，将开采出来的天然低品位矿石（贫矿）用物理的方法和化学的方法加工提炼成高品位矿石（人造富矿），以达到高产、优质、低消耗的目的。人造富矿是我国冶炼工业的重要原料来源。

企业里或一个车间里一定期间总会有带有普遍性的突出的薄弱环节。至于钢铁工业，目前带有普遍性的突出的薄弱环节是什么呢？去年12月我们初步总结各企业生产上存在的问题时，就曾指出当前钢铁工业的突出的、带有普遍性的薄弱环节就是原料部门和企业的辅助部门。

原料供应和辅助部门之所以成为目前钢铁工业的薄弱环节，主要由于：1. 我们在计划平衡工作上做得不好，在情况有了变化后，我们的瞻前顾后做得不够。因而及早发现这些薄弱环节，及早采取措施做得不够。2. 原料供应和机械、动力、运输等部门都没有足够的后备力量。如缺乏必要的后备矿山，缺乏必要的机械、动力、运输等方面的平衡工作备用能力。钢铁工业的特点是连续生产，主要生产设备如高炉、平炉的生产能力比较易于迅速提高，而其他部门的能力就难于配合得上。没有必要的后备力量，就无法迅速克服因而出现的薄弱环节，就不能保证连续生产。3. 原料部门和辅助部门工作的重要性常常不被领导所重视。冶炼企业的主要生产部门是炼铁、炼钢和压延部门，领导工作的重点放在这些主要车间也是可以理解的，但是决不能削弱对于辅助车间的领导和注意，因为辅助车间配合不上，这个薄弱环节就将成为阻碍主要生产车间发展的关键环节。

原料部门实际上是钢铁冶炼工业的基础部门，辅助部门在目前又是企业里不可忽视的关键部门，因而许多生产上的薄弱环节也就往往成为工作中必须解决的关键问题了。

1. 经常抓紧进行计划平衡工作。作好生产上各个环节的平衡。特别是冶炼原料的平衡，不只是作好生产计划的关键，而且也是完成生产计划的保证。生产计划的平衡，牵扯到许多方面，从原料到成品，从动力到运输，从工作备品到设备检修，从生产准备到基本建设工程投入生产时间，平衡工作不能是孤立的，不能只看到主要车间、主要生产设备和它们的一个时期的能力，必须全面地、深入地把保证生产的各种条件联系起来进行平衡。

克服薄弱环节才能保证计划的完成，而经常反复平衡的目的，正是及时发现这些薄弱环节，及时指出妨碍生产发展的关键所在，及时对我们敲起警钟，督促我们采取措施，迅速克服这些薄弱环节。

2. 增产节约，增长后备力量。为了保证钢铁冶炼的正常生产不致被突然出现的薄弱环节所破坏，企业必须逐步解决原料、材料、燃料的后备问题。企业的辅助车间，如通风、水、电、汽、煤气、运输、修理等设施也须有一定的备用能力。但是，在矿石、焦炭、生铁、废钢等原料供应紧张的情况下，增长后备力量的主要方法应该是增产节约，只有增产原料和节约原料才能真正做到增加原料储备。同时辅助车间增长后备力量的主要方法也是增产节约，发掘辅助设施的潜在力量，提高生产能力，降低风、水、电、汽、煤气等消耗定额，做好设备维护工作，合理组织运输工作，实际上就增加了辅助设施的备用能力。矿山必须加强剥离与掘进、加强生产准备工作，以保有必要的备采矿量。至于建设若干后备矿山，则是从根本上改变原料基地的落后状态了。

3. 针对薄弱环节及时采取技术措施。基本建设工程常常是用于集中解决规模较大、数量较多、性质较为重要的生产问题的，虽然它可以从根本上克服某些主要的薄弱环节，消除某些重大的不平衡状况，但是它又受建设条件的限制，不可能及时解决较小、较零星、较为急迫的问题和年度生产计划执行过程中出现的问题。这就必须针对这些薄弱环节，采取有效的技术措施，迅速加以解决。

4. 加强对薄弱环节的领导。企业既然存在着某些薄弱环节，就一定会影响其他生产环节的正常发展，这些薄弱环节就成为企业里的重要问题了。必须重视薄弱环节，研究薄弱环节，加强对薄弱环节的领导，才能更好地克服薄弱环节。

在一个企业或一个工作部门里的各个环节之间，经常出现薄弱环节。经过努力改进了工作，克服了这些薄弱环节，呈现出一定时期的平衡状态，但是各个环节的发展不可能是整齐划一的，某些环节在顺利的条件下，就会超越其他环节而突出。因而平衡只是暂时的。旧的薄弱环节经常被克服，而新的薄弱环节又经常出现。领导工作的责任就是组织力量、采取措施，经常去克服新出现的薄弱环节。

努力提高冶金工业生产水平*

（1958年1月7日）

1957年胜利地过去了，冶金工业部已经超额完成了第一个五年计划的各项主要指标。1957年冶金工业部总产值为1952年的3.8倍，五年内平均每年增长30%。1957年全国钢产量达到524万吨，比1952年的135万吨增长了将近2.9倍，生铁产量达到590万吨，比1952年的193万吨增长2倍以上；第一个五年计划期间合计的钢产量达到1 656万吨，比旧中国1900—1948年49年钢的总产量还多一倍以上；解放后钢产量平均每年增长55%，第一个五年计划期间平均每年增长速度也达到31%。与英、美两国钢铁工业发展的速度相比：1895—1956年的61年间，英国钢产量平均每年不过增长2.6%，美国1880—1955年的75年中，平均每年增长速度也仅为6.1%。

但是，我们必须同时承认，无论从数量上还是质量上来看，我国冶金工业的水平还是很低的。一年生产500多万吨钢，生产20多种金属，还远远不能满足国民经济各部门的生产和建设的要求，与我们这个六亿人口的大国还很不相称。为了根本改变这样落后的局面，在20年左右的时间里，把我国建成为一个社会主义强国，中共中央提出争取今后15年左右要在钢铁和其他重要工业产品的产量方面赶上或者超过英国。这是振奋全国人心的战斗动员。这是我们冶金工业部门全体职工的光荣任务。我们必须不遗余力地迅速发展我国的冶金工业，迅速提高冶金工业的生产水平和技术水平。在第一个五年计划胜利大跃进的基础上，再向前跃进。

为了完成这个任务，在第二个五年计划期间，我们必须使重工业继续高速度地发展，而且争取超过计划而达到更高的水平，为第三个和第

---

* 这是袁宝华同志为《冶金报》撰写的社论，载于1958年1月7日《冶金报》。原题目是《跃进再跃进》。

四个五年计划冶金工业的进一步发展打下有力的基础，准备有利的条件。

1958年是第二个五年计划的第一年，我们已进入这个不平凡的年头了。这是一个新的开始，新的起点。我们曾经总结了第一个五年计划期间的工作，并且在1957年本刊的几篇社论里论述过几项主要的经验教训。我们必须记取这些经验教训，必须从1958年起把这些经验教训贯彻到第二个五年计划期间的各项工作中去。

一、坚决贯彻勤俭建国的方针，厉行节约，把建设资金用在最重要的地方

在生产和建设事业中，必须抓住重点，不能百废俱兴、齐头并进。在第二个五年计划期间，为了从根本上逐步改变冶金工业的落后局面，要建设若干大的钢铁和有色金属联合企业，同时也要建设一批中小型钢铁和有色金属的企业；要建设新的企业，同时也要扩充某些旧的企业；要建设冶炼工厂，同时也要建设相应的原料基地等等。这些都是必要的，都需要投入大量的建设资金。但是也有不少可干可不干或可缓干的工程、可花可不花或可少花的费用，那就一定要坚决地不干或缓干，不花或少花。无关紧要的地方，尽可能因陋就简，把有限的资金集中用在最重要的地方。如高炉操作不一定必需电梯，就可以节省建设电梯的费用。又如动员职工家属还乡生产后，必须建筑的宿舍就可以减少了。又如有计划地安排和简化建筑基地的建设，合理地使用大型临时工程，都可以节约大量资金。一定要下狠心压缩或取消一些次要项目，才能真正把另一些重要项目建设得更快更好。孟子说："人有不为也，而后可以有为。"就道出了这个真理。

勤俭办企业，勤俭办一切事业。少花钱，多办事。节约每一元资金，加速冶金工业的建设。

二、大、中、小企业相结合，合理地安排冶金工业的地区分布

大、中、小企业相结合的建设方针，在本刊1957年第15期已有社论，这里不再赘述。第二个五年计划期间将建设一批中小型钢铁厂，它

们几乎分布在我国所有的省区。平地起家，创建时都会有不少困难，但是，因为规模小，可以因陋就简，投资少，建设快，一旦投入生产，不仅能带动一个地区的经济发展，而且也都将成为扩充和发展的基础，在以后的几个五年计划期间就可以看出这种战略部署的作用了。但是，为了迅速提高钢铁生产水平，必须继续注意加快几个大的钢铁联合企业的建设，同时，还必须在我国内地开始建设某些新的钢铁工业基地，为第三个五年计划准备继续高速度地发展的条件。

三、加强技术管理和科学研究工作，为冶金产品争取更多的品种和更高的质量而奋斗

在品种和质量上，第一个五年计划期间有很大成绩，1957年与1952年相比，钢的种类由170种增加到370种，钢材规格由300～400种增加到4 000种，有色金属也由8种增加到20种，科学研究方面研究成功了若干种稀有金属和高纯度金属。但是，仍然不能满足国民经济各部门，特别是机械工业部门的需要，很多品种、规格和很多有色金属，目前还不能生产，还需要在第二个五年计划里加强科学研究和技术管理工作，积极研究、试制和逐步解决。

增加有色金属及其合金的品种，争取生产几十种有色金属和稀有金属；增加钢的品种和规格，根据我国资源的特点逐步建立起新的合金钢系统。这是冶金工业第二个五年的战略任务，必须解决这些问题，冶金工业才能产生更快的质的变化，才能配合得上几千万吨钢铁的生产。

四、总结和推广先进生产经验，掀起新的生产高潮，迅速提高冶金工业的生产水平

经验证明，我们的企业里增产节约的潜力是巨大的，只要把这些潜力充分发挥出来，就可以加速生产和建设工作，为国家积累更多的资金，并且使资金发挥更大的作用。经常进行企业的经济活动分析工作，注意发现工作中的缺点和漏洞，同时也注意发现生产活动中的先进事例，先进的个人和集体，研究和总结他们的先进生产经验。组织推广这些先进经验，就可以克服生产中的薄弱环节。发挥积极因素，就可以克服消极

因素。企业里整风运动和社会主义教育运动已取得很大成绩，职工群众的政治觉悟大大提高了，在这个基础上继续开展社会主义劳动竞赛，掀起一个群众性的持久的生产热潮，更快地提高冶金工业的生产水平。

我们必须始终采取积极促进的态度，反对消极保守的态度。我们只要动员全体职工坚定不移地贯彻这些方针，就能够做好1958年的工作，又多又快又好又省地完成1958年和第二个五年计划的光荣任务。

必须和一切浪费现象进行坚决的斗争[*]

（1958年1月17日）

去年10月冶金部机关整风运动进入以整改为主的第三阶段后，各单位干部在鸣放中，在大字报和座谈会上，揭发了大量的浪费现象。

一是办公费、事业费使用上的铺张浪费。有购置方面的浪费，如黑色冶金设计院购置带镜衣柜534个，每个90元，只租出345个，余189个迄今仍积压在仓库里；又如这个设计院的技术处盲目刻制橡皮图章500多个，一直搁置无用。有印刷方面的浪费，如销售局1956年印刷"合同条款" 25 000份，已用2 000元，不久重工业部分部，销售局却用铜版纸重新精印，又用4 500元；又如建筑局安全处编印安全画册，实用3 000份，却印7 000份，积压15 000元，不能结账。有旅差方面的浪费，如有色冶金设计院一个打字员因急公乘飞机去东川，回来时又由昆明坐飞机到广州顺路回长沙结婚，财务部门曾提出意见，因为科长和办公室主任坚持，结果还是报销了全部旅差费。有文电方面的浪费，如本溪钢铁公司曾给钢铁局打来一份825个字的电报，抄报纸长达二尺半。有会议及招待方面的浪费，如销售局1957年一季订货会议花费15 785元，二季订货会议仅仅旅店费赔补就用5 284元；又如地质局欢送一个客人，有50人作陪，喝了200瓶汽水，游园共用数百元。

二是设备仪器材料的积压和损坏。有器材购买方面的浪费，如钢铁研究所这次整改中清查出设备仪器75件，价值60万元，其中有积压5年之久、价值11万元、重达60吨的大型冷处理设备；又如建筑局积压8项施工机械，价值267万元。有设备损坏方面的浪费，如钢铁研究所把一个精密天秤的摆拆断，损失约1万元。有器材保管使用方面的浪费，如一个研究人员需要一种化学药品200克，供应部门就发给一大瓶，用不

---

[*] 这是袁宝华同志为《冶金报》撰写的社论，载于1958年1月17日《冶金报》。

完退也不收，只好堆起来，任其变质。

三是工作上马虎错误所造成的浪费。如南京工地一个小车间只有8万元的工作量，却从天津运了一台25吨塔式吊车，用26个火车皮，花运费3万元，连安装使用共用25万元，实际上只吊装预制柱子107根。

四是计划安排不当所造成的浪费。如重庆生产的钢材存在西安仓库，成都需要使用，只好再运回去；又如八盘岭投资40多万元新开坑井，采出矿石因品位太低，长期积压起来，不能使用；又如桃林矿开采方案未定，汽车和电铲都上了山，后改为坑内开采，这些设备又需调出去。

上面所揭发出来的问题说明，浪费是惊人的，浪费现象是大量存在的，是普遍存在的。这些严重的浪费现象，不只在北京的部局机关和事业单位有，在北京以外的管理机构和事业单位也有；不只在机关和事业单位有，在企业里也有；不只在建筑企业里有，在生产企业里也同样存在着。

这些浪费现象的揭发，暴露了我们领导上的官僚主义和主观主义。我们的领导机关和领导干部往往没有依靠广大群众，没有了解实际情况，没有作认真的分析研究就决定问题，结果发生错误，造成浪费。同时也暴露了我们对于厉行节约、反对浪费这样一个勤俭建国的方针还缺乏深刻的认识。因而，有些人从本位主义出发，只顾本单位的方便，宽打窄用，不惜积压国家资金。有些人大手大脚，不肯精打细算，见什么买什么。甚至也有一些人为了个人爱好，追奇贪新，看了外国杂志，就指名要某某国家的离子交换剂，看了外国的工业展览会，就要某某国家的新仪器。所有这些人都没有看到，或者忘记了国家的整体利益和人民的长远利益，结果也就发生错误，造成浪费。

尽管我们企业里开展过反浪费运动，开展过增产节约运动，并取得很大成绩；但是必须同时看到，在我们各个部门的工作中，在我们的企业里，还有很大的漏洞，还普遍地、大量地存在着严重的浪费现象，诸如人力的浪费、物力的浪费、财力的浪费和时间的浪费，都是十分惊人的事情。这就是说，我们还有无穷无尽的潜在力量没有得到充分发挥而被浪费掉了。因此，必须大胆、坚决、彻底地反对浪费，克服浪费，才能够把这种巨大的力量发挥出来，成为有用的东西，用之于生产和建设事业，促进我们冶金工业的发展。

关于基本建设方面如何反对浪费、厉行节约，如何贯彻勤俭建国的方针，在本刊1957年第38期的社论里，曾有初步的阐述，希望所有建设单位开展一个反浪费运动，开展以勤俭建国、勤俭办企业为专题的大鸣大放与深入整改。现在再就生产方面如何开展反对浪费、如何贯彻执行勤俭办企业的方针的问题，提出几点意见。

第一，开展群众性的反浪费运动。浪费现象虽然是普遍地、大量地存在着，但是，并不是人人都看得见和看得清楚的，不少人因为思想麻痹而熟视无睹，也有一些人因为缺乏勇气与决心而讳疾忌医。这就需要在整风运动中，在深入整改阶段中，发动一个以反浪费为中心的专题鸣放和专题整改。大胆地、坚决地、彻底地揭发和批判各种浪费现象，揭发和批判我们在这方面的官僚主义和主观主义，揭发和批判在这方面的本位主义、个人主义，揭发和批判一切违背勤俭建国、勤俭办企业方针的错误思想。这样怵目惊心的现象一旦被大量揭发出来，就会使人大吃一惊，苏醒过来，擦亮眼睛，再进一步深入地去检查和批判。认识了缺点和错误，就有勇气与决心和错误作斗争。认识了浪费的危害，就应该和一切浪费现象作坚决的斗争。在群众性的反浪费运动中，可以使厉行节约、反对浪费这样一个勤俭建国方针深入人心，从过去已经造成的浪费中吸取经验教训，在群众中树立勤俭节约的风气。

第二，订出1958年的各企业自己的增产节约计划。1958年计划已经下达到厂矿企业，现在不少企业正在组织职工群众进行讨论。我们在反浪费运动的基础上订出今年的增产节约计划，才能把群众高涨的生产热情巩固起来，组织持久的生产高潮。

反对浪费原材料和燃料，提出节约指标，降低消耗、降低成本。石景山钢铁厂因为原料条件不好，原计划成本增高4.5%，经过群众讨论，反复挖掘潜力，采取提高洗煤回收率、节约原煤8万吨等措施，成本不但不增高，反而降低1%。原钢铁局各厂平炉炼钢钢铁料消耗1957年为1036公斤，比计划定额节约30公斤，1958年如积极采取措施，如减少扒渣带铁、提高合格率、减少浇余报废和停止一些化铁炉热装，就有可能再节约20～30公斤，从这里就可以提供增产几万吨钢的金属原料。

反对浪费生产资金，节约资金和加速资金周转。1957年冶金部生产流动资金周转期为90天，由于新设备投入生产、增加矿石储备和其他特准物资的储备，1958年流动资金周转计划为93天，除了不可比因素则为87天，但这方面还有潜力，还可以再缩短几天。应该采取各种措施，节约资金使用，保证增加一些重要原材料的储备。

反对浪费人力，提高劳动生产率和出勤率。1958年劳动生产率计划提高2.9%，如采取措施，提高技术熟练程度，精减非生产人员，不用或少用临时工，就可以大大提高劳动生产率。1957年生产工人出勤率只有94.5%，无形中损失了几百万个工日。但是有些单位，特别是矿山，出勤率却高于一般企业，如利国铁矿和湘潭锰矿都能够长期保持在97%以上。如果冶金部所属企业都达到利国和湘潭的水平，1958年就可以少增加近万名生产工人。

反对浪费生产设备，提高设备利用率。冶金部矿山上使用着大批3立方公尺电铲，平均台班效率不过几百立方公尺，最低的只有200立方公尺，而大孤山41号电铲却达到1 100立方公尺。如果矿山电铲都能达到这个水平，就等于把电铲增加了两倍以上。

反对铺张浪费，大力节约各种经费及事业费的开支。这方面的浪费是十分惊人的，但是如果千方百计地从各方面各个角落一点一滴地俭省起来，也可以减少大量开支。如销售局1957年一季订货会议花费15 785元，经过机关整风运动，改进了会议工作，1958年一季订货会议只用3 085元。

第三，经常地进行勤俭建国的思想教育，建立反浪费的群众监督制度。勤俭建国方针能不能贯彻得好，这首先是个思想问题。人的思想又经常在发展变化，勤俭办企业的思想如果不来指导我们的工业生产，浪费思想就会滋长起来，就会占领我们各个工业生产部门。脸要天天洗，房子要天天打扫，浪费思想一冒头就要批判，勤俭建国的教育要经常地进行。为了不断地反对浪费，克服浪费现象，还需要建立各种形式的群众监督制度。如大字报可以经常化，班组经济核算可以有更广泛的群众性等。

勤俭建国，勤俭办企业，勤俭办一切事业，这是我国建设社会主义的根本方针，是我们工人阶级的中心任务，要贯彻这一个方针，就必须和一切浪费现象进行坚决的斗争。

勤俭办企业，多快好省地建设社会主义[*]

（1958年5月18日）

今年春天，在全国展开了轰轰烈烈的反浪费运动。勤俭建国、勤俭办企业的口号，已经家喻户晓了。但是，即使懂得了勤俭建国和勤俭办企业的道理，也还有些人不知道如何具体去做。因此，还需要不倦地进行宣传工作，不仅要从理论上阐明勤俭办企业的必要，而且要用事实具体指出勤俭办企业的方法，用生动的事例说服人们和引导人们走这条道路。《冶金报》1958年第6期和第8期已经介绍了两个有色金属企业（沈阳矿山机械厂和莲花山选矿厂）勤俭办厂的成绩，本期《冶金报》登载的两篇文章又介绍了两个钢铁企业（山西故县铁厂和上海永鑫钢管厂）勤俭办厂的经验。这些事实一再有力地说明了，只有走勤俭办企业的道路，才能更多更快更好更省地建设社会主义。

这些企业都各有不同的情况和特点。以两个钢铁厂来说，故县厂（即长治钢铁厂的前身——编者注）处于山乡里，永鑫厂却在通都大邑；故县建厂历史较久，永鑫建厂时间尚短；故县厂是有7个生产车间的钢铁联合企业，永鑫厂只是一个简单的轧钢厂；故县厂是地方国营企业，永鑫厂是公私合营企业；等等。尽管存在以上种种不同，但他们却有一个共同特点，都是勤俭办企业的榜样。我们许多企业与他们的情况和特点也不相同，但是，他们的经验是宝贵的，值得我们好好学习。

第一，我们应该学习他们思想领先的领导方法。

经常与各种错误思想进行斗争。他们的工作条件不好，无论生产条件、劳动条件还是生活条件都十分困难。全国解放后，故县厂不少干部和工人向往大城市大工厂，不安心待在山沟里。永鑫厂在困难重重的时候，也曾经有一些人打算关厂散伙。但是，由于他们没有放松与各种错

---

[*] 这是袁宝华同志为《冶金报》撰写的社论，载于1958年5月18日《冶金报》。

误思想的斗争，及时教育了职工群众，巩固了社会主义阵地。

克服困难，克服本位主义，大力支援新单位。故县厂除了已调出大批领导干部、技术人员外，在今年的工农业生产高潮中，又担负了帮助4个县的地方工业建设的任务。永鑫厂投入生产不久，已开始为天津等地培养干部和技工。

大胆创造，大胆革新，敢想敢干。他们在简陋的设备上，大胆推广先进技术经验。故县厂小高炉利用系数已达到0.8立方米/吨，接近中型高炉的水平，炼焦副产品已回收10多种。永鑫厂正收集国外无缝钢管质量标准，他们下决心在产品质量上达到国际先进水平。这样的气派和风格正是我们所需要的。

兢兢业业，经常防止骄傲自满。钢铁产品虽然供不应求，但是他们并不因此而放松对产品质量、品种和规格的要求，而是力争满足使用单位的需要。他们都计划在现有的基础上，积极努力，继续向前发展。

第二，我们应该学习他们贯彻群众路线的作风，依靠群众，办好企业。

他们的特点是：干群结合，即领导干部与工人群众相结合。领导干部经常深入现场、深入群众。哪里有困难，干部就到哪里和工人一起商量、一起操作。干部没有官气，没有架子，和工人打成一片。故县厂和永鑫厂的这种作风，正是中国共产党的优良传统。

劳技结合，即劳动与技术相结合。技术人员与工人一起劳动，他们大都是在实际操作过程中掌握技术和提高技术的。不少老工人已经被培养成为技术领导骨干。永鑫厂缺乏技术人员，他们就依靠老工人来解决技术上的问题，并通过实践不断提高工人的技术水平。

工农结合，即工人与农民的互相支援和密切合作。故县铁厂和附近农村，从战争年代一直到现在，总是相依为命的。铁厂没有足够的矿山，主要依靠农民供给矿石，采取农民自找自采、公找民办、民办公助、工农合营等办法供给炼铁需要的矿石。工人住宅75％依靠农民解决，办法是租赁、合建、自建公助等。每年20多万吨公里的运输量，也是大部分依靠农民支援的。农民因而增加了副业收入，并从工厂得到可利用的废钢和钢渣磷肥等的支援。

第三，我们应该学习他们艰苦奋斗的精神。

自力更生，克服困难。故县铁厂继承了共产党、八路军艰苦奋斗的光荣传统，排除万难，用两只手在山沟里开辟了新天地。炼钢、轧钢、炼焦、耐火材料等车间都是平地起家，大部分设备都由自己配制。为了厂内运输的需要，他们自己还制造出几台小火车头。

因陋就简，节约资金。故县厂利用19万元试验费和战争年代的一个旧翻砂房，建成了转炉炼钢车间。永鑫厂在"靠人不靠钱"的口号下，不花国家一元钱投资，完全利用旧设备，可以年产7 000吨无缝钢管。

精打细算，边生产边建设。故县厂矽砖窑投入生产后，资金不足，就利用空闲烧制细瓷器，降低耐火砖成本，积累资金，继续进行建设。

刻苦钻研，边学边干。永鑫厂生产无缝钢管穿孔用顶头损坏严重，他们到处学习，刻苦钻研，终于发明了带有很大技术革新意义的掏空顶头用水冷却的办法。故县厂耐火材料车间一开始也是自己画图制砖。当然他们也从不放过向各兄弟厂学习的机会。

今年4月初全国钢铁厂在大冶开会的时候，故县厂的同志作了生动的报告，到会干部很受感动。会后一部分人又参观了上海永鑫厂，深深为这个厂穷干的乐观精神所鼓舞，大大增强了高速度发展冶金工业的信心。如果我们所有冶金企业都学习故县厂和永鑫厂勤俭办企业的经验，就可以把"投资一顶二，速度快一倍"的口号变为现实。

抓重点　抓两头[*]

（1958年7月7日）

一

在社会主义建设总路线的鼓舞之下，一个惊心动魄、规模宏伟的群众性的建设冶金工业的高潮正在形成。根据中央提出的"几个并举"的方针，经过几次冶金工业规划会和促进会，地方冶金工业正乘风破浪、一日千里地飞跃前进。

炼铁和炼钢，这是钢铁工业的主导环节。我们必须经常注意发展炼铁和炼钢。但是，同时还要十分重视其他生产环节，特别是原料生产和成品生产两个环节。炼钢和炼铁生产发展了，如果不相应发展钢铁工业的其他环节，就会出现这样的情况：炼铁高炉建设起来，矿石供应不上；钢炼出来了，不能轧成需要的钢材。

及时地抓住重点，抓住钢铁工业的两头——矿山和轧钢，使矿山和轧钢赶上来，配合炼铁和炼钢生产的需要。最近冶金部分别在邯郸和上海召开了矿山会议和轧钢会议。对两个会议，本刊都有介绍。这两个会议，既是现场促进会，又是发展规划会。矿山会议提出苦战三年，1960年生产矿石两亿吨以上；轧钢会议提出争取三年内生产上万种钢材。实现两个会议的目标，就可以消除炼铁的后顾之忧和炼钢前进的障碍，保证轧钢与炼钢炼铁并肩前进，争取矿山建设走在前面。

二

矿山是冶炼工厂的原料基地，冶金工业是原料工业，采矿工业就是

---

[*] 这是袁宝华同志为《冶金报》撰写的社论，载于1958年7月7日《冶金报》。

原料工业的原料工业了。如果说，重工业是社会主义工业的基础，钢铁工业是这个基础的基础，矿山则是基础的基础的基础了。因此，我们必须对矿山建设给予足够的重视，让矿山建设先走一步。

为了加快矿山建设速度，早投入生产，多开采矿石，就必须认真贯彻大中小型企业同时并举的方针，目前以建设中小型矿山为主。特别是小矿山花钱少，建设容易，见效快。

由于目前缺乏采矿设备和钢材，在采矿方法上要采用先土后洋的方针。小型矿山完全可以用手工工具，土法开采，先开露头，有条件时再采用简单机械，进入坑内。中型矿山也可以先露天后坑下，先用土法上马，然后土洋并举，采用小型机械和运输设施。邯郸矿山村和辽宁大石头、眼前山铁矿还发动群众改进工具、自造机械，来提高效率。

三

几年来轧钢生产的突出弱点，是开坯能力不足和钢材品种太少，尤其是钢板、钢管、钢轨等品种的产量太小。钢铁工业的发展，首先发展了炼铁和炼钢生产，这个矛盾将更为突出。因此，就必须迅速解决轧钢生产中过去存在的问题和发展过程中将要产生的新问题。

大力发展轧钢生产，首先遇到的就是轧钢机的制造问题。解决的办法是机械制造厂和钢铁厂的机修厂互相配合，一齐动手。较大的轧钢机协作解决，较小的轧钢机自己制造。能修理就能制造，鞍钢制成第二中板厂全套机械设备，为我们冶金工业部门所有的机修厂开辟了这条道路。各省市都有一些通用机械厂和机修厂，虽然过去没有做过轧钢设备，但是，只要破除迷信，大胆去干，完全有能力担负制造小型轧钢机的任务。第一台大机器总是小机器制造出来的，上海钢铁公司第三钢铁厂用小机床加工大机架，就是这个蚂蚁吃螳螂的道理。

我们生产的钢材，如果只是圆、方、扁等普通形状的条条，就无法满足国民经济各部门多种多样的需要，还必须扩大钢材品种，生产各种断面、各种形状、各种用途的钢材。轧钢会议提出争取三年内生产上万种钢材的要求是十分必要的。有一些品种的需要量很大而目前国内生产量很小，如无缝钢管、中厚钢板、薄钢板和重型钢轨等，现在就需要立即动手，采取积极措施，扩大这些品种的生产能力，争取明年成倍地提高它们的产量。这是完全可以做到的：上海永鑫五金厂用一台简单的穿孔机轧制无缝钢管的经验正在全国各地开花；上海矽钢片厂又在短短几个月的时间里建成并投入生产了。

充分利用现有工厂的基础，增装一两个机架或一个机组，就能够大大提高轧钢生产能力，而且可以迅速增加钢材的品种和产量。

四

建设矿山、建设轧钢和建设炼铁、炼钢一样，需要有统一的规划和安排。在中央的全盘规划下，各地区又须有自己的规划和安排。矿山开采要考虑运途和必要的加工，轧钢品种生产要根据本地区需要，但是，某个特殊品种又需要考虑地区之间的协作，在一个经济区域里，逐步建成一个完整的工业体系。

建设任务和生产任务都要做具体安排，特别着重抓紧今明两年建设任务的安排。学习华东安排制造冶金设备的经验，把设备制造、施工部署和投资来源等"三定到户"。轧钢设备制造按每一套轧钢机的生产规模、品种、安装时间，安排到每一个工厂。施工有人承包，技术力量有具体调配计划，投资有可靠的来源。这样的具体安排才能保证建设任务和生产任务的完成。

发展钢铁工业，无论炼铁和炼钢，无论矿山和轧钢，无论焦化和耐火材料，都有两套办法和两条道路。一条是不顾目前现实条件，单纯追求大型企业建设，过高要求机械化程度，盲目采用新技术，迷信洋办法；另一条是中央提出的"几个并举"的方针，勤俭办企业的方针，土洋结合的方针。后一条是多快好省的道路，前一条道路则是少慢差费的道路。前一种思想必须反复批判，后一种思想则必须认真树立起来。坚决贯彻中央的方针，把总路线的红旗插在冶金工业建设的各个角落。

在烟台全国黑色冶金矿山会议上的报告[*]

(1960年1月11日)

同志们!

从大跃进以来,冶金部和重工业工会共同召开的黑色冶金矿山会议这是第六次了。1958年6月在邯郸召开了全国地方矿山会议,8月在鞍钢大孤山铁矿召开了全国大型矿山会议,1959年1月在本溪钢铁公司南芬铁矿召开了大型矿山会议,2月在南京召开了中小型矿山会议,9月又在龙烟召开了矿山工作会议。那几次会议都是大型矿山和中小型矿山分别召开的。当时很多中小型矿山刚刚发展起来,根据不同情况、不同条件,分别召开解决不同问题的会议是完全必要的。大中小型矿山各有它不同的特点和条件,这是一个方面,另一方面都是黑色冶金矿山,又有着共同之点,有必要也有可能在一起研究问题和讨论工作,所以我们就召开了这次大中小型矿山都参加的会议。

这次会议是现场性的经验交流会议。烟台祥山铁矿的经验不仅对中小型矿山有用,对大型矿山也有用。祥山铁矿的艰苦奋斗精神和实干、苦干、巧干的作风值得所有矿山学习。同时这次会议是在1960年初召开的,有必要总结一下去年的工作和安排1960年的工作。所以这个会议既是现场性的经验交流会,又是1960年的矿山工作会议。会议要研究中小型矿山技术改造规划和制定1960年矿山生产计划的第二本账、第三本账。

一、1959年矿山工作的成绩

在党的总路线的光辉照耀下,黑色冶金矿山沿着1958年大跃进的道

---

[*] 作者时任冶金工业部副部长。

路，1959年又获得了全面的丰收。

1. 各种矿石产量都超额完成了国家计划。

铁矿石：全年预计完成9 500万吨，为国家计划的130%，比1958年实际产量增长26%。其中：14个大型矿山生产4 700万吨，完成国家计划的106%，比1958年增长了38%；中小型矿山生产4 800万吨，完成国家计划的169%，占全国铁矿石总产量的51%，比1958年增长18%。中小型矿山在1958年大跃进的基础上，经过了整顿、巩固和提高，取得了优异的成绩。

铁精矿：1959年完成国家计划的101%，比1958年实际产量增长44%。

锰矿石：1959年完成国家计划的148%，比1958年增长83%。

耐火黏土（只15个重点矿山的统计）：1959年生料完成国家计划的112%，熟料完成国家计划的107%，比1958年分别增长了29%和74%。

菱镁矿：1959年完成国家计划的110%，比1958年增长96%。

其他矿石如石灰石、矽石、白云石也都超额完成了国家计划，比1958年均有很大的增长。

2. 各种主要技术经济指标都有很大提高。

采矿强度：全国大型露天矿全年平均为317吨/月·米，比1958年提高24%，坑下开采的大型矿山采矿强度达10.4吨/月·平方米，比1958年提高92.5%。

电铲效率：电铲每立方米容积每日装矿1958年平均为1 068吨，1959年平均达到1 267吨，增长18.6%。

选矿的四大指标（磁选）：

精矿品位，已由1959年第一季度平均63.1%提高到64.9%。特别是本溪南芬选矿厂的精矿品位已巩固在65%以上。

选矿回收率也有显著提高，第三季度平均达到80.5%，比第一季度平均76.94%提高3.56%，比1958年提高7%。南芬选矿厂成绩显著，1月份的选矿回收率为69%，11月份则跃进到81.9%。精矿品位也从64.1%提高到65.4%。这充分说明了精矿品位和回收率完全可以双跃进。

作业率：全国磁选车间平均达到95.47%。南芬选矿厂二选车间11月份已达到98％以上。

球磨机利用系数：1959年第一季度平均在3.9吨左右，而几个主要企业11月平均达到4吨以上。鞍钢烧结总厂1至11月份平均在4.5吨以上。

3. 采矿与采准双跃进。

采矿准备工作和采矿一样也是个大跃进。14个重点矿山企业全年完成掘进和剥离工作量2500万立方米，采矿4700万吨，采准工作量比1958年增长60％。特别是在庐山会议以后，这种双跃进的局面更为突出。这个双跃进的事实充分说明采矿和采准工作可以同时跃进，完全打破了过去认为不能同时跃进的迷信，实际上有些同志过去只看到采矿和采准矛盾的一面，没看到统一的一面，只看到设备因素，没有看到人的因素，没有发挥人的主观能动性。

中小型矿山采矿和采准工作也有很大跃进。如山东省12月份采准工作量就比8月份翻了一番。四川省仅一个季度全省井巷掘进就达11万米。因此，很多中小型矿山都能保有半个月到两个月的回采矿量。

4. 矿山质量有很大提高，产量和质量都获得了丰收。

根据23个铁矿山的统计，绝大多数矿山矿石品位一般比计划提高1％～6％。如龙烟钢铁公司庞家堡铁矿矿石含铁量计划为47％，实际为49％。利国铁矿、金岭铁矿、灵乡铁矿、弓长岭铁矿等平炉矿的含铁量都能保持在60％以上。弓长岭铁矿平炉矿含铁量经常超过计划4％～6％，达到65％左右；利国铁矿输出矿石的质量均超过合同2％左右。中小型矿山的矿石质量比去年有更大提高，一般都提高了3％～10％。

从以上四方面来说，1959年是黑色冶金矿山全面丰收的一年。

1958年和1959年的连续大跃进，使黑色冶金矿山的面貌发生了很大的变化。

1. 黑色冶金矿山实现了高速度发展，从一个高速度走向另一个更高的速度。我们回顾一下矿山发展的历史。1949年全国只生产58万吨铁矿石，而烟台地区1959年一年就生产了57.8万吨铁矿石，相当于1949年全国的产量。1952年全国生产铁矿石428万吨。1957年生产铁矿石1937万吨，在第一个五年计划期间平均每年增长速度为34％，这时我国铁矿石产量从世界第九位上升到第六位。1958年在党的社会主义建设的总路线的鼓舞下,在"以钢为纲,全面跃进"的方针带动下,出现了几千万人上山的全党全民大办钢铁和采矿的历史壮举,铁矿石产量一跃而提高到7500万吨,比1957年增长2.9倍。我国铁矿石产量又从世界的第六位一跃而上升到第二位,把美国也远远地抛在后面了(美国1958年生产了6870万吨铁矿石)。1959年铁矿石的产量达到了9500万吨,比1958年又增长了26.7%。这样我们创造了一个铁矿生产发展的新的更高的速度。

2. 大中小型矿山在全国遍地开花,给钢铁工业合理布局打下了物质基础。1957年全国只有50个矿山,其中:铁矿27个,锰矿11个,黏土矿10个,菱镁矿2个。到1959年经过"五定两化"① 和初步改造已成型的矿山就有371个,其中:铁矿308个,锰矿29个,黏土矿30个,菱镁矿4个。过去只有十几个省有黑色冶金矿山,而现在除西藏外各省都有了黑色冶金矿山。

3. 中小型矿山增加了年产5000万吨左右矿石的生产能力,培养了大批干部和技术力量,提高了劳动生产率,这些矿山一开始就显示了旺盛的生命力。经过一系列的技术改造和业务建设,很多矿山已由小土群走向小洋群。如山东省的中小型矿山去年年初还是手工作业,到6、7月份已基本上实现了土机械化,到年底不少矿山走上了半机械化或小型机械化,1959年全年生产了864万吨铁矿石,等于印度1958年铁矿石产量的1.5倍。全员平均采矿效率已由第一季度的0.2吨提高到第四季度的0.65吨,提高了两倍多。烟台市的祥山铁矿,1959年生产铁矿石8万多吨,经过改造后在原班人马的基础上今年计划生产40万吨,相当于去年的5倍。四川省的矿山大部分是坑内开采,而且是薄层矿,去年生产了1164万吨铁矿石,等于联邦德国1958年全国的产量。这些矿山,不仅产量增大,而且改造的速度也快,到1959年末已修好内外部铁路路基537公里,已铺设了小钢轨、铸铁轨、铁木轨等共373公里,自制设备1887台,经过改造,效果显著。旺苍的一个铁矿,改造前日产量为300吨,职工人数为2250人,矿石成本为4元/吨,改造后人员减少40%,日产

---

① "五定两化"是"大跃进"时期推动钢铁工业发展的措施。"五定"是指定点、定型、定组、定员和定额管理;"两化"是指钢铁基地化和生产工厂化。

量提高到 800 吨，成本降为 3 元/吨。河南省也是如此，过去是"手无寸铁"的省份，现在已有中小型铁矿山 47 个，1959 年生产了铁矿石 411 万吨，相当于日本 1958 年产量的两倍；由于他们抓紧了中小型矿山的技术改造，使劳动生产率成倍地提高，1959 年上半年全省平均每工班采矿效率为 0.25 吨，到 11 月份已经达到 0.5 吨以上，在短短的 4 个月中工效翻了一番。其他各省也都同样取得了辉煌成就。

二、1958 年大跃进以来，黑色冶金矿山所取得的基本经验

黑色冶金矿山为什么能取得这样的成绩？基本经验是什么？我想，总结一下这些经验，对推动我们矿山继续大跃进是有好处的。

1. 坚持党的领导，坚持政治挂帅。黑色冶金矿山也和其他部门一样，在党的领导下，鼓足干劲，力争上游，解放思想，破除迷信，发扬敢想敢做的精神，树雄心，立大志，取得了大跃进的胜利。经验证明，坚持党的领导，坚持政治挂帅，是实现黑色冶金矿山大跃进的根本保证。1958 年空前的大跃进就是政治挂帅的结果。1959 年的大跃进更生动地说明了这一点。特别是党的八届八中全会号召反右倾、鼓干劲之后，黑色冶金矿山的生产直线上升。第一季度平均每月生产铁矿石 800 万吨，第二季度由于冷风吹了一下产量逐月下降，庐山会议以后很快改变了这种情况，铁矿石日产水平由 7 月的 20 万吨提高到 11 月份的 32 万吨，锰矿石也由 7 月份日产 4 400 吨，提高到 11 月份的 11 400 吨，其他矿石也是如此。还是那些人，还是那些机械设备，因为人的精神面貌改变了，生产就大大提高了。因此 1960 年要继续大跃进，就必须记取坚持党的领导，坚持政治挂帅这条基本经验。

2. 坚持两条腿走路的方针。有了两条腿走路的方针，矿山才有了大跃进的发展速度。1958 年以来，由于我们贯彻了两条腿走路的方针，黑色冶金矿山发生了巨大变化，涌现出几百个土法开采的中小型铁矿山，1957 年这些矿山的产量只占全国铁矿石产量的 15%，而 1958 年则一跃而占 54%，1959 年大中小型矿山一齐跃进，中小型矿山产量占全国产量的 51%；另一个变化就是地方矿山所占比例由 1957 年的 37%，一跃而增长

到1959年的66.5％。这两个比例的变化，具体说明了大型企业与中小型企业并举、中央企业与地方企业并举和洋法生产与土法生产并举的两条腿走路方针的威力。1959年中小型矿山的产量超过了大型矿山，这是过去我们不能设想的，但是有了党的总路线和一整套两条腿走路的方针，矿山生产就能成倍地增长。第一个五年计划期间铁矿石产量平均每年增长34％，而1958年和1959年大跃进的两年间平均每年就增长了190％，这样高速度的发展是贯彻两条腿走路方针的结果。这里还必须指出，两条腿走路的方针是长期的。无论什么时候都需要坚持两条腿走路的方针。1960年要生产1亿多吨铁矿石，以后要生产几亿吨。1960年大型矿山计划生产6 000多万吨铁矿石，以后翻一番才只有1.2亿吨，距离需要差得很远。必须有中小型矿山生产的配合。现在只有300多个中小型矿山，还要继续发展，将来还有更多的新的中小型矿山发展起来，还要土洋结合，从土到洋。任何时候都有大中小结合和土洋结合，不过内容不同而已。总之，要保持大跃进速度就必须坚持两条腿走路的方针。

3. 大搞群众运动。以技术革新和技术革命为中心大搞群众运动。放手发动群众，充分发挥群众智慧，实行"两参一改三结合"①，新老工人、技职人员和领导干部都要参加到运动中来。使劳动热情同革新技术相结合，在轰轰烈烈的群众运动中既创造了优异的生产成绩和先进经验，又提高了群众的生产技术水平，培养了大批技术力量。很多生产关键问题，只有经群众充分讨论才会迎刃而解，只是几个人冷冷清清地搞，往往是搞不好的。把大跃进中的优良作风坚持下去，坚持领导干部种试验田的工作方法，坚持领导干部亲临前线的工作作风，与群众打成一片，同吃同住，同甘共苦，发挥职工群众的积极性和创造性，就能够不断地改变我国黑色冶金矿山的面貌。

4. 推广先进经验。大跃进以来，黑色冶金矿山认真地及时地推广先进经验，取得了很大成就。先进人物在生产实践中创造出先进成绩，领导干部的任务是帮助他们总结出先进经验，加以推广。个别先进经验经过推广，就会带来大面积丰收。两年来出现了许多很好的先进经验，地

---

① 两参，即干部参加生产劳动，工人参加企业管理；一改，即改革企业中不合理的规章制度；三结合，即在技术革新和技术革命运动中实行企业领导干部、技术人员和工人三结合的原则。该制度后为"鞍钢宪法"的重要组成部分。

矿司已经作了推广规划,这个规划实现了,矿山生产就会很快地全面提高生产水平。

推广先进经验要用多种方法。北京市总结出六条方法,这里再补充三条,共有九条方法:第一,是表演队,即现场表演。按行业分工种进行表演。如全国群英大会以后,冶金部和重工业工会就组织了一批先进经验推广队到各地表演。第二,是医疗队,即现场指导,现场传授。如本溪第一钢铁厂去年曾派工作组到石景山钢铁公司帮助高炉生产。第三,是取经,即现场观摩学习。第四,是训练班。第五,是订合同,即包教保学的办法。第六,是展览会。这是推广先进经验的好形式,这次大会就办了展览会。第七,是座谈会。这是一种十分灵活的交流先进经验的好形式。第八,是表演赛,即现场竞赛。如鞍钢提出的技术表演竞赛。第九,是现场会议。这是综合了现场表演、现场展览、现场观摩学习和现场交流经验的有效的推广先进经验的好形式。

5. 不断改进企业管理工作。过去一年来,由于企业管理工作的加强,大大提高了矿山生产水平。大型矿山经过改革规章制度,开展技术表演竞赛,把先进经验总结起来,纳入规章制度,就大大加强了企业的管理工作。中小型矿山经过一年多的努力,初步建立和健全了矿山的一些基本规章制度,部分矿山开始试编了采掘技术计划。坚持在工业企业里大搞群众运动和集中领导相结合的方针,在开展群众运动的基础上大大提高企业管理水平。由于企业管理工作的加强,劳动效率显著地提高了(特别是中小型矿山提高得更快),矿石成本也有了大幅度的下降。如山东省的中小型矿山矿石成本第四季度就比上半年下降了30%以上。

以上五项基本经验中,最根本的经验还是坚持党的领导,坚持政治挂帅,同时,还要坚持两条腿走路的方针,开展以技术革新和技术革命为中心的群众运动。在这个基础上,大力推广先进经验,争取大面积丰收,开展学、比、赶、帮的劳动竞赛,不断提高广大职工的思想水平、技术水平和企业的管理水平,实现黑色冶金矿山的大跃进。

三、1960年冶金工业战线的形势和任务

1958年冶金工业在党的领导下实现了空前的大跃进,1959年在1958

年大跃进的基础上又取得大跃进的成就。根据快报统计1959年钢产量达到了1300万吨以上,生铁预计完成2000万吨以上。1959年钢铁产量比1958年都增长60%以上。1960年是继续大跃进的形势。李富春[①]同志在新年文章中提出:"在一九五八年和一九五九年连续大跃进的基础上,争取一九六〇年国民经济的继续跃进",冶金工业也是继续跃进。不论在生产和基建方面,还是冶炼和原料方面,生产部门和辅助部门,钢铁工业和有色金属工业都要继续跃进。具体来说,就是要求冶金工业进一步做到高产、优质、多品种、低成本、高效率。怎样才能实现这些具体要求呢?

1. 不断挖掘企业内部潜在力量。不断提高各种产品产量水平,订出1960年计划的第二本账、第三本账。

2. 以高炉为中心,大力发展原料生产。原料生产包括各种矿石、焦炭、耐火材料、铁合金等。原料生产是冶炼生产的基础,必须大力发展。

3. 加速重点企业的建设进度。除了几个大的钢铁基地,各省都有重点钢铁厂和有色金属企业,必须加快建设速度,完成这些重点企业的建设,才能从根本上改变我国冶金工业的面貌。

4. 大力进行中小型企业的技术改造。在五定两化的基础上,作出技术改造的全面规划,分期分批有重点地进行技术改造,通过改造把中小型企业进一步武装起来,发挥出更大的作用。

5. 大力发展有色金属工业。目前有色金属是冶金工业的薄弱环节,必须大力发展,有色金属和钢铁都是原料工业,应该有计划按比例发展才能逐步满足国民经济的需要。

为实现1960年继续跃进,并且为以后的继续跃进打下物质基础,必须动员冶金工业战线上的全体职工在各级党委领导下做好以上五项工作。

黑色冶金矿山生产要根据钢铁生产计划来安排。1960年钢的生产计划初步安排为1800万吨,各省、市、重点企业自己安排的计划超过了这个数字;生铁初步计划2800万吨,各省市及重点企业自己安排数字在3000万吨以上。原料生产的安排必须保证实现这个钢铁跃进计划。矿山生

---

① 曾任中共中央财政经济委员会副主任、重工业部部长、国家计划委员会主任、国务院副总理,中共中央政治局委员、中央书记处书记、中央政治局常委。夫人蔡畅是中国妇女运动的领袖,曾任全国妇女联合会主席。

产是钢铁工业的基础,有了巩固的基础才能保证钢铁工业高速度发展。黑色冶金矿山要为钢铁生产当好先行官,保证钢铁继续跃进所需要的各种矿石,要多少给多少,要多好给多好。保证高炉、平炉吃好、吃饱,有储备有余粮。根据这个要求,1960年需要1.2亿~1.4亿吨铁矿石,1700万吨铁精矿,350万吨锰矿石,860万~880万吨耐火材料,280万~300万吨菱镁矿,3800万吨左右的石灰石,500万吨白云石,150万吨矽石。总计要生产各种矿石1.8亿~2亿吨,采掘总量达6.7亿~7亿吨,比1959年预计完成采掘总量4亿吨增长67.5%~75%。

今年矿山工作任务是光荣的、艰巨的。

(1) 除了要完成当年生产任务外,还要为明年做好准备,大力进行掘进和剥离工作。

(2) 品种要求齐全,质量要求提高,成本要求降低。特别要求生产足够的高炉富矿、铁精矿、平炉矿、锰矿、高铝黏土、菱镁矿等。

(3) 不仅要完成生产任务,还要完成基本建设任务和技术改造任务。

(4) 要求大大节约劳动力。提高劳动生产率,增产不增人。

我们能否完成今年这个艰巨任务呢?我们的答复是肯定的。因为形势十分有利。

(1) 我们从两年来大跃进的伟大胜利中积累了丰富的经验。它武装了我们的广大干部和全体职工。

(2) 我们有了两年连续大跃进过程中积累的物质条件和技术条件。不少矿山都有了一些技术装备,而且今年还要继续进行技术改造。

(3) 我们已取得了1960年开门红的胜利,现在广大职工的生产热情高涨,意气风发,干劲冲天,正在乘风破浪奋勇前进。

总之,形势无限美好。只要我们坚决贯彻执行党的总路线,坚持政治挂帅,大搞群众运动,今年黑色冶金矿山继续大跃进是肯定无疑的。

四、1960年黑色冶金矿山工作部署

为了超额完成1960年的矿石生产任务,为了给今后钢铁工业的继续跃进打下可靠的原料基础,今年黑色冶金矿山必须以更快的步伐实现更大更好更全面的跃进。大型矿山要跃进,中小型矿山也要跃进;铁矿要

跃进，锰矿及辅助原料矿山也要跃进；采矿选矿要跃进，掘进剥离也要跃进；产量要跃进，质量也要跃进；生产要跃进，机修运输、技术改造、基本建设、地质勘探、科学研究也要跃进。总之，黑色冶金矿山的各个方面都要跃进。

如何实现这个全面大跃进呢？我们必须在1960年努力做好以下六项工作：

1. 继续鼓足更大干劲，在开门红的胜利基础上，争取日日红，月月红，满堂红。大抓矿石日产水平，争取日产铁矿石40万吨。大抓采矿准备和矿内外运输工作，保证矿石生产水平的持续提高。必须经常以不断革命论的思想来教育广大职工，不断提出新的任务，使干部和群众经常保持饱满情绪。首先要求今年第一季生产水平不低于去年第四季，然后再要求第二季生产水平高于上一季，只要我们能够使生产逐月逐季上升，全年的计划就可以超额完成。

2. 坚持两条腿走路的方针，大力进行中小型矿山的技术改造。因为今年铁矿石产量中，中小型矿山仍将占50%左右，辅助原料产量中，中小型矿山占60%～80%，因此大抓中小型矿山的技术改造工作是能否完成今年计划的重要环节，同时也是明年和今后矿山能否连续跃进的重要措施。目前绝大部分小矿山仍是手工开采和人工装运，缺少动力，缺少运输和采掘设备，因此劳动效率较低，占用劳力较多。根据不完全统计，现在全国中小型矿山的人数有110万人以上，矿石的生产成本较高，粉矿及贫矿由于不能加工处理而不能全部利用。因此，迅速进行小矿山技术改造，提高小矿山的生产技术水平，增加产量，提高质量，降低成本，是保证小高炉高产优质低成本的一项重大措施。如湖南省小矿山改造后产量提高一倍，人员减少一半，成本降低35%。

如何进行改造呢？在这次会议上将要充分交流这方面的经验。我在这里提出十条主要内容供大家讨论：

第一，作好矿山改造规划，分期分批地进行改造。规划考虑要全面，当年和远景，铁矿和辅助原料矿山，采矿和洗矿选矿，都要考虑到。去年第四季度各省已编制了初步的改造规划，这次在原来基础上进行修改。

第二，要改造矿山内外部的运输。运输问题十分重要，它是发展矿山生产的决定因素,应该土洋结合,因地制宜,就地取材,采用多种方法(如轨道化、索道化、车子化、高站台、低货位、简易装卸工具等),提高运输效率。经过矿内外运输的改造,再加上企业内部产运结合和企业外部的路矿协作,就可以基本上解决矿山运输问题。

第三,大抓简易洗选,充分利用矿石资源。特别是贫矿和粉矿多的地区,必须加强洗选,粗粮细作,保证高炉吃饱吃好。

第四,加强矿山生产勘探,摸清资源。这方面也要自力更生,土洋结合,群众勘探和地质队勘探相结合。

第五,改革采矿方法,逐步增加必需的采掘设备,提高采矿效率。

第六,用各种方法解决矿山所需要的动力。

第七,壮大技术力量。提倡自力更生,现场培训。

第八,壮大机修力量,保证设备正常运转。也要土洋结合,自力更生,先搞土机床、简易机床。

第九,增加破碎筛分设施,保证矿石粒度。先土后洋,逐步进行机械破碎,节约人力。

第十,加强企业管理,改善劳动组织。充分利用工时,进一步提高劳动生产率,节约劳动力。

这十条内容,不仅适合于中小型矿山,其中某些条也适合于大型矿山。

3. 提高矿石质量,大搞洗选,粗粮细作,把贫矿变富矿,让高炉吃细粮。

大型选矿厂今年仍应以三高(高产、高质、高效率)两低(低成本、低消耗)一保证(保证安全)为中心,实现四大指标的全面跃进。

中小型矿山今年应普遍大搞粉矿洗选。要求把粉矿全部利用起来。过去各地一方面有大量粉矿积压,而另一方面矿石供应又喊紧张,为什么不积极利用粉矿呢?关键在于我们没有把粉矿的品位提高,山东省的经验充分地说明了这一点:去年上半年大小高炉都不用粉矿,而到下半年济南市创造了简易洗选的办法后,使粉矿品位由 $30\%\sim40\%$ 提高到 $50\%\sim60\%$,于是都争着要粉矿了。他们的办法很简单,一看就会。我们要求所有有条件的矿山都应建起简易的洗选车间,在矿山洗选就可以减少运输量,是比较经济的。

重点地建设小选厂。过去我们黑色金属选矿只有一条腿，因此一提选矿厂就是鞍山、本溪大型机械化，把大家吓住了。现在第一座黑色金属小选厂在烟台祥山诞生了。他们从破土动工到投入生产只用了20多天的时间，给我们作出了榜样。事实证明，建设小选厂具有很多优越性，时间快，投资少，设备材料容易解决，操作技术容易掌握。因此我们主张，各省区市都应在有条件的地方积极试办小选厂，取得经验，以便以后推广。

在开采过程中要想尽一切办法减少矿石损失和贫化，在工作面和装运过程中应进行手选，同时要做好混匀中和工作，缩小质量波动范围。

辅助原料矿山在提高质量方面要普遍推广山东淄博铝钒土矿的"四分"办法（分级开采、分级运输、分级焙烧、分级堆存）。锰要大力推广广西木圭、贵州遵义和湖南湘潭锰矿的洗、选、焙、烧的经验。

4. 千方百计地提高劳动生产率。提高采矿、选矿的劳动效率是今年以至今后几年一个十分重大的任务。必须从以下几个方面着手：

(1) 大搞技术革新与技术革命，大力推广先进经验。以提高采矿强度为中心，加强探矿、掘进和剥离工作，推行快速掘进和快速剥离，以适应高效率采矿的需要，迅速地提高劳动生产率。

(2) 改善劳动组织。充分利用工时是提高劳动生产率的重要方面。矿山生产的特点是"场地有限，产品单一，多工具、多工种、多工序，工作地点不断移动"。因此各工种、各工序的密切配合，充分利用空间（工作场所）和争取时间（充分利用工时）以提高劳动生产率是一个重要的问题。为此我们提倡各矿山都应针对自己的具体情况，创造性地推广煤炭系统的"四八交叉"作业制的劳动组织。龙烟庞家堡铁矿推广这个经验后，效果很显著。在中小型矿山企业内还应逐步地由专业工作队的形式过渡到综合工作队的形式，以充分发挥人和物的潜在力量。

(3) 大力培训新工人，迅速提高技术水平。由于矿山飞跃的发展，不要说新矿山没有老工人，就是老矿山老工人所占的比例也很小。大家知道1957年全国黑色矿山只有8万人，现在仅中小型矿山就有110万人以上。因此迅速地培训新工人，提高其技术水平，也是提高劳动生产率的一个重要措施。培训的原则是："自力更生，现场练兵。"培训的方法很多。例如技术表演赛，现场以师带徒，业余技工学校，短期专业训练班、事故会诊、解剖教学等。同时还要逐步培养一工多艺的多面手，以适应综合工作队的需要。

（4）做好矿山生产的安全工作，防止粉尘危害和伤亡事故，保证职工健康、生产安全，提高出勤率。

总之，通过技术革新与技术革命，通过大力推广先进经验和改善劳动组织与培训新工人，通过做好安全工作，通过小矿山的技术改造和大矿山的基本建设，最后的目的是迅速提高生产水平和大大提高劳动生产率，做到增产不增人，当然有些新单位可能还要增加一些，但大多数矿山是要减人的。

5. 加速大中型矿山的基本建设进度：今年已列入基建计划的新扩建矿山共85个。在生产计划中要求这些矿担负当年铁矿石产量占总产量的15％左右。必须抓紧工程进度。在基建过程中必须坚决贯彻边勘探、边设计、边施工、边生产的方针和土洋并举的方针，同时要大力推广快速掘进、快速剥离、快速安装等先进经验。凡是新扩建的矿山企业必须积极地做好投入生产前的一切准备工作，保证工程竣期后能顺利地进行生产。

6. 大力开展黑色冶金矿山的地质勘探和科学研究工作：关于地质勘探工作，地质会议已作安排，这里只讲讲研究工作。

在采矿方面：1960年技术科学研究应以符合我国资源特点与经济条件的高效率采矿方法为纲，相应地研究其他采矿重大技术问题与基本理论，使矿山多快好省地进行生产与建设。主要的项目有：（1）改进采矿方法，提高采矿强度。（2）快速掘进与快速剥离，加速开拓与采准工程。（3）研究提高凿岩爆破效果，寻求新的凿岩工具、爆破方法与器材。（4）总结中小型矿山的技术经验和技术改造。（5）研究坑内通风、防尘、防火，保证安全生产与改善劳动条件。（6）研究矿山压力与支护方法和器材。（7）提高运输与装载效率，研究试制新的装载和运输设备等。

在选矿方面：1960年科学技术研究应以全面提高四大指标为中心，加强资源的综合回收。改进选矿流程，研究新的选矿方法。主要项目有：（1）强化现有的并探索新的更有效的选矿方法和工艺流程。（2）研究难选矿物的选矿方法和资源的综合利用。（3）总结并研究改进提高生产技术操作经验。（4）扩大现有的并研究合成新的更有效的药剂，特别是氧化矿的浮选药剂。(5) 研究设计并推广高效能的破碎、磨矿、选矿设备。

科学研究工作必须遵循以下三条原则：

第一，坚持政治挂帅，破除迷信，解放思想，敢想敢干。

第二，专业研究队伍与广大群众相结合。

第三，科学研究工作与生产实践相结合，必须面向生产，从解决当前的生产问题出发。

最后我们提出一个 1960 年各项技术经济指标增长的要求请大家讨论：

1. 大型矿山。

(1) 采矿强度：比 1959 年提高 20% 以上；红旗单位提高 50% 以上。

(2) 采准矿量：到年底保有回采矿量 6～12 月，采准矿量 1～2 年。

(3) 全员实物劳动生产率：比 1959 年提高 10% 以上；红旗单位提高 30% 以上。

(4) 矿石质量：含铁量比 1959 年提高 1% 以上；红旗单位提高 2% 以上。

(5) 电铲效率：比 1959 年提高 30% 以上；红旗单位提高 50% 以上。3 立方米红旗铲达到月产 30 万吨；1 立方米红旗铲达到月产 12 万吨。

(6) 电机车效率：比 1959 年提高 10% 以上；红旗单位达到日运万吨。

(7) 穿孔机效率：比 1959 年提高 30% 以上；红旗单位提高 50% 以上。

(8) 汽车出车率：一般达到 70% 以上；红旗单位达到 90% 以上。

(9) 掘进：月进尺比 1959 年提高 30% 以上；红旗单位翻一番。

红旗队组（机械化）月进 500 米。

红旗队组（半机械化）月进 200 米。

红旗队组（手工作业）月进 100 米。

露天掘双壁路堑单头单铲月进 200 米。

(10) 矿石单位成本：比 1959 年降低 5% 以上。

2. 中小型矿山。

(1) 全员实物劳动生产率：比 1959 年提高 30% 以上；红旗单位翻一番。

(2) 矿石质量：比 1959 年提高 2％以上；红旗单位提高 5％以上。

(3) 回采矿量：一般 1 个月；红旗单位 3 个月。

(4) 矿石单位成本：比 1959 年实际降低 10％以上；红旗单位降低 30％以上。

(5) 设备利用率：自定。

3. 大型选矿厂。

(1) 精矿品位：一般 64％；红旗单位 65％以上。

(2) 金属回收率：一般 80％以上；红旗单位 85％以上。

(3) 球磨机利用系数：一般 4 吨；红旗单位 4.5 吨。

(4) 球磨机作业率：一般 95％；红旗单位 98％。

同志们！在 1960 年新的大跃进的形势下，我们在这里召开的会议，是一个大跃进的会议，我们要用大跃进的精神和干劲来开好这个会议。同时我们这个会议是在 1960 年开门红的胜利鼓舞下召开的，我们一定有决心、有信心在 1960 年做到日日红、月月红、满堂红、红到底，为实现黑色冶金矿山的全面大跃进而奋斗！

把技术革新和技术革命运动推向新阶段*

（1960年2月25日）

在今天的大会上，我们听到了薄一波副总理、中华全国总工会刘宁一主席、共青团中央委员会第一书记胡耀邦同志和冶金工业部副部长吕东同志的重要指示。

大会总结了1959年冶金工业的经验，评选出钢铁、有色金属生产和基本建设各个方面4 000多个先进单位，这些重要经验是我们继续前进的力量来源，这些先进单位是我们学习的榜样。

冶金工业战线上的全体职工！让我们积极行动起来，努力学习毛主席的著作，坚决贯彻执行党的总路线和一整套两条腿走路的方针，树雄心，立大志，破除迷信，解放思想，大搞以机械化和半机械化为中心的技术革命和技术革新的群众运动，为实现1960年的计划而奋斗。

我们希望：

黑色和有色金属矿山的同志们，努力加速新矿山的建设和小洋群矿山的技术改造，提高采矿强度和掘进速度，大抓选矿和烧结，实现选矿四大指标的全面跃进，大搞机械化、半机械化，努力改进矿内外运输工作，以最积极的措施和最坚决的行动保证钢铁和有色金属冶炼部门生产的需要。

钢铁冶炼部门的同志们，要在1960年里，鼓足更大干劲，生产数量更大、质量更好、品种更多、成本更低的钢铁，积极支援工农业生产。高炉要贯彻执行大风量、高风温的方针，为提高高炉利用系数、降低焦比、全面地节约煤耗而奋斗。掀起一个全国大中型高炉学本溪、赶本溪、超本溪，小高炉学安徽、赶安徽、超安徽的运动。

转炉要贯彻执行高温、快炼、低耗、长寿的方针，为提高利用系数、

---

* 这是袁宝华同志在冶金工业1960年评比大会上的总结讲话摘要。

坚决降低生铁消耗，为在品种、质量上赛平炉、赶电炉而奋斗。

平炉、电炉要继续贯彻执行多装快炼、强化冶炼过程的方针，努力提高利用系数和优质钢的比重，为创造更高的生产技术水平而奋斗。

轧钢生产要贯彻执行多条快轧、优质多品种的方针，努力增加钢材品种，提高钢材成材率。

炼焦要贯彻执行巧配、热装、细调、快炼的方针，力争焦炭、化工产品的高产、优质、多品种。

耐火材料生产要贯彻执行精配、巧压、细装、快烧的方针，大力发展高级耐火材料的生产。

铁合金生产要为高产、优质、多品种和节约电力消耗而奋斗。

有色金属冶炼部门的同志们，全面开展资源的综合利用，挖掘设备潜力，积极发展小洋群，积极发展稀有金属和高级合金的生产，实现有色金属工业的全面跃进。

基本建设部门的同志们，要加速建设，加速安装，保证工程质量，为新设备迅速投入生产而奋斗。

运输、机修、动力部门的同志们，大闹技术革命，大力挖掘设备潜力，为保证冶金工业的全面跃进而奋斗。

科学研究工作部门的同志们，破除迷信，解放思想，大搞群众运动，向高、大、精、尖、新全面进军。

冶金教育工作部门的同志们，贯彻"一主、二辅、三结合"①，培养又红又专的干部的方针，为冶金工业的全面跃进而奋斗。

同志们！目前生产形势很好，我们有党中央、毛主席的英明领导，又有了两年以来丰富多彩的经验，只要我们继续鼓足干劲，力争上游，不断革命，奋勇前进，就一定可以把竞赛运动推向新的高潮，就一定可以胜利实现1960年的计划！祝同志们力争上游、全面跃进。

---

① 为改革招生制度和毕业生分配制度，冶金部于60年代初期提出的《关于所属全日制高等院（校）招生和分配工作改革的几点意见》中规定，今后招生实行以国家计划为主，用人单位委托培养和自费生为辅的招生制度。《意见》同时规定，毕业生分配实行"供需见面"，即实行供需结合的分配制度。

关于物资体制改革中的几个问题[*]

(1960年9月15日)

第一,物资工作的政策性很强,事务性只是它的现象的一方面,不是本质的方面,同时物资工作的集中性也很大,这就必须政治挂帅,必须依靠各级党委的统一领导和加强政治思想工作,首先从思想上统一起来,然后才能在物资的统一计划,统一管理,统一收购、供应、调度方面,统筹安排,全面展开,具体实现中央的方针政策。物资工作是千方百计为生产服务,要为政治服务。生产是物资供应工作的基础,而政治则是任何工作的灵魂,千万不可"物资挂帅",犯"见物不见人"的毛病。有的同志讲得好:要有一部分人跳出事务圈子,又要接触实际,多做些政策方针和管理办法的研究工作,经常总结物资工作的经验,提高物资工作水平。

第二,要坚持物资统一管理原则,同时也要给下面一些机动,发挥其多种经营、综合利用、节约代用的积极性,以利于发展生产。因此,对物资的集中统一管理,还要有发挥下面积极性的余地。另外,很多三类物资[①]现在还不能完全纳入统一管理范围,所以正常的协作也是必要的,不能取消,只是不宜无组织地以物易物,使其冲击国家计划。

第三,关于物资管理机构(主要指厅、局机构)建立问题。

1. 物资管理工作必须包括供销工作。物资管理部门在实现分级管理办法中很重要的一条,就是迅速把物资厅、局建立和健全起来,把工业厅、局的供销机构移交物资厅、局管理。供销一起接管,一方面对生产有利,不致因机构变动而影响生产,另一方面对物资工作的开展也有利,

---

[*] 这是袁宝华同志在华东区物资厅(局)长座谈会上的总结发言摘要。作者时任国家经委副主任兼物资管理总局副局长。

① 计划经济时期物资管理分类办法。一类物资为国家统配物资;二类物资为部管物资;三类物资为地方管理物资,即由省、自治区、直辖市、专区(或省辖市)、县级分别管理的物资。

不致因人少力量小而不易开展工作。看起来，在供销一起接、先接销后接供、只接销不接供的三种形式中，供销整接整交还是有利的。在具体做法上，供销整接整交，也需要有个步骤，免得分散力量。初步考虑，是否对生产主要工业产品的部门先接，对生产次要工业产品的部门后接。也就是说，要先大后小，着重先解决大户头，因为它们生产的产品可以举足轻重。对个别单位，有必要采取过渡形式的，也可以暂先实行双重领导，但一般可以不过渡的就不要过渡。

2. 物资厅、局接管各工业厅、局供销业务以后，是否能够管好？应该有信心，能管好。因为整交整接，还是原班人马，至少不会比原来管得差。虽有困难，只要依靠党的领导，依靠群众，经过努力，是可以克服的。特别是总局接管了各部销售工作以后，统一供应全国物资，这对省、市物资厅、局是个直接支持。

3. 分口不分口的问题。应该肯定，在党委集中力量管理经济的情况下，分口没有坏处。同时，分口也是个客观存在。大家一致的意见是，在编制物资计划上，各个口子必须互相配合，统一安排。在具体处理供应、调拨、储运等业务工作上，应由物资厅、局统一管理。各个口子，为了使生产、基建相结合，使非工交系统和工交系统相结合，也必须掌握各自的物资计划。除了上面的大口外，还有各工业厅、局的小口，因此，即使接了它们的供销业务，也需要留少数人管物资供应计划工作，而且在具体执行过程中，各工业主管厅、局还有责任检查、监督，并对物资调度调制提出意见，同时，也要管物资的使用和推广降低消耗定额、节约、代用等先进经验。

4. 省、市直属企业的供应业务要不要下放，要看二级站归谁管。二级站若归物资厅、局管，物资厅、局就应直接供应省、市直属企业，看起来，直接供应有好处，否则，工业厅、局不放心。至于有些地方性很强的东西，也可由供应点供应，但这是少数。

5. 有关商业系统和成套公司问题。商业系统经营的生产资料，接过来有好处，请各省、市委考虑（如福建省已接了两个局）。省市委领导上感到现在接还有问题，就等一等。

成套公司问题，各省、市由省、市委考虑，如拟接，请和国家建委商定。

6. 仓库建设问题，最好在仓库统一管理的基础上，好好规划一下，必要的仓库建设应分别列入各级基建计划。

7. 周转物资是必须要有的，大家主张三级后备（中央、大区、省），以适应三级计划体制。

总之，物资厅、局机构一定要及早建立和健全起来，因为实行分级管理制度，厅、局机构是关键。同时既要贯彻以块块为主的物资管理办法，还要做好明年的订货准备工作，而建立和健全厅、局机构，这是个很重要的组织措施。

第四，关于供应网的建立问题。

1. 一级站。总局驻上海各一级站的收购任务是面向华东各省的，供应任务是面向全国的。总局驻华东各省的机电设备一级站，在很大程度上是分站性质，业务上归驻上海的一级站领导，将来根据具体情况还要准备调整，如驻南京的机电设备一级部，有可能变成半综合性的，即同时也办理化工等产品的收购、供应、调配业务，有的地方还要办理些其他业务，必要时在上海，可以考虑设立一个各一级站的联合办事机构。目前各个一级站都是直属总局有关专业局领导，福建将来要设木材一级站，其他地方，视产品种类和业务情况也可能设其他一级站。

2. 企业收购站。大家的意见与谢北一①同志在华北地区物资厅、局长座谈会上讲的基本一致。第一，重要企业重要产品，面向全国供应全国的，如永利化工公司、上海各钢厂，一些重要机械电机厂，由一级站设收购机构；第二，有些企业，生产少数重要产品，也是供应全国的，但不是重要企业，由一级站派驻厂人员，或对其销售机构实行一级站与企业双重领导，监督重要产品销售计划的执行；第三，小的企业，虽生产重要产品，但数量不大，主要是供应地方需要，外调任务不大，可委托二级站收监，或由一级站与企业订立某种产品的包销合同。

3. 二、三级站。二级站对收购、供应、调度、仓储等业务都要管，而供应业务的比重最大。三级站带有供应点的性质，也可以行政业务合一。二级站应归物资厅、局接管，否则物资厅、局的工作不好做。

4. 一、二级站，都应该是双重领导，以业务部门领导为主，即一级

---

① 时任国家物资管理总局副局长。

站以总局领导为主，同时接受地方部委的领导。

华东地区哪些企业可设收购站或驻厂员，哪些企业的产品归一级站收购，哪些归二级站收购，我们提了一个初步名单，请大家研究后提出意见。

鞍钢弓长岭铁矿调查汇报提纲*

(1961年5月20日)

从4月15日至5月14日,我们在弓长岭铁矿进行了为时30天的调查。现将调查的结果报告如下。

一

弓长岭铁矿是鞍钢的铁矿原料基地之一。在党的正确领导下,在全体职工的辛勤劳动下,经过了四年恢复和第一个五年计划的建设,特别是经过三年"大跃进",已经建成为一个比较完整的现代化的大型矿山。

该矿位于辽宁省辽阳城东南40公里的安平镇附近,距鞍山市60公里,有铁路相通。矿区全长约15公里,已经探明的铁矿储量为12.8亿吨,平均含铁量为34%,其中有含铁量62%以上的平炉矿6 800万吨。按年产1 200万吨的生产水平计算,已经探明的储量就可以生产100多年。目前勘探工作还在继续进行,估计远景储量可达15亿吨以上。这样富饶的资源,目前在我国还是不多的。

弓长岭铁矿是一个历史悠久的矿山。唐朝和明朝曾在此进行过土法开采。1913年军阀张作霖曾和日本合办过"弓长岭矿无限公司",但规模很小。1931年"九一八"事变后,日本帝国主义就把弓长岭铁矿视为重要的战略原料基地之一,1933年开始了掠夺式的开采,只采富矿,不采贫矿,到处打洞,乱挖乱采,把矿体破坏得乱七八糟。到1945年日本投降时止,12年中掠夺走富矿共750万吨。日本投降后,国民党匪帮拆毁了设备,盗卖了物资,矿山遭受到严重的破坏。1948年东北解放后,我们开始恢复生产,经过四年的恢复改造,1952年矿石生产水平已经达到

---

* 这是袁宝华同志率中共中央办公厅工作组到鞍钢弓长岭铁矿进行调查后,给中央写的调查汇报提纲。

76万吨。

第一个五年计划期间，经过继续建设和改造，矿石的产量逐年提高：1953年为94万吨，1954年107万吨，1955年111万吨，1956年141万吨，1957年142万吨。五年共计生产铁矿石595万吨，1957年比1952年增长了将近一倍。

1958年"大跃进"以来，在短短的三年中，弓长岭铁矿的全貌发生了巨大的变化：

基本建设成绩很大。三年来，矿山建设上改造了旧的，建设了新的。新增采矿能力270万吨，现有12个采矿工段，其生产规模有很多相当于地方的中型矿山。其次，新建了一个大型选矿厂，共有15个选矿系统，精矿粉的年产能力为336万吨，它是国内设计的机械化水平最高的厂子，15个选矿系统并列在一个1.4万平方米的厂房内，这在我国还是第一个。这个厂建设速度很快，从破土动工到全部建成只经过了两年的时间。三年来，矿区内部的宽轨铁路线由13公里增加到95公里，已经把各生产单位连成了一个铁路运输网。另外还建成了炼铁高炉16座（100立方米的6座，55立方米的10座），50孔的炼焦炉2座，高炉和焦炉的年产能力都在30万吨以上。三年来基本建设投资共为1.26亿元。由于大量新建项目的陆续投入生产，由原来的单一的矿石生产，发展到采矿、选矿、冶炼和焦化等多品种生产。

三年来生产有很大的发展。矿石产量1958年为225万吨，1959年为279万吨，1960年为302万吨，1960年比1957年翻了一番。第一个五年计划期间增长还不到一倍，而这三年就增长一倍多，跃进的幅度是不小的。

在这三年中，采区扩大，采矿由坑下发展到露天，露天采矿工段分布到9个山头，长达15公里。1956年以前全部是坑下采矿，1957年露天开采占当年全部产量的比例为45%，而1960年就达到了82%。生产规模的扩大，露天开采的比重增大，给企业管理工作提出了新的要求。

三年来新设备大量增加。1957年全矿仅有设备1 120台，总重量为4 013吨，到1960年底全矿就拥有各种设备5 303台，设备总重量为39 790吨。三年共增加了4 183台，总重量为35 777吨，相当于1957年设备总重量的9倍。这些设备中，属于采矿方面的比1957年增加了1.7

倍，属于运输方面的比1957年增加了4倍。1957年最大的设备只有1000马力的卷扬机一台和640马力的空气压缩机两台。三年来大型设备增加很多。例如22台电铲中4立方米的就有5台，150吨的电机车两台，80吨的一台。由于设备大量增加，机械化程度也有很大提高。1957年全矿使用机械操作的工人占全部生产工人的30%左右，而1960年已提高到50%左右。以采矿为例，现有12个采矿工段，大体上可分三种类型：(1)中型机械化。使用穿孔机打眼、电铲装车、小电机车牵引的有4个工段，其产量占53%。(2)小型机械化。使用凿岩机打眼，用电耙、漏斗装矿，工作面用人工推矿车的有7个工段，其产量占42%。(3)半机械化。用凿岩机打眼，人工装车、人工推车的只有一个工段，其产量只占5%。

三年来职工队伍也有很大的发展和变化：(1)职工总数由1957年的6050人，增加到1960年底的15110人，增加了1.5倍。(2)新、老工人的比例，1957年为3∶7，而1960年就变成7∶3。新工人中有70%左右来自农村，过去他们从事农业方面的手工劳动，进了工厂开始操作现代化的机器，这是一个很大的转变，也给企业管理带来了新的问题。(3)由于新工人大量增加，全矿工人的技术水平，按八级工资制等级计算，1957年平均为4.86级，1958年为4.82级，1959年为3.35级，1960年为3.03级。根据目前各个专业工种的平均等级来看，采矿较高为3.49级，选矿最低为2.45级。采矿虽然较高，但操作大型设备的工人等级却很低，例如电铲司机和电机车司机中，三级工以下的就占70%，穿孔机司机中，三级工以下的占65%。这就给技术管理工作带来了困难。(4)干部情况：1957年只有439人，到1960年已经增加到1288人，增加了两倍。在新增干部中有69%是从工人中提拔的。技术干部三年中也增加了274人，其中由工人中提拔的占90%。到1960年底全矿共有工程技术人员457人，占职工总数的3.0%，在457人中，学生出身的占31%，其余都是工人中提拔的。这1288名干部按文化程度分：初中以下程度占73.4%；按参加工作时间分：1949年以后参加工作的占94%。(5)党团员在职工中的比重。1957年底有党员1049名，占职工总数的17.3%，团员773名，占12.8%，党团员合计占30.1%；1960年底有党员1827名，占12.1%，团员2419名，占16.0%，党团员合计占28.1%。

综合上述,弓长岭铁矿三年来的变化,概括起来是:矿石产量翻了一番,人员增加一倍半,新设备增加9倍,由单一的矿石生产发展到采、选、冶炼和焦化等多品种生产。

二

弓长岭铁矿三年来发展很快,成绩很大,这是主要的方面,但是由于各方面的工作没有跟上,因此积累下不少问题。特别是从1960年下半年以来,农业歉收,又加上8月发生大水灾,问题暴露得就更加突出,集中表现在:

(1) 生产水平与实物劳动生产率下降,剥离欠了账。矿石产量1960年虽然比1959年增长了8%,但按采剥总量(采出的矿石量加上剥离的废石量)来看,1960年比1959年却降低6.5%。特别是从1960年7月份起矿石产量突然大幅度下降,1960年第二季度矿石平均日产量为12 000吨,7月份就下降到6 600吨,第四季度虽有回升,只达到9 100吨;今年第一季度又下降到5 300吨。选矿的生产水平,以设计能力为100,1960年只达到37%,1961年第一季度只达到20%。按采剥总量计算的实物劳动生产率,以1957年为100,1959年就下降到89%,1960年下降到86%,今年第一季度又下降到64%。

三年来露天开采的采剥比例(采一吨矿石与剥离多少立方米废石之比):1958年为0.74,1959年为0.59,1960年为0.42。由于采剥比逐年下降,可以回采的矿石保有量大为减少。1959年为9个月,而1960年底则只有3个月。这就给生产造成了困难。

(2) 设备与人身事故增多。设备事故1959年为35件,而1960年就增加到331件,特别是1960年以来设备损坏很严重,到今年第一季度,采矿、选矿的一些主要设备已处于半瘫痪状态。人身死亡事故逐年加多,1958年死亡4人,1959年死亡16人,1960年死亡17人,今年第一季度又死亡5人。

(3) 成本超支,消耗增大。坑下采矿每吨矿石成本1959年为7.41元,1960年上升到10.71元,今年第一季度竟高达20元。露天采矿每吨矿石成本,1959年为3.82元,1960年为4元,今年第一季度上升到7.53元。全矿总成本1960年超支1 858万元,今年第一季度又超支691

万元。坑下采矿每生产一吨矿石的炸药消耗量,1959年为0.624公斤,而1960年则高达1.002公斤,提高了61%;露天采矿的单位炸药消耗量,1960年为0.177公斤,也比1957年提高44%。坑木消耗,1960年比1958年多了两倍以上。

生产下降、事故增多、成本超支、消耗增大,我们认为应该从多方面去寻找原因。

三

三年来设备和人员大量增加,新兵新枪上阵,因此如何管好和用好这些设备,充分发挥其效能,就成为一个突出的问题。而目前的情况是:设备作业率和效率很低,损坏严重,采矿设备的配备不合理。

主要设备的作业率和效率很低。今年第一季度球磨机的作业率为34%,穿孔机的作业率为42%,机车的作业率为50%。与去年比较,球磨机下降了34%,机车下降了22%,电铲和穿孔机的作业率虽然下降不多,但工作效率却有很大降低。例如电铲在今年第一季度的效率(每一立方米铲斗容积每天铲矿量),比1959年、1960年分别下降了24%和17%,和大孤山铁矿电铲效率比较相差五倍;穿孔机的效率(每台每日穿孔深度),比1960年下降了30%,和大孤山铁矿穿孔机效率比较相差一倍多。

今年第一季度对全矿4 456台设备进行了普查,比较好的只有2 698台,占全部普查设备的60.5%;带病作业需要修理的有875台,占19.6%;磨损严重或已停车待修,不能使用的有883台,占20%。主要设备损坏得极为严重。例如矿山采掘设备的三大件,即电铲、穿孔机和小电车等,需要修理的分别占74%、73%和53.5%。至于选矿厂的设备损坏情况就更严重了。全厂新投入生产的12个磁选系统的设备,从1959年8月开始陆续投入生产到现在,在短短的一年零八个月的时间里,已经没有一个系统的设备是完整的。不仅如此,连还没有投入生产的三个浮选系统的设备也已拆得破乱不堪,除了球磨机和大齿轮,因重量大,吊车能力小,拆不走以外,其他能拆走的,都已全部拆补到磁选系统上去了,即使这样拆东墙补西墙地凑合,现在能开动的设备也不过六个到七个系统,能经常运转的,还不到四个系统,而且这些运转的设备多数还是带病作业，隐患很多，漏水、漏电、漏矿甚至跑电的现象到处可见。

弓长岭铁矿的设备为什么损坏到这样严重的程度呢？根据今年第一季度设备大检查和工作组的重点检查，大致有以下几个原因：（1）由于不顾设备性能，违反操作规程，硬干蛮干，造成了设备的大量损坏。选矿厂去年烧坏的马达，现在有据可查的就有158台。烧坏最多、影响最大的是胶泵马达，磁选工段原有的90台胶泵马达，现在只剩下了22台。选矿厂领导干部带头违反规程瞎指挥生产，是设备损坏的一个主要原因。该厂副厂长李清泉竟指挥开动已经受潮严重的马达，工人说："马达已经不能再开了，再开就要烧坏了。"他说："开，开坏了我负责。"结果马达烧坏了。工人说："上梁不正下梁歪，中梁不正倒下来，你干我也干，规程制度放一边。"这种不顾设备性能、不讲科学的硬干和蛮干的情况，在采矿方面也同样存在。如电铲啃硬根（硬根指未爆破开的矿床硬底），造成电铲严重损坏，这是人人皆知的事情，但是，现在啃硬根的现象，却仍然普遍存在。（2）由于维护不好，零部件磨损严重，造成许多设备带病作业。电铲、皮带机、穿孔机等设备，工人没有认真执行润滑制度，不按时加油，又不按班检查，以致这些设备的各个部位的轴瓦、轴承磨损现象严重，并因而引起设备震动、断轴等事故。如目前带病作业的电铲中，有50%～60%是由于润滑不良造成的。选矿厂球磨机的大、小齿轮磨损也很严重，全厂24台球磨机的大齿轮，属于非正常磨损的就有15台，占63%。在正常情况下，一个大齿轮的使用寿命为5年左右，而现在仅使用了一年多，有的就要报废了。小齿轮的情况也是如此。根据1957年到1960年发生的413件重大设备事故分析，由于润滑维护不好而引起的事故就有193件，占全部设备事故的47%。（3）管理不善，许多设备有隐患，影响设备的寿命和操作安全。例如选矿厂的电缆沟有积水，电缆一直浸在水中，一旦发生事故，全厂就要停产。像这样严重的问题，矿和厂上的领导熟视无睹，长期不加处理。

采矿设备的配置不合理，小山头配备大设备，效率不能发挥。弓长岭铁矿采区的特点（正在建设的第一矿区除外）是矿脉狭窄、矿体长、山头小、工作面短，应该坚持原定中等机械化小露天开采的方针。在设备配备上适宜于1立方米的小电铲，8～14吨的小电机车，1～3.5立方米的小矿车和平阔溜井送矿下山的办法。现在在设备配置上是不完全符合这一方针的。1959年以来，弓长岭增加了2.5~4立方米的大电铲9台，因此在生产上出现了穿孔机、电铲和矿车大小不相适应的情况。同时现在用穿孔机打眼进行中爆破和采用硐室大爆破，不仅使大设备躲炮困难，经常有被打坏的危险，而且崩下来的矿石块度大，溜井的硐口小，经常发生矿石堵塞，出现了所谓"大勺子、小碗、细脖子"的现象。这一问题需要从开采方针上加以解决。

机修能力不足。三年以来，设备总重量增加9倍，特别是大电铲、穿孔机和选矿厂、炼铁厂、炼焦厂投入生产后，备件的消耗量增加很多，但各种机修用的机床只有61台，现有的机修能力只能满足需要的35％左右，因此机修能力与生产能力不相适应的情况就更为明显。

现在弓长岭矿一方面是机修能力不足，备件供应不上，但另一方面已经到货的机床又没有及时安装起来加以使用。到目前为止，还有6台机床和一台汽锤没有支装，其中两台牛头刨床还是1959年10月到的，已放了一年多。同样，电炉的支装，本来2、3月可以支装起来的，却拖了八个多月。

弓长岭矿对设备的保管和修理工作做得不好，造成了很大的浪费。不但设备损坏很多，而且对损坏了的设备也没有很好地组织修理。如损坏了的小矿车，只要换上轮子和轴承，大部分还可以恢复使用，但是这项工作长期以来都处于无人负责的状态，坏一个扔一个，扔在山野道旁的3.5立方米小矿车就有317辆。选矿厂烧坏的马达，有些把外壳和芯子等都已拆散了，现在连哪一个芯子配哪一个外壳都搞不清了；有些铝铸的风扇，被人拿去换了铝锅。这些马达现在已无法修理，成了一堆废品。

四

在生产大发展中，新人员大量增加，因此在劳动工资和生活福利方面也出现了新的情况和问题。如何正确处理这些问题，以便进一步调动广大职工的生产积极性，提高生产水平，是当前一个重要问题。

（1）目前矿区的组织机构上的缺点是：基层生产单位弱，科室职能机构多，领导力量分散，采矿部分的12个生产工段大都是独立性的生产单位，而这些工段，干部弱，缺乏必要的助手，因此整天忙于事务。生产队（组）的工作更为薄弱。据对 528 个生产队（组）的统计，没有党员的空白队（组）就有 197 个，占 37%。矿、厂和车间的职能机构共 61 个，对下情不够了解，又不认真做调查研究工作。几年来摊子铺得很大。如新建的炼铁厂、焦化厂都是规模不小的厂子，分散了领导精力，不能集中力量搞矿山工作。

层次多，办事效率低。从矿一级到生产队（组）有 4～5 个层次。由于层次多，矿区大，地点分散，就出现了下述情况：非生产人员的比例过大，根据 4 月末的统计，非生产人员占职工总数的 18% 左右（鞍钢公司要求为 13%），削弱了生产第一线；采区（车间）一级对上应接不暇，对下又管不了，整天忙于开会、填报表，因而对基层的组织与领导工作就没有时间去做，想管也管不了。例如岭西采区人事教育科共有 5 个人，主管劳动工资、干部工作和职工教育工作，同时它要接受矿部三个职能科（劳资、干部、教育）的业务领导，这个科每月要填的各种报表就有 20 种。到工段一级力量就更弱了，工段长缺乏必要的助手（机械化水平较高的工段，也只有一名记录员和一名技术员），整天忙于填报表和开会，因此对生产的组织和管理工作没有时间去做。同时也把发动工人参加企业管理的工作丢掉了，组织工人讨论生产计划流于形式，交接班制度也不严格了。

（2）工资问题。当前比较突出的是"小师傅、大徒弟"问题。"大跃进"以来新设备大量增加，老技术工人满足不了需要，1958 年、1959 年进厂的工人操纵新设备，几年来技术水平已有所提高，他们的工资一般是 34 元到 40 元，少数是 47.19 元；而 1960 年 4 月以后改行转业学习新技术工种的工人和力工，保留了原工资（47 元以上）。后者要向前者学习技术，这样就出现了"师傅"工资低、"徒弟"工资高的现象。经调查全矿共有"小师傅"701 人，占现有技术岗位工人的 50%。这种情况的存在，对"小师傅"的生产积极性和老工人学习新技术的积极性，都产生一定的影响。其次是复员和转业军人的工资问题。全矿现有复员和转业军人共 1 086 人，其中 1958 年和 1959 年入厂的有 1 031 人，他们在入厂时都根据工种的不同分别定为一到三级工，当时大多数人都是满意的。经过两三年的学习和实际操作，他们的技术水平已高于现在的工资等级，但是却很少晋级，因此感到不满。

根据调查，目前应当晋级的新工人有 4 500 人，不及时解决这个问题，对生产有很大影响。

（3）奖励问题。计件工资取消后，由于奖励工作没有及时跟上，有些工人的工资收入有所减少。实行计件工资时，工资等级对实际工资收入影响不大，而改为计时工资时，工资等级的高低则对实际工资收入有直接影响。当前在奖励工作中的主要缺点，是在奖金的分配上存在着平均主义的现象，没有体现多劳多得的社会主义分配原则。例如中茨山工段，今年 3 月份，轨配小组共 21 人，把所得奖金用 21 除开，每人各得 5.1 元。同时也出现了辅助工人得奖金多，而生产工人得奖金少的不合理现象。也是这个工段，今年 1 月份，辅助工人每人平均得奖金 6.7 元，直接生产工人每人平均得奖金只有 5.2 元。

（4）职工生活福利问题。这方面的问题较多，当前最突出的有以下三个问题：

第一是食堂没有办好，管理混乱，人员不纯。在去年 9 月份开展的新三反运动中，揭发出贪污、走后门、多吃多占的就有 126 人，占食堂工作人员总数的 35%，贪污粮食 6 000 斤。在今年整风运动中，又揭发出生活福利科领导干部贪污粮票两万斤（正在追查中）。同时有的还采取给量不足的恶劣手段，克扣工人粮食。如选矿厂工人反映，食堂做的饼子分量不足，在过秤时，食堂人员为了掩盖错误，竟在秤盘下粘上一块面团，当场被工人抓住。此外食堂的清洁卫生工作也很差，服务态度很不好，工人对主食总不变花样的反映是："粗粮一把抓（只做饼子），细粮一刀砍（只做馒头）。"食堂搞不好，对生产也有一定的影响。

第二是职工宿舍严重不足。三年来职工增加了一倍半，矿区人口自然出生率达 3.5%。但宿舍只建了 3 万多平方米，远远赶不上人口增加的需要。1957 年每人居住面积平均为 4.18 平方米，1960 年就降为 2.77 平方米。职工住在矿区家属宿舍的只占 34%，有 50% 以上的职工住单身宿舍，单身宿舍平均每人居住面积只有 1.6 平方米，当前急需解决宿舍的有 1 406 人，其中有 47% 的人还是 1957 年以前入矿的职工。

第三是生活物品的供应问题。该矿职工粮食定量是鞍钢统一规定的，由辽阳县供应，但由于矿区粮食加工能力不足，含糠量大。蔬菜供应十分缺少。今年 1 至 4 月份，由辽阳县供应的蔬菜共 30.2 万斤，按矿区全部人口计算,每人每天平均只有0.36两。日用品供应数量不足,主要是缺少炊事用具和日用小五金,有些凭票、凭证供应的商品(如糕点、儿童用饼干等)也供应不上。

此外,服务修理行业(如修鞋、缝补衣服)也不能适应需要。职工业余文化娱乐活动开展得也很差。书报杂志缺少。4、5月份,多数工段都没有订到报纸。

五

三年来增加了大量新工人,提拔了大批新干部,形成了一支庞大的职工队伍。总的看来,这支队伍基本上是好的,但是问题也不少,主要是队伍不纯。在干部的提拔和使用上,有忽视政治的偏向,干部的调动频繁。

在现有的职工中,从日伪手中接收过来的人员约占20%,"大跃进"以来新增加的职工占60%。在从敌伪手中接收的人员中,绝大部分是老工人,是矿山的骨干力量,但也留下一批封建把头,对于这些人,虽然经过历次政治运动的审查和清理,但是由于民主改革进行得不彻底,因此遗留下来的问题很多。对"大跃进"以来增加的新工人,特别是盲流人员,还没有审查,政治情况不摸底。从目前生产上不去、设备严重损坏和一些违法乱纪的情况来看,问题还不少。由于政治思想工作薄弱,干部作风方面的问题也很严重。总的看来,队伍不纯、作风不纯的问题,在弓长岭铁矿都存在,而且较为突出。

根据矿山初步排队摸底的结果,在1 288名干部中,有各种政治历史问题的共计193人(其中已作结论的151人),尚未作出结论的42人,占干部总数的3%。在13 487名工人中,有各种政治历史问题的共计961人,占7.1%。在整风过程中,群众又初步揭发和检举出来有政治历史问题的共计62人(有些问题尚须进一步查对),其中有特务分子、破坏嫌疑分子和反动分子等。去年以来设备破坏事故增多,仅选矿厂去年就发生各种事故234件,已查明属于破坏事故的就有20多件。例如:球磨机工人郭同年,因对领导上不满和对工资有意见,曾多次在快要下班时,把大量的钢球扔进分级机中,企图破坏分级机,并想嫁祸于人(已法办)。岭东采区党总支组织干事邱文华就是混入党内的阶级异己分子,他一贯对党不满,今年1月份又涂写反动标语(正在处理)。

从历史上看,由于弓长岭矿的民主改革进行得很不彻底,日伪时期遗留下来的封建把头残余势力没有彻底肃清。根据最近查明的材料,日伪时期遗留下来的封建把头、遛掌子①先生、劳务系先生(监工人员)等共计108人,这些人大部分都是日伪的走狗,对工人都有不同程度的剥削和压榨。解放以后,他们都留在矿山工作。由于解放初期发展党员的工作不够严格,混进党内的有51人(其中有47人都是1949年至1952年入党的),被提拔为班长、段长、科长、车间主任等干部的85人。在镇反、肃反、审干等政治运动中,对他们曾进行过一般的清理,前后共处理了22人,但发动群众不够,打击得并不严厉。例如杜林河是个大把头,因为他经常拿着大马棒毒打工人,工人给他的外号叫"杜大马棒"。解放后,他担任过矿山上的保安员,直到1958年才被定为历史反革命分子,但没有发动工人对他进行斗争,他也没有受到刑事处分,在1960年才退休。由于对这批人员没有进行认真的清查和严肃处理,目前继续担任工段、车间、科室等领导工作的有10多人。

根据整风中揭发出来的材料,干部作风方面存在的问题也很严重,不少干部大吃大喝,利用职权"走后门",有少数干部已经蜕化变质。如主管职工生活的副矿长吴印林,经常大吃大喝,在去年洪水期间,工人一天只能吃到四两杂粮,他也到采区动员工人一天的粮食三天吃,但作完报告后,即去食堂大吃三鲜饺子、十个菜;雇用短工为自己打柴种地;农业合作化时,出卖耕畜;最近揭露其还有贪污行为(已停职反省)。岭东采区党总支副书记杨佐文,包庇坏人,调戏妇女,在去年12月份,为了迁移祖坟,用公家木料做了13口小棺材,用公家的纸扎了纸人纸马,并要工人业余乐队10多人奏乐迁坟。

从目前职工的精神面貌来看,在生产上劲头不足。不少人考虑生产少,考虑个人生活多。最近,在矿山上出现一种"上班逸、下班劳"的不正常现象。据两个工段的调查,在297名职工中经常在下班后上山种地的占50%左右。有的夜班工人从上午9点钟下工后,就回家拿着干粮

---

① 工人把地下矿山的采矿区称为掌子。

上山种地，直到晚上七八点才回家，有的工人上班时不带干粮，种地时却带着干粮。这个问题，值得注意。同时部分职工有弃工务农的思想，根据4月份的调查，选矿厂磁选工段约有10%的工人要回农村。

在发展党员的工作中有严重缺点，有的支部在发展新党员时，不要本人填写入党申请书，有的甚至不经过小组会和支委会讨论通过，就被批准入党。汽车队队长于寿党，过去因乱搞男女关系和贪污，两次被开除党籍和撤销工作，但由于他能说会道，一时表现积极，所以又于去年第三次入了党并被提拔为汽车队队长，现在又旧病复发，群众不满。

在干部的提拔和使用方面也存在着一些问题。1959年和1960年共提拔干部900人（其中有个别的一年提拔两次，计算上有重复），这批新干部的质量基本上是好的，大部分是老工人，听党的话，工作不怕劳累，勤勤恳恳，同工人有着密切的联系。但普遍存在的问题是组织领导能力差，办法少，工作方法简单。其中也有一些不称职和提拔不当的。在干部提拔上，审查和批准权限由业务部和个别主管干部的党委书记掌管，因此也出现不问政治的偏向和只看一时表现而轻率提拔的情况。还有的连政治历史都没有审查清楚也被提拔了。这次整风中所揭露的40多名不称职的干部中，就有10多名有政治历史问题。

干部调动频繁，在工段一级干部中更为突出。全矿现有50个工段的党支部，在去年一年内，支部书记变动三次的就有7个支部，变动两次的有11个支部。中茨山支部四年内调换支部书记11人。选矿厂的机械化水平很高，但管设备的副厂长在一年多的时间内就调换了三次。磁选工段的10个段长一级干部中，在去年一年中就调动了21次。这种频繁调动，既使干部难于熟悉情况，也造成干部不安心工作，不钻研业务，给领导工作带来了困难。

六

弓长岭铁矿在生产、职工生活和政治思想方面暴露出来的这些问题，其原因主要应该从矿山的领导方面去找。较长时期以来，在矿山的主要领导成员中，政治空气非常淡薄，自由主义的气氛很浓厚，个别领导成员如副矿长吴印林已经蜕化变质。党的领导核心实际上没有形成。党委完全陷入日常的行政事务中，放松了政治思想领导，不善于抓住全局性的关键问题，在1960年全矿召开的77次党委会和党委扩大会，属于传达上级指示和一般性布置生产任务的就占65％以上。群众路线的工作方法实际上没有得到贯彻，群众运动往往有头无尾，工人反映："运动开始轰轰烈烈，中间松松懈懈，最后自消自灭。"许多重大问题不是发动群众讨论，而是依靠行政命令办事，这样也就助长了车间和工段干部强迫命令作风的发展，有的工段干部，甚至依靠罚款办法来保证工人的出勤。党委书记高扬同志原则性不强，有严重的官僚主义，工作顺利时骄傲自满，遇到困难时右倾畏难。矿长王成柱同志责任心不强，缺乏干劲。由于党委领导成员中有上述不健康的倾向，党委领导下的厂长负责制①自然就不能很好地贯彻执行。

民主改革不彻底，给以后党的基层工作和干部工作带来了不少问题。对于历史上遗留下来的这个问题，矿山领导上没有完全按照党的原则去分析，该处理的没有及时处理，而因循拖延下来。对三年"大跃进"以来招收的新人员，也还没有来得及进行严格的审查。对有些干部的严重违法乱纪行为没有及时处理，而是听之任之。企业管理工作混乱，各项规章制度没有认真贯彻执行。而在农业遭受严重的自然灾害、经济生活出现暂时的困难以后，又突出地表现出政治思想工作的软弱无力。因此，新老问题的暴露，造成了生产大量下降，设备大批损坏，职工的生产积极性受到挫折。

我们认为，弓长岭铁矿当前暴露出来的问题是严重的，其原因也是复杂的，应该根据具体情况从多方面着手来加以解决，使这个矿山逐步转变为一个政治上坚强、生产稳步上升的好矿山。

根据我们的了解，提出以下几点不成熟的意见：

（1）把整风运动进行到底。弓长岭铁矿暴露出来的问题很多，新的老的都有，解决这些问题需要有步骤地进行。当前的首要任务是把整风的领导核心建立起来，矿山的主要领导成员必须自觉地进行革命，勇于引火烧身，这是整风运动能否搞好的关键。目前，群众担心的是"鸣放

---

① 1956年9月，中国共产党第八次全国代表大会决定，在工业企业中建立以党为核心的集体领导和个人负责相结合的领导制度。企业重大问题，要经过党组织集体讨论，共同决定；日常行政工作由专人分工负责，即党委领导下的厂长（经理）负责制。

一阵风，提了不改，改了回生"，因此，必须大力抓紧整改，只有这样才能充分发动群众，推动运动的深入发展。对已揭发出来的严重违法乱纪分子应进行严肃处理，发动群众展开斗争，树立正气，使坏分子更加孤立。健全生产指挥机构，加强对生产的集中领导。建立政治工作机构，加强政治思想工作。认真建立和坚持各种规章制度。抓紧当前生产上的黄金季节，把生产迅速促上去。在进行这些工作的同时，还要积极为下一步整顿队伍做好准备工作。为了把整风彻底搞好，可以考虑将整风时间延长一些，以便存在的问题逐步求得切实解决，使运动步步收到实效。

在整风运动中，矿山的领导应该特别注意提高现有干部的政治思想水平，放手使用他们，同时又教给他们工作方法，使他们能逐渐胜任所担负的工作。

（2）坚持中型机械化小露天开采的方针。这是关系到设备的合理使用的重要方针。根据弓长岭矿山的地质条件和地理条件，除了新建设的一矿区外，都应坚持执行这个方针。在贯彻这一方针时，现有设备的配置不符合这一方针要求的，应有步骤地进行调查。同时在干部和工人群众中也要开展鸣放辩论，取得一致的认识，以便在这个基础上，建立各项生产技术管理制度，加强各个环节的工作，以适应生产的需要。

（3）加强设备的维护管理和工人的技术培训工作。目前，应广泛开展爱护设备工具的群众运动，作为整风运动的重要内容，把设备的维护保养提到首要地位。对已经损坏的设备，应迅速修复，订出规划，分期完成。要与一切不按操作规程办事的现象开展斗争，首先，党员和干部要以自我批评的精神，认真检查和克服乱干、蛮干的现象。在这个基础上，建立和健全各项规章制度，认真贯彻责任制，特别是岗位责任制，固定工人的工作岗位，建立各种岗位规程，这是责任制的基础。同时还要建立和健全设备的维护和检修制度，做到有计划地检修，克服过去不坏不修的做法，并适当充实机修力量，解决备品配件的供应问题。矿山的领导要特别注意加强工人的技术教育，提高技术水平。矿山对这些工作要作出全面规划，坚持执行。公司的有关业务职能机构，也应该帮助矿山开展工作。

（4）关于劳动工资问题。精简管理机构，充实生产第一线的力量。

应该从矿和车间（厂）的管理机构中抽出一部分力量，充实基层生产单位。对基层干部不宜轻易调动，以稳定干部，使干部安心于自己的岗位，熟悉业务，提高管理水平。工人参加生产队（组）的生产管理和经济核算的制度应该建立和坚持，每月发动工人讨论生产计划应成为制度。适当解决新工人的升级问题。对于那些经过考试或评比，技术水平确实已经提高的，要适当给以晋级。

奖金的分配要克服平均主义的现象，奖励条件要具体，经济指标要全面。奖励制度不要经常变动，要让工人熟悉掌握。同时加强评奖工作的领导，开展评奖工作，使奖励制度起到促进生产的积极作用。

（5）关于生活福利问题。目前矿区职工宿舍十分不足，解决这个问题，应当坚持公家建设和自建公助相结合的方针。公司和矿山应当有计划地分批建筑一批职工住宅，争取在几年之内，逐步解决。弓长岭铁矿采用自建公助的办法修建简易住宅的有利条件很多，遍地有石料，山上有山草，工人完全可以互助修建。对此领导上应有个规划，并切实帮助解决一些必要的材料（如木料、电灯线等等）。

进一步搞好食堂。在整风中应继续整顿食堂工作，实行给工人送饭制度，保证给足分量。商业部门应加强对弓长岭铁矿的副食品的供应，保证职工的正常需要。在日用品供应方面，商业部门应考虑到矿区的特点，适当增加适合矿区需要的花色品种，同时也要增添商业供应点和其他服务修理行业。

附件：

一、鞍钢弓长岭铁矿中茨山采矿工段调查资料

二、鞍钢弓长岭铁矿选矿厂磁选工段调查资料

三、鞍钢弓长岭铁矿运输车间调查资料

附件一：

鞍钢弓长岭铁矿中茨山采矿工段调查资料

一、概况

弓长岭铁矿的采矿部分有岭东、岭西两个采区。中茨山工段，是岭西采区五个露天采矿工段中的一个。

中茨山工段，于1957年4月开始建设。当时有工人200人，主要的生产工具除了风钻15把之外，就是铁耙子、铁簸箕和铁轮木帮手推的小矿车（0.8～1立方米）。从1958年秋季开始用电铲、穿孔机和小电机车等进行生产，到1959年6月，基本上实现了机械化。目前使用的主要设备有电铲5台（铲斗容量共为10立方米）、穿孔机4台、7吨的小电机车8台、3.5立方米的矿车18辆。以上这些设备除了矿车外，分别占全矿21%～27%；占岭西采区36%～61%。从产量方面来看，也占不小的比重。以1960年为例，这个工段开采矿石和剥离岩石的总量，占全矿露天采矿和剥岩总量的22.5%，占岭西采区露天采矿和剥岩总量的30.8%。

目前这个工段有三个工作面进行生产，分布在三个水平上。采掘工作面的总长度为79米。矿石的运输是纵横相结合进行的，横的运输是小电机车牵引，纵的运输依靠漏斗从上漏下来。以340米工作面（按海拔标高）为例，首先由电铲把矿石装入小电机车牵引的矿车中，运到漏斗里，漏到240米工作面水平上，再装矿车运到接近地面的栈桥中，然后再装上自翻车由蒸汽机车或大型电机车运到选矿厂去进行破碎和洗选。生产和运输的主要环节是机械操作，但铺设小铁道和翻车等作业是由人工来进行。

全工段现有职工302人，全部来自农村。新工人的比重很大，在全部工人中，1958年进矿的有206人，占68.2%。电铲、穿孔机和电机车等主要设备的司机共有92人，占生产工人的51%。脱产干部有15人（工段长以上干部9人），占职工人数的5%。党员有44人，占职工人数的14.6%。团员有42人，占青年工人的35.6%。在职工中，贫农成分占71.8%，地富成分占0.3%。平均文化程度为四年，高小毕业生占40.4%。全工段共分18个生产队（组），其中电铲队5个，穿孔机队3个，运输队1个，掘进队1个，爆破队1个，整修组4个，轨配、火药和运料各1个组。

二、生产和整风

由于在主要工程上实现了机械化，人员是逐年减少的，两年来减少了将近一半。1958年职工总数达700多人，到1959年减到528人，1960年又减少到370人。这一工段的生产情况是：1957年矿石产量为21.1万吨，岩石剥离量为14.1万立方米；1958年矿石产量为33.4万吨，岩石剥离量为25.3万立方米，1958年分别比上年增长58.3%和79.4%。机械化以后的1959年，矿石产量猛升到58.3万吨，岩石剥离量为26.7万立方米，分别比上年增长74.6%和5.5%，但1960年矿石产量则下降到49.1万吨，比上年下降15.8%，只完成年计划的95.3%，岩石剥离量下降到25.8万立方米，比上年下降了3.4%。由于前两年岩石剥离欠账过多，1961年岩石剥离量计划为46万立方米，比上年增长78.3%，而矿石产量计划为40万吨，比上年降低18.5%，矿石的平均日产量为1344吨，但第一季度平均日产量只为345吨。

中茨山工段生产下降是从1960年下半年开始的。上半年矿石平均日产量为1615吨，下半年则下降到1073吨，下降了33.6%；上半年岩石平均日剥离量为785立方米，下半年则下降为638立方米，下降了18.7%。以全年四个季度的情况来看，矿石的生产不稳定，起伏很大，大体是一季平，为1460吨；二季升，为1774吨；三季大降，为783吨；四季回升，为1352吨。今年第一季度矿石平均日产量又大大下降，还低于去年最低的第三季度的水平，仅为345吨。岩石剥离量，从1960年6月到今年3月，连续下降了10个月（1960年第一季度平均日剥离量为859立方米，第二季度为717立方米，第三季度为614立方米，第四季度为

637立方米，今年第一季度为391立方米），4月份才开始回升。

从生产准备工作来看，采准矿量也是下降的。1960年末采准矿量为4.4万吨，保有期为1.3个月；1961年第一季度末采准矿量为3.4万吨，保有期为1个月。由于岩石剥离欠债太多，年年都达不到计划要求（采准保有期应为3~6个月），为了改变这种不利形势，已经决定从3月份起，集中力量搞剥离工作。

主要原料的消耗也逐渐提高。每采一吨矿石所消耗的火药，1959年第四季度为0.128公斤，1960年上半年为0.09公斤，下半年提高到0.192公斤，今年第一季度增加到0.384公斤，4月份高达0.84公斤。其他如雷管、导火线等也有类似情况。

由于生产落后，在1960年底，采区党总支的评比中，将该段党组织评为"下游支部"，在这次整风运动中，它是重点单位。今年第一季度，鞍钢党委工作组，在这里进行了整风试点工作。到目前，大鸣大放阶段结束，已进入了整改阶段。

在整风前一阶段中，暴露出来比较突出的问题是：党的领导核心不团结，主要干部事务多，政务少，政治思想工作薄弱。段长徐长福同志有严重的强迫命令作风，对犯有错误的工人不是靠教育，而是偏重于处罚，他说："教育不行，还要割肉（扣工资）。"工人的生产情绪不高，设备的失修和损坏很严重。经过大鸣大放，干部强迫命令的作风有了显著的转变，生产上、生活上成了堆的问题，也解决了一部分。工人感到满意，他们说："整风好，人合心，马合套。"生产也开始有起色，4月份矿石的平均日产量比3月份提高了3.4倍，岩石剥离量也比3月份上升了28.5%。

三、设备使用与维护

中茨山工段，为什么从1960年下半年就出现了生产下降的局面呢？

从设备的利用情况来看，两年来设备的作业率和效率是逐渐下降的。每台电铲平均作业率，由1959年的61%，下降到今年第一季度的44%；如按日历工作天数计算，1960年上半年每台电铲平均停歇75.6天（其中机械故障和小检修占40.6天，等矿车占5.6天），下半年停歇天数曾达

90.9天（其中机械故障和小检修占36.8天，等矿车占6.5天），今年第一季度为19.3天。穿孔机每台平均作业率，由1959年的52.6％，下降到今年第一季度的27％；按日历工作天数计算，1960年上半年每台平均停歇92.4天（其中无工作停止占30.5天，事故检修占19.7天），下半年停歇天数高达112.5天（其中事故检修占15.7天，无工作停止占17.4天），今年仅在第一季度内停歇的天数就有65.6天。

设备的使用和维护情况不良，大部分设备长期处于带病运转的状态。如电铲的一、二主轴和连接各部的大小齿轮都咬合不紧，轴瓦错动，工作时震动过大。又如6号穿孔机的动向轮与钢丝绳接触处，按照规定磨损面不能超过30％，现在已经达到50％。按技术管理要求，电铲和穿孔机每两年要进行一次大修，一年一次中修，半年一次小修，但都没有按时进行检修。如5台电铲和4台穿孔机大修过的只有2台，目前需要大修的有5台、中修的1台、小修的1台。5号电铲从1958年10月上山后，连续两年零三个月没有进行检修，旋转大齿轮磨损过大，已经起不到齿轮的作用，今年1月份才停止生产进行大修。矿车损坏得也很严重，有些矿车大轴的直径已由原来的65毫米研磨到40毫米左右；轴承有的已经压碎，有的磨成了小球；许多轮子的边沿已由原来的25毫米，磨损到10～15毫米。全段共有矿车71辆，目前能使用的只有18辆，完好率只有25％（正常使用需要25辆）。对矿车保养和维护基本上无人负责，坏了就换新的，坏一个扔一个，扔得满山遍野；现在没有新的补充了，才开始组织修理。

设备的管理工作跟不上，规章制度流于形式。过去以手工作业为主时，工具简单，坏了工人搬到山下就能修理，现在就不同了，坏了搬也搬不动，工人在山上急，干部在下面急，任务一紧就凑合着干，什么时候开不动再停下来。这个工段，从1959年上半年就按工种制定了岗位操作规程，对电铲和穿孔机的管理就有三项基本制度（岗位操作、交接班和润滑检查制度），但是贯彻得很差。据调查，有40％的矿车，是由装车时电铲没有保持一定距离，操作不注意而把车箱压坏或打坏的。交接班制度规定，下一班司机必须提前半小时到现场接班，当场交代机械运行状况和注意事项。这一制度没有很好执行，有时两班司机互不见面。上班发现机械有故障也不修理，而是往下班交，有时一个小毛病连交三个班也无人进行修理。润滑和检查制度,规定得也很具体。规定电铲的三个部分(即工作部分、操作室内、走行和旋转部分),分别由三班按要求定时定量地注油、擦洗和检查。但是都没有按照要求做到,如齿轮、轴瓦等机件由于润滑程度不够,都受到了严重的磨损。

工人技术水平低。全工段共有电铲、穿孔机和电机车司机92人,新工人就有66人,老工人只有26人,而老工人还是由手工操作的岗位上转来的。目前的实际技术水平,一级工有32人,占34.8%;二级工有49人,占53.3%;三级工有11人,占12%。以操作时间来分,两年以上的有32人,占34.8%;不到两年的有26人,占28.3%;一年以下的有34人,占37.0%。这些工人,大都是只会开动机械,出了故障找不到毛病,同时也不注意日常的保养工作。

备品配件严重不足,检修力量不够。两年来,由于备品配件供应不足,检修计划不能实现,需要定期更换的零件得不到补充。这些设备所需备品配件,1960年计划为15.9吨,实际供应7.4吨,为计划的46.5%;1961年计划为121吨,第一季度实际到货40吨。全段共有9名维修工人,其中四级工2名、三级工2名、一级工2名,其余3名是徒工。由于维修人员少,质量较差,因而维修工作处于小毛病修不好、大毛病修不了的状况。维修工作绝大部分放在白班进行,而夜班发生的机电事故占70%左右,有些可以避免或可以立即停车修理的故障,不能及时修理,任凭机械带病运转。维修用的工具很少,全段只有一台能钻4~36毫米的小型立式钻床,钳工用平台、砂轮各一个,其余都是老虎钳、锉刀、手锤、扳子等。稍为复杂的活(如攻一个螺丝),都要翻山越岭送到山下来做。

运输环节薄弱。各个工作面的铁道路基都不牢固,道轨铺设得不直、不平,道钉松动,矿车行驶时经常发生掉道事故,使电铲经常处于停歇状态。同时,铁路的弯道也过大,按照行驶3.5立方米矿车的要求,弯道一般不能小于15米,实际只有10米左右,因而造成了轮边和车轴严重磨损。如果能提前做好移轨、铺轨的准备工作,矿车掉道事故是可以减少和防止的,同时也能增加矿车的使用寿命。

爆破不按要求进行。用电铲出矿,对爆破的要求是很高的。按照规定断面帮坡角要求达到70度,这样电铲的正常效率才能发挥,而现在爆破后的断面一般只能达到60度左右,这就是说在断面的底部留下了硬底,电铲啃硬底是违反操作规程的,同时也容易损坏设备,在这种情况下,电铲就会发生停工待查现象。采用"硐室爆破"虽然可以减少硬底,但是块比较大,同时爆破威力大,容易把附近岩石震松,给穿孔机作业也带来了困难。据统计,1960年穿孔机由于附近岩石松动而发生夹钎、片帮事故,平均每台停歇天数为13.8天。

四、政治思想情况

职工队伍的政治情况。在全段的302名职工中,有2/3的新工人尚未进行过审查工作。在现有人员中已知道的:有历史反革命1名、正在改造的右派分子1名、伪满把头1名、改造释放犯1名、国民党铁路警察2名、国民党少尉排长1名,共7名,占职工总数的2.3%。这些人现在的职务是电工、铆组长、扒料工、爆破队的泥球工(各1名)和轨配工(3名)。这些人的入矿时间,除1名右派是在1959年由技校分配入矿和1名伪铁路警察在1958年入矿的以外,其余都是1956年以前入矿的,是经过审查的。

该工段在用人上有不问政治的倾向。如工段前工会主席秦乃信(名义上不脱产,实际脱产),是一个曾在反右时有右倾言论的工人,他对工人的态度很坏,工人叫他"秦始皇的弟弟秦老二"。经过这次整风,才于4月底调回到小组生产。曾当过妓院掌柜的改造释放犯也放在工段做宣传工作(该人毛笔字写得好),虽已决定调回轨配组参加生产,但至今仍在办公室。此外,在整风中还撤换了一名班长、两名组长、一名司机长,这些人都是地、富成分,对政府不满,对工人态度很坏。

基层党组织的状况。在全段的44名党员中,1952年以前的党员为16名,1957年以前的党员为8名,1958年以后的党员为20名(其中预备党员为16名)。在33名工人党员中,老工人党员为14名,新工人党员为19名。支部共分为5个小组:采矿工人(包括电铲、穿孔机、电机车等)日夜三班每班一个小组,检修工人一个小组,工段干部和勤杂工一个小组。主要工种的党员的分布情况是:在43名电铲司机中有12名党员(其中4名司机长中有3名党员);在22名穿孔机司机中有4名党员;在27

名电机车司机中没有一名党员。

目前职工的生产热情不高，劳动纪律比较松懈。整风开始后虽有进步，但变化不很明显。整风以来，工人中普遍感到满意的是：干部开始转变作风，退还了不应扣的工资，发了大豆和补助粮等。但是，劳动纪律仍很松弛。今年1到4月份职工出勤率只有89%，比去年同期下降1.5%，比去年下半年下降4.4%。缺勤中事假增多，今年1到4月份，请事假的人占全部缺勤人数的36.8%，比去年同期增加8.8%；病假增多，1到4月份请病假的人数占31.3%，比去年同期增加11.3%。据调查，目前有15名左右的工人，情绪很不稳定，想回农村。

在党员中，也有少数思想上比较落后的。3月份支部对党员作了一次评比，评比结果，表现较好的有22名，表现一般的有18名，表现落后的有3名；还有1名党员，由于家庭生活困难，未经组织批准，也不要组织关系，就擅自回农村去了。

五、工段的党政领导工作

干部缺乏机械化生产的管理经验，政策水平低。全工段的9名脱产干部，全部是老工人出身。脱产的时间：1953年2名，1954年1名，1955年1名，1958年1名，1960年4名。脱产时的工种：六级凿岩工5名，七级凿岩工1名，六级支柱工1名，八级钳工1名，四级电铲司机1名。在本工段实现机械化以前，这些干部都是在手工操作的采矿工段工作，缺少领导机械化生产的经验。政策水平也低，对于工人中的一些缺点和错误，往往不是采用说服教育的办法，而是采用停止工作和扣回探亲假的错误办法（停止工作是指工人犯了错误或旷工时，令其停止工作一天到几天，停止工作期间不发工资；扣回探亲假是把职工应享受的探亲假取消，请假回家的时间扣工资）。从去年10月到今年整风前，共处分了38名工人（其中有7名处分错误的）。干部的文化水平也不高，具有小学二年的有3名，小学四年的有2名，小学六年的有1名，具有初中一年的有3名。

干部的调动频繁。从1957年工段成立到现在的四年内，先后调换过11名党的支部书记，调换过4名段长。平均每四个月换一名支部书记，每年换一名段长。这样频繁的调动，对于从根本上打好一个中型设备矿山的工作基础，对于建立一套科学的企业管理制度都是十分不利的。

在生活日用品供应不足的情况下，基层干部增加了琐碎的行政事务。粮票、油票、菜票、表票、自行车票、丝绸制品票、呢料票、胶鞋票等都由干部主持分配。还有些事情是找上门来不得不管的，如采区分房子也要找支部书记去开会，职工丢了粮票也得找支部书记解决。

干部开会的时间多。支部书记经常有三分之一以上的时间是被开会占用了。这些会议中有矿里召开的，有采区召开的，也有本工段自己召开的。如支部书记王保安同志在今年5月上旬的八天内，开了七次会议，其中参加矿里的会议有三次（共三天）。

党务工作薄弱。首先是接收工人入党的组织手续混乱。去年支部共吸收了12名工人入党，入党申请书都未经本人填写，支部大会讨论通过时，也未请本人参加，直到上级组织批准才通知本人。支部对党员的教育工作做得很差。大部分党员没有学过党章，不知道共产党员有些什么权利和义务。支部没有定期地讨论本单位的职工思想动态，只是有时个别几个人到一起说说而已。支部要求党员对落后工人实行四包（包思想、生产、生活和积极参加运动），但只交任务，不交办法。党员普遍感到向群众做政治思想工作没有"本钱"。如检修组党员李振荣同志说："因自己文化低，没有本钱，向群众做政治思想工作没有说服力，你来的目的，要说什么，人家都知道了。"因此，党员对群众的四包实际上流于形式。

对工人的政治文化和技术学习的组织工作也做得很差。文化学习，在去年上半年坚持得还好一些。但从洪水以后就断断续续，整风以后完全停下了。技术学习，去年采区组织一次电铲和爆破工人脱产七天的轮训，今年2月组织一次爆破工人脱产十天的轮训，但缺少经常的业余技术学习。政治学习差，除了听广播和有时干部谈谈报纸以外，没有固定的学习制度。从3月份起，全工段没有一份报纸和刊物，很多工人，包括党员不知道九中全会公报，更不知道八字方针。

六、工资与奖励

1960年8月份，计件工资取消以后，有些直接生产工人收入减少。

根据对电铲和穿孔机司机 55 人的调查，今年第一季度平均月工资收入比去年同期减少了 1.3%。具体情况如下：

项目	人数	去年一季度平均月工资	今年一季度平均月工资	增减（%）
合计	55 名	59.8 元	59 元	−1.3
其中：减少收入的	32 名	64.5 元	57.2 元	−11.3
增加收入的	23 名	53.6 元	61.8 元	+15.3

上表是按两个季度工人出勤天数相同的工资收入进行比较的。虽然取消计件工资以后，工人的工资收入减少了 1.3%，但是今年一季度的生产比去年同期下降了 80.8%，下降的幅度比工资要大得多。由此可见，生产不正常，对工人的工资收入是有直接影响的。

为什么有些工人的工资收入减少，而又有些工人的工资收入增加呢？在计件工资时，超额部分的工资是按个人标准工资分配的，这就是说，标准工资高的人，收入就要多，标准工资低的人比标准工资高的人收入就要少些；改为综合奖后，奖金不按标准工资分配，而是按统一的等级分配（奖金分一、二、三等），这样，标准工资低的工人，比计件工资，其收入就要相对地有些增加。

综合奖金的分配有平均主义倾向。主要表现是，不按劳动表现的好坏进行评比，不分等级地分配。如 3 月份，在轨配组得奖的 21 人中，每人都分得奖金 5.1 元，穿孔机队也是每人都得奖金 6.6 元，其他各队、组也有类似情况。

辅助工人得奖多。直接生产工人普遍反映："辅助工人得奖机会多。"例如，今年 1 月份直接生产工人每人平均得奖为 5.2 元，而辅助工人平均每人得奖 6.7 元，比直接生产工人高 28.8%。

奖励制度变化多，定得晚，工人无法掌握。如得奖条件中，完成生产任务开始定为 100%，后改为 80%，又改为 100%；评奖时间由按月改为按日，又改为按旬。4 月份的奖励办法直到月底才向工人宣布。

有些工人的标准工资还有些问题。电铲、穿孔机和电机车司机除四个人是由大孤山调来的以外，其余都是由原来的力工改行的，多数是从 1959 年开始学习的。根据原规定，这些工人的工资应由原来的工资（都是三级工 47.19 元）降为学徒工资 24 元，目前大部分虽然已升级到原来的工资，但是还有 16 个人没有升到原来的工资水平，其中有 11 个人是

34元，有5个人是40.05元，而从1960年4月以后改行的力工，根据因开展双节运动而节约下来的工人其工资不予降低的规定，都保留了原来的工资47.19元。这样就产生了如下的矛盾，即学习时间虽有长有短，技术水平有高有低，但工资待遇都一样，如已有的学习时间长、技术较高的人，工资反而低于学习时间短、技术较低的人。如5号电铲6个司机，除1名司机的工资是55.59元以外，其余5人都是47.19元。又如9号电铲司机刑宝印是1960年4月以前开始学习的，工资原来是47.19元，现在是34元。而从1961年2月开始学习的崔恩和，工资就保留了原来的55.59元。所有这些，对工人的生产积极性都有一定影响。

七、生活与福利

职工家属宿舍不足。目前在全段302名职工中，住家属宿舍的有110人，住集体宿舍的有192人。很多职工由于要不到家属宿舍，家属长期不能搬来矿山居住，每年请假回家，有的一年请几次。这不仅增加了职工的负担，而且也影响职工的出勤率。由于房子紧张，矿里规定，具有5年工龄以上的职工，才能够批给家属宿舍。按照这个条件，中茨山工段提出申请要房子的职工共有15户，这15户中有6户是急需解决的（其中有2户原住私人房子，现房主坚决要收回，有1户是爱人怀孕要分娩，有1户是住的房子要倒塌，有2户是家属住外地）。

单身集体宿舍居住条件不良。集体宿舍由采区统一管理，全采区共有28栋集体宿舍，每栋有4铺炕，1铺炕住13个人，每人只有2市尺宽的地方，连褥子也不能铺开，室内潮湿，至今还得烧炕。冬季工人睡的火炕普遍烧得不热，工人反映："炕凉睡得腰疼。"炕上铺得单薄，在全部28栋宿舍中只有六栋房子的木板床有草垫子，其余都是苇席。三班工人混住在一起，上、下班互相影响，不能很好休息。宿舍里没有任何文化娱乐用品，连书报也没有。

食堂管理工作比较混乱。工人的粮食定量已基本上恢复到去年上半年的水平。工人对食堂有不少意见。普遍反映：饼子分量不足，饭菜凉，食堂地方太小，吃饭时太拥挤，买饭排队太长，服务人员的态度不好，食堂不讲卫生。整风以后，对食堂工作进行了整顿，但改进得还不显著，变化不大。饭量不足的主要原因是食堂服务人员太多，如岭西食堂有1 500多人用餐，服务人员达60多人，而这些人的定量低，一般都不按自己定量吃。工人对粮食供应意见较多的是长期吃高粱面，只有今年3月底到4月初才吃了半个月的麦子面。

此外，矿山照明灯泡严重不足。目前全工段共有28个灯泡。工人上、下班每天要爬一个海拔300米高的山坡，夜间没有路灯，遇有下雨、下雪天，就更难走。根据工段统计，照明用灯泡尚缺94个（包括库存35个），今年1月到4月平均每月消耗灯泡180个。消耗量大的主要原因是：爆破时，每天要拧下两次，安上两次，对灯泡使用寿命有很大影响；露天开采刮风下雨，灯泡很易损坏；灯泡质量不好，容易爆炸；管理不善，丢失的也很多。

八、调查组的意见

为了从根本上改变中茨山工段的落后状况，使之成为一个很好的中型机械化采矿工段，我们认为，还需要解决以下几个问题：

1. 坚持中型机械化的开采方针。这一方针从矿的领导上不应有任何动摇和犹豫。中茨山工段所以要贯彻这个方针，是由地理条件决定的：山头小，地势陡峭，不宜采用大型机械设备，否则，即造成浪费。矿床的分布也适宜于上述的开采方针。认真贯彻执行这一开采方针，在全国矿山中有其代表性。为了坚持这一方针，必须改变干部中贪大图新的思想，在设备的配套上，所谓"大勺子、小碗、细脖子"（即大电铲、小矿车和土洋结合的漏斗）的不合理状态，解决的主要途径是调走大勺子，换小勺使其配套，以凿岩台车代替穿孔机，加强各个薄弱环节（如经常铺好轨道，修好漏斗）。今后补发设备应根据这一方针来进行，否则设备效率很难正常发挥，损坏率也很难降低。

2. 加强基层工作。首先是稳定基层干部，充实基层干部和提高基层干部，使其领导机械化生产的水平迅速提高。在整风中，应该特别注意稳定基层干部的工作岗位，这是建立责任制的前提。除个别需要调整的人员外，一般不宜做大的调动，使其安心工作，在工作中提高自己。在工人中也要稳定工种，防止乱调，特别是操纵机械的司机手要固定下来，使人和机械逐步产生浓厚的感情。目前工段党政领导干部中,都是老工人、老技术,面对新工人、新技术,需要从矿和采区的科室中抽调几个政治好、有一定技术水平、有一定组织能力的知识分子干部下来,充实领导或下来担当一部分具体工作(如技术员、党委干事等),帮助老工人出身的干部提高管理水平,并解脱他们一部分事务工作。在提高基层干部的工作上,一切上级领导机关首先要给予条件,其中最主要的是上级会议要有个制度,要有计划性,会前有通知,会要开得少、开得短、质量高,把工段党政干部到上面开会时间多的情况改变过来,保证基层干部有足够的时间在自己的岗位上研究和处理本企业问题。其次,加强基层干部的政治、业务(或技术)学习,"三大纪律八项注意"必须使所有人员都能背熟,并据此检查自己的工作。举办适合基层干部需要的科学技术报告会和短期学习班(一次学几天,过两三个月再学几天)。组织干部经常学习时事和政治,工段至少要有一份报纸,一份时事手册之类的通俗刊物。基层干部也必须坚持参加定期的体力劳动和跟班制度,目前只有值班段长的制度应考虑改变。基层企业的支部书记、副书记要有更多的时间抓政治思想工作,不能再把自己的园地撂荒。大力开展对工人的技术培训工作,举办各种专业的短期训练班,帮助工人特别是老工人掌握新技术,提高操作水平。

3. 在今后一两年之内,应该把党的基本知识的学习放在一个重要地位。从头学起,有计划地举办党训班,轮训干部和党员,全面地、系统地进行结合具体事例的党的基本知识的教育,进行群众工作的教育。分批轮训基层支部书记,帮助他们学会怎样做好支部工作。

坚持党的会议制度。每个月至少有一次会议研究和分析本工段的生产形势和职工思想动态;每个党员都要做群众工作,每人至少交一两个知心朋友,及时表扬联系群众的模范党员。

4. 进一步做好设备维修工作。工段应有一定的独立维修能力,才能做好日常维护工作。在现有基础上,只要增添必要设备,如普通车床一台、小铇床一台和小钻床一台等,就可以将小修任务担负起来。做好日常保养工作,这要从设备、工具和人员等方面加以固定,并且要争取稳定。按照当前情况,还应配备一名机电技术员,以便协助设备副段长做好日常维护工作。

5. 认真执行规章制度。当前的问题主要是如何贯彻的问题。现在无论新、老工人对其新使用的设备都还不习惯。因此首先要求干部和党员模范地遵守规程，在群众中起示范作用；在工人中要加强对执行规章制度的说服教育工作，开展群众性的技术监督。在举办技术培训时，应把工人的岗位操作规程列为主要课题，并经常按照操作规程测定岗位工人的操作水平，同时将执行操作规程列为评奖条件之一。

6. 坚持政治挂帅与物质鼓励相结合的工资制度。目前有些改行的工人实际技术水平已经高于改行前的标准工资的，经过技术水平操作考试之后，可以考虑把工资进行适当调整，由1958年以后入矿的学徒工培养起来的司机手，他们的技术水平一般都达到了一、二级工或三级工，也可考虑进行适当调整；最近几年内由工人中提拔的干部，大部分人还拿当工人时的工资，对于这些同志，原则上应根据他们当干部以后的思想和工作表现，按照干部的工资标准，进行适当调整。

7. 进一步安排职工生活。首先加强对集体宿舍的管理，改善单身工人的居住条件，火炕要加以修理，减少室内潮湿，增添报纸、杂志等，设置必要的文娱用品（如扑克、象棋、乒乓球等等）。食堂管理工作也要进一步改善，必须保证给足分量，热饭热菜，减少排队，改进服务态度，提高饭菜质量。对矿区副食品和日用品供应，需要加以改进，商业部门应增设商业供应点，增加适合矿区用的商品，有些凭票供应的商品（如呢绒制品、自行车、手表等等），可以组织就地供应，让工人凭票到鞍山去购买这些商品是不够合理的。同时要增设一般服务修理行业，如修鞋、缝补衣服、拆洗衣服以及其他修理业。搞好卫生，增强工人身体健康，公共食堂和宿舍必须讲究卫生，在职工居住后，增设厕所，改善环境卫生。同时也要增添必要的文娱活动场所，如电影院、篮球场等，以活跃职工的业余生活。从各方面的条件来说，进行以上工作并不是很困难的，但做好这些工作，工人的生产积极性将会有很大的提高。

附件二：

鞍钢弓长岭铁矿选矿厂磁选工段调查资料

一

弓长岭铁矿的选矿厂机械化的程度很高，是全国生产规模较大的一个选矿厂。设计能力为年产铁精粉336万吨。全厂现有职工1512人，其中生产工人1301人。主要生产设备有粗破碎机1台，中破碎机3台，细破碎机7台（其中1台尚未安装好），球磨机30台，螺旋分级机30台，磁选机60台，浮选机144台，真空过滤机21台，浓缩机6台，胶泵155台。全部设备共重11500吨。有破碎、磁选、过滤、尾矿四个主要工段。生产过程是首先把铁矿石在破碎工段经过破碎机破碎成粒度小于12毫米的矿石，然后在选矿工段经过两次球磨机的细磨，把矿石磨成粒度小于200网目的矿泥，随后根据不同矿石的特性，利用磁力选矿或浮力选矿两种办法，将铁矿和夹石分开，最后在过滤工段将含水分的铁精砂利用真空过滤机抽出水分，选剩下的杂质在尾矿工段经过浓缩机沉淀后排走。经过这样的处理后，可以将含铁量30%～35%的贫铁矿精选成为含铁60%～63%的铁精粉。

这个厂是在"大跃进"中建设起来的，在边建设边生产的方针下，工程进度很快，从1958年7月开始建设，到1959年8月就有2个系统投入生产，接着9月份又有2个系统、10月份有3个系统投入生产，至1960年6月全部建成。目前除了浮选系统已经建成还没有投入生产外，12个磁选系统都已投入生产。

这个厂从1959年8月份开始陆续生产。1959年计划生产铁精粉34.15万吨，实际完成23.6万吨，完成年计划的69.1%；1960年计划生产铁精粉120万吨，实际完成83.7万吨，完成年计划的69.8%；1961年第一季度计划生产铁精粉21.1万吨，实际完成14万吨，完成计划的

66.4％。几种主要经济技术指标完成的情况是：球磨机的利用系数（每一立方米容积的小时产量），1959年平均为3.27吨，1960年下降到2.58吨，1961年第一季度又降低到2.38吨。铁精粉的品位，1959年平均为63.12％，1960年降为61.99％，1961年第一季度下降到60.08％。球磨机作业率，1959年平均为36.7％，1960年为52.34％，1961年第一季度为34.9％。今年第一季度共有12个磁选系统生产，和去年同期7个系统生产比较，铁精粉的产量降低34％。和同样12个系统生产的去年洪水时期的第三季度比较，今年第一季度比去年第三季度少产铁精粉3 000多吨，比1959年开工后不久的第四季度（7个系统生产）少6.4万吨，比1960年第四季度（12个系统生产）少产铁精粉8.5万吨。

二

磁选工段是选矿厂的中心部分。全工段有职工389人，占全厂职工人数的1/4，其中工人375人，占全工段职工人数的96％，党员37人，团员92人（内有党员12人）。厂房建筑面积达1.4万平方米，设备重量为7 000多吨。全工段设有磁力选矿12个系统，每个系统设有集矿、给矿皮带机1组，球磨机2台，螺旋分级机2台，胶泵6台，脱水槽9台，磁力选矿机5台。全工段共有集矿、给矿皮带机12组，球磨机24台，胶泵90台，脱水槽108台，磁选机60台。处理铁矿石的能力很强，每年可达720万吨，而1960年矿山只供给矿石265.7万吨（1961年计划也只有320万吨），这只相当于选矿厂磁选能力的37％，按理说选矿厂完成现有生产任务，就设备力看是足足有余的。但是选矿厂为什么老是完不成计划，而且在生产效率、作业率等方面还不如刚投入生产时好呢？

从磁选工段历年设备作业率来比较，1959年平均作业率为37.62％；1960年作业率平均为52.34％，上半年平均为56.2％，最高月曾达69.7％，这一段时间基本上还是处在边生产边基建、许多新设备还在陆续投入生产的情况下，当时的作业率虽然还没有达到设计上的要求（设计要求93.5％），但还是比较高的，而1960年下半年的作业率有了下降，平均为47.9％，比上半年降低8.3％。今年第一季度平均作业率续降为34.9％，比去年下半年还降低了13％，比1959年刚开工生产时还低

2.72%，这显然是不合理的。

从设备的开动时间来比较，今年第一季度12个系统设备经常开动的只有三四个系统，生产时间一共只有9 020台时，只占第一季度应开动台时的34.9%。第一季度停车时间高达13 350台时，其中1月份为4 470台时，2月份为4 143台时，3月份为4 737台时，而停车台时中，由于各种事故所造成的停车时间占绝大部分。

根据今年3月1日到4月20日停工统计，50天中共因事故停工和因事故造成的停工检修共7 703台时，占全部停工时间的82.5%，其中因事故停工3 712台时。在事故中以球磨机为最多，共1 578台时，占事故停工时间的42.5%；胶泵事故停工1 025台时，占27.6%；电气事故停工843台时，占22.7%。大小事故次数共有487次，平均每天发生9.7次，其中球磨机事故共有226次，平均每天发生4.5次，胶泵事故共有151次，平均每天发生3次，电气事故共有67次，平均每天发生1.3次。发生事故的主要原因大致有三类：（1）岗位工人责任心不强，对设备不注意爱护，属于这一类的约占64%。（2）技术水平低，操作不好，损坏了设备造成停车，属于这一类的约占15%。（3）检修工人检修的质量差而造成事故，属于这一类的约占14%。

由于设备事故多，全工段设备损坏的情况十分严重。多数设备使用还不到两年时间，全工段12个磁选系统已经没有1个系统的设备是完整的。不但磁选12个系统不完整，而且将没有投入生产的3个浮选系统的设备拆得破乱不堪了，这3个浮选系统的设备，除了球磨机本体和大齿轮因其重量较大，吊车吊不动，不能拆走外，其他能拆走部分都已拆卸到磁选系统上用掉了。即使这样拆东墙补西墙地凑合，现在能开动的设备也只不过6~7个系统，经常运转的还不到4个系统，而这些运转的设备，多数还是带病作业，隐患很多，漏水、漏油、漏矿，甚至跑电的现象到处可见。总之设备损坏的多，好的少；有毛病的多，健康的少；设备能配套生产的逐渐减少（弓长岭铁矿党委已决定在4月下旬进行设备大检修）。根据我们对全工段主要设备逐台进行调查情况来看，设备损坏比较严重的有这几类：

1. 设备损坏较多，影响生产较大的是胶泵和马达。原设计每个系统配有6台胶泵和马达，其中3台用于生产，3台备用。12个磁选系统和3

个浮选系统共有胶泵和马达各 90 台。但目前马达烧坏的数量很多,去年烧了 47 台,今年第一季度又烧了 20 台,共烧了 67 台,现在不但把备用的马达用完了,而且连 3 个浮选系统的胶泵马达也拆掉用了,目前全工段仅有胶泵马达 22 台,只有配足 7 个磁选系统用的。胶泵的使用情况也不好。在 72 台胶泵中,目前尚能运转的仅有 41 台,因为马达少,经常开动的只有 21 台。同时这些损坏的胶泵和马达也没有很好地加以保管和修理。现在堆放在现场、已烧坏的马达有 42 台,马达芯子和外壳以及风扇等都已拆散,连哪个芯子配哪个外壳都已弄不清,无法再修理。胶泵的情况也是如此。

2. 设备的部件磨损很严重。目前较突出的是球磨机大小齿轮和螺旋分级机的叶轮和叶片。在 24 台球磨机中,大齿轮磨损严重,必须更换才能使用的有 9 个。在正常情况下,一个大齿轮的使用寿命为 5 年左右,而现在只使用一年零八个月的时间,就有损坏报废的。小齿轮的情况也是如此,据不完全的统计,从去年以来已损坏更换的小齿轮有 37 个。按去年设备作业率 52.3% 计算,每个小齿轮只用了 2 个多月,超出正常消耗的一倍以上。造成大小齿轮非正常磨损的直接原因是球磨机筒体排矿端头螺丝松动,引起漏矿泥而甩到大小齿轮的中间,再加上工人没有及时加油,大小齿轮就经常干磨,而矿泥当中的铁砂如同金刚砂(是一种研磨剂)一般,造成了齿轮的不正常磨损。其次是螺旋分级机的螺旋叶和叶片的磨损情况也很厉害。24 台分级机共有 48 个螺旋叶,除了新更换的以外,其余都已扭得弯弯曲曲,镶在螺旋叶外边的叶片,磨损脱落的也很多。造成这种现象的原因,主要是停车时没有按操作规程将分级机提起来,螺旋叶埋在沉积的矿泥里,开车时阻力大,往往把螺旋叶扭弯、扭坏,而且分级机槽中的碎钢球等杂物没有经常清理,即使分级机勉强转动起来,也很容易将分级机的螺旋叶外边的叶片扭断,时间长了还会造成严重的断轴事故。

3. 许多设备有隐患,影响设备寿命和操作安全。目前最大的隐患是电缆沟积水。这个工段的全部动力线路都集中在四个动力操纵室内,而这些操纵室的地势较低,因此电缆沟经常积水,电缆长期浸泡在水中。一旦电缆发生事故,全厂就要停产,像这样严重的问题,长期以来没有很好地加以处理。

三

磁选工段设备损坏严重，隐患多，主要是以下几方面的原因造成的：

（一）工人的情绪不稳定，思想问题多，工作效率低

这个工段的工人，90％以上来自农村。工人的家庭成分一般都较好。家庭出身于贫、雇农的占66％，中农占25％，富农和地主占2.5％，其他城市贫民、职员占6.5％。工人中青年的比重很大，全工段的平均年龄为28岁，其中25岁以下的占60％。去年上半年以前，这个工段的生产秩序比较正常，工人的生产积极性还是比较高的。但是到了下半年，在各方面困难条件较多的情况下，工人的思想情绪有了很大的波动。这个工段的工人，有半数以上的工人家属都住在附近辽阳一带的农村，和农村的关系十分密切。去年8月洪水以后，这一带都是重灾区，生活发生了困难。这对工人的思想情绪影响很大，有的工人说：在厂里干活是"半条心"，还有"半条心"总是惦着家里。其次是去年10月份粮食定量减少以后，工人平均定量从46.5斤降低到41.7斤，平均减少4.8斤（已扣除原来是力工的粮食定量减少的因素）。在此情况下，对工人的思想工作又做得很粗糙，食堂又办得很不好，主食分量不足，副食又少（近半年来每天只能吃三四两菜）。有些工人计划用粮掌握得不好，一个月的粮食20多天就吃完了，有的工人拿衣服去换粮票，也有制造假粮票的，还出现了高价卖粮票的黑市。总之，去年四季度至今年1月份这段时间里，粮食问题闹得很紧张。一部分工人无心搞生产，粮食吃完了就旷工，不是睡在宿舍不上班，就是往家里跑。特别是春节时期，出勤率曾下降到79％，平均每天有80多人不上班。另外工作环境和卫生条件也不好，对工人的思想情绪也有一定的影响。由于这个工段生产上漏水现象很严重，加上劳动保护品也不够，工人经常要站在水中作业，胶泵工人的工作环境更差，他们都长期在地下室作业，大部分工人有腿痛、抽筋等毛病，一到冬天，厂房的温度很低，到处冻成冰柱子，因之工人思想有负担。其次是工人宿舍情况也不好。工人反映有"三冷"，"早上进车间冷，中午到食堂饭菜冷，晚上回到宿舍还是冷"。此外，这个厂的工人文化生活也组织得很差，这样大的工段，没有一份报纸和杂志，厂里也没有看书的图书室，扑克、象棋都很少，所以工人下班回到宿舍之后，有的睡大觉，有的闲扯吃的问题，政治空气很薄弱，工人的精神状态不振作。

在这种情况下，党支部工作又没有及时跟上，结果问题成了堆。在去年四季度和今年一季度这段时间里，工人中不但旷工现象严重，而且工作效率也很低，有些检修工人每天平均只干 5 个小时的工作，不到点就走，有时差两个螺丝也不给上，工作拖拖拉拉，责任心不强。

目前在工人中反映较多的是生活问题和工资问题。根据我们对工段 3 个小组 37 名工人（其中党员 3 人，团员 11 人）的调查，从工作表现上看：工作积极肯干，认真负责，不旷工不迟到，思想进步的有 15 人；工作推着干，有点牢骚，工作表现一般的有 16 人；思想落后，经常旷工的有 6 人。从这些工人中存在的问题来看，一种是家庭生活有困难，生产鼓不起劲来，属于这一类的有 6 人。这些工人多数是收入少（一般收入在 33～40 元之间），人口多，有的家庭虽在农村，但由于是工业户或半工业户，公社不能给予照顾。其次是对工资有意见，生产积极性不高的有 6 人，其中 4 人是转业军人，他们认为当了三年兵，进厂又干了一年多，还是一级工，每月 33 元，比 1958 年进厂当学徒的工人工资（40 元，相当于二级工）还低。另一种情况是所谓"小师傅、大徒弟"的问题。目前磁选工段有一批 1960 年新从矿山等部门转来当学徒的力工或技术工，他们的工资还是维持原有的 47～50 元的水平，相当于三级工的工资，而目前岗位工人都是一、二级工，因而这些"小师傅"有意见。第三是房子问题。过去工段曾登记要房子的有 120 户，最突出的是一些由各厂矿支援来的老工人，多数又都在主要工作岗位上，他们的家还在鞍山等地，每月回家送钱、取粮票，对工作影响很大。

（二）工人技术水平低，操作事故多

现在全工段有生产工人 374 人，平均技术等级为 2.5 级，工人的技术水平是比较低的。三级工及以下的有 322 人，占全工段生产工人的 86%，四级工及以上的有 52 人，占 14%，而且前者绝大部分是 1958 年以后才进厂的学徒工。在 1958 年以前进厂的老工人全工段只有 48 名。同时这些新工人中多数都没有经过培训，如在全工段生产第一线的 283 名新工人当中，经过培训的只有 124 人，其余半数以上都没有经过培训，甚至连安全规程都没有学过就派去顶岗位，因此在相当长的一段时间里操作不熟练，这和事故频繁、设备损坏多的因素是分不开的。如一个叫黄忠英的工人，由于操作不熟练和责任心不强，在将近两年的工作时间里，他一个人就烧坏了12台马达。又如12个配电工中，有9个是家属，这些人连最起码的安全规程也没有学过，只能做到"看堆"。

从我们对两个生产小组24名工人的技术操作水平的摸底情况来看，由于经过前一阶段实际操作的锻炼，在24名工人中，现在已能勉强独立操作的有17人，占71％；技术水平较差的3人，占13％；还不能独立操作的有4人，占17％。现在虽然多数工人已经能勉强独立操作，但还远没有达到熟练程度，这也是目前球磨、磁选的技术经济指标低的重要原因。因此进一步提高工人技术操作水平，过好技术关，仍然是当前一个重要问题。

（三）生产管理混乱，规章制度贯彻执行得不好

磁选工段在1959年开工生产时，建立了一些规章制度，如岗位责任制、操作规程、交接班制、安全技术规程等基本制度，同时还规定了各个主要工种的岗位规程，如给矿皮带工岗位规程、球磨工岗位规程、胶泵工岗位规程、磁选工岗位规程等等。但是在去年第二季度12个磁选系统投入生产以后，情况有很大变化。首先是新工人大量增加，没有及时组织他们学习，工人对各种规程清楚的少，不懂的多。其次是设备增加了，人员没有配齐。现在12个系统只配有8个系统的工人（其中两个系统还是今年4月份由地方选矿厂借来的），加上今年第一季度旷工较多，操作工人更感不足，工人的工作岗位经常变动，而且不同工种之间也有调动的。如胶泵工旷工较多，只得以球磨工来顶，这样就把岗位责任制打乱了。第三是这个时间干部的乱指挥风比较严重。正如工人曹恩国同志说的："来一个干部只要比我们工人大的，就可以叫开车"，不仅班长、段长叫工人开车，厂里的党总支书记、厂长、调度室主任也直接指挥工人开车，如选矿厂副厂长李清泉，在今年4月份指挥工人开动受过潮湿的马达，工人说不能开，李清泉说："开，开坏了我负责。"结果马达烧坏了。弓长岭铁矿安全科的技术员董宗元到选矿厂磁选工段检查工作时，也指挥工人把被水淹过的马达开动起来，并且说："我有经验，没有问题。"结果把马达也烧坏了。因此违反操作规程甚至蛮干的现象，随之而起。

由于以上多种原因，原有的规章制度被打乱了，特别是岗位责任制没有建立起来，设备的使用也就长期无人负责，岗位工人对设备的操作不按规程办事，该修的不修，"对付"着转，工人中流行着这样一种说法："甲班修，乙班转，丙班糊弄到交班"，因此设备长期带病运转，事故愈来愈多。

经过整风，干部作风有了一些转变，解决了一些问题。如单身宿舍都搬到大楼了，中央给的补助粮已发到工人手中，也吃到了豆子，职工思想已开始有些好转，出勤率较以前有提高，4月份已达91%。从目前情况看粮食问题基本已解决了，少数人还不够吃，主要是蔬菜太少。目前8个系统的工人已固定了岗位，技术规程也正结合本厂的情况着手修改，工段利用停车的时间给工人讲技术课。这些做法都是好的，但从现在看来，工人中对有的操作习惯性还是相当大，要真正把这些基本制度贯彻下去，还必须进一步做好工人的思想教育工作。

（四）设备检修不及时，工作效率低，备品配件不足

全工段设备的检修，原来都归工段负责。今年3月以后，选矿厂机电科从各工段抽出一批检修力量，成立了检修大队，专门负责各工段的设备大修，中、小修仍归工段管。目前磁选工段现有的检修工人共124人，相当于工段岗位工人的80.6%，其中有钳工43人，电工24人，铆工10人，气焊工6人，电焊工4人，架工12人，衬板工25人，检修队伍是相当庞大的。但是由于包修制没有建立起来，职责范围不清，检修工人对设备磨损情况心里没有底，哪里设备坏了就上哪里修，没有事就等着，不能深入现场做好设备的维护工作，防患于未然。同时由于分工过细，各工种之间经常扯皮，修一台设备，往往要找钳工、架工，有时还要找焊工，再加上备品配件不凑手，一等就是几小时，工作效率很低。因此，现在工段对设备的检修，还做不到有计划检修，基本上还是处在坏什么修什么，不坏不修，头痛医头脚痛医脚的情况下，设备失修的情况很严重。以电动机为例，按规定，每六个月应对电动机的轴承进行一次清洗加油工作，但是这个工段从开工到现在，一年零八个月的时间里，没有做过一次。根据工厂电机修理工人对电动机烧坏原因的分析，他们认为有50%以上的电动机是由于轴承没有及时清洗加油，因而引起电动机的线圈被烧坏。

对备品配件供应不足的反映也很多。一些大件主要是依靠鞍钢公司解决，但轴承、螺丝垫、橡胶制品等是由厂里负责采购，长期解决不了，因此小东西成了大问题。如球磨机漏矿泥问题，严重影响大小齿轮和大轴瓦的寿命，但是目前就是缺标准螺丝垫，螺丝拧不紧，这对解决球磨机漏矿问题影响很大，其他如橡胶衬垫、轴瓦也是如此。

（五）支部领导核心没有很好形成，战斗力不强，党在群众中的堡垒作用没有充分发挥

全工段37名党员中，预备党员15人。党员占全工段职工人数的9.5%。党员的分布情况是：班长以上干部中有15人，占干部的49%；在生产第一线的党员有22人，占生产工人的6%。

磁选工段党的领导核心，长期以来，没有很好形成，党员在群众中的堡垒作用也没有很好发挥。首先在支部委员中，书记没有充分发挥支部委员的作用，表现较多的是书记说、大家去干，由于思想认识不一致，许多问题贯彻不下去，在支部委员之间也是一团和气，展不开批评，没有形成一个真正的战斗核心。如支部委员对支部书记（4月份已调走）有意见，认为他说的多，做的少，工作不深入，特别是春节期间，号召别人坚持工作，而自己却到乡下探亲去了八天。又如两个工段长是支部委员，命令风较严重，工作不深入，群众很有意见，支委会也没有很好地加以帮助。再加上干部调动频繁，对干部的具体帮助少，工作干不好就调走。仅1960年，工段组织机构变动了四次，工段长一级的领导干部调动了21人次，这也在一定程度上影响工段一级领导核心的建立，同时对干部深入了解情况和各种规章制度的执行，都有一定的影响。

其次是忽视政治思想工作，支部抓生产业务多，研究思想情况少。从去年10月8日到今年4月3日止，一共开了19次支委会，没有一次专门研究支部工作和群众思想问题。党内政治空气也不高，党的小组生活很不正常。如在整风以前，有的党小组两三个月不过组织生活，有一次召开党支部大会，只有18个党员参加，因不够半数，把共青团员也找来参加，在会上只有6个人发言，17个人睡觉，就这样通过了支部大会决议。党员在群众中的作用也很差。根据支部对37名党员的排队情况：政治思想好，干劲足，能联系群众的只有15人，占41%；工作表现一般，对当前暂时的困难认识不足、随大流的有20人，占54%；在群众中影响不好的有 2 人，占 5%。在这种情况下，有些党员在暂时困难面前，和群众一样乱喊乱叫。如工人张国祥要结婚没有房子，就在群众中发牢骚。有的党员带头涂改粮票。这又怎能发挥党员在群众中的堡垒作用呢？同时在支部的领导上，应该一手抓思想，一手抓生产，现在的情况是支部只抓生产细节，但思想问题却没人管，甚至支部书记和行政干部一样，也直接参加轮流值班指挥生产，代替了工段长的工作，放松了党的领导，有些重大问题却被忽视了。

第三，工作作风不深入，发动群众差。在许多工作上喜欢用大会轰的办法，不善于从党内到党外，从干部到群众，层层发动，做深入细致的政治思想工作。因此工作形成一阵风，思想解决不透，群众发动不起来。如这次整风运动，有的党员、团员就没有带头鸣放，群众就有思想顾虑。

产生这些问题的原因，除了少数干部思想作风有毛病外，还有支部和工段的领导干部政治水平较低，领导能力弱，工作方法简单，因此在较长的时期内不能形成强有力的领导核心力量。

第四，磁选工段的问题多，长期没有解决，这和选矿厂的党政领导的思想作风、工作方法有密切联系。选矿厂的总支和行政领导忽视政治工作的倾向很严重，在较长的时期内，不抓思想工作，不抓职工生活，整天忙于行政工作。在书记与委员之间不能展开严肃的批评，因此在厂一级的党政领导核心力量也没有形成，这样就不能对工段进行具体领导，也更不可能帮助工段解决这些大问题。

四

根据磁选工段现在的状况，通过这次整风运动，亟须解决好以下几个问题：

（一）加强磁选工段的领导

目前磁选工段的党政领导干部，不论在组织能力、工作经验还是管理水平方面，和这个规模大、设备复杂、机械化程度高所要求的领导水平有些不相适应，在领导具体工作上，缺乏组织能力，缺乏领导经验，遇到一些重大问题缺少办法。因此，第一，要增强工段的领导力量。目前该厂已派一名总支书记兼任磁选工段的支部书记,一名副厂长兼任工段长,力量是加强了,但必须注意充分发挥原有干部积极作用和党支部的集体领导作用。要深入细致地做好职工思想工作,充分发动群众,把群众的积极性调动起来。对一些行政工作,必须放手交给行政干部去做。第二,矿山的党政领导,今后要加强对这些单位的具体指导,在安排工作时,不但交任务,而且要交政策、交方法,不断提高这些干部的领导水平和思想水平。第三,要稳定干部的工作岗位,让他们能安心地钻研下去,这是管理好生产的重要保证。不但干部岗位要固定,工人的工作岗位也要固定下来。

(二)提高工人的技术水平

首先要大力开展技术培训工作。分期分批地组织新工人以岗位责任制、技术操作规程、设备安全维护为重点进行培训。把熟练工人配备在生产岗位上,作为师傅,把不熟练工人配备在老工人中间做学徒。其次,组织新老工人在业余时间学习技术理论知识,每星期组织两三次,指定专家讲课。第三,经常总结先进工人、先进班组的工作经验,组织全工段的工人进行学习。第四,以维护好和使用好设备、不断提高产量与质量为中心,开展班组竞赛。第五,把过去从工段调走的熟练工人调回工段,充实生产第一线。第六,一定要把磁选工段 12 个系统的工人配备,事先做好培训工作。

(三)贯彻和健全各种规章制度

(1)严格贯彻和执行各种规章制度。首先是贯彻岗位责任制。明确岗位工人的责任,确定分区负责范围,经常检查,定期测验。其次是严格执行交接班制度。交接班时要交清交透,检查彻底。第三,严格执行安全规程,对事故的原因要加以分析,对责任要查清并进行处理。

(2)健全操作规程。在操作规程中要明确规定以下几点:第一,各种设备需要润滑的部位,加油的时间、次数和油种。第二,各种生产环节的设备停车、开车的顺序。第三,每班的岗位工人要对主要设备的轴承和马达的温度进行测量。第四,集矿皮带不能带负荷启动。第五,对球磨机要规定磨矿的细度;加钢球要有专人负责,要规定加钢球的时间和数量;球磨机的螺丝每班都要检查;使用的螺丝、螺丝垫、螺丝帽必须符合规格。第六,开动分级机时必须先将螺旋叶轮提起来;进矿口要加篦子，防止碎钢球进入分级机。

（3）健全检修制度。第一，建立设备的定期大、中、小修和定期检查制度。第二，建立包修制，重新组织检修工人力量，划定包修和检查的分工负责区域，明确责任。第三，建立设备大、中、小修的质量标准和验收制度。

（四）加强生产管理工作

首先要扭转干部中"能凑合开车就开车"的思想和领导干部瞎指挥生产的作风，对这种思想作风，必须严格地批判。其次是查清隐患，彻底修好设备。必须把电缆沟里的积水排清，经常保持干燥。对大齿轮要密封起来，防止进矿泥。扭转漏矿、漏水、漏油、跑电的现象。第三，加强工段的原始记录和统计工作，每月要进行经济活动分析。第四，建立设备档案和备品配件的定额管理制度，加强管理。第五，建立技术监督制度。检查操作规程和各种制度的执行情况及产品质量。第六，搞好工段的文明生产，定期清除厂房内的矿泥和杂物。

（五）加强对工人的政治思想教育工作

首先要加强对党员的思想工作，党小组要定期过组织生活，开展批评与自我批评，及时传达讨论党内的重要指示和方针政策。党员要在群众中起模范作用。其次要经常组织工人学习政治理论和时事，经常向工人讲形势和党的方针政策。第三，充分发挥共青团和工会的组织作用。

（六）关心职工生活，切实解决职工生活中存在的一些问题

首先要办好食堂。书记下伙房，政治到食堂，加强食堂的管理和对炊事人员的思想教育工作。减少职工吃饭的排队时间，保证给足分量，搞好饭菜的质量，使职工能经常吃到热饭热菜。发给职工的副食品，要按时按量地使职工吃到。其次是管好集体宿舍，住在单身宿舍的职工要根据三班的工作情况进行调整，同时要搞好宿舍内的卫生和环境卫生，在集体宿舍内置些书报和杂志，添置些扑克、象棋，组织好职工的业余活动。

附件三：

鞍钢弓长岭铁矿运输车间调查资料

一、概况

在 1957 年以前，弓长岭铁矿运输车间只有 1 个车站（站内有四股道），3 台小型蒸汽机车，人员 169 名，运输任务主要是把矿石从弓长岭车站运到 4.5 公里以外的安平车站，再由铁路局转运鞍钢。1958 年"大跃进"以来，矿山建设有了很大的发展，矿石生产量迅速增长，并新建了选矿厂、焦化厂和两个炼铁厂，运输工作也有了很大的发展和变化。按现有的设备、人员和运输量来看，大致相当于一个铁路分局。

从 1957 年到 1960 年末，机车由 3 台增加到 20 台（其中电气机车 3 台），增长了 5.7 倍；车辆由 19 辆增加到 167 辆，增长了 7.8 倍；铁路线路由 13 公里增加到 76 公里，增长了 4.8 倍；车站由 1 个增加到 5 个；栈桥（漏斗式储矿仓）的容量由 1.08 万吨增加到 2.36 万吨；职工由 169 人增加到 1342 人，增长了 7 倍；运输量由 142 万吨增加到 611 万吨，增长了 3.3 倍。矿石的生产量与运输量（矿石和精矿粉）的比例关系，1958 年、1959 年都是 1∶1，由于选矿厂投入生产，1960 年变为 1∶1.24。货物的到达量，1958 年只有 9 万吨，由于炼铁厂、焦化厂投入生产，1959 年猛增到 101 万吨，1960 年又增加到 148 万吨，1960 年比 1958 年增长了 15.4 倍。这样就使矿内运输量和装卸作业量大大增加，运输环节增多。

目前矿山运输有四个组成部分：一是采矿工作面到贮矿栈桥之间的运输，通过小铁路（小型电机车牵引）、平硐溜井，将矿石分层接运到山下的各贮矿栈桥（由各采区负责）；二是栈桥到选矿厂之间的运输，通过大铁路用自翻车将各贮矿栈桥的矿石运到选矿厂进行破碎、选矿，这是矿内运输的主要任务；三是将弓长岭铁矿生产出来的精矿粉、平炉矿、生铁、锰铁、焦炭、水渣等产品，装上铁路局的车皮，送到安平车站，由铁路局运出去；四是组织从外部运进来的煤炭、炉料（高炉用）和各种设备器材的倒运和卸车工作。

目前，在采、运、选全部生产过程中，运输这一环节已经全部实现机械化，而且机械化程度很高。全矿12个采矿工段生产出来的矿石，全部可以通过小铁路运到7座大型现代化的栈桥中。这7座栈桥都是钢筋混凝土结构，每个栈桥最少有6个贮矿漏斗，最多有24个漏斗，每个漏斗设计容量为500～600吨，一次可以同时装5个到10个车皮，有风动开闭装置，装一车矿石（65吨）平均18分钟，最快的15分钟。这7座栈桥中有5座都是1958年以后建设的。全矿现有自翻车92辆，载重量都在65吨以上，这批自翻车都是投产不久的新车。各栈桥到选矿厂之间的距离，最长为9公里，最短的只有4.5公里。全矿现有蒸汽机车17台，其中牵引能力2 500吨以上的大型机车7台（建设型的1台，解放型的5台），牵引能力1 700吨以上的中型机车6台，牵引能力在900吨左右的小型机车4台。有150吨电气机车2台，每台牵引能力在3 000吨以上，80吨的电气机车1台，牵引能力在2 000吨以上。这3台电气机车都是在1960年底才投入生产的新车。

三年来，运输工作的成绩是很大的，基本上保证了矿山生产的需要，但也存在不少问题。

二、运输设备的利用情况

从弓长岭车站到选矿厂这个区间的运输能力来看（这是矿内运输的主要工段），潜力还是很大的。据初步计算，在目前情况下，这个区间的运输能力，全年可达到607万吨。主要计算根据是：区间距离4.5公里，上行需18分钟，下行20分钟，每次牵引16辆自翻车，在选矿厂每倾卸一车矿石按5分钟计算，共计80分钟，调车作业时间为20分钟，这样每次往返共需138分钟。每台机车上煤、上水等整备时间，每天平均为130分钟。每台机车每天可跑9.5对（1 440分钟减去130分钟，再除以138分钟，等于9.5对），考虑到雨季和严寒对行车影响的因素，再按85%的利用系数折算，可跑8对。每台机车每次牵引16辆自翻车，每辆平均载重65吨，共1 040吨，每天8次共为8 320吨。每天用两台机车循环运转（目前就是两台），共计可运送矿石16 640吨。全年按365天计算，可运矿石607万吨，而1960年矿内的矿石运输量是236万吨，仅为现有运输能力的39%。

现有栈桥7座，设计容量26 800吨，由于栈桥的建设有缺陷，实际容量为22 000吨，实际容量由于受雨季、严寒的影响，不能充分发挥作用，因此再按85%的利用系数计算，也可以达到18 000吨。即使每天周转一次，全年也可以运送矿石650万吨。1960年共生产矿石302万吨（其中平炉矿28万吨），只等于1960年底栈桥实际容量的50%。

在机车车辆的利用方面，机车作业率，1960年为64%，1961年第一季度为50%；每台机车每日牵引量，1960年全年平均为1 507吨，1961年第一季度平均为1 230吨。自翻车周转率，1960年全年每天平均周转2.3次，1961年第一季度每天平均周转2.55次。机车车辆的利用率是不高的，但在作业时间的实际效率还要低。运输车间过去对机车车辆的作业效率没有考核指标，也没有统计资料。根据我们召集司机座谈了解的情况，在每一班的12个小时内，经常有1/3到1/2的时间是非生产停留的时间。

栈桥设计和建设上有缺陷，选矿厂没有贮矿设备，是当前运输上的主要薄弱环节，也是运输设备利用率不高的重要原因。新建的栈桥中，有三座在上部没有修建小电机车的环形线（原设计有环形线），每座栈桥的端头都有一个漏斗不能使用；因此，东南两座栈桥的漏嘴小，容易发生堵塞。因此，栈桥约有30%的设计容量不能发挥作用，影响装车速度，增加机车车辆的非生产停留时间。由于选矿厂没有贮矿设备，对运输的影响很大，当选矿生产正常时，也只能是吃一车卸一车，一旦选矿生产不正常，就得用自翻车当贮矿槽，有时为了不让栈桥贮存矿石过多影响采矿，还得将矿石先卸在离选矿厂很远的空地上，待选矿需要时再重新装运。1960年将翻在空地上的矿石又重新装车的有2 316车，共计13.9万吨，运力浪费很大。

此外，一、二炼铁厂和焦化厂三个车站，目前全靠人力装卸，货位也少，当装卸作业量大的时候，人力和货位均感不足，不仅影响炼铁、炼焦的生产,而且也大大延长了铁路车辆的周转时间。

从上述情况看来,日常精矿粉 4 000 吨,运输能力是有富裕的,即使精矿粉的日产量达到 6 000 吨,每天需要矿石 15 000～16 000 吨,只要采矿和选矿生产正常,并进一步加强运输组织工作,不需要增加什么设备,这个任务也是能够完成的。

三、事故情况和设备的技术状况

1960 年共发生行车事故 184 件,比 1959 年增加 2 倍。破损机车 3 台,损坏自翻车 13 辆、守车 1 辆,直接损失金额 5 万多元,死亡 1 人,重伤 2 人,轻伤 37 人。1961 年 1 至 4 月份,共发生各种事故 51 件,事故的次数仍未显著减少。据分析,在 1960 年发生的 184 件事故中,由于违反规章制度和劳动纪律造成的有 77 件,占 41.8%;由于设备不良造成的有 13 件,占 7.1%;由于设备维护不良造成的有 49 件,占 26.6%;由于操作不良造成的有 12 件,占 6.5%;政治性破坏事故 2 件,占 1.1%;由于外部原因造成的有 10 件,占 5.4%;未遂事故 21 件,占 11.4%。

几次情节严重的事故情况如下:1960 年 11 月 3 日,司机杨启明驾驶 58 号蒸汽机车,拉自翻车 11 辆,在岭东至弓长岭车站间发生跑车事故,机车大破损,损坏自翻车 7 辆,轻伤 2 人。造成事故的主要原因,是检车员王福泽工作不负责,没有按照规章办事。按规定制动不良的车辆不准去岭东(因坡道太陡),检车员事前知道有两辆自翻车制动不良,但是只马马虎虎检查一下就给挂上了,也没有将这个情况告诉司机,加上司机操作不当,下坡时速度过快,下闸晚了,因而造成事故。1960 年 11 月 13 日,1514 号电气机车司机陈学中,拉 7 辆翻斗车由岭东开往弓长岭车站,发生跑车事故,电机车小破损,破损自翻车 6 辆。发生事故的主要原因,是司机技术不熟练。陈学中是一个拿 19 元工资的合同工,过去在鞍钢曾操纵过 80 吨的电机车,从鞍钢调来弓长岭的第二天,就操纵 150 吨的电机车,他对这种电机车的性能一点也不熟悉,行车时操作不当,下坡时速度控制不住,因而造成事故。1960 年 1 月 10 日,34 号蒸汽机车司机黄仁海,擅自脱离岗位去车站闲逛,当时他把机车停在坡道上,却把风泵关上，因无风制动不灵，机车自动溜走，司炉虽在车上，但因是一个徒工，不会开车，看到机车溜走也无办法，造成机车溜走事故，机车大破损，轻伤二人。1960年10月23日，选矿厂车站扳道员王允凯，在工作时间睡觉，结果发生挤坏道岔的事故。

在事故的处理方面也存在问题。如机务段在1960年内共发生行车事故42件，受处分的24人、共26人次，其中，留矿察看一年的1人，降职的4人，降薪（一级）的1人，记大过的4人，警告的13人，大会检讨的3人。受警告以上处分的人都扣了工资。看来处分的面有些宽，有过分强调惩办的偏向。方法有些简单，在决定处分以前，未经过群众广泛讨论，处分由领导决定之后，也只是简单地在工人中进行传达，没有抓住这些典型事例，在工人中广泛深入地开展安全教育，未能通过事故处理总结经验，吸取教训，因此，有些事故连续发生，如去年11月份，在10天之内就连续发生两次重大的跑车事故。

在现有的17台蒸汽机车中，带病运转的就有12台，其中超过大修期5年、中修期2年、架修期3个月的各1台，其他几台的主要部件也都有较严重的缺陷。目前，急需进行大、中修的机车有8台，其中已开始检修的3台，已经安排计划检修的3台，尚未安排的3台。

四、规章制度的贯彻执行情况

1961年以前，运输车间主要的规章制度是鞍钢运输部发的《鞍山钢铁公司铁路技术管理规程（草案）》一个本本，这个本本的内容是很全面的，但没有组织工人进行过系统的学习，工人并不很了解。其次是车站和各站段制定的一些临时性措施，有的有明文规定，有的没有明文规定，工人也不太清楚。有一些制度，工人只知道有那么一回事，但不了解具体内容，例如，铁路上有机车乘务员自检自修29项制度，这里也曾讲过要执行这个制度，但工人并不知道29项的全部内容，实际上并未执行。还有一些必不可少的规章如各车站的站管细则等没有建立，无章可循。由于这些原因，工人特别是新工人对遵守规章制度的观念很薄弱，业务技术知识也很缺乏，因而在工作中盲目乱干、违章作业的现象很严重。

从今年年初以来，运输车间通过设备大检查运动，对规章制度进行了初步整顿，到3月底共建立和修订了各种规章制度34种，并已草拟出文件，有的制度已开始贯彻执行，收到一定的效果，如机车乘务员自检自修制度及其奖励制度实行后，标兵机车已由一台增加到四台。

五、工人技术水平和技术培训工作

三年来共增加991名新工人，其中1958年增加的就有809人，绝大部分的工人未经过一定的训练就独立工作。机务段的53名司机的平均技术等级只有3.8级，其中开车一年多的新手就有36名，而且有20名只当了一年零九个月的司炉（铁路系统的司机一般要当四至五年的司炉）。电检段的140名车辆检修工人的平均技术等级只有2.8级。弓长岭车站的102名调车员、联结员、扳道员、调度员中，没有经过见习过程就独立操作的（铁路系统一般要经过三个月到一年的见习过程）有40名，占39.2%；经过10天到30天见习后就独立工作的39名，占38.2%；见习时间在一个月以上的有23人。

1958年新参加工作的工人，到现在已有两年多的时间，如果技术培训工作能跟上去，工人的技术水平是可以提高一步的，但是，这项工作并没有引起足够的重视，1960年5月份以前基本上没有组织工人学习技术。1960年下半年组织了两个业余技术训练班，但都没有坚持下去。一个是机车岗位规程训练班，计划学一年，每周学习六小时，只学了两个月就停了；另一个是电务训练班，只学了一个月就停了。运输车间的工人绝大部分都是20岁左右的青年小伙子，对于学习技术的要求还是很迫切的，但没有满足他们的要求。在这次整风鸣放中，电检段的工人鸣放出784条意见中，属于技术学习方面的要求和意见的就有100多条。也有一部分工人对学习技术有错误的认识，如有一部分司炉认为弓长岭今后主要是发展电气机车，蒸汽机车不会增加，将来也当不了司机，所以学习技术的劲头不大。对于这种思想，车间也没有及时进行教育，端正认识，启发和引导工人积极学技术。

今年4月份以后，根据工人鸣放的要求，恢复了电务训练班的学习，成立了业余检车训练班。但从整个车间来看，对有计划地培养提高工人的技术水平，还没有全面规划，只是想到哪里做到哪里。

六、组织机构的情况

运输车间下设人事教育、财经、运输、技术、保卫、安全六个股，机务、电检、工务三个工段和五个车站，共有 14 个单位。从车间一级到班一级，共有三个层次。架子大，层次多，脱产的管理人员也很多。该车间现有职工总数为 1 312 人，其中明脱产的干部（在编制的）有 91 人，还有所谓暗脱产的干部（名义上是兼职，实际上是脱产）40 人，明暗合计共为 131 人，占职工总数的 10%。车间一级有党总支正、副书记 2 人，车间正、副主任 5 人，干事 1 人，工会主席、青年团书记、干事共 5 人。各工段、车站除了有党政工团人员外，还有文教、记录、事务、保卫等等，名目繁多，人浮于事，互相扯皮，工作效率低。正如该车间王副主任在整风鸣放会上所说的："车间领导太多，有两名主任也可以管过来，有时，有事都管都不管……刘技术员没有事，徐松年每天开两张货票……运输车间每人只要发挥 20%～50% 的力量，任务就能完成得很好。"还有的同志在鸣放中提出，车间主任之间一天一分工，有时候连主任也不知道今天要干什么。例如，有一天刘文才副主任问白国成副主任今天干什么，白说："我今天还没有下市①呢，还没有分配哩！"这种情况是经常发生的。机构庞大，会议很多，车间行政例会，一开就是半天。有的段长听说开行政例会后说："今天又要挨半天。"人员虽多，工作仍无人检查，车间 4 月份的工作计划，有的段在 4 月 18 号才传达下去。

机构扩大后，干部很缺乏，因此许多有技术的老工人，就被提拔到领导岗位上来（适当提拔一些是必要的），削弱了生产第一线的骨干力量。例如，机务段共有生火六年以上、开车五年以上的老司机 12 人，提拔到工段当干部的有 6 人（提拔到车间的不在内）。有些老工人提到领导岗位以后，作用没有充分发挥出来。

---

① 过去有些劳动人民到市集上去出卖劳动力时，都集中在一起等待雇佣者的雇用，这里借以形容自己尚未分配到工作。

七、生活福利问题

1. 家属宿舍问题：

运输车间要求解决家属宿舍的共有 233 户，其中符合矿山党委规定的两个条件（有五年工龄和家在 40 华里以外）可以考虑给予解决的共 62 户。在这 62 户中，经过反复研究必须及早解决的有 13 户。这 13 户的大概情况是：在鞍山、本溪租住的房子到期或房主要出卖房子的；结婚后要生孩子的（其中有一名 40 岁的老工人，很不容易找到了爱人，爱人过去住在办公室，现在要生小孩；再一对夫妇，男的是会计，女的是售货员，登记批准结婚已一年多，因无房子未正式举行结婚仪式，现在要生小孩，双方要求房子很迫切）；家属住在农村的庙里和亲戚家中；等等。最近矿党委决定只能给解决六户，矛盾还很大。许多人听说最近要解决一批房子，天天找总支书记和工会主席要房子，有的还哭哭啼啼。由于宿舍问题得不到解决，有些工人不安心工作。家住在鞍山、本溪的职工，户口、粮食关系都未转来，隔几天要回去背一次干粮和咸菜，吃得不好，开支增加，又很麻烦。

2. 集体宿舍中的问题：

铺位拥挤，原设计一铺炕睡 9 人，现在睡 13 人；炕上缺席子；一个房间里有三班工人睡觉，上下班时互相影响睡眠；缺乏灯泡；宿舍与工作地点距离太远，有的要步行 4 华里还要坐一段火车；宿舍管理不好，卫生条件很坏。

3. 粮食问题：

补助粮发下以后，绝大部分工人没有意见了。现在的意见是，工种相同或劳动强度差不太多，但粮食定量不一样的工人有意见，例如，电检段的电焊工人，定量是 37 斤，而机修车间的电焊工人就是 43 斤。另外在电检段内部的其他工种都是 40 斤，只电焊工 37 斤。他们认为劳动强度差得不多，应该一样。再就是对粮食品种有意见。据说自去年 8 月份以来，除有 20 多天是供应全面粉和少量高粱米以外，主要是供应高粱面，要求予以调剂。

4. 工资问题：

运输车间工人对工资的意见主要表现在两个方面：一个是在 1958 年

参加工作的工人，现在都处于主要工作岗位，如司机、调车员等，工资还是34元，与铁路系统比较，都是司机，但工资低很多。再一个是所谓"小师傅、大徒弟"的问题。司机的工资是34元钱，而司炉却是37.19元。据统计，在372名司机、司炉、机车修理工、检车工和调车、联结、扳道、调度员中，小师傅有122人，占32.8%，大徒弟127人，占34.1%。这是因为司炉原来是力工，去年技术革新后，按上级规定，调工作后仍保留了原工资。整风鸣放中有的工人说："再等一年看看，要再不增加工资，就要猪八戒摔耙子——不伺候了！"

5. 劳动保护用品问题：

对工作服、手套、肥皂、安全帽、雨衣、围裙等的供应，一个意见是发放不及时，该发的未发，该换的未换；再一个意见是数量少，不够用，如肥皂过去一月一块，现在是半块；还有一个意见是质量不好，如有的手套是再生棉织的，既小又不耐用。

6. 买不到饭盒和胶底鞋：

据大略估计，运输车间有500多人要买饭盒，没有饭盒影响带饭。胶底鞋问题，特别是装卸工最突出，他们一个多月就要一双鞋，长期买不到，影响工作。最近党委发了购鞋票530双，其中有170双是小号的，工人虽然把鞋买回来了（若不买，发给的鞋票要作废），但不能用上。

7. 缺少文娱用品，工会文娱费开支不当：

运输车间每月有工会文教费90多元，工人希望买一些扑克、象棋、克朗棋、乒乓球等文娱用品，但这笔经费都被用于买磁漆、彩色纸、画笔、粉笔等，用于写标语和画漫画，以装饰门面。据说做这些事情是由于"运输车间在大街上，若不装饰好，光秃秃的，上级来了不好看"。但工人需要的东西买得很少，今年春节以来只买了三副扑克。不买的理由据说是，一怕变为私有财产，二怕没地方玩，三怕赌博。今年以来，运输车间工会文教费开支情况是：总收入327.43元，买色纸143.04元，广告粉67.86元，磁漆37.67元，画笔27.84元，粉笔、墨汁、毛笔、铅笔42.02元，水彩5.04元，扑克三副1.95元。

8. 吃热饭喝开水等问题：

电检段的工人在整风鸣放中提出，自该工段成立以来（去年6月成立），工人就要求有一口锅热饭盒，要求有个脸盆在下班时洗脸，要求工作时间内能喝到开水。这些问题长期未解决。最近整改中，工人用白铁焊了一口锅和脸盆，还接通了150多米长的热水管，这样问题都解决了。

从上述情况来看，在生活问题中，有一部分只要发动职工，稍做些工作，是完全可以解决的，但长期未得到解决；有些问题要都解决是有困难的，但只要做好政治思想工作，把问题向工人讲清楚，工人是可以谅解的。

八、基层党组织工作中的问题

我们着重了解了机务段党支部的工作，主要有以下几个问题：

基层党的力量非常薄弱，有的要害岗位没有党员。机务段是运输车间的动力部门，也是矿山的一个要害单位。这个段现有职工266人，党员只有26人，占职工总数的10%。在53名蒸汽和电气机车司机中，党员司机只有9人，在81名司炉中，一名党员也没有。

党的组织生活很不正常。机务段支部在1960年上半年没有开过一次支部委员会议。副段长刘玉泉不知道支部委员都是谁，他在去年6月份从党校学习回来后，问支部书记阎玉良："支部都有谁？"阎说："反正你也是正式党员，就算你一个。"从去年下半年开始，平均每月召开一次支委会议，会议的内容都是讨论生产和传达上级党委的指示，没有一次会议专门研究职工的政治思想情况和进行工作的办法。党小组会议主要也是讨论生产和建党工作，很少展开批评。

接收新党员不严肃。去年接收姚跃富入党时，党小组认为姚跃富说得多做得少，不具备入党条件，不同意他入党。会后支部书记阎玉良知道这种情况说："缺点可以改正嘛！"推翻了小组的意见，叫支部委员朱诚斌将姚的材料重新加以整理，修改其缺点，保留其优点，报总支后就批准入党。去年发展新党员的过程，一般都是在小组讨论通过后，支部书记加以审查，就报总支批准，没有经过支委会讨论和支部大会通气。

党员缺乏党的基本知识。机务段现有26名党员，除2名是1958年以前入党的以外，其他都是"大跃进"时期入党的。这些新党员入党以后，从来没有学习过党章或少奇同志论党员修养等文件,对党员的权利、义务和其他基本知识了解很少。

支部书记包揽行政事务过多,党政领导干部严重不团结。支部书记阎玉良是大事小事都管,各种工作都由他召开会议进行布置,就是工人请假的事也由他决定。两名副段长(没有正段长)也有严重不负责任的现象。第一副段长刘玉泉,工人向他请示问题时,他说:"找支部书记决定。"第二副段长杨福恒把自己称为"牌位"段长。由于杨不抓工作,整风鸣放时,在工人提出的1 000多条意见中,有关对他的意见,就是"不负责任",工人说别的意见提不出来。支部书记和段长之间闹不团结,曾发展到在背地里互相找毛病,杨福恒还公开地说:"有支部书记就没有我。"因此给工作上造成了不应有的损失。

九、对今后工作的几点意见

上述许多问题的产生,一方面固然是由于三年来运输事业发展的速度很快,科学管理工作没有跟上去,但更主要的是由于政治思想工作薄弱造成的。因此,对改进今后的工作,提出以下几点意见:

1. 必须切实加强政治思想工作。

(1)总支和支部每月必须仔细研究一次职工的思想状况,提出做好政治思想工作的具体要求和方法;

(2)对党员普遍进行党的基本知识的教育,学习党章和少奇同志共产党员修养的报告,定期学习党的重要方针政策;

(3)加强党的组织建设,经过认真审查和培养,吸收一批新党员,充实要害部门;

(4)设立时事、政策报告员,定期向工人讲解时事、政策;

(5)关心职工生活,安定工人情绪。

2. 全面安排工人的技术训练,有步骤地提高工人的技术水平。党组织和行政都应把提高工人技术水平放到重要的位置上来。配备较强的干部专抓这项工作,适当解决教室和课本问题。青年团和工会组织应加强青年工作,在青年工人中掀起学习技术的热潮。

3. 把各种规章制度切实贯彻到工人中去。一方面要建立和健全规章制度，但更主要的是组织工人认真学习规章制度，增加知识，弄清道理，加强遵守规章制度的观念。

4. 加强运输的薄弱环节。主要是改造各栈桥，设法解决堵塞问题，扩大实际容量；尽可能延长装车线，力求实现成列装车，以减少调车编组等作业。

关于鞍钢生产上内部和外部关系中几个主要问题的调查报告[*]

(1961年8月23日)

解放以来,鞍钢经过四年恢复和第一个五年计划的建设,特别是又经过三年"大跃进"以后,整个面貌发生了巨大的变化。到1960年钢的产量已经达到588万吨,生铁达到560万吨,钢材达到436万吨。与原来设计规模比较,钢为182%,铁为222%,钢材为176%。现在鞍钢不仅建设成为一个完整的钢铁联合企业,而且也是我国最大的一个钢铁基地。鞍钢生产上和建设上的迅速发展,有力地支援了全国的经济建设。这是鞍钢全体职工在党的正确领导下和全国人民的积极支援下,辛勤劳动的光辉结晶。

在鞍钢生产和建设取得成就的同时,在内部关系和外部关系上,也出现了一些新的问题。在内部关系上,主要是各生产环节之间出现了新的不平衡;在外部关系上,主要是协作关系不够协调;在对全国的支援上,主要是生产的钢材品种、规格与需要的矛盾很大。这些问题的出现,不同程度地影响了鞍钢生产的正常进行和支援全国经济建设的作用。因此,研究解决这些问题,不仅是鞍钢贯彻执行"调整、巩固、充实、提高"八字方针的重要内容,也是更好地支援全国经济建设所必需的。

现将我们对上述问题调查的情况和改进意见报告如下:

一

当前鞍钢内部关系不平衡的问题,主要是生产能力上有四条"短

---

[*] 这是袁宝华同志根据中共中央的指示率国家经委、计委、冶金部工作组到鞍钢进行调查后给中央写的报告。

腿",这就是矿山建设落后、运输拥挤、备品配件供应紧张和动力不足。

(一)矿山建设落后于冶炼,矿石原料不足,这是鞍钢内部平衡关系上最突出的薄弱环节

几年来,鞍钢矿石的生产虽有很大增加,但仍跟不上冶炼的需要,特别是平炉矿的缺口更大。从1953年开始,年年都需要从外面调入铁矿石,而且一年比一年增多。1953年调入平炉矿和铁矿粉共39万吨,1957年增加到268万吨,1960年则增加到418万吨。这样大量从外地调入矿石,不但浪费运力和提高产品成本,而且也不能够保证鞍钢正常生产的需要。

造成这种不平衡的基本原因,是对以矿山为基础和争取矿石自给的方针,长期认识不足,决心不大,因而矿山建设落后了。同时赤铁矿的浮选技术没有过关,赤铁矿资源不能全部利用,也有一定影响。

从过去几年的经验来看,矿山建设的特点是工程量大,矿石处理程序复杂(包括采矿、选矿和烧结等),这就决定了矿山建设需要较长的时间,必须先走一步。譬如建设一座1 513立方米的高炉,只需要五个多月,而建设相应的矿山就要用大约三年的时间。鞍钢现有六个铁矿山,设计能力年产量可以达到2 400万吨左右,这个架子和鞍钢的生产规模基本上还是适应的,但是由于弓长岭和眼前山两个矿石基地尚未最终建成,矿石产量不能满足需要。根据这两个矿山的建设进度来推算,整个矿山建设落后了三年多的时间。新的矿山不能及时投产,就加重了现有矿山的生产任务。为了多出矿石,抓了采矿忽视了剥离,结果又欠账159万立方米,相当于三个半月的剥离工作量。再加上这一时期管理混乱,设备失修,问题成了堆,以致矿石生产自今年年初以来开始大幅度下降,矿山生产落后的局面就显得更为严重。

浮选技术问题,虽然经过长期努力,仍然没有过关,这对当前矿石供应也有很大影响,现已积压近1 000万吨赤铁矿石没有利用。同时,从长远来看,鞍山地区有40%以上的铁矿资源是赤铁矿,有的还和磁铁矿共同生长在一起,需要同时开采和处理。因此,争取赤铁矿浮选技术迅速过关,这对鞍钢生产将有深远影响。

此外,大石桥镁矿生产的镁砂、镁砖除供应鞍钢外,还要供应全国多钢厂的需要。但是这个矿的生产问题很严重,剥离欠账已达400万立方米，需要三年的时间才能还清，这对鞍钢和全国所需镁砂、镁砖的供应影响很大。

（二）运输拥挤，线路经常堵塞，这是鞍钢内部平衡关系上的又一薄弱环节

这几年鞍钢的运输一直很紧张，线路经常堵塞，严重的像1959年11月发生的运输大堵塞，使八座高炉休风减产，各轧钢厂陷于半停工状态；1960年下半年也曾先后堵塞21次，连续65天，厂内站场十之八九都停满列车，每天积压车辆高达4 200多辆（正常保有量是2 000辆左右）；不但生产紧张时容易发生堵塞，就是像今年上半年生产不正常，也曾发生大小堵塞17次之多。因此，鞍钢的运输经常处于突击状态，对生产威胁很大。

随着生产的发展，鞍钢1960年的运输量已达1.5亿吨，比1957年增加一倍以上，而鞍钢内部的运输设施却受旧厂改造的限制，存在着先天不足的缺点，再加上这两年运输改造工程执行得不好，完成的项目很少，设备又不配套，运输能力没有很好形成。1960年有机车260台，比1957年只增加87%，普通车辆3 079辆，只增加61.5%；铁路线有842公里，只增加40%；装卸设备只增加12%；货场只增加8%；检修能力则几乎没有增加。因而使运输能力和新担负的运输任务不相适应。1957年每公里线路的每年运量为15万吨，1960年已增加到24万吨，各个站场的通过能力都在不同程度上接近饱和状态，个别站场已超过现有能力。鞍钢的装卸工作量很大，但装卸的机械化程度很低，目前仅为36%，装卸机械损坏的又多，约有2/3的物资依靠人力装卸，效率很低。运输管理工作也很混乱，厂内重复装卸工作量增加很大，今年上半年就有190多万吨，比1957年同期增加一倍多。由于上述原因，使运输上出现了"肚子大，消耗多，咽喉小，通过难"的情况。只要上下生产环节之间稍有脱节，或者运输调度略有不足，不是原料供不上，影响生产，就是积压车辆，影响周转。

（三）机修能力不足，备品配件供应紧张，不能适应设备维修的需要

这几年鞍钢的机修能力和生产设备的增长是不相适应的。目前鞍钢拥有各种主要设备近70万吨，比1957年增加将近60%，而这几年机修能力却增加很少，1960年有机床1 058台，铸造面积17 000平方米，只分别比1957年增加20％和41％，各种伞齿轮的现有生产能力只能满足需要的三分之一到四分之一，大型铸钢件只能满足一半左右。特别是许多矿山和轧钢等新厂投入生产以后，不但备品配件的消耗量激增，而且要求的品种、质量也大大提高了，许多都是新、大、精、难的东西，供应更加困难。机修能力本来就不足，但三年来又承担了制造成套设备745台和加工件共计25 000吨，电器设备21万千瓦的任务。在外部加工备品配件的协作关系也很不稳定。所有这些，对备品配件的生产影响很大。因此，自1958年以来，每年备品配件的供应上都有欠账，库存也有减少。根据计算，三年共需要备品配件39万吨，实际供应32万吨，亏欠7万吨左右。

同时，这几年备品配件的消耗定额年年增加，更加重了备品配件供应上的压力。按生产一吨钢所消耗的备品综合计算，1957年为19.9公斤，1960年增加到21.3公斤，今年计划要用30公斤，比1957年增加51％。备品配件消耗增多的直接原因是设备维护不好，特别是超负荷运转、润滑不良造成了设备非正常磨损。以轴承为例，1957年消耗3.5万套，1958年增加到9.3万套，1959年又增加到19.5万套，1960年猛增到31.9万套，比1957年增加了8倍多，浪费实在惊人。同时，这几年备品质量下降，材质不合要求，不进行热处理，使用寿命降低很多，这也是备品消耗增多的一个重要原因。

（四）动力供应不足，使用浪费现象很严重

动力供应包括煤气、蒸汽、压缩空气、氧气、水、电六个方面。1960年煤气发生量为每小时26亿大卡（1大卡为1 000卡路里），比1957年增加78％，蒸汽发生量每小时为1 325吨，增加45％；压缩空气每分钟4 205立方米，增加76％；新水量每小时23 000吨，增加65％。上述增长速度都低于钢产量的增长速度。因此，几年来各项动力供应都有不同程度的差额，而以煤气和蒸汽最为严重。几年来在解决煤气供应问题上，是采取"拆东补西"的办法度过来的，煤气一紧张就停止轧钢的生产，将煤气供给炼钢使用，1960年各轧钢厂因煤气不足而停产的时间有7 974小时，估计少产钢材51万多吨。蒸汽的供应也不足，去年第四季度除了取消厂内取暖用蒸汽和停止检修锅炉外，还减少了发电用蒸汽，使公司的保安电由45 000千瓦降到23 000千瓦，最低曾降到20 000千瓦，这是十分危险的做法。动力不足的原因,除了设备能力小,长期失修,事故多等问题外,主要是使用上管理不善,浪费严重。1960年仅煤气消耗定额升高就比1959年多消耗煤炭13万吨,第一炼钢厂每吨钢锭消耗的煤气量,设计为125万大卡,今年上半年实际为165万大卡,超过了32%。

二

鞍钢生产上需要外部供应的物资,有2 182个品种,2万多个规格;数量也很大,1960年就供应了3 030万吨,这些物资是由全国25个省、区、市的780个企业、事业单位供应的。由于产品多、数量大和供应单位遍布全国,就构成了鞍钢与外部的十分复杂的协作关系。

鞍钢需要的物资,根据物资分配体制,划分为一、二、三类。一、二类物资也叫作中央统一分配物资(以下简称统配物资),包括煤炭、钢材、矿石以及主要化工、机电产品等。这部分物资对鞍钢的生产起着决定性的作用。三类物资的品种最多,主要有五金工具、电工器材、水暖零件、化工原料、农副产品、土特产品以及废旧物资等。这是目前问题最多、影响面最广的一部分物资。

上述物资是通过四条渠道供给鞍钢的。统配物资是由国家计委和中央各主管部统一分配这条渠道供应的。三类物资有三条供应渠道:一是调拨(包括地方物资厅局、专业厅局和中央一级站调拨的);二是采购(包括商业部门按计划或合同供应和鞍钢自行采购的);三是协作加工。多年以来,通过这四条供应渠道把鞍钢与全国的许多企业、事业单位紧密地联系起来,对鞍钢生产的发展,支援很大。但是,近三年来,鞍钢与外部的关系却发生了一些新的变化,出现了一些新的问题。

(一)统配物资供应渠道上的变化和问题

由这条渠道供给鞍钢的物资,主要是原材料和燃料。从数量上来看,占鞍钢物资供应总量的70%以上。这条渠道几年来的变化,主要是供应的品种有显著的增加,1957年是302种,1960年就上升到541种。由于这些物资是中央统一调拨的,又有比较固定的供应单位,基本上可以保证供应,因此,这是一条比较平坦的大道。

这条供应渠道中的问题，主要是供应指标、订货合同不能按量、按质、按时地兑现，同时在分配工作中有打乱传统供应关系、品种不配套和造成远距离运输的缺陷。在供应指标方面，1957年以前，国家分配给鞍钢的指标，一般都能兑现，有的还能超过。近几年来，一般的只能完成百分之七八十。例如1960年供应鞍钢的煤类的情况还比较好，但也只完成国家分配指标的88％。在订货合同方面，主要是合同的威信大大降低了。合同是连接供需双方的纽带，是企业有计划组织生产的可靠依据。在1957年以前双方对签订合同和执行合同都十分认真。人民银行也有"托收承付"的制度加以监督。如果发生纠纷，人民法院还可按照法律予以裁决。现在的合同有些变为"霸王"合同，有许多不合理的要求，成为单纯约束需方的东西，人民银行也放松了监督，到年底也往往就"一风吹"了，因此，合同的作用不大。在分配中打乱传统供应关系和造成不合理运输的例子是很多的，例如鞍钢需要的锅炉是分配在四川省供应，而鞍山市锅炉厂生产的锅炉却一台也没有分配给鞍钢。

（二）三类物资供应渠道上的变化和问题

在三类物资的三条供应渠道中，采购这条渠道多年来是供应数量最大、品种最多的一条。自从1959年物资管理体制下放以后，这条渠道就越来越窄了。而调拨和协作加工这两条渠道供应的品种却增多了。以鞍钢需要的三类物资的品种总数为100计算，采购这条渠道供应的，由1957年的82.7％，下降到1960年的35.4％；调拨这条渠道供应的，由1957年的8.9％，上升到1960年的44.3％；协作加工这条渠道供应的，由1957年的8.4％，上升到1960年的20.3％。这三条渠道从1959年下半年开始，越走越不顺利，有的变为"羊肠小道"，有的已经"无路"可走了。发生这种变化的原因是：

首先，各地区采取的加强市场管理和加强工作管理的措施有些过死。采购物资和协作加工要经过许多机关层层批准；有的地区还在车站、路口设立"关卡"，检查来往车辆，防止物资"外流"。这样做的结果就变成了"画地为牢"，越限越死。例如鞍钢需要的工具和电工器材等，过去主要依靠上海、天津、哈尔滨等地供应，由于地区限制，许多都压回辽宁省供应，该省担负不了。相反地，鞍山市生产的铁锹，过去是行销全国68个城市的产品，也由于地区限制，年产量由100多万把下降到不足

50万把。特别严重的是,由于地区限制,许多正常的协作关系也被打断了。据统计,鞍钢原有协作关系780个,已经中断的就有325个,占全部协作关系的41.7%。

其次,商业部门经营体制的改变,也是使供应渠道不能畅通的重要原因。商业部门过去经营的三类物资,不仅品种多,供应的数量也最大。现在商业销售网经营的物资数量、品种都减少,调度也不灵了。鞍钢在商业部门采购不到物资,不得不直接与生产单位挂钩加工,而且鞍钢还要给加工单位组织原材料供应和运输工作。例如,鞍钢要买牛皮圈,就得先给加工单位申请牛皮;要买肥皂粉,就得先申请油脂。鞍钢现在长期在协作单位帮助运输的汽车就有35辆,派不出汽车就得给汽油,今年1月到7月就拿出汽油21吨多。

协作加工这条路,是在上述几条渠道发生阻塞时,各单位自己开拓出来的。这条道路的发展过程也很曲折。协作加工大多没有纳入国家计划,常常没有保证。几年来,许多企业改产、升级,打乱了原来的协作关系。协作加工的手续也很烦琐,签订一份合同要经过六七个单位审批,时间拖得很长,有的要跑两三个月才能办妥。在1957年以前,协作加工只带主要原材料,现在还要带辅助材料、运输设备和人力,有的单位还乘机大敲"竹杠"。鞍钢与鞍山市地方工业的协作关系是很密切的,几年来也是比较好的,但尚缺乏全面的规划,因此,双方有时因为一些具体问题,影响协作的顺利进行,使部分可能在市内协作加工的产品,也到外地去加工了。

此外,管理层次增加,产销双方不能直接见面,影响物资及时供应的问题也很突出。例如鞍钢需要的矽炭棒(检验产品用的),过去都是由山东张店砂轮厂直接供应。这项产品由上海机电一级站统一管理以后,供应关系就复杂起来了。首先由上海机电一级站分配给冶金部上海办事处,再由冶金部上海办事处分配给冶金部沈阳办事处,最后由沈阳办事处分配给鞍钢。今年上半年由于沈阳办事处没有接上关系,结果张店砂轮厂的矽炭棒一支也没有供给鞍钢。再如鞍钢需要的玻璃仪器,过去全由沈阳玻璃仪器厂直接供应。这项产品自1960年改由沈阳仪器商店包销后,鞍钢要购置时,就要经过沈阳市商业局信托服务处批准。由于产销双方不能见面,鞍钢需要的是特殊玻璃仪器,该厂已经停止生产了。

三

目前鞍钢供应全国的钢材，占全国总资源的三分之一。供应的数量逐年增加，1957年供应228万吨，1960年增加到416吨，1960年比1957年增加82%。鞍钢在国内直接供应的单位现有3 140个，在出口方面有24个国家。鞍钢除了供应全国钢材以外，历年来还调出不少生铁、废钢、焦炭、铁砂、镁砖、硫铵、甲苯以及其他化工产品和化工原料。所有这些，都有力地支援了国民经济各部门的发展，发挥了钢铁基地的作用。

目前钢材供应上，主要有两个突出问题：

（一）钢材品种不足，特别是稀缺品种不足

在24个稀缺品种中，以造船板、锅炉板、优质薄板、镀锌板、冷拔管、薄壁管、锅炉合金管最为缺少。一般只能满足需要的10%～30%。造成稀缺品种紧张的原因，除了进口减少外，主要是生产安排上有问题。稀缺品种的生产，有特大、特小、特细、特薄，工艺过程复杂，技术要求高，产量小，合格率低的特点。而普通钢材比较好生产，产量又大，合格率又高。为了赶产量任务，忽视了品种，因而稀缺品种的产量普遍下降了。例如无缝钢管厂设计能力为年产6万吨，到1960年发展到15.5万吨，产量翻了一番半。按照设计规定，优质钢管应占总产量的56.4%，1957年实际是40.7%，1960年又下降到33.1%，比设计规定降低23.3%，而普通钢管都上升到66.9%。又如半连续轧板厂生产的镇静优质钢板，按照设计规定应占总产量的37.5%，1960年实际只有5.6%，而普通钢板却占90.4%。这样做的结果，必然造成长线越来越长，短线越来越短，愈加扩大了品种的矛盾。

其次是生产技术管理混乱，钢材合格率很低。过去鞍钢有一整套一个工序接一个工序的技术规程和技术监督制度，这是保证产品质量、提高合格率的一项基本制度。由于近几年来执行得不好，特别是上下生产工序之间配合得不好，不按作业计划和技术规程办事，对质量和品种影响很大。例如今年上半年矽钢片的成材率只有35.9%，镇静钢板成材率也只有47.8%。

（二）由于分配计划不落实，临时专案增多，打乱了生产安排

这一两年来临时专案很多，而且在专案中还有"绿灯"专案，这样就出现了"后浪压前浪,一浪压一浪"的现象,对一般用户的冲击很大,他们怕合同一风吹了,就不顾一切地将不适用的钢材都收拾起来,结果又造成了积压。

四

鞍钢内外关系上产生的这些问题,其原因是多方面的。主要是这几年来计划指标定得过高,鞍钢的发展规模考虑过大,为了突击钢的产量,进行了许多未经慎重考虑的基本建设和措施项目,过多地扩大了炼钢、炼铁等主体设备的生产能力,挤了矿山、运输的建设和备品配件的生产,打乱了合理布局和规划。在生产中注意了产量,对产品的品种、质量注意不够,再加上近几年来经济管理体制的变化很大,也给鞍钢生产带来了一些新的困难。要解决这些问题,必须从鞍钢的内部和外部同时加以改进,特别是要从计划工作和管理工作上着手改进。

我们对解决这些问题的意见是:

第一,鞍钢应以450万吨钢为纲,进行调整和做好填平补齐的工作。根据鞍钢目前已经形成的生产能力,确定年产450万吨钢的规模是比较合理的。主要依据是:

1. 从国家对鞍钢的要求来看,鞍钢是我国钢材品种生产的主力,无论八大品种还是24个稀缺品种的生产都占全国产量一半以上,因此,应该在"钢要好钢,材要多种"的原则下,努力提高稀缺品种和优质钢材的比重,更好地满足全国生产建设的需要。经我们初步研究,可以将钢材八大品种的比重提高到70.5%(比1960年增加5.2%),24个稀缺品种的比重提高到41%(比1960年增加17%),并适当增加优质钢和低合金钢材的比重。这样,钢的产量安排在450万吨左右是适宜的。

2. 从生产能力的平衡来看,矿山、运输、机修和动力等薄弱环节,填平补齐的工作量很大,特别是矿山建设还需要较长的时间,运输和供水等方面也还有许多问题。这些问题在一定程度上限制了鞍钢生产规模的扩大。为了更好地保证生产,还必须留有一定的后备力量(如10%),以便在需要时,可以随时动用。

3. 从外部条件来看,年产450万吨钢需要煤炭1 070万吨,每天平均约3万吨，根据今后一段时期煤炭平衡的情况，供应鞍钢的煤炭也只能达到这个水平。

4. 要达到优质量、多品种的要求，从生产技术上和工人操作水平上，还需要一段时间，要做许多艰苦的工作。

但是，也要看到鞍钢现有生产潜力是很大的，经过一段努力之后，生产水平超过450万吨也是完全有可能的。

第二，加速矿山建设，争取三四年内做到矿石原料自给，这是鞍钢当前的一项重要任务。

根据年产钢450万吨的规模计算，每年需铁矿石2200多万吨，铁精粉800多万吨，人造富矿900万吨。现有选矿、烧结的生产能力，只要解决了赤铁矿的浮选技术问题，是可以满足铁精粉和人造富矿需要的。因此，这里只着重考虑矿石原料的平衡问题。

1. 关于铁矿石自给的安排，首先要从整顿现有矿山的生产秩序着手，加强管理，调整采剥比例，使矿石产量稳步上升，争取在三四年内做到矿石自给。根据现已生产的六个矿山来看，大孤山、东鞍山还在矿山开采的青春期，只要开采得当，生产潜力还是不小的。其次是加强弓长岭和眼前山矿山基地的建设。目前已着手建设的有弓长岭矿区坑下富矿开采延深工程，这是关系到平炉矿能否自给的关键工程；此外还有弓长岭一矿区和眼前山的铁矿山基地的建设。从现在的建设进度来看，这三项工程大体都可以在1962年到1965年先后投入生产，投入生产之后还需要三年左右的时间才能达到设计能力，因此，在这以前主要还靠现有矿山的生产，并继续从外地调入一部分，以补不足。

2. 关于镁矿石、石灰石、白云石、黏土、贫锰矿石等辅助矿石原料的平衡，根据初步计算，除硬质黏土的生产能力不足外，其他各种辅助矿石原料基本上可以满足需要。关于硬质黏土问题，鞍钢正在选择新的矿区，着手建设。

镁矿石的供应，从公司内部来看问题不大，但从全国来看，还很紧张。因此，还需要加速华子峪镁矿区的建设工程。

3. 在贯彻矿石逐步自给工作中，还要注意解决有关矿山生产的技术政策问题。特别是赤铁矿浮选技术过关，这是关系到鞍钢将近40%铁矿资源充分利用的一个重大问题，因此，必须集中力量，根据目前已有的几种生产工艺进行研究试验，争取在三五年内过关。坚持采剥并举的方针。对于不同类型矿山的合理开采方法，也要加以研究。

第三，解决鞍钢外部关系出现的问题，除了在计划工作上要加以全面安排，还要恢复、整顿、建立和固定协作关系，并恢复合同的严肃性。

在改进物资管理工作方面，要消除各种人为的障碍，保证物资供应渠道的畅通，做到"管而不死，活而不乱"。按物资分级管理的原则制订产品目录，做到任何物资都有负责管理的部门；物资的申请、分配和各种管理制度要尽量稳定下来，至少要做到三年或五年不变，必须做某些改变时，也要有一定的准备时间；废除各地区采取的各种过繁过死的管理办法，除了统配物资和配套产品外，要充分利用商业部门的销售网，扩大商业系统经营三类物资的业务范围；减少中间层次，采取产销直接见面的方式，尽量做到就地供应和就近供应；建立储备定额制度，要保证企业有必要的物资储备和周转量；同时要加强资金管理，经常组织物资调剂工作，减少物资积压浪费现象。

恢复、调整、建立和固定协作关系，这是贯彻执行"调整、巩固、充实、提高"八字方针的重要内容，各级经济管理部门要利用目前的有利时机，迅速地把这项工作抓起来。特别是鞍钢和鞍山市内部企业的协作关系，要首先加以全面安排。各种传统的协作关系要尽可能恢复；改产升级不当的企业，要恢复原有产品的生产，不能恢复生产的要组织新的单位生产；凡是可能固定的协作关系，特别是那些需要量大或特种产品的协作关系，都要固定下来。协作关系固定下来以后，一般不要改变。必须变动时，要取得对方的同意并在对方建立起新的协作关系后，才能中断。

要恢复合同的严肃性，发挥合同的应有作用。取消一切形式的"霸王"合同，建立共产主义合同。合同的条款要尽量统一，恢复监督合同执行的各项制度，并将合同执行结果作为考核企业生产计划完成情况的主要指标之一。

第四，坚持品种第一、质量第一的方针，争取在一两年的时间内，使稀缺品种在总产量中的比重，达到或者超过设计水平。按照鞍钢现有设备和技术条件，只要在现有基础上，稍加调整和填平补齐，就可以做到增加和扩大稀缺品种的生产。根据全国钢材生产合理分工的原则和这几年来钢材供应的规律，要把各轧钢厂生产品种、规格的规划肯定下来，以便各厂努力增加品种，提高产品质量。对于目前全国急需而又停生产的品种，应当迅速恢复生产。有条件的轧钢厂还应试制和扩大新品种。同时，要进一步加强生产技术管理，密切上下工序之间的配合，特别对钢坯等半成品要严格加以管理，从炼钢到轧钢都应当做到按计划生产，按炉号送钢，按品种轧钢，按标准验收，以保证按合同发货。

第五，加强管理，降低消耗，保证各项节约指标的实现。这几年来由于管理工作放松了，经济核算注意得不够，各项消耗定额普遍有所提高。1960年和1957年比较，每吨钢耗用的平炉矿，提高了25%。据不完全的统计，1960年在煤、焦、矿石、油脂、工具和备品等原材料的使用上，就浪费一亿多元。因此，认真克服这种浪费现象，应该作为鞍钢改进管理的一项主要内容。为此，首先要认真地实行经济核算制度，促使各生产厂、矿重视原材料和燃料的节约使用，克服过去要多少给多少，不审查、不考核所造成的浪费。其次是原料供应、机修、动力等部门要改变过去只供不管的片面观点，认真执行定额管理和领料、退料、废品回收等制度，以降低各项消耗定额。第三要订出具体措施，保证鞍钢党委提出今年下半年节约煤炭10万吨、电力1788万度等各项节约指标的实现。

像鞍钢这样一个大型联合企业，在"大跃进"时出现了一些问题，有一些是很难避免的。鞍钢党委在8月初召开的党委扩大会议上，对生产中的主要问题已作了全面的系统的检查，并提出了改进的措施。我们相信随着"调整、巩固、充实、提高"八字方针的深入贯彻执行，鞍钢的生产将会很快地好转，更好地完成支援全国经济建设的光荣任务。

在 1962 年全国物资工作会议上的报告

（1962 年 5 月 30 日）

这次会议，目的是讨论如何贯彻执行中共中央批转国家经委党组《关于在物资工作上贯彻执行集中统一方针、实行全面管理的初步方案》。同时，也研究清仓核资问题。

对《初步方案》，要求经过讨论，统一认识，拟定一些具体实施方案和办法，研究执行的步骤和方法。对清仓核资多余物资的收购、处理问题，也要根据已有的原则规定和目前的具体情况，讨论拟定一些切实可行的办法。

会议的开法，主要采取小组讨论。先安排一两天的时间，学习和领会少奇同志的指示；用两三天的时间讨论《初步方案》；最后，抽一两天研究清仓核资多余物资的收购、处理问题。时间不够，可延长几天。

为了帮助大家讨论文件，我先作一次发言，讲讲《初步方案》的内容和我们对少奇同志指示的体会。主要是讲点情况、体会、要求和方法。

一、情况

中央两次批转文件，都是在 5 月 18 日。第一次在 1960 年，第二次在 1962 年，时间整整两年。这两年，我们天天忙于日常的调度、事务工作，同时，也做了几件很有意义的事情。

第一，组织了全国规模的物资管理体制的大改革和大调整。在 1960 年 2 月召开的第一次全国物资工作会议上，大家商定了物资管理体制的改革意见，经中央 5 月 18 日批准，组织了物资管理体制的大改革，很快地建立了全国物资管理系统。1961 年初，中央作了调整管理体制的若干规定，我们又提出了在物资管理上的调整意见，经中央 4 月 10 日批示后，又组织了大调整。这次调整，在开始时，因为有些问题没有说得很清楚，造成了一些思想混乱。以后，在1961年全国生产供应会议期间，薄一波副总理专门召集了座谈会，向大家作了说明，才澄清了认识。

两年来的改革和调整，不仅是一项组织工作，而且是重大的、复杂的思想工作。两年来，我们的主要收获是：为物资工作打下了组织基础和思想基础。

十几年来，大家对物资工作都有所接触，但真正接触思想还是在1960年实行物资管理体制改革以后，许许多多的问题，迫使我们更全面地考虑物资管理工作。做物资工作的同志，从生产出发、为生产服务的观点，经过这几年的反复变化，逐渐明确地树立起来了。

这两年来的经验是丰富的，有前进的经验，也有后退的经验，可以说是全面了。

第二，积极地贯彻了中央农、轻、重的方针。在支援农业、轻工市场和保证国防尖端、出口援外以及煤、木、矿、运等重点方面，物资部门的同志全力以赴。拿生产小农具用的钢材来说，除了国家调拨的材料外，地方又调拨了很大一部分。如广东省去年第一季实际到货的钢材只有几千吨，而省调拨供应农业的却有一万多吨。两年来，利用当年准备物资解决的问题，共有1025项，其中重点项目约占70%。

第三，千方百计地组织了国家分配计划的执行。这两年国家安排物资分配计划是十分困难的，组织执行，那就更困难。所以采取了组织排队发货等等一些非常措施，保证了重点。

第四，组织了全国范围的清仓、调剂，掌握了库存情况，发挥了物资潜力。生产计划变动很大，合同也跟着变动、调整，造成了物资不合理的短缺和积压。过去虽然也有库存统计，但总是说不准，经过1961年的物资清查，基本上掌握了库存情况，心中有了大数，并在此基础上，组织了调剂。据不完全统计：1961年，全国共调剂了钢材110万吨，有色金属2.4万吨，机电设备1382万台件，轴承514万套，木材26万立方米，水泥10万多吨，化工原料13.5万吨。此外，各地还建立了一些调剂机构。如承德调剂公司门市部等，把调剂工作经常化。

第五，进行了大量的调查研究，初步总结了物资管理工作方面的经验。在此基础上，提出了这次报经中央批发的《初步方案》。

这两年做了不少工作，也有不少问题需要改进，在方案中都已讲到。

这两年，我们思想上也有苦恼。3月8日，少奇同志找我们汇报时，我们感到又兴奋，又亲切，又沉重。我们讲了讲心里话，汇报了我们工作中的问题，主要有以下几点：

第一，说不准。开空头支票，上面开，下面也开。企业总是"将"我们的"军"，也"将"各省、市物资厅（局）和各部供销司（局）的"军"。企业里物资管理不严，浪费现象很严重。管供应的部门不管消耗定额，不敢检查使用情况，总是感到理短。

第二，抓不住。东西很多，分散积存在各企业、各工地、各部门，抓不住。有些部门的物资根本就调不动。

第三，转不动。机动物资太少，到今年3月末全国库存钢材560万吨，但机动数很少，常常动用国家储备，往往急需一点东西就周转不开，真所谓"一文钱逼死英雄汉"。

第四，管不了。去年薄副总理要煤炭部报告机电设备的使用情况，至今提不出个单子，部里的供应局长交心说："我只管扒拉进来，怎么用，实在顾不上管。"在这次清仓中，有些企业发现自己积存了一些本企业根本用不上的材料，但这些材料怎么进库的，也不清楚。

第五，拿不起。物资部门力量太薄弱，有一些力量都用在催货方面了，企业还组织大量的"以工代干"去催货。国家委托的任务感到拿不起来。

第六，放不下。物资工作任务十分重大，上百万人在满天飞，物资积压浪费惊人，不管又不行。

二、几点体会

第一，中央为什么对物资工作抓得这么紧？

今年2月中央扩大工作会议以后，少奇同志曾多次讲到物资的集中统一管理问题；3、4月份，又连续三次对物资工作作了重要指示。开始，我们只感到中央强调集中统一，所以要抓物资工作；听了少奇同志几次指示，认识才逐渐明确起来。

这几年国民经济中发生了一些问题，主要是财政、信贷、物资不平衡。中央抓财政统一、信贷统一、物资统一，就是用这三个统一作为武器,来加速国民经济的调整。

少奇同志指示:物资部门是先行部门。没有物资保证,谈不到计划经济,物资部门要为计划工作创造条件。同时物资部门、商业部门和供销社结合起来,为工厂服务,解决了它的厂外问题(即供和销),工厂才能集中力量去解决厂内的问题。过去,厂长、书记都出去催货、都去解决厂外问题,没有力量管厂内的问题,厂内当然就乱了。

第二,物资工作上的问题,关键在于谁管,是分散管,还是集中管。

少奇同志说:你(物资部门)不管,天下大乱。在旧中国时期,大量物资还通过洋行来供应,现在,我们不能搞个社会主义的"洋行"吗?在第一个五年计划时期,上海很多工厂只有两三天的库存,五金、交电公司随时供应物资;天津利中化工厂用三轮车登门送货。就是要这样做,才能节省资金,节约物资。现在小额订货增加了,很多物资积压了,大部分企业都赔钱。不能设想,大批企业赔钱而能建设社会主义。解决问题的关键,就在于集中统一地管,大家都按照社会主义的原则办事。有人管,就会有组织,有头绪,有秩序。因此,物资必须全面地管,统一地管,集中地管,系统地管。

大家都拥护集中统一,但是在认识上还不一致。有人认为,应该集中统一在块块,有人认为,应该集中统一在条条。按照少奇同志的指示:在物资管理上,没有条条管、块块管的问题,只有集中统一管。既不是统一于"块块",也不是统一于"条条",而是统一于中央,统一于综合部门。国家委托物资部门来管,就因为它是综合部门。所以物资部门,必须要有全面观点,所有的物资问题,都不能不管。

第三,物资工作的重点,必须由管计划内的大路货转向管计划上没有列、没人管、没人注意的三类物资上去。

过去我们只搞了统配、部管物资,对三类物资没有当作重要问题去抓。现在三类物资成了生产上的重要问题。我们汇报时,少奇同志批评我们说:三类物资应该放在第一条讲,而你放在最后,说明你们不重视它。这是我们缺乏全面观点。三类物资问题很大,不管不行,谁管都不足,分散管不如集中管。集中管可以集中地暴露问题,可以全面地安排生产,组织供应。这是一个物资工作的方向问题,一定要下功夫搞好。

第四,物资部门要走商业部门的道路。

少奇同志说：物资部门也是商业部门，要学习商业部门的丰富经验和工作方法，走商业部门的道路。要有一套经营系统，设立经营网点，才能办事。不能只管方针政策，必须管物资。

第五，承认现实，改造现实。

少奇同志的指示，观点明确、方向肯定，但通篇精神又是承认现实，改造现实。

少奇同志说：采购人员满天飞，因为企业有需要才出去满天飞，物资部门要组织他们飞，代替他们飞，把盲目的飞变为有组织、有计划的飞。

平顶山煤矿用煤换小菜，因为商业部门供不上工人小菜，我们就应该帮助他去换，代替他去换，变非法为合法。

第六，抓紧时机，稳步前进。

现在已经到了必须集中统一的时候了。七千人大会①以后，有了有利条件：一不能拉长战线，二不能动手动脚，三不能积压物资，集中统一的阻力就小了。现在企业调整、职工精减，也是充实物资部门的好时机，必须抓紧时机把物资队伍整顿起来。同时，还要因势利导，稳步前进。从帮助生产部门做好供应工作入手，诚心诚意地为他们服务，踏踏实实地做工作，通过试点，取得经验，有步骤地实现改革方案。

少奇同志指出，问题的关键在于是否朝集中统一的方向走，只要方向对头，步骤可以稳一些，先从试点入手，一步一步地走，一定可以管好。

三、方案要求

这次中央批发的《初步方案》的要点，集中起来，有以下四条：

第一，全面管理生产资料。特别是三类物资要作为当前的重点，大力管好。物资部门要和商业部门、供销社结合起来，分工协作，把各种生产资料，包括商业系统经营的五、交、化和供销社经营的农、副、土、特产三类物资，全面地管起来。物资总局除了成立三类物资管理局以外，

---

① 1962年1月11日至2月7日中共中央在北京举行的扩大的工作会议，参加会议的有7 000多人。

各专业局都要管三类物资。各个工业部门也都要管三类物资的生产,把它纳入计划。

第二,统一管理供销业务。就是要抓好厂外问题。扩大统配物资目录,缩小部管物资目录;调整重复的供销机构,建立专业的经营机构;加强供销司(局)的工作,建立调度联系制度。大宗物资定点供应,直达供应;小额物资就地供应,门市供应。在各地,尤其是在中小工业城市,要组织综合供应部门,负责各种生产资料的经营和组织调剂、加工改制等工作。成立服务公司,把满天飞的人员组织起来。

第三,集中管理中转仓库。除了企业必要的周转库存物资以外,所有物资都由物资部门掌握起来。这些年来,物资分散保管,仓库林立,浪费很大。据统计,中央17个工业部门,有430多万平方米的中转仓库,容量达500多万吨,但实际库存只要200万吨左右,有60%的能力没有发挥。仓库为什么必须集中管理?就在于将被分散了的全民所有制的物资"归队"。同时,统一管理中转仓库,也是为了把国家的物资统一掌握起来。

第四,建立全国统一的物资管理系统和业务经营网。

这就是要全面地管,统一地管,集中地管,系统地管。

四、工作方法

方法、步骤是十分重要的问题。有了正确的方针,如果方法不合实际,方针就不能贯彻。

第一,从生产出发。生产是分配的基础,我们的工作必须从生产出发,为生产服务,有利于生产部门指挥生产。

各部门的供销工作必须加强。这两年,生产部门都忙于跑物资,正常的供销业务反而没有精力去干,如具体物资供应计划的编制,消耗定额的管理,推广节约代用的先进经验,检查企业的物资管理,调度本部门内的机动物资,督促企业完成供销合同等工作,都没有很好地抓起来。今后具体供销业务,由物资部门管了,生产部门应集中力量抓好管理工作,人员还可减少。

企业的供销工作,仍由企业统一管理,以便于企业内产、供、销的结合。生产部门要加强对企业供销工作的领导。物资部门要派检查员、驻厂员,进行检查和监督。

对中转仓库的统一管理,我们在《初步方案》中,规定了"统一管理,分户记账,货属原主,随用随提"的办法,如果生产部门还不放心,我们可以再约法几章。石家庄在试点中,对化工部的仓库就考虑了约法四章:原班人马,专库专用,驻库检查,凭货主的调拨单发货。这样做,有利于生产。

第二,从实际出发。行政机构一定要精干,业务经营系统要充实加强。各地是设立专业公司,还是设立综合公司,要根据实际情况来定,不要都搞一套。需要什么,设什么,能解决问题就行。

第三,发挥现有组织的作用。要发挥商业部门和供销社现有管理生产资料部门的作用。别人已经管的,暂不动,协助他们管好,我们要着重去管没人管的事。组织好三类物资的供应,踏踏实实,为企业服务。

第四,从试点入手。经过试点,取得经验,逐步推广。

第五,通过清仓核资,掌握物资。把各部门、各企业、各单位今年计划内不用的主要物资,收购掌管起来,作为国家的机动物资力量。

第六,避免新旧脱节。为了避免新旧脱节,在新办法未代替旧办法前,旧办法不能轻易废除。

《初步方案》虽然经过各方面的多次讨论,但还只是划了几条杠杠,要求大家充分酝酿,认真讨论,提出贯彻执行具体办法来。这次会议对《初步方案》的贯彻执行,将起重要的作用。希望同志们共同努力,把这次会议开好。

走向集中统一管理物资的转折点[*]

（1962年6月14日）

这次会议是物资工作空前的一次会议，是走向集中统一管理物资的重要转折点，达到了预期的目的。最大的收获是统一了思想，提高了认识。经过讨论交换意见，尤其是听了少奇同志的指示和先念同志的报告后，给了我们更大的鼓舞和帮助，大家深刻地认识到：集中统一管理物资是统一计划、调整经济、巩固全民所有制的重大方针政策，同时也认为中央批转国家经委党组的《关于在物资工作上贯彻执行集中统一方针、实行全面管理的初步方案》，总结了这几年实践的经验，积极地、稳妥地、实事求是地贯彻了中央的方针。方向更加明确，信心更为坚定，在步骤上是积极的，同时也是慎重的。应该说，这次会议在思想建设上的收获是主要的收获。同时，讨论了机构设置，交流了试点经验；研究了编制，匡算了资金；讨论了清仓和收购问题。

经过研究，下面五条应作为贯彻中央关于物资管理集中统一方针的标准：（1）对生产资料实行全面管理；（2）对供销业务实行统一管理；（3）对中转仓库做到集中管理；（4）有了健全的行政管理机构和业务经营网点；（5）建立起一套完整的工作制度，全国都按新体制新制度办事。为了达到以上标准，考虑分三步走：第一步（1962年），搭起架子，调集队伍，积极进行试点，掌握物资；第二步（1963年），健全机构，充实队伍，全面总结经验，大力开展工作，建立规章制度，一部分有条件的地区按新制度办事；第三步（1964年），在第一、二步工作的基础上，继续充实、提高，全面按照新制度新办法办事。

在今年内，要求做好以下八项工作：（1）建立机构。要在下半年将各级行政管理机构建立起来，将各级业务经营机构的架子搭好。（2）确

---

[*] 这是袁宝华同志在全国物资工作会议上的总结讲话摘要。

定编制，调集队伍。为了抓紧时机，充实人员，也可根据中央指示，先建立清仓收购机构。（3）积极开展试点工作。每个地区都要选择重点城市、重点行业及重点企业进行试点。要求明年1月底提出试点总结和全面开展工作的报告。（4）建立生产服务机构。在各大城市要立即建立生产服务机构，帮助企业解决供应上的困难，研究总结为企业服务的经验，并逐步在中等城市和工矿区推广。（5）建立仓库管理委员会或联合办公室，建立仓库检查管理制度，为集中统一管理仓库，做好准备。（6）抓好清仓收购工作，清出来的多余物资，争取在年内基本上收购起来。（7）开始制定一些必要的规章制度。（8）做好下半年的订货工作。在以上八项工作中，必须全面贯穿思想建设工作，重点抓好组织建设工作。

我们必须戒骄戒躁，谦虚谨慎，兢兢业业，扎扎实实地进行工作。要讲求实效，做一点一滴的工作，经得起检查，但也不要怕犯错误而不敢前进；要调查研究，摸清情况，向各方面学习，联系群众，倾听各方面意见，不断改进工作；要坚决依靠党的领导，在党的领导下，发挥大家的积极性，与各方面相互配合、同心协力，共同完成党委托给我们的光荣任务。

物资工作的最终目的是为生产建设服务*

（1962 年 9 月 22 日）

第一，坚决贯彻从生产出发、为生产服务的方针。集中统一全面管理的最终目的就是为生产建设服务，从对工业企业来讲，多级物资部门就是要千方百计帮助生产企业把外部的供销工作管理好，使企业能够集中力量搞好内部的经营管理，去提高生产和发展生产。生产发展了就可以增加资源，更好地保证对国民经济各部门的供应。毛主席指示的"发展生产、保证供给"是我们物资工作部门必须遵循的指针。为了给企业服务得好，就需要下功夫去摸清企业的生产情况和需要情况，按照计划，根据需要，切切实实地把供应工作做好。

第二，认真贯彻农、轻、重的方针。国家经委决定，今年下半年要开展一个以支援农业、增加日用工业品、解决"短线"原材料为中心的增产节约运动，这是当前贯彻农、轻、重方针的具体化。各级物资部门都要全力以赴，投入这个运动并以此去带动其他各项工作。

第三，高举集中统一、全面管理方针的旗帜，切实贯彻中央批准的方案中的各项要求。对方案中提出的统一管理供销业务、集中管理中转仓库等各项要求，要坚决贯彻。统一供应是为了在统一领导、分工负责的原则下，把国民经济各部门需要的生产资料供应工作做好。为此，就需要掌握可供统一供应的物资，这就必须统一管理销售。统一销售和统一供应是不可分割的，统销就是统供的物质基础，没有统一销售，就达不到统一供应的目的，因此，必须把这两方面同时认真抓好。对中转仓库实行集中统一管理，是中央的既定方针，不实现这个方针，就不能全面掌握物资的实际情况，就无法合理地调度使用物资，就不能充分发挥物资的作用。这是物资工作一个战略性的方针，必须坚决贯彻执行，当

---

* 这是袁宝华同志在全国物资管理试点工作座谈会上的讲话要点。

然在步骤上、做法上可以灵活，要对生产部门方便，但态度必须坚决。

第四，努力做好清仓多余物资收购工作。这是当前的一项重要任务，各试点地区和部门要事先做好。

第五，切实做好三类物资的供应工作。三类物资和一、二类物资（即统配部管物资）有密切联系，和商业部门经营的一、二类商品也有密切联系，还有很大一部分是供销合作社系统经营的农副土特产品，因此必须和这些有关部门通力合作，密切配合，共同做好。对工矿产品三类物资，要按照各个点的物资管理方案中确定的分工合作范围，在统一规划管理下逐项落实，尽快地把正常的供应关系建立起来；对农副土特三类物资的供应工作，要协助供销合作社系统努力做好。供销合作社是国营商业的有力助手，是联系全民所有制和集体所有制经济的主要渠道，物资部门要积极支持配合，把这条渠道建立畅通起来。

第六，加强对物资工作人员的社会主义教育。要依靠党的领导，教育全体物资工作人员树立全心全意为生产建设服务的思想，学会走群众路线的工作方法，发挥各方面的积极性。要改变只习惯于办公文、搞表格、发通知，不解决实际问题的官僚主义的机关化作风，树立踏踏实实、雷厉风行解决实际问题的群众化的工作作风；树立经济核算观点，贯彻勤俭办一切事业的方针，要认真学会搞经营管理，一定要做到减少中转环节，降低管理费用。

物资部门是生产和需要之间的桥梁。桥，是与人方便的。我们一定要按照中央的方针，积极努力发挥桥梁的重要作用。

关于国家物资储备局和物资管理总局合并问题给谷牧、薄一波的报告[*]

(1963年2月15日)

按照党组指示,我和刘生标①同志商谈了有关国家物资储备局和物资管理总局的合并问题。简报如下:

国家物资储备局现有仓库48座,分散在全国15个省市,仓库面积100多万平方米,储存各种原材料100多种,价值20亿元。15个省市都有储备局,编制5 090人。国家物资储备局机关编制92人,设5个处,副局长3人,一个已下放,另两个(张久光,张磊)都是11级干部,刘生标同志几年来一直患高血压,现在半日工作。

国家物资储备局担负战略物资的储备任务,据说现在越来越多地储备军用物资,而且越来越多地离开沿海地区、交通干线和大城市,伸向内地、偏僻地区。他们的工作任务比较重,工作性质也比较机密。

关于机构合并问题,我们商议了三个方案:

第一,机构不合并,各立门户,都由经委党组直接领导。

第二,并入物资管理总局,作为总局下的一个局,取消"国家物资储备局"的名义。

第三,保留国家物资储备局的名义,机构不打乱,由物资管理总局领导。

我们推荐第三个方案,好处是:不打乱机构系统,工作不受影响;保留名义看准了再说,以免被动。如果党组选择第一个方案,我们也赞

---

* 谷牧,曾任国家经济委员会副主任,国务院副总理兼国家基本建设委员会主任,国家进出口管理委员会、国家外国投资管理委员会主任,中共中央书记处书记,全国政协副主席。薄一波,曾任国务院副总理兼国家经济委员会主任,中共中央政治局候补委员,中共中央顾问委员会副主任。

① 时任国家物资储备局局长。

成，请酌定。

另外，刘生标同志提出建议：

第一，国家储备计划是否应由计委编，我们负责执行。

第二，储备资金一向由财政拨给专款，希望仍保留这个关系。

第三，省市储备局现在还和省市人委双重领导，是否脱离这种关系。

并请审示。

关于如何做好中央局经委物资局工作的几点意见[*]

（1963年6月27日）

一、中央局经委物资局的性质和任务

对于这个问题，在试点座谈会的报告提纲里已有简要的规定：中央局经委物资局也是国家物资管理总局的派出机构。其任务是根据中央指示和物资管理总局的计划、规定，代表总局督促、检查各省、自治区、直辖市物资厅（局）和一级站、省公司的工作，以保证中央的方针和总局计划、规定的实现。

中央局经委物资局的具体任务还很多，原则上在总局业务管理范围内的事，你们都应该管。如干部、资金、物资的调度等都要过问，都要把你们的意见随时反映给总局，有些问题你们应该直接处理，然后报告总局。

二、中央局经委物资局的名称和机构

中央局经委物资局既是一身二任，名称叫中央局经委物资局或大区物资局都可以，或两种名称都叫也可以。但是我们的工作是在经委领导下进行，因此，我们考虑叫中央局经委物资局比较合适。如果中央局经委主张叫大区物资局，也可以，我们也同意。

中央局经委物资局的机构要精干，人员多少、机构多大，由中央局经委根据实际需要情况确定；根据去年8月28日中央批示，需要的人员

---

[*] 这是袁宝华同志在中央局经委物资局局长和有关省、市物资厅（局）长座谈会上的发言摘要。作者时兼任国家物资管理总局局长。

列入总局编制内。

三、中央局经委物资局的工作方法

中央局经委物资局,不仅仅起检查督促和承上启下的作用,更重要的是要抓以下三个方面的工作:

1. 抓重大问题,抓方针政策问题,抓政治思想工作。要把研究和贯彻中央方针政策和加强物资队伍的政治思想工作,摆在议事日程的首要地位。
2. 抓中心工作。当前工作的中心,一是试点,二是"五反"①。在每个时期工作,都要有个中心,这样,才不至于整天忙忙碌碌,最后一事无成。
3. 抓交办事项。上级交办的工作,都是和整个工作部署密切相关的,要努力完成。

怎样抓法?

第一,抓调查研究工作。要掌握情况,占有材料,进行具体的研究分析。

第二,抓组织和交流经验工作。把与物资工作有关的各个方面的力量,组织起来,共同进行工作;及时地总结和交流工作经验,推动工作。

第三,抓督促检查工作。要有经常的检查,也要有定期的检查;要随时地向中央局经委和总局反映情况,报告请示,也要定期地召集各省、市物资工作同志开会,听取汇报,检查工作,总结和交流经验。上述任务,要抓紧、抓深、抓透。任何一件工作都要逐步深入,逐步推广,分期分批完成,不要犯急性病。

第四,依靠党的领导,即中央局经委的领导。经常地向经委请示汇报,主动地争取党和上级的批示和支持,离开了党的领导,就会犯大错误。

四、下半年的工作要点

1. 抓试点工作。物资管理改革工作,当前主要是抓试点,要力争按

---

① 指反对贪污盗窃、反对投机倒把、反对铺张浪费、反对分散主义、反对官僚主义。

中央今年1月26日的批示，完成今年的工作任务。

2. 改进订货工作。按照这次会议提出的规划和要求，积极改革订货会议，在下半年内，要把明年预拨订货工作做好。

3. 把中央各部门中转仓库的统一管理工作抓起来，而且一定要比过去管得更好。

4. 要抓紧三类物资的管理工作和服务公司工作。经过今年一年，要把三类物资管理工作，理出个头绪；各地的服务公司一定要办好，搞好"四代一调"①，不搞自营业务，全心全意为生产服务。

在试点工作上，第一，要慎于始，不把话说死、说过头。第二，要欢迎批评，要正视、挖掘和改正我们工作中的缺点。第三，要区别中央的方针和试点的方法，中央的方针是正确的，试点的方法可能不对头。区别开来，才能不断改进工作。

清仓工作也要抓紧，主要抓紧物资的收购处理和维护保管工作。

五、关于物资管理改革工作的方法和步骤问题

1. 从生产出发。特别是牵涉到和我们工作利害有关的时候，就更应该注意不要忘了为生产服务这一条，物资部门无论对内对外，决不能争生意。服务公司不搞自营业务，加强生产主管部门的供销机构和供销工作，加强了他们，对我们只有好处，没有坏处。定点直达，小额供应工作，都要加强，要做好。沈阳、锦州、石家庄等地担负的小额中转工作，是为全国服务的，是个光荣的任务，一定要做好。

2. 从实际出发。根据实际需要和可能办事，充分发挥现有组织的作用，发挥大家的积极性，对于已经有人管了的事，我们要积极支持，而不要插手代替。战线不可太长，要发展一批巩固一批。

3. 从试点入手。各地物资改革工作必须经过试点，取得经验，逐步推开，而且每推开一批都要试点，要摸着石头过河，办不通的事，不要勉强去办。要永远谦虚谨慎。

4. 从"五反"入手。各地物资部门要通过"五反"整顿思想作风、

---

① 指代购、代销、代加工、代托运和调剂串换。

整顿组织队伍、整顿业务制度;要整顿机构,要调整干部。

5. 加强和总局的联系。各大区的物资局长,今后要求总局解决的问题,可以直接与总局各专业局长和我们几个人联系,尽量少用公文请示,多用电话联系,免得手续过多,耽误时间。

关于解决钢材的硬性搭配问题的报告[*]

(1963年9月15日)

遵嘱，立即召开了有冶金部徐驰同志，物价委员会李周群同志和吴力永、李华等同志参加的会议，研究了对钢材的短尺和二级品坚决不硬性搭配问题。一致认为，硬性搭配是极不合理的，一方面用户造成积压，使国家在经济上受到损失，另一方面也影响了企业经济核算和技术水平的提高。

会议讨论了生产短尺和二级品钢材的原因以后，提出了解决的办法和意见如下：

1. 关于严格要求企业生产问题：各钢厂要认真地执行技术操作规程，加强企业管理和技术管理，尽量减少钢材的短尺和二级品的比例，以提高质量。

2. 关于鼓励用户合理利用资源问题：由于钢厂的钢锭模已经定型，开坯也有一定的尺寸，但用户的要求却有长有短，看来，一时尚难以完全消灭短尺和二级品，这部分产品如果回炉处理，是不经济的也是浪费的。为了使"物尽其用"，可以允许合理的搭配，就是说，在钢材的分配上要限制和防止优质劣用、大材小用的不合理现象，在订货会议时向用户征求意见，凡不要短尺和二级品的一律不准许硬性搭配，如经用户同意供应一部分短尺和二级品，在合同内注明清楚，交货时严格按合同注明的情况执行，分配短尺和二级品时可以不算计划内部的分配指标，另外价格上也按质论价。

3. 关于标准问题：凡符合部颁标准的产品均为合格品，但标准中不合理和不切实际部分，应加以修改。对企业生产钢材的一级品率，每年应有控制指标，企业应当定出本企业的标准。

---

[*] 这是袁宝华同志给薄一波、谷牧同志的报告。

4. 关于价格的调整问题：要做到优质优价，目前必须在价格上作适当的调整。定尺、倍尺和短尺的调价问题，冶金部于 1963 年 5 月 28 日的冶财字第 3636 号文报请物价委员会，待审查批准。目前二级品价格问题仍然很大，可以考虑再度降价问题。

关于调整价格问题，物价委员会和物资总局拟于近日召开一次供需双方的会议，研究确决。

特此报告，请审示。

做好利用库存积压物资的工作[*]

(1963年9月29日)

第一,利用库存积压物资是一个很重要的问题。积压了物资,就是积压了国家资金,不利于国民经济的调整和发展。利用了积压物资,就可把死物变为活物,把呆滞物资变为有用物资,避免继续损失国家的人力、物力、财力。

物资来源主要有三个方面:一是当年生产,二是当年进口,三是期初库存。但是最现实、最可靠的资源是库存物资,而积压物资也是库存物资的重要组成部分。

第二,一些部门和地区在利用积压物资中,取得了许多经验,主要是:

1. 政治挂帅,思想动员,讲清道理。

2. 建立机构。如铁道部门普遍建立了潜在物资动员科,并建立了服务小组,效果很好。

3. 下达利用库存物资指标。根据一些单位经验,下达资金指标比下达实物指标好。

4. 动员有关部门密切配合工作。物资部门要和计划、设计、财务、生产等部门结合起来,共同搞好这一工作。

5. 开展经常性的物资调剂工作,印发积压物资清册,举办积压物资展览会。

6. 不断总结经验,推广交流,并采取具体措施,防止新的积压。

第三,在处理积压物资过程中也有实际困难,主要是质次价高,货不对路,因而造成三种思想顾虑:

1. 合算不合算?实际上是算大账和算小账的问题,现在资金抠得

---

[*] 这是袁宝华同志在中央清仓办公室召开的处理积压物资经验交流会上的发言提纲。

紧,大家都在抓经济核算,但要从算大账和算小账的方面考虑。小账不能不算,但小账应服从大账。经济合理应以消耗社会劳动量的多少来衡量,而且现在已规定了一系列的办法,如按质论价和不影响企业利润留成等,规定已考虑了企业的小账。

2. 麻烦不麻烦?当然麻烦。实际上是大麻烦和小麻烦的问题。要分清大麻烦与小麻烦,清仓核资就是一个大麻烦。大麻烦由众多小麻烦集聚而成,若人人都不嫌小麻烦,各单位都主动去解决小麻烦,才能避免国家的大麻烦。

3. 质量好不好?实际上是早用和晚用的问题。物资积压久了,质量当然不完全好,时间越久越不好,再长了会变成废物。要量材使用,因材使用,争取早使用,以减少国家损失。

第四,做好积压物资的处理工作,有许多有利条件:

1. 群众觉悟大大提高;
2. 通过几年来的工作,库存情况基本摸清;
3. 已经取得了许多经验;
4. 制定了一系列的具体办法;
5. 国家下达了利用库存的指标。

第五,为了做好积压物资的处理工作,我们的要求是:

1. 立即动手,了解情况,制定"1964年利用库存指标",并分别不同情况,提出具体措施;
2. 物资部门要结合计划,落实利用库存指标,并和财务、设计、生产等部门密切配合;
3. 建议各部门、各地区都召开一些经验交流会,总结经验,交流推广;
4. 掌握库存情况,将积压物资的使用、调剂的具体情况,每月向中央清仓核资办公室作一次报告。

在全国物资供应计划会议上的总结发言

(1963 年 9 月 29 日)

1964 年物资供应计划会议,从 9 月 16 日开始,到 29 日结束,开了半个月。通过这次会议,统一了对当前形势、任务的认识,拟定了部管和总局管理物资分配计划与计委管理物资供应方案,研究了改进订货的措施,达到了预期的目的。

一、关于形势问题

会议开始时,传达了薄副总理关于 1964 年计划问题的报告,经过深入讨论,一致认为当前形势大好。今年工农业生产都超过去年:预计工业总产值超过 900 亿元;农业虽受灾,仍然增产。国民经济开始了全面好转,形势一年比一年好。虽受到今年灾害的影响,但明年的计划指标基本不变,但为了更主动一些,对财政收入和基本建设投资打一个幅度,看看明年上半年的执行情况,分两步走。经过努力,明年可以争取进一步的全面好转。

三年调整工作非常重要,必须抓紧做好,打好第三个五年计划发展的基础。关键在于抓紧当前的工作,充分动员潜在力量,以争取达到预期的计划指标。我国国民经济中的潜力很大,主席讲要向官僚主义借款,总理也说,要向官僚主义筹粮筹款,我们应该认真地按照主席和总理的指示去做。

办法主要有三条:(1)增产节约。这是克服困难的有效法宝,屡试屡灵,物资部门要大力支援明年的增产节约运动。(2)加强经营管理。物资部门经手的钱、物很多,必须注意减少环节,降低费用,加快周转,管好物资,加强资金管理。(3)集中力量打歼灭战,按中央方针办事。工作应该有重点,要按照解决吃穿用、加强基础工业、兼顾国防、突破尖端的方针办事。物资工作上也不能把有限物资平分力量到处使用，也要有重点地一个一个地解决问题。

三年过渡阶段，要做好一系列调整工作。前几天，哲人①同志综合大家的意见，讲了物资工作三年调整的八条要求，都是很重要的问题，希望大家回去好好讨论，并作些调查研究，与基层的同志商量商量，到11月开订货会议时再集中研究一下，争取年前定案。

二、关于计划问题

讨论、下达部管和总局管理物资分配计划与计委管理物资供应方案，是这次会议的中心议题。经过讨论，在592种中央统一分配物资中，现在已有183种部管和总局管理物资及130种计委管理物资的供应指标已经下达；还有169种物资的供应指标即将陆续下达；其余110种物资，有97种专项安排，4种放开供应，9种有些问题暂不分配。

计划平衡中的问题，归结起来，主要是长、短线的问题。从已经研究过的247种部管和总局管理物资的情况来看，有38种短线、29种长线，其余基本平衡。

解决长短线的问题，是我们的努力方向，现在提出几点意见，供大家研究考虑：

（1）促进短线增产，控制长线生产。短线产品虽已在计划上作了积极安排，但仍有增产潜力，要多做一些工作促进增产，在物资供应上给予支持；长线产品要按计划生产，不要盲目超产。

（2）充分利用库存物资。我在中央清仓办公室召开的处理积压物资经验交流会上已经讲了这个问题。

（3）充分利用地方资源。这是突破短线的重要方法，应结合需要与可能，适当维持和恢复小煤窑、小立窑和钙镁磷肥等生产。

（4）节约代用。这几年，大家在节煤、节电、节木等方面已取得很大的成绩和很好的经验，应进一步推广。在节约代用中，要注意以长代短，加工改制，充分利用积压物资。

---

① 即李哲人，曾任国家物资管理部副部长，时任国家物资管理总局副局长。

（5）留有余地。一方面，计划没有完全定；另一方面，计划定了也会有变化，为了应付临时可能的变动，即使是短线物资，也应适当留有余地。

三、关于订货问题

为了改进订货工作，拟定了以下一些具体措施，其中有的已经做了，对的还要继续抓紧做好。这些措施主要是：

（1）减少集中订货。1964年集中订货373种，占中央统一分配物资的63％，比1963年的83％减少了20％。

（2）试行全年一次订货。明年试行一次订货的有化工产品、有色金属原料、部分建材产品和森工产品，以及37种机电产品等共130多种产品。

（3）对中央24个部试行统一供应。24个部需要的中央统一分配物资，除少数专用物资外，改向总局申请供应，其中有270种一般物资改为就地申请供应，但这次因时间较紧，仍由部转指标。

（4）扩大对中央部直属企业统一供应的试点。除北京、无锡、石家庄原有的试点外，增加上海、湖南和冶金部在10个省市45个直属企业的试点。

（5）做好准备工作。9月开物资供应计划会议，9月底发供应指标，要求10月20日报订货明细表，11月初开订货会议，大体上有一个月的准备时间。

（6）减少订货人员。一定要比今年实际人数减少，并拟把订货人员都组织到会议之内，要求大家控制人数，注意选派业务熟悉、政治可靠、有"代表性"的同志参加。

（7）发出了《工矿产品订货合同基本条款暂行规定》。

（8）制定了《物资分配体制办法的补充规定》及订货办法和订货目录，使大家有所遵循，便于做好准备工作。

四、会后抓什么

（1）尽快把供应指标分到基层单位，迅速组织提报订货明细表。这一下一上是决定订货工作好坏的关键,请大家集中力量搞好。

(2) 本着少而精的原则,着手组织订货代表团(以后还要控制参会人数),把订货工作搞好。

(3) 把本部门、本地区的物资平衡工作做好,摸清情况,提高计划管理的水平。

(4) 通过"五反"运动整顿物资工作队伍,提高思想,纯洁组织,加强业务建设。

在1963年全国物资部门统计工作会议上的总结报告

(1963年11月8日)

同志们：

物资统计会议开得很好。这样的会议一年一次很有必要。每年的工作要总结，来年的工作要安排。

关于国际国内的形势、一年来统计工作的总结和明年的任务，谢北一同志都讲了。关于物资工作中的问题，李哲人同志已经在物资厅、局长会议上讲了，回去后还要给你们传达。我完全同意他们的报告。

会议经过11天的讨论，布置了1963年统计年报。年报是一年的工作总结，一定要搞好。制定了1964年的统计报表制度。交流了工作经验，大家互相学习，取长补短。同时，大家对统计工作中有关的工作和思想认识问题交换了意见。会议开得是成功的。

这次会议是在各地开展"五反"运动后召开的，会议自始至终贯穿着整风精神，只有这样才能真正肯定工作中的成绩、正视缺点、总结经验、改进工作。

这次会议，把统计工作的综合和专业结合起来了，综合工作是在专业的基础上进行的，专业工作是在综合指导下进行的。大家既解决了综合性问题，又解决了专业性问题，使二者相互结合。这种开法是值得各种专业会议学习的。

总局成立三年来，一共开了三次统计会。第一次40多人，第二次100多人，这一次240多人，这说明工作发展了，统计工作队伍扩大了，全国各省物资厅、局在1961年会议时有统计干部121人，其中兼职21人，到现在有546人，其中兼职2人（包括省公司在内）。

下面，我谈三个问题，作为对李哲人、谢北一同志报告的补充。

一、关于物资管理改革工作的形势问题

（一）成绩很大

当前国际国内形势很好。物资工作形势同样也是好的。

从去年 5 月 18 日中央批发了国家经济委员会党组《关于在物资工作上贯彻执行集中统一方针、实行全面管理的初步方案》的指示之后，一年多来，整个物资工作在中央方针的直接指引下，在各级党委的正确领导下，经过全体物资工作干部的努力工作，取得了伟大成绩。

在物资管理改革的方案上，要求我们坚决贯彻中央提出的"集中统一、全面管理，统一领导、分级负责"的方针；坚决贯彻"从生产出发，为生产服务，起保证生产和促进生产的作用"的方针和贯彻"在全国范围内建立一套统一物资管理系统和业务经营网，组成一支能够贯彻执行方针政策、熟悉业务、适应工作需要的坚强的物资工作队伍"的方针。同时还要求我们无论在供销工作的管理上，无论在三类物资的管理上，无论在中转仓库的管理上，无论在机构干部的管理上，都要贯彻执行中央提出的方针，并达到这个目标。

一年来我们在贯彻中央的方针和实现文件所提出的方案方面，做了些什么工作呢？在去年 6 月召开的物资工作会议上，具体讨论了如何贯彻中央的方针，8 月 25 日中央转发了国家经委党组《关于 1962 年全国物资工作的报告》的批示，提出了具体要求和今后工作的做法。同年 9 月开了试点工作座谈会，11 月开了物资工作座谈会，去年 12 月、今年 1 月 2 日先后向中央汇报了两次物资改革情况。1 月 26 日中央又批发了国家经济委员会党组关于 1963 年全国生产供应预拨会议向中央的汇报提纲，对我们提出了进一步的要求，方向更明确了。今年以来，又陆续开了试点座谈会、财务工作会、三类物资会、仓库工作会等会议，6 月又开了一次生产供应会议，这些会议都对中央的指示作了讨论。特别是经过今年伟大的增产节约和"五反"运动，物资工作面貌发生了新的变化。无论是从组织上、思想上、业务上都大大前进了一步。一年多来，物资管理工作的发展和取得的成绩是伟大的。

1. 首先是为生产服务的思想在多数同志中树立起来了。勤俭建国、

勤俭办企业、勤俭办一切事业的思想在很多同志中树立起来。加强经济核算、精打细算的思想也在很多同志中树立起来。尤其是在中央提出自力更生、奋发图强方针的鼓舞下，许多同志千方百计克服困难，解决物资供应中生产建设的需要，这种认真负责的作风，在物资部门树立起来了。特别是经过"五反"和伟大的社会主义教育运动，同志们的思想面貌发生了变化，过去不问政治或不大关心政治的同志改变了，加强了政治学习和思想锻炼。

2. 在组织上也有很迅速的发展。我们自始至终都强调要稳步前进，现在回头看看，还是大踏步前进了。物资部门全国现在有12.4万人，去年6月只有7万人。全国现有各级专业、综合公司2 000多个，机构是普遍建立了，网点也相当普遍，干部配备比较齐全。同时，经过一年多的锻炼，都有了提高，尤其是经过"五反"运动，又清理了队伍、纯洁了组织、教育了干部。

3. 业务上的收获：

整个物资工作有很大发展，统配部管产品的销售工作已经基本上统一管理了。供应工作已取得很大成绩，尤其是对地方企业的供应。

直达供货比例大大提高，上半年直达供货钢材达到57%，有色金属达到70%左右，化工（纯碱）达到65%，水泥达到68%，木材达到40%。

定点工作也有发展，已定了几千对定点供应关系，有些已发展了定点、定量、定质、定时四固定，取得了不小成绩。

中转仓库的统一管理有发展，今年已有五个大城市实行统一管理，明年还有一批城市的中转仓库要统一管理。

三类物资的管理是从无到有，基本上上了轨道，做到了按目录分工负责，供应各需用单位。生产资料服务公司的"四代一调"工作也已取得很大成绩。上海的服务公司已与67个公司建立了业务联系。

经过100多个试点，取得了系统的、丰富的、有用的、有说服力的经验，使工作少走弯路、少犯错误。

（二）问题不少

1. 我们在肯定成绩的同时应该指出还有很多缺点，在某些地方、在某一个问题上有严重错误。这里有主客观原因，我们是新事、新人、新机构，缺乏把这件事办得好的经验。原因是多种的，更主要是主观方面的，在培养训练干部、掌握基本功方面还做得不好。如何把没有经验的人变为有经验的人，这是一项重要工作。

2. 对一些带根本性、方针性的问题，同志们在认识上还不一致，这是一年来最严重的问题。没有经验，通过实践可以取得经验，严重的是认识不一致、看法不一致、做法不一致。譬如，服务公司不应该搞自营业务，但有些地方还在偷偷摸摸地搞，有些地方充分发挥其他部门的组织作用不够，这些都必须经过教育和辩论，使其一致起来。

3. 问题还在于做物资工作的同志中间和某些组织里边，多多少少地存在有骄傲自满情绪，虽然为数不多，但危害性是很严重的。它是我们工作的大敌，是前进的障碍。一个市公司的同志说，现在是学无对象、比无对手。这说明骄傲自满情绪开始滋长起来了。目前急需揭发工作中的问题、思想上的毛病，我们的服务质量不高，很值得我们各方面、各个角落、各个工作岗位上的每一个同志警惕和深刻检查。

总之，物资改革工作的形势是成绩伟大、问题不小、任务艰巨、前途光明。

二、物资管理改革工作的任务

不久前，中央提出从1963年到1965年为第二个五年计划到第三个五年计划的过渡阶段，在这个阶段，从整个国民经济来说，要继续做好调整工作，为第三个五年计划打好基础。这是重大的决策。调整工作不只是"关、停、并、转"，调整本身就有积极意义，调整是为了发展，调整中就有发展的因素，也有填平补齐和成龙配套。

几年来，物资工作就是做的调整工作，从分散到集中，从混乱到有秩序，从低质量到高质量。过渡时期仍要调整，那就是要抓紧物资改革工作。

不久前，总局金属局与冶金部供应局在天津召开了一个座谈会，研究物资就地供应问题。到会的企业都很拥护物资改革试点工作，并提出了五点要求：（1）对他们供应要认真负责，要像冶金部一样对他们负责；（2）要求费用合理些；（3）要求中转环节少些；（4）要求手续简便些；

(5) 要求保证物资质量。上述五点要求，归结为一句话就是要求我们提高服务质量。

明年我们要把物资工作的中心放在加强经营管理方面，通过加强经营管理来提高服务质量。要发展一批巩固一批，波浪式前进。从一年多来的工作发展来看，也需要一个巩固阶段，这就是要加强经营管理工作，提高服务质量。

（1）首先是统一思想，统一认识。如何实现为生产服务的方针，全心全意地为生产服务，不准掺杂一点本位打算和本位利益，牢固地树立为生产服务思想。

（2）要算账。要围绕供应计划来算账，要有中心、有目的、有重点地算账。算账要算三方面的账，即算供应、生产、需用部门三方面的账，缺一不可。这就可以更好地为生产服务，可以更好地解决产、供、销之间的矛盾。

（3）还要算三种账，即算物资账、资金账、人力账。首先在算物资账时，既要算数量账也要算品种质量账，忽视品种质量账，光凭综合数字是解决不了问题的，甚至会被一些假象所迷惑，看不到本质。同时，还要算时间账、地区账，加工改制、验收保管、包装等，所有这些账都有专门学问，需要进行专门研究，轻视不得。其次是算资金账。物资部门在资金使用方面不如商业部门精打细算。在物资流转过程中有浪费现象，不合理的流向、运输，都会造成经济上的损失。所以要算流向、运输、物资损耗、资金周转等等的账。一句话，就是如何合理使用我们的资金。最后是算人力账。不仅要算机构设置是否合理、干部配备是否充足，更重要的是算人的思想账。如果能把每个人的积极性调动起来，这是一个很大力量。算人的账，有工作方法问题，有工作态度问题，人的潜力是无穷无尽的。发挥物资部门人员的主观能动作用，这只是一方面，另一方面还需要发挥物资部门以外的人的作用，如商业五交化、供销部门、生产部门，我们不要代替别人，人家干得了，就不要插进去。有两家同时干，很好，这样使我们有学习的对象，会逼着我们进步，促使工作改进。

总之，一句话，就是要加强经营管理，提高服务质量，也就是说要做到：少花钱、多办事、费时少、办事好。

三、对统计工作的要求

统计工作有监督作用。对我们做统计工作的同志来说，既要强调监督作用，也要强调服务作用，首先是为生产服务。

统计工作的服务作用，首先表现在服务态度上，这就是要有认真负责态度、严肃态度。统计工作是决定方针政策的依据，必须认真负责和严肃地对待。同时要有老实的态度，统计资料一是一、二是二，绝不能弄虚作假。另外，还要有团结态度，要与人为善，要和各部门相互合作。统计工作有没有斗争呢？有斗争，要有认真负责、严肃、老实和团结的态度，就必须和不认真、不严肃、不老实、不团结的态度进行坚决斗争，和一切不健康的现象作斗争。

这次会上，大家一致提出：要发扬艰苦朴素、埋头苦干的工作作风，要向雷锋同志学习，当一个无名英雄，当一个永不生锈的螺丝钉，这很好。同时，统计干部是领导的助手，应该尊重党委的领导、厅（局）的领导、上级公司的领导和统计部门的领导。应该根据党的方针政策，根据党和领导对统计工作的要求，做好统计工作。

其次是服务质量问题。要做到统计资料及时、准确、全面，并要逐步提高。提高统计工作服务质量，除了作好报表之外，还要进一步加强分析研究工作，使数字变活，并充实思想内容。通过分析研究把掩盖的问题发掘出来，提出建议，这样才使统计工作对领导帮助更大。

要进一步改进统计报表制度，减轻工作量，这是提高报表质量的关键。我们统计报表经常精减，减一次少一些，但过一段时间就又多了，这不是根本办法。我们应该研究怎样使报表合理，这需要你们大家很好研究。如总公司应该建立台账，由总公司管理的物资可以不发库存报表，只报每月的动态。

提高统计工作质量，必须加强学习，练好基本功。要深入到基层，了解情况，学习业务知识。不然，加班加点，钻在数字堆里，不是根本解决问题的办法。

第三，统计是加强物资管理的有力武器，是改进物资工作的关键。因为，我们了解情况一方面需要典型调查，而更重要的是通过统计资料掌握全面情况。所以，大家要善于使用统计数字。

有的同志说：领导不重视统计工作。这不对。你应该把工作做好，争取领导重视。起作用就会被重视，不起作用就不会被重视。就领导同志来说，应该重视统计工作，要善于运用统计这个工具。所谓重视，就是多检查、多帮助、稳定它、提高它。

最后，希望同志们要永远谦虚谨慎，力戒骄傲自满，要经得起批评，也要经得起表扬。要注意深入实际、发掘我们工作中的缺点，正视这些缺点，下决心采取有力措施改进缺点，经常总结工作，提高服务质量。

在 1964 年全国物资部门经营管理工作会议上的报告

(1964 年 2 月 27 日)

这次会议,是物资部门的主要领导干部会议,是一次工作会议,是一次学习会议,也是一次动员大会。会议主要讨论物资部门如何高举毛泽东思想红旗,学习解放军,学习石油部,学习其他部门的先进经验,高度发扬革命精神,加强经营管理,提高服务质量,使物资部门更加革命化的问题。

一、物资工作的基本形势

一年多来,全国物资管理工作,根据中央集中统一的方针,在中央和各级党委的领导与各部门的支持下,随着国民经济开始全面好转,经过全体同志的努力,取得了很大成绩。

第一,物资管理改革工作进展很快,1962 年 5 月 18 日中央批转的物资管理改革方案的一些主要要求,目前在许多方面已经基本实现。

1. 统一销售工作。金属、机电、建材、木材、化工等主要物资的销售,已经实行统一管理。物资部门已经能够按照国家计划组织调拨,计划外动用的现象已经基本克服。

2. 统一供应工作。地方企业除了少数地区外,已开始由物资部门统一组织订货、催货和供应。中央 24 个非工业部门和冶金部等 11 个工业部门的部分直属企业的供应工作,已经由物资部门统一组织。

3. 中转仓库的统一管理。中央主要工业部门的仓库实行统一管理的已占 88.5%;地方的主要中转仓库,很多也已基本实行了统一管理。仓库管理工作开始加强。

4. 三类物资管理工作已经初步开展,各地普遍编制了目录,定了分工，制定了供应办法，部分地区已按照国务院的指示，建立起三类物资领导小组，加强了领导。

5. 各级物资管理机构和经营网点已基本建立，物资队伍已基本组织起来。物资系统现有职工13.4万人，比1962年初的6.4万人增加一倍多，其中经营机构人员共11.9万人。

第二，在物资管理改革过程中，加强了供销管理和仓库管理，工作有一定成效。

1. 物资供应工作有改善。随着整个国民经济开始全面好转，供应计划完成得比较好，合同执行比较严肃，初步实现了分到、订到、拿到、合用的要求。各级物资部门，千方百计，积极组织供应，对促进生产、保证完成国家计划，起了重要作用。特别是在支援农业、抗旱救灾、防洪排涝斗争中，及时调度物资，起了巨大作用。

在供应方法上也有改进，推行了大宗直达、小额中转，定点供应、固定协作，"四代一调"等办法，环节大有减少，费用有所降低，适于直达供货的物资，大部分组织直达了（一般已达70％以上）。采购人员满天飞的现象有所减少（据辽宁、黑龙江、江苏等地对部分企业的调查，一般减少30％～50％）。有的企业反映，物资供应比较省心了。

2. 仓库管理工作有改进。中转仓库的利用率有了提高（天津储运公司货场利用率提高一半），物资保管有改善。很多地方，对库存物资普遍进行了维护、保养。沈阳储运公司铁西二库等单位，已将仓库和露天存放的物资，上盖下垫，码垛整齐，并正在大搞物资存放"五五化"①，仓库管理面貌已焕然一新。同时，去年全国还新建了仓库、料棚各18万平方米，改善了物资保管条件。

3. 初步加强了财务管理和经济核算。根据中央方针，全国物资系统的资金实行了统一管理。物资系统召开了三次财务会议，制定了统一的财会制度和收费标准，初步加强了经济核算。不少单位在节约资金、降低费用水平等方面，采取了许多措施，取得了不少成绩。

4. 国家储备物资的管理工作有显著改进。1963年超额完成了国家储

---

① 物资在仓库中保管存放，为便于收发、检验和盘点，并提高仓库利用率，一般采用五五摆放法，即根据物资的性质和形状，以五为计量基数，成组存放，做到五五成行、五五成方、五五成串、五五成包等。

备任务，增加了一批储备物资。加强了储备物资的订货管理和入库验收，对现有库存物资进行了必要的轮换、维护和保养，保证了对储备物资的品种、规格、质量的要求。

第三，物资系统的广大职工，通过增产节约、"五反"、反修学习、社会主义教育、学习雷锋等一系列运动，阶级觉悟有了很大提高，涌现出一批先进单位和先进人物。

一年来，全国物资系统的职工，在各级党委的领导下，通过"五反"运动和社会主义教育，反对了官僚主义、分散主义、铺张浪费，基本克服了讲人情、走后门，不按计划、不按原则办事的不良倾向，进一步划清了社会主义和资本主义两条道路，无产阶级和资产阶级两种思想、两种作风的界限，揭发出一批贪污盗窃、投机倒把案件（据不完全统计，共有510件，其中万元以上的10件，千元以上的104件），打击了资本主义势力，维护了全民所有制经济，巩固了无产阶级的经济阵地。这对我国建设社会主义、防止修正主义，都具有深远的意义。

通过一系列运动，广大职工在提高阶级觉悟的基础上，全局观点加强了；主人翁的责任感大大提高了；从生产出发，为生产服务的思想开始树立；做好供应，为企业生产服务为荣的风气正在形成；开始涌现出一批先进单位和先进人物，成为大家学习的榜样。

一年多来，物资部门虽然做了很多工作，但是我们必须要有充分认识。既要看到我们的成绩的一面，也要看到我们的缺点、错误和问题的一面。要用两分法来总结过去的工作。从总的方面来看，过去的工作重点，主要还是抓了物资管理改革工作发展的一面，而且忙于处理关系问题比较多，对物资部门内部建设工作（即思想建设、业务建设、组织建设三个方面）抓得比较少，在许多方面还不能适应生产需要。主要表现在以下几个方面：

第一，思想政治工作薄弱，人和物的关系没有摆好。思想政治工作是一切工作的灵魂，但是正是在这个重要问题上，在物资部门一直解决得不好，严重存在着见物不见人的现象。从总局领导来说，对业务抓得多，思想政治工作抓得少，没有把思想政治工作摆在一切工作的首要地位；一般号召多，抓活的思想少；批评多，表扬少，许多好人好事没有及时发现，没有及时表扬。思想政治工作不深、不透、不活，没有把广大职工群众的积极性充分调动起来。

第二，经营管理工作薄弱，基础工作还没有抓起来。

1. 供销工作组织得不好，尤其是订货工作，存在的问题还很多。主要是：对生产需要了解不深，生产上到底需要哪些物资，要多少，要什么样的品种规格和质量要求，很多都看不清、说不准、拿不稳，物资部门还不能完全代替企业订货；订货会议范围大、人数多、时间长的问题还没有很好解决。同时，定点供应、减少流转环节、合理组织物资调运等方面的工作，目前还只是开始，距离要求还很远，有的地方环节还多、手续还繁。在三类物资供应上，也还存在渠道不畅通、供需关系不稳定等问题。

2. 物资部门管理大批物资，掌握大量资金，但管理上的问题还很多。物资集中统一管理以后，物资部门掌握着大量国家机动物资和清仓收购物资，库存有很大增加，仅钢材就有120多万吨，机电设备30多亿元。目前物资部门库存的物资占用着80多亿元资金（不包括国家储备和成套公司转移过来的资金），如何管好、用好，是个严重问题。一年多来，我们虽然做了一些工作，但是在物资保管上，收发不及时，保管不善，损失差错、锈蚀、丢失现象，仍很严重。在财务管理上，经济核算工作薄弱，资金使用有浪费，占用不够合理，呆滞物资的比重很大，影响资金周转。

第三，机构建设和组织建设上的问题还不少。机构设置不够合理，有重叠现象；干部队伍还有不纯；干部业务水平不高，"四员"（技术员、保管员、会计员、统计员）很缺，还不能适应工作需要。

根据以上分析，我们认为，继续贯彻执行中央关于物资管理改革的方针，关键在于正确处理两个关系问题。一是人和物的关系，要坚决把人的因素放在第一位，加强思想政治工作，坚持四个第一，充分发扬广大职工群众的革命精神，这是做好物资工作的根本所在。二是物资管理改革工作上发展和巩固的关系，从全国范围来说，当前应以巩固为主，以加强经营管理、提高服务质量为中心，加强内部三大建设，使物资管理改革工作在巩固的基础上更好地发展。

1964年是大比之年、大学之年，工业交通战线和全国各行各业，大学主席著作，大学解放军，大学石油部，大学其他部门的先进经验，广泛开展比学赶帮的群众运动，一个革命化的新高潮就要到来。特别是工业交通战线提出了赶上两个先进水平，消灭三个落后的口号，农业战线提出了建设五亿亩旱涝保收、稳产高产农田的口号以后，国民经济各部门对物资工作的要求更高了。形势逼人，时不我待。物资部门必须立即行动起来，坚决贯彻执行中央关于学习解放军、学习石油部经验的指示和关于加强互相学习，克服骄傲自满、故步自封的指示，树雄心，立壮志，把我们的工作，从思想上、组织上、制度上、工作作风和工作方法上，来一个革命性的大转变，把物资工作大大提高一步，赶上形势发展的需要。

二、高度发扬革命精神，狠抓"三基一化"，加强经营管理，提高服务质量

1964年，物资部门的工作方针是：高举毛泽东思想红旗，学习解放军，学习石油部，学习其他部门的先进经验，高度发扬革命精神，加强经营管理，提高服务质量，使物资部门更加革命化。

根据这个方针，1964年物资部门的中心任务，就是加强经营管理，提高服务质量。

这里需要说明：我们所说的经营管理，是指物资部门的各项业务活动的管理工作，它既包括由各个公司直接经营的业务活动，也包括由物资部门组织分配、订货和为企业提供服务活动的全部工作。

1964年，以加强经营管理，提高服务质量为中心任务，就是要集中力量，加强物资部门的内部建设，整顿我们的各项工作，巩固成绩，发扬优点，克服缺点，使我们的全部工作，建立在高质量、高水平的基础上，以适应国民经济新的革命形势的需要，更好地贯彻执行中央关于物资管理改革工作的方针。

（一）加强经营管理，提高服务质量的奋斗目标

加强经营管理，从本质意义上来说，就是通过算账，更好地、更加经济合理地使用人力、物力、财力，提高工作质量。所谓算账，就是要算人的账，算资金账，算物的账。就是要学会既算经济账，又算政治账；既算一个公司、一个仓库的账，又算整个物资部门和整个国民经济的账。

就是要从整个国民经济的全局出发算账。

从生产出发,为生产服务,起保证生产和促进生产的作用,是物资工作的根本方针。所以,加强经营管理,应该以提高服务质量为目的。只有这样,我们才能正确地贯彻执行中央的方针,我们的工作才能做得出色。离开了这一条,经营管理工作就会失去灵魂;算起账来,就会算死账。

根据生产企业的要求和物资工作的现状,我们提出,物资部门加强经营管理,提高服务质量的奋斗目标是:做到三个保证,达到三个要求,消灭三个落后。

第一,做到三个保证,就是在组织物资供应上,要做到按照计划和合同保质量(包括品种规格)、保数量、保时间,做到按质、按量、按时地保证供应。

第二,达到三个要求,就是费用要低(要比企业主管部门组织供应费用低),手续要简,服务态度要好。要赶上和超过物资部门内部和外部现有的先进水平。

第三,消灭三个落后,就是消灭不合理的物资调运,消灭不合理的资金占用,消灭仓库管理的落后现象。

这样的奋斗目标,应该说是高标准的。实现了这样的奋斗目标,物资管理工作就可以大大提高一步。

(二)加强经营管理,提高服务质量的三项重点工作

为了很好地完成今年的中心任务,实现以上奋斗目标,必须全面加强各方面的工作,但是,又要抓住重点。根据当前的情况,我们提出,今年要打好三个硬仗,就是要打好改革订货工作的仗,打好处理积压物资的仗,打好物资维护保管的仗。

第一,打好改革订货工作的仗。

订货工作是组织物资供应的首要环节,通过订货,把国家的生产计划和物资分配计划,具体落实到生产企业和需要单位。订货工作能否抓好,关系到物资部门对中央的方针政策的贯彻执行,对产供销组织得好坏的重大问题。这一工作是各级物资部门、各专业公司的共同任务。因此,把改革订货工作作为今年的第一个硬仗。

这几年在订货工作上,我们做了一些改革,如试行了钢材地区平

的办法；化工产品、工矿配件产品和农机配件等130种产品，实行了全年一次订货；对部分钢材、木材、化工等产品，试行了定点定量供应，扩大了统一供应和代替企业订货的范围等等。但是绝大多数物资，仍然依靠开会集中订货，订货会议规模大、时间长、人数多、工作粗的问题仍然没有解决。因此，我们必须以革命的精神、科学的态度、坚决的措施，积极加以改革。当然，这样复杂的问题，不可能一年就能完全做好，要有重点，要分步骤。改革订货工作的方向是：通过"统一平衡，定点供应，就地订货、就地供应"，逐步做到由物资部门担负起企业外部的供销业务，以物资部门的业务会议代替订货会议，以定点供应和就地订货代替在北京集中订货。

"统一平衡"，是由中央主管分配部门，根据国家计划对资源和需要在品种、规格、时间和地区之间，进行综合平衡，全面安排，下达供应通知书。

"定点供应"，是在统一平衡之下，凡是供需双方愿意又有条件的，积极实行定点供应，并在定点的基础上逐步推行定质定量，用长期协议把产销关系固定下来，不再参加集中订货。

"就地订货、就地供应"，是由各地区的专业公司，根据供应通知书组织货源，就地安排，订进订出，大宗物资由生产企业直达供货，小额物资由物资部门就地供应。

以上总的要求，争取两年实现，分三步走：

1964年做到建材、石油两个专业不集中订货，中央部及省、自治区、直辖市物资部门进行代企业订货的试点。

1965年做到化工、轻工、煤炭、火工、电讯以及有色金属原料、炉料和某些机电产品，也不集中订货，中央部及省、区、市基本上能做到代企业订货。

争取在1966年绝大部分物资不集中订货，中央及地方企业的外部供销工作基本上由物资部门承担起来，做到代企业订进订出。

为了达到上述要求，除了计划部门要早订计划、早下达，生产部门要按需要安排生产，及时提出具体的生产资源，需要部门要及时提出具体需要，做好代替企业的订货工作以外，物资部门应该积极组织扩大定点定量供应范围，争取签订比较长期的协议，并要积极抓好基础工作，努力做好代替企业订货。同时，还应当结合处理库存物资，建立起必要的周转储备物资。为组织推动订货改革工作，拟加强现在的全国生产供应会议领导小组及办公室，各地也要建立相应的机构，抓好这一工作。

第二，打好处理积压物资的仗。

处理积压物资包括两个方面，一是处理物资部门的积压物资，一是协助其他部门处理积压物资。

物资部门现在库存的80多亿元物资中，有些是正常周转库存（其中有些库存时间较长需要轮换）；有些是清仓收购和历年积压下来急需处理利用的，这批急需处理利用的物资，一般是规格比较杂，质量比较差，特别是机电设备，品种杂，型号多，如不积极组织利用，随着技术水平的提高，将更不适用。现在积极加以利用，既可充分发挥物资的潜力，促进生产；又可松动资金，加快资金周转，节约国家资金。同时，国家已经决定，物资部门用的资金，今年不再拨给，而由处理库存的资金中解决。这就更迫使我们非大力处理库存不行。如何处理呢？

1. 各专业公司组织各级物资部门，把库存情况彻底弄清，划清正常周转库存和积压呆滞的数量范围。

2. 属于正常库存部分，如果需要轮换的，拟定轮换计划，在下半年订货和1965年全年订货中加以安排。

3. 属于积压部分，要分别订出处理指标（如钢材争取处理100万吨，机电设备处理6亿元等等），积极采取措施，加以处理。例如：

（1）纳入分配。在下半年订货和1965年全年订货中，列入分配资源。

（2）组织选用。就地组织需要部门看货选用。

（3）调剂利用。参加当地或外地调剂会，调剂利用。

（4）加工改制。组织加工改制，修复配套，增加花色品种，提高产品质量，以便于组织利用。

（5）按质论价。产品质次，还可以利用的，如因价格问题影响处理，可根据按质论价的原则调整价格。

（6）鉴定报废。实在不能用的，经过技术鉴定以后，报各总公司审查批准报废。

为加强这一工作的领导，根据中央关于结束清仓核资工作的批示，总局拟会同有关部门，成立办公室，组织推动处理工作，各地也应建立专业机构，或指定专人，抓好这项工作。

第三，打好物资维护保管的仗。

在中央和地方工业部门的仓库，转交物资部门管理以后，除沈阳、天津等少数地区的仓库管理已有很大改进外，大部分还没有来得及整顿，仓库管理上的问题还很多，特别是物资维护保管上的问题更多，急需整顿。因此，今年要把加强库存物资的维护保管，作为一个主要战役，攻下这个堡垒，就可以消灭物资维护保管不好的落后现象，甩掉物资维护保管不好的落后帽子。这就要抓以下几方面的工作：

1. 根本改变仓库面貌。要求做到：

（1）实现仓库规划化。按照物资的类别，有计划地划定存放区域，分类存放保管。

（2）实现物资存放"五五化"，以利于快收快发，减少差错，提高工作效率。

（3）实现物资存放"架子化"。不论是库内库外，凡是小件和品种规格比较复杂的物资，适于存放在货架上的，要尽量存入货架，以利于物资的维护保管，并提高仓库利用率。

（4）露天存放物资，要码垛整齐，做好上盖下垫，全部苫盖严密。

（5）大力做好物资的维护保养。该除锈的除锈，该涂油的涂油，该包装的包装，并要注意做好仓库安全工作，杜绝一切事故，实现无破损、无差错、无事故的"三无"要求。

2. 抓好仓库基本建设。目前，物资系统的仓库严重不足，需要在国家计划安排下逐步解决。今年要完成 30 万平方米库房及 30 万平方米料棚的建设任务。在抓好建设进度的同时，要特别注意抓好工程质量，要争取个个工程高速度、高质量。

3. 对企业代保管的物资，必须而且有条件集中存放的，要尽可能集中存放起来，不能集中存放的，要定期派人了解情况，查对账、物是否一致；及时发现维护保管中的问题，督促企业采取措施，加强维护保管，争取企业代存放的物资，全部维护良好。

4. 国家储备仓库，更要努力提高科学管理水平，切实做到保质、保量、保安全、保急需的四保要求，力争在 1964 年内，创造更大的成绩。

以上三个硬仗是相互联系的。在组织订货中，只有充分考虑利用库存才好全面安排，保证供应；订货安排得好，才能避免新的积压。在处理库存中，无论积压物资的利用或轮换物资的调整，主要也是依靠订货工作的统筹安排。在订货中，库存物资利用得多，供应销结合得好，又为仓库管理和物资维护保管创造条件，而物资维护保管得好，又便于处理利用。因此，这三项工作是密切联系、相互促进、互为因果的，而又以改革订货工作为中心。

以上是打好三个硬仗的大致要求。为了打好这三个硬仗，总局已成立了三个专门小组，提出了一些具体办法，请大家讨论确定。

（三）狠抓"三基一化"，加强经营管理工作的基本建设

为了完成今年的中心任务，实现三保三要三消灭的奋斗目标，打好三个硬仗，必须狠抓"三基一化"。这是物资部门加强经营管理工作的基本建设，不狠抓"三基一化"，经营管理工作就没有保证。

"三基"就是基础工作、基层建设、基本功。"一化"就是革命化。"三基一化"实际上包括了我们通常所说的业务建设、组织建设和思想建设的内容。万事从根起，基础工作、基层建设和基本功，这是我们加强经营管理、做好物资工作的基础。基础打不好，不能过硬，"上层建筑"即使搞了起来，也会有倒塌的危险。而人的工作又是第一位的问题。只有实现人的革命化，才能使我们的各项工作干得好、过得硬。这是解放军的经验，也是石油部的经验。关于使物资部门更加革命化的问题，下面还要专门讲，这里着重说说"三基"问题。

1. 1964年，必须狠抓以下六项基础工作：

第一，按企业建立物资供应档案，掌握每个企业生产什么产品，需要什么物资，什么用途，需要多少，需要的品种规格、质量，需要时间，消耗定额，哪里生产，生产情况，等等，使我们的物资供应工作真正建立在符合生产需要的基础上。

这是一项"笨"工作，要一个企业一个企业地调查研究。我们提倡做"笨"工作。把这项工作做好了，我们在组织定点供应、代替企业订货、组织日常供应工作中，就能情况明、决心大、方法对。1963年已有不少公司这样做了，证明这种做法是很必要的。内蒙古化工轻工公司，对建立企业供应档案,总结了七大作用,其中说明,建立企业供应档案,不仅对分配、订货、供应有重要作用,并且对于处理积压物资,也有重要作用。他们有个仓库,长期以来积存橡胶制品290多种,通过建立企业供应档案,才弄清楚有100多种是当地需要的。这就为组织调剂、处理积压,提供了依据。河北、陕西、重庆等地也早开始抓了这一工作。各个公司,都要有组织、有领导地进行这项工作,最好是通过为企业提供服务活动,系统地积累资料。

第二,按产品特点和产销规律,制定每种产品的管理和经营的办法。各种物资各有特点,用途不同,产销规律也不一样,管理、经营办法也应有所不同。一年多来,在这方面虽然做了一些工作,但不系统、不完善,还有很多漏洞,以致盲目经营的问题还未解决。因此,应该在总结经验的基础上,对每种产品或每类产品(包括统一分配物资和三类物资),制定出一套完整的管理、经营办法来。

第三,按公司进行四定:定供应对象,定业务范围,定周转库存,定流动资金。

(1)定供应对象。每个公司的供应对象,都要划分清楚,固定责任,克服分工不清、责任不明的现象。

(2)定业务范围。每个公司的业务范围,都要明确规定,以便各级公司充分发挥工作的主动性、积极性。

(3)定周转库存。对于公司的正常经营业务(除去代保管物资和收购的积压物资)部分,要核定周转库存,以利保证供应。

(4)定流动资金。在核定周转库存的同时,相应地核定流动资金,规定周转次数。

以上四定,由总公司会同省、市物资厅(局),订出计划,有步骤地进行。

第四,建立与健全各项管理制度。主要是:

(1)建立岗位责任制。

(2)建立与健全计划管理制度,包括物资供应计划、物资流转计划、财务计划、劳动计划、运输计划等,加强各项工作的计划管理,并要加强统计工作。

(3)建立定期的经济活动分析制度,以发掘经营管理漏洞,改进工作。

第五，按经济合理的原则，调整物资流向，调整经营机构。在物资的调运上，要打破行政区划的界限，实行跨区供应，逐步消灭物资流转环节过多和调运不合理的现象。同时，应该根据这个原则，适当调整经营机构，使经营机构的设置既符合精简要求，又便于按照经济区划组织供应。

第六，抓好仓库管理。主要是：建立与健全以岗位责任制为中心的管理制度；加强仓库的技术管理，认真执行物资管理保养技术规程；整顿验收、发货工作，做到快收快发，简化手续，降低费用，以便多快好省地完成仓库管理任务。

在搬运工作较多的仓库，如贮木场，还应注意抓好技术革新和技术革命，用机械化、半机械化的工具代替笨重的体力劳动，以提高装卸搬运效率，减轻工人劳动。

国家储备仓库，要在贯彻执行储备仓库管理"四化"方针（物资管理科学化、操作运转机械化、副业生产经常化、仓库环境园林化）方面，大大提高一步。

2. 加强物资部门的基层建设工作。

基层单位是为生产服务的最前线，完成今年的中心任务，加强经营管理，打好三个硬仗，实现三保三要三消灭的奋斗目标，大量的实际工作，都要依靠各个基层单位具体完成。因此，物资部门必须学习解放军创造四好连队和石油部狠抓基层建设的经验，狠抓我们的基层建设工作。主要是：

第一，组织好一个领导班子。要使各单位（包括基层公司、供应站、小额中转站和仓库等）都形成政治强、业务熟、团结好、以身作则的、坚强的领导班子。

第二，建立一个强有力的战斗化的党支部。

第三，基层领导干部要经常亲临前线，跟班劳动，深入实际，联系群众，发现好人好事，发现漏洞，总结经验，领导工作。领导机关要面向基层，为基层服务。

第四，树旗帜，立标兵，扎扎实实地开展比学赶帮、"五好"竞赛运动。

3. 人人都要大练基本功，学会做好物资工作的本领。

所有的物资工作人员，包括领导人员在内，都应当勤学苦练基本功，使自己变成物资工作的内行。

物资部门的干部不仅要熟练业务方面的基本功，提高业务本领，更重要的是，要学习党和国家的方针政策，一定要在自己的工作中，很好地贯彻执行党的方针政策。

各个单位基本功的内容是什么，要发动群众，根据不同的工作岗位讨论确定，落实到每一个人。勤学苦练，做到过硬。

三、高举毛泽东思想红旗，学习解放军，学习石油部，加强思想政治工作，使物资部门更加革命化

毛主席和党中央最近指示，要加强互相学习，克服骄傲自满、故步自封。号召全国向中国人民解放军学习，号召虚心学习别部、别省、别市、别单位的好经验、好作风、好方法。这些指示，是我国社会主义革命和社会主义建设方向性、根本性的问题，具有深远的政治和经济意义。

我们物资部门必须坚决响应毛主席和党中央的号召，认真地学习解放军和石油部的经验，并要学习其他部门、其他单位的好经验、好作风、好方法，高举毛泽东思想红旗，彻底实现物资部门广大职工群众革命化、企业革命化、机关革命化。

（一）实现物资部门职工群众革命化、企业革命化、机关革命化的基本要求

物资部门职工群众革命化的最基本要求，是树立四个观点、四个作风。

四个观点是：政治观点，生产观点，群众观点，全局观点。

（1）政治观点。就是明确认识我们的一切业务工作都是革命工作，都是为政治服务的，是为社会主义、为共产主义服务的。在我们的一切工作中，都要以毛泽东思想为明确的政治方向。树立辩证唯物主义的世界观和不断革命的思想，树立坚定的无产阶级立场，用阶级分析的观点和辩证的分析方法——两方法来观察问题、处理问题。坚决按照毛主席指示的方向奋勇前进；坚决按照党的路线、方针、政策、原则和国家计

划办事。永远热爱党的事业,热爱社会主义事业,热爱物资工作。充分认识到物资工作同样是伟大光荣的革命事业,是国民经济不可缺少的一个重要部门。树立了这样的政治观点,我们就会有远大的政治眼光,我们的队伍就能成为有坚定正确的政治方向的革命化的队伍。正如沈阳仓库汪多良同志所说:"只有没出息的人,没有没出息的工作。"

(2) 生产观点。就是明确认识物资工作应该是从生产出发,为生产服务,起保证生产和促进生产的作用。在我们的一切工作中,都要以服务于生产,方便生产,千方百计保证生产为目的。树立了这样的生产观点,才能使我们的坚定正确的政治方向和具体的实际工作,很好地结合起来。

(3) 群众观点,就是相信群众的革命力量。在我们的一切工作中,都要依靠群众,坚持群众路线,从群众中来,到群众中去,善于向群众学习,关心最大多数群众的利益,处处关心群众的疾苦,切实解决职工生活问题。树立了这样的群众观点,我们就能密切联系群众,避免官僚主义,就能充分发挥群众的积极性、创造性,我们的物资队伍,就可以成为一支战无不胜、攻无不克的坚强的革命化的队伍。

(4) 全局观点。就是要按照党的原则,正确处理局部和整体的关系,就是要事事从党的利益、从全国人民的利益出发,小局服从大局,局部服从整体;就是要顾大局、识大体,发扬互相协作、互相支持的共产主义风格,反对本位主义,反对分散主义;就是要明确认识物资管理工作是为国民经济各个部门服务的。只有树立这样的全局观点,我们才能够全面、正确地贯彻执行党的方针政策。

四个作风是:

(1) 艰苦朴素,联系群众的作风。物资工作,联系面广,情况复杂,必须坚持党的艰苦奋斗的优良传统,能够埋头苦干,吃大苦,耐大劳,不怕困难,克服困难,敢于斗争,敢于胜利;坚持勤俭建国、勤俭办企业、勤俭办一切事业的作风;在任何时候,都要同群众在一起,与群众同甘共苦,坚持群众路线,艰苦细致地贯彻群众路线。

(2) 紧张严肃,雷厉风行的作风。生产战线上千军万马行动,要求后勤部门的行动要准确及时。雷厉风行就是要紧张、迅速,反对官僚主义、拖拖拉拉,就是要整懒汉;就是要有严肃的态度,严格的要求,严明的纪律，严密的组织；就是要有高度的革命干劲和高度的原则性，坚决执行党的方针政策，不折不扣一丝不苟地完成任务；就是说干就干，抢时间，争上游，高速度、高质量；反对敷衍塞责，拖拖拉拉，松松垮垮；反对因循守旧，一切按老规矩办事的作风。

（3）老老实实，大公无私的作风。就是要有高度的组织性与纪律性，当老实人，说老实话，做老实事；要有对党的事业忠心耿耿，敢于同一切违反党和人民利益的现象作斗争的作风。物资部门，过去有一种坏风气，认为老实"吃亏"，漫天要价，宽打窄用，这实际上是旧商人习气，是本位主义、分散主义在作怪。

（4）谦虚谨慎，团结互助的作风。就是要时刻不忘两分法，对别人不忘看长处，对自己不忘看缺点，永远戒骄戒躁，兢兢业业，严于责己，宽于对人，见困难就上，见荣誉就让，见先进就学，见后进就帮。反对骄傲自满，故步自封，反对只顾自己方便，不管他人困难，损人利己的资产阶级作风。

机关革命化的主要要求是：

1. 领导干部革命化。机关革命化，首先要领导干部革命化。要求各级领导干部：

（1）亲临前线，身教言教，以身作则，参加劳动，平等待人。

（2）坚持不断革命；坚持两分法；坚持抓两头；坚持四个第一。

（3）坚决克服官僚主义，发扬紧张、严肃、雷厉风行的作风。

（4）坚持高度民主和高度集中相结合；树立坚强的团结的领导核心。

2. 坚持表扬先进，树立榜样。开展比学赶帮"五好"运动，不断发扬和提高四个观点、四个作风，把经常的思想政治工作做深、做透、做活，使机关不断革命化。

3. 坚持大学主席著作，大学其他单位和个人的好经验、好作风、好方法，活学活用，不断提高思想和工作水平。

4. 坚持面向基层、面向生产，坚持调查研究，掌握第一性资料，把高度的革命干劲和严格的科学精神结合起来，不断改进工作方法。

5. 制定切合实际的能够调动大家积极性的工作制度，使各项任务落实到每个单位、每一个人，做到明确分工，密切配合，提高工作效率；坚决简政，克服"五多"。一切制度都要有利于工作，方便生产，方便基层。

企业革命化：

物资部门的各级公司，既有一部分管理工作，又有一部分经营业务（或服务业务）。这就决定了公司的性质，既有机关的特点，又有企业的特点。因此，企业革命化，除了有机关革命化的要求以外，还应实现以下要求：

1. 发扬主动精神，坚持从生产出发，主动为生产服务，简化手续，送货上门，上门服务。

2. 发扬科学精神，建立以岗位责任制为中心的各项企业管理制度，把职工的革命干劲和科学管理结合起来，提高经营管理水平。

3. 发扬勤俭精神，坚持勤俭建国、勤俭办企业，因陋就简，精打细算，发扬"一厘钱"的精神。

4. 发扬民主精神，坚持政治民主、业务民主、生活民主，充分发挥职工群众的革命积极性，依靠群众办好企业。

（二）实现物资部门更加革命化的基本措施

第一，大学毛主席著作，用毛泽东思想武装头脑。

实现物资部门的更加革命化，最根本的问题，必须更好地用毛主席思想武装广大职工的头脑，学会时时刻刻按主席思想办事。这就必须认真地学习毛主席著作，把毛主席思想学到手。

1. 领导干部要带头学。在各项工作中充分应用毛主席思想，这样就能上行下效，使广大职工学习主席著作成风。

2. 有的放矢地学，带着问题学，要根据当前存在的问题进行学习，联系思想，联系实际，提高认识，解决问题，做到活学活用。这是学习主席著作的一种好方法。

3. 组织起来学。根据自愿的原则，组成小组，边学边议，提高学习效果（切忌形式化）；根据不同对象，拟定不同的学习内容和方法；有阅读能力的，可以系统地学；对学习好的，能联系实际，活学活用的，要及时表扬，树立榜样，号召大家向他们学习。

第二，大力加强思想政治工作。

实现物资部门的革命化，必须大力加强思想政治工作，把人的工作做好。

1. 坚决贯彻四个第一。物资部门管理着大量的物资,容易受资产阶级思想侵蚀,同时,业务工作繁重,事务性很强,又容易见物不见人,特别需要坚持四个第一。天津生产资料服务公司、沈阳储运公司的经验说明,坚持了四个第一,人们的精神面貌就会大大变化,工作就会做得出色。

根据物资部门最近学习大庆的经验看来,抓活的思想,是贯彻四个第一的突破口,而通过评功摆好,表扬先进,树立榜样,回忆对比,阶级教育,是贯彻四个第一的好方法、好形式。

2. 要逐步建立一套适合于物资部门特点的政治工作制度和政治工作方法。做到真正把思想政治工作落实到基层,落实到每一个人身上,渗透到各项业务工作中去。

3. 从上到下建立一套强有力的政治工作机构。总局,大区物资局,各省、自治区、直辖市物资厅(局)设政治部,各一级站、各直属储运公司,省、市、专、县各级公司供应站和仓库均要相应地设政治工作机构,或教导站、指导站。

4. 大力培养政治工作干部,充分发挥解放军干部的作用,并有计划有步骤地派一批政治工作干部到解放军学习政治工作经验。

此外,物资系统的干部培训问题也是重要的,具体安排另有方案。

第三,改进领导,改进工作方法,改进工作作风。

首先,领导干部要以身作则,作出榜样。身教重于言教,要走出办公室,亲临前线。厅、局长以上干部,每年至少要有三分之一的时间深入基层蹲点,与职工群众同吃、同住、同劳动,进行调查研究,掌握第一手材料,指导工作。

为了保证领导干部不陷于日常事务,能够经常深入基层,各级领导机关,可以采取三个班子、两线配备的办法:一个班子抓业务,一个班子抓政治,一个班子抓生活;第一线主要抓日常工作,第二线要多做调查研究,保持清醒的头脑,多考虑有关方针政策方面的问题。

其次,抓主要矛盾,集中力量打歼灭战。这是做好任何工作的重要方法,也是爱护群众的革命热情,把群众的力量用在刀刃上的重要保证。需要抓的工作很多,必须抓住主要矛盾,突出中心。

再次,要学会吃透两头的工作方法。一方面要充分领会上级意图,认真学习党的方针政策；另一方面，要深入了解下面的情况，掌握第一手材料，真正摸透下面的问题所在。只有这样，才能把党的方针政策同具体的实际情况结合起来，才能够全面地正确地完成各项任务。这就要求各级领导干部，艰苦学习，开动脑筋，掌握情况，认真分析，下苦功夫学会吃透两头。

第四，继续把"五反"运动搞深搞透。

"五反"运动是一场深刻的社会主义革命运动，是防止修正主义，是挖修正主义的根子。不革资产阶级思想作风的命，无产阶级革命精神、革命作风就不可能发扬起来。因此，"五反"运动还未搞完的单位，必须抓紧时机继续把"五反"运动搞深搞透。

"五反"运动和学习解放军、学习石油部要结合起来进行，以解放军、石油部为榜样，发扬革命精神，掌握阶级斗争和阶级分析的武器，推动"五反"运动的深入开展。在"五反"运动中，必须把反官僚主义贯彻始终，用革命精神，把官僚主义反深反透。对暴露出来的问题，要雷厉风行地、实事求是地进行彻底整改，做到件件有着落；凡是应该由领导机关负责的，要及时反映到领导机关来。

在"五反"斗争中，要正确区分与处理敌我矛盾和人民内部矛盾的问题，把95%以上的职工群众团结起来，共同对敌。对贪污盗窃、投机倒把分子，应当按照中央规定的政策界限和办法处理，同时，通过"五反"运动，要摸清队伍的组织情况，适当加以整顿。

第五，广泛开展比学赶帮、"五好"竞赛运动。

比学赶帮是"五好"竞赛的基础，"五好"竞赛，又促进比学赶帮。深入开展比学赶帮、"五好"竞赛运动，对完成1964年的任务和实现革命化，具有其重要的意义。因此，各级物资部门要加强对这一运动的领导，一定要持之以恒，始终如一，并注意做好以下各项工作：

1. "五好"运动的条件，要根据中央提出的标准，结合当前物资部门的中心任务和各单位的具体情况，把内容加以具体化，以"五好"单位为中心，落实到"五好"个人，保证"五好"运动经常地、扎扎实实地进行。

2. "五好"运动要通过群众性的比学赶帮活动，比先进，找差距，定措施，相互帮助，达到共同提高的目的。

3. 加强"五好"运动的组织领导，进行定期的评比。要做到日清、周检、月结、季评，一季一小评，半年一大评，年终一总评。对各单位的先进经验，要及时组织相互学习和交流。

比学赶帮，比是关键。经过比较，找出差距，才有学和赶的目标。先进单位不虚心学习，也会落后。比学赶帮不断进行，才能使后进变先进，先进更先进。

同志们！1964年的工作是艰巨的、繁重的、光荣的，各级物资部门必须认真加强领导，通过大学解放军、大学石油部和其他一切先进经验，高度发扬革命精神，充分调动广大职工的积极性和创造性，在大抓"三基"工作的基础上，广泛开展比学赶帮、"五好"竞赛运动，有条件的地方，应该积极开展上门服务活动，通过上门服务活动，促进物资部门更加革命化，促进做好基础工作，促进加强经营管理，提高服务质量，把物资管理工作水平大大提高一步。

关于物资管理体制改革的几个问题[*]

（1964年3月6日）

一、关于物资管理改革工作的巩固与发展的关系问题

为了进一步贯彻执行中央物资管理改革的方针，根据当前国民经济的发展形势和物资管理改革工作的情况，我们提出当前应以巩固为主。理由是：

1. 物资管理改革工作在过去一段时间里发展很快，需要进行巩固工作，以便在巩固的基础上继续发展。

2. 随着工农业生产的迅速发展，国民经济各部门对物资部门的要求提高了，如果说在物资改革初期各部门主要考虑要不要由物资部门统一管理的问题，那么现在则主要要求物资部门如何把物资管理工作做好。如果我们不努力改善经营管理，提高服务质量，就不能满足生产部门的需要，有朝一日还会站不住脚。

3. 中央提出建立工业托拉斯[①]的问题以后，各部门都将改变用行政办法管理企业的方法，而用经济办法来办企业，如果我们不加强经营管理，努力改进工作，就会跟不上形势的要求。

4. 在开展学习解放军、学习石油部和其他部门的一切先进经验的热潮以后，广大职工的积极性大大提高，领导上如果不改进工作作风，把

---

[*] 这是袁宝华同志在大区、省、自治区、直辖市七个重点市物资厅（局）长座谈会上的讲话摘要。

[①] 托拉斯指由生产同类商品或在生产上有密切关系的若干企业，通过合并为一个独立的更大的企业而形成的一种垄断组织形式。参加托拉斯的企业，无论在生产上、商业上和法律上都失去了原有的独立性，其所有业务都由托拉斯的领导机构统一管理。原来的企业所有者则变成了托拉斯的股东，并按照各自持有的股份分得利润。托拉斯是资本主义积聚和生产集中高度发展的产物。社会主义国家采用托拉斯形式，但其性质和目的同资本主义国家同类企业根本不同。

工作重心转到提高工作质量,就不能充分发挥群众的革命干劲,做好工作。

当前物资管理改革工作以巩固为主是必要的。但巩固为主并非没有发展,在发展方面还有很多工作要做。首先,要继续做好统一供销工作,逐步做到代替企业订货,对某些产品还要统一销售。中央企业的供应工作,已由物资部门接过来的要把它做好;没接过来的,在同有关部门协商一致的条件下继续接过来。第二,三类物资的管理工作才刚刚开始,有大量的工作等着我们去做,管好三类物资是物资部门的重要任务,也是生产企业的迫切要求。第三,继续进行中转仓库的统一管理。第四,继续发展定点供应。第五,调整供应渠道,逐步实现按经济区划组织供应。等等。这些工作,既是巩固,也是发展。因此,巩固本身不是消极的而是积极的、建设性的,它本身就包含着发展的因素。我们要在巩固中求发展,把发展放在扎扎实实的基础上。

关于物资管理改革的试点问题。试点是一种工作方法,不是一项专门工作。目前,试点工作已经由点到面地逐步推开,内容也越来越丰富,必将涉及整个物资工作领域,因此,抓好物资管理改革试点工作十分重要。

二、关于物资管理改革工作与工业托拉斯关系问题

1. 物资部门对待工业托拉斯的态度应该是热诚欢迎和积极支持。理由是:第一,工业托拉斯强调用经济办法来管理企业,这是个好办法,物资部门的专业公司实际上是供应托拉斯,也要用经济办法来管理。这样,我们同生产部门有了共同的语言,就便于开展工作。第二,工业托拉斯建立起来以后,工业管理更加集中统一了,这更有利于贯彻执行中央集中统一管理物资的方针。第三,工业托拉斯成立后,按行业梳成了辫子,可以代替企业订货,物资供应的头少了,物资工作就主动了,有利于物资部门改进供应工作。

2. 工业托拉斯成立后,还需要加强物资部门的工作,因为社会主义的计划经济上仍需要一个统一管理和经营生产资料的部门,以保证物资的合理调度使用。

三、关于物资部门内部的分级负责问题，即条块关系问题

物资部门内部的条块关系，是在现行企业管理体制和计划管理体制下客观存在的。应该从这种实际情况出发，根据"统一领导，分级负责"的原则加以安排，初步考虑如下：

1. 在编制和干部管理方面。中央已经批准，物资部门经营机构的编制，从地方编制中划出来，作为中央编制，总局委托各地厅（局）负责管理。在干部管理上，工业集中的大中城市的公司经理级干部，以总局管理为主。其他干部以省、自治区、直辖市厅（局）管理为主。

2. 在资金管理方面。一级站和工业集中的大中城市的各专业公司的资金，由专业总公司直接管理；中小城市和地区综合公司及供应站的资金，由省、自治区物资厅（局）负责管理。这两部分资金都由总局统一管理。

3. 在物资调度管理方面。国家按计划分配给地方的物资和一部分机动物资，由地方物资厅（局）负责管理和调度；当年准备物资和周转物资，由总局通过各专业总公司统一管理和调度。

4. 在政治工作方面。物资部门的政治工作，总的来讲，应由总局政治部负责，在具体工作上也要分级负责：一级站和工业集中的大中城市各专业公司的政治工作，由总局政治部领导；日常工作由大区物资局和地方厅（局）代表总局负责办理。中小城市和地区综合公司及其供应站的政治工作，由地方厅（局）的政治部门负责管理。在机构设置上，省（区）、大中城市的物资管理机构和业务经营机构拟设政治部和政治处，各级公司和供应站、仓库设政治处、教导员或指导员。

四、关于按经济区划调整经营机构问题

进行这项工作，必须考虑两个问题：（1）符合合理的经济流向；（2）与现有的计划管理体制和企业管理体制相适应。要根据具体条件进行调整，逐步做到在供应上减少环节，避免运输迂回倒流现象。各地可以动手进行，各省按经济区划把各专、市、县区划先组织起来，跨省的

应由大区物资局来组织,跨大区应由总局来组织。必要时,可在交通枢纽设立综合的或专业的供应站,负责邻近地区的物资供应工作。

储运公司也要按地区设置,克服现在一个城市有几个储运公司的重叠现象。

五、物资部门与其他部门的关系问题

1. 与商业部门的关系。物资部门和商业部门的分工,原则上物资部门经营生产资料,商业部门经营生活资料,但商业部门也有经营一部分生产资料的传统,而且经营得很好,物资部门应该尊重这个历史传统。交叉经营的产品已决定不再交叉经营,物资部门可以委托商业部门经营。与商业部门的关系应该是相互支持协作配合,物资部门应该体谅商业部门的困难。物资部门一律不搞门市部,不对市场供应,不插手经营商业部门经营的物资。同时,我们应该虚心地向商业部门学习,学习他们的长处,改正我们的缺点。

2. 与农业部门的关系。农业机械的供应问题,原则上有人负责管理的,物资部门要积极支持,没人负责管理而地方党委又要物资部门管的,就一定把它管好,待农业部门机构伸下去后,全部交出去。

3. 与地方党政部门的关系。省市物资厅(局)必须十分注意尊重地方党委、人委和计、经委的领导,要主动地向他们汇报工作,争取他们的指示和支持。同时要注意把他们的指示、意见充分地反映给总局,以便研究改进我们的工作。

湖南物资管理工作调查报告*

（1964年5月15日）

一

总局湖南工作组，从3月中旬到4月中旬，对湖南的物资管理改革工作情况作了调查。在调查中，除和专、市物资局、专业公司及部分具体工作的同志交换意见外，并和省委及省计委、经委、物资局的负责同志交换了意见。

湖南的物资管理工作，几年来，在贯彻执行中央方针，保证生产方面，作出了不少成绩。主要是：（1）坚决贯彻执行了中央集中统一管理物资的方针，从1960年开始物资管理改革以来，湖南省一直坚持了这一方针。全省的物资管理工作早在1961年就基本统一管理起来，1962年又在原有基础上大大推向前进，对地方企业实行了统一供应。1963年又对中央部门在湖南的企业试行了统一供应。（2）集中调度物资，保证了生产需要。在统一管理的基础上对物资力量实行了集中调度，保证了工农业生产发展的需要，特别是在支援农业、抗旱抗涝、克服自然灾害中，起了十分重要的作用。（3）摸索了经验，锻炼了队伍。湖南这几年工作中，摸索了许多重要经验，如物资就站就库直拨，三类物资计划平衡，金属材料地区平衡，支农物资送货下乡，设备租赁、修理以及对中央企业实行统一供应，等等，不仅对做好本省的工作十分重要，对推动全国的物资管理工作，也起了积极作用。同时在实际工作中培养锻炼了队伍，大大提高了物资部门职工为生产服务的思想，提高了业务技术水平。但是，也还存在一些亟待解决的问题。

---

* 这是袁宝华同志1964年率调查组对湖南省物资管理改革情况进行调查后，主持起草的国家物资管理总局给薄一波副总理并国家经委党组的报告。

1. 供应工作分工不合理。物资系统在组织物资供应上不是按地区,就地就近组织供应,而是按企业隶属关系组织供应,即省物资局管省属企业(湖南省物资局还负责中央部直属企业的供应),市物资局管市属企业。各守山头,各管一段,都陷于前沿阵地,孤军作战,不分前方后方,不能在统一指挥下前后配合,造成许多调拨、调运不合理现象。

2. 专业公司上下没有形成垂直的业务系统。由于省、市物资局按企业隶属关系分工,专业公司就只成了同级物资局的业务机构。上下级公司之间,没有真正形成垂直的业务经营系统。像根竹竿一样,表面上一通到底,实际上节节不通。物资不能灵活调度,供应上的物资困难问题,不能在专业系统内及时联系调度解决。上级公司也不主动与下级公司联系,怕有问题解决不了。

3. 机构重叠,力量分散。衡阳专、市、县在一个城市,各有一套管理机构、经营机构和仓库,造成一些工作重复、抢生意现象。有的企业还钻空子,两头要东西。仓库搬家,同城倒运现象也多。衡阳专、市物资局的雁峰仓库只隔一道篱笆,专区拨给市的东西,也要先从专区库搬到市库。在仓库管理上,储运、专业之间,也有些矛盾现象。

4. 基层力量薄弱。湖南几个市的基层公司,有的没有按编制配齐,有的年老体弱(一般干部平均40多岁),有的政治情况复杂,与工作要求很不适应。并且为生产服务的思想很不够,坐等上门的作风还比较普遍。

5. 环节过多,费用还高。据湖南省物资局检查:这几年虽有改进,但环节多、费用高的毛病,还未完全克服。突出的表现是中转的物资比重还大。1964年上半年全省钢材中转比重占70%,衡阳市占80%。用户办理取货手续,一般也要六七道。运杂费的收取,也还有些不合理。湖南全省去年盈余400万元。衡阳、邵阳物资局,提货单位去办理手续,也收2.5%的费用(省物资局已责成他们退款)。

这些问题,总起来看,就是物资供应工作不适应中央要求用经济办法管理企业的需要,物资机构的设置与按地区、就地就近组织供应工作的要求不相适应。

二

物资工作是联结生产和消费的重要纽带,在供应方法上,必须适应用经济办法管理企业的要求。因此,必须把目前各管一段、各守山头的供应方法改为按经济区划、用经济办法、就地就近组织供应的办法。各级公司实行托拉斯化,形成全国上下垂直、调度灵活的业务经营系统。具体意见是:

1. 调整机构,按地区就地就近组织供应。专、市在同一城市,各设一套业务经营机构的,应坚决合并(行政机构可以合并,也可以分设),成立统一的专业公司或综合公司。

有农机公司的地区,如专、市分设物资管理机构,农机公司可由专署物资局领导。

专、市经营机构合并以后,应根据交通条件、物资流向、企业分布情况,划定就地就近供应的范围。无论中央企业、省属企业、市属企业,都由当地的基层公司按照企业主管部门批准的供应计划和企业实际需要情况组织供应。基层公司(专业或综合)在企业集中的地区,可根据业务需要设立供应站。业务机构合并以后,由于主要是为工业企业服务,各地工业企业党的关系一般都在市委,因此,业务经营机构的党的关系,也由市委领导比较方便。

按经济区划建立经营网点以后,县一级一般不再另设经营机构。县计划内需要的物资,可由就近的专业公司或供应站直接供应。

2. 各专业公司实行托拉斯化。从总公司到基层公司、供应站建立起统一垂直的业务经营系统,实行托拉斯化。在计划调度、业务经营、资金管理、干部管理上由上级公司垂直领导,形成全国调度灵活的经营网。基层公司、供应站直接面对企业,做好供应,保证需要。上级公司是下级公司的后方,要面向基层,为基层服务。基层公司要千方百计保证企业的合理需要,有困难向上级公司反映,上级公司要在全国范围内调度调剂予以支持,保证供应。

基层的综合公司或综合供应站,在行政上受当地物资局领导;在业务上应按专业单独核算,以便和上级专业公司对口。

3. 充实基层公司的人力、物力。基层公司、供应站，是直接供应企业的基层单位，是物资部门的前线作战单位，必须从人力、物力上予以大力充实。人的来源，一是从上级公司精简下放，二是从当地企业供销工作人员中挑选一批骨干。对于不适于在物资系统工作的，进行适当调整。在物力上，应逐步拨给基层公司必要的周转物资，并设立必要的供应库，以便前站后库及时保证供应。

4. 改进物资厅、局的领导方法。各级物资厅、局是一个地区各公司联合作战的指挥部。厅、局的主要任务，是按照上级物资局、公司的部署，组织当地各公司做好供应工作。并应经常抓紧对各公司的领导，督促检查公司的各项工作。属于物资分配计划以内的供应问题，由公司负责解决，千方百计组织供应；属于计划外要求追加的需要，由物资局与有关部门联系调整，在资源上有了安排以后，交公司组织执行。厅、局对计划外的需要，不能简单地推给公司。公司要经常深入企业，了解需要情况，听取意见，据以改进工作。

5. 改进仓库管理方法。储运公司和专业公司在仓库管理上应有个分工。分工原则应该是：中转仓库，由储运公司统一管理；前站后库的供应库，由基层公司供应站自行管理。

化工危险品仓库，宜由化工公司统一管理。

新建仓库，应根据按经济区划组织供应的要求，统一规划进行建设。

在仓库管理工作上，应以保管好、收发快、保证供应为中心，逐步推行规划化、架子化、"五五化"，防止形式主义。

6. 划清周转物资、机动物资的界限和使用范围。各级公司都要有一定数量的周转物资，以便保证及时供应。但是周转物资和机动物资必须严格分开。机动物资，由物资厅、局管理，根据党委和计、经委的指示调度使用，公司不得动用。周转物资，由公司掌握，用于业务周转，厅、局不能调用。

7. 简化手续，降低费用。认真贯彻今年经营管理工作会议确定的加强经营管理，提高服务质量的要求。各专业公司应对主管产品，一个个地审查流通环节、费用标准，逐步做到合理。并考虑试行统一供应价格，以平衡用户负担，促进自己加强经营管理工作。

以上报告，妥否？请审查指示。

目前突出的问题是领导落后于群众[*]

(1965年4月21日)

大家讲了很多好的意见,对开好这次会,起了重要作用。

我们物资工作队伍的状况是好的,多数人是勤勤恳恳,积极努力,愿意把工作做好的;多数人是热爱党,热爱毛主席,热爱祖国,热爱社会主义事业,坚决要走社会主义道路的;多数人在困难时期,在革命的大风大浪里,在资产阶级的进攻中,经受了考验。他们完成了工作任务,质量一年比一年好,有很大成绩。

但也应看到,我们的队伍中问题也不少。例如,有的单位大量货款被贪污,而长期没有察觉;有的单位领导权被坏人长期霸占而不知;有的领导同志对自己所领导单位的情况不甚了了,甚至一问三不知;更为突出的是,一些领导同志对此至今还缺乏自觉。我认为问题的严重性就在这里。目前一个突出问题是领导干部落后于群众,群众对一些领导干部不满意,有意见,不敢讲,讲了也不听。

我们办好一件事,必须吃透两头。有些领导同志,两头都没有吃透,上面、下面都有意见。对待这种情况,只是一般地检讨官僚主义,不行了。必须深挖思想根子,必须透过现象看到本质,必须客观地对待自己的问题,才能促使自觉,下定自我革命的决心。

那么,在物资部门的领导干部中存在哪些问题呢?从各方面反映的情况和我半年蹲点接触到的情况来看,主要有以下八个方面:

1. 单纯业务观点。"业务好,政治自然好",这种单纯军事观点,在某些领导干部中还较普遍存在。他们把政治工作停留在口头上,只叫不抓;只布置,不落实;不组织职工政治学习,不关心职工的政治生活,甚至100多人的单位,连一份报纸都没有。检查工作只看成绩,不问原

---

[*] 这是袁宝华同志在物资厅(局)长座谈会上报告的摘要。作者当时兼任国家物资管理部部长、党委书记。

因，更不分析政治思想因素。没有无产阶级政治工作，资产阶级思想必然占领阵地，于是在经营管理上，损人利己，唯利是图，大秤进、小秤出，以次代好，弄虚作假，等等。同时，本位主义思想滋生，宽打窄用，多留少报，只顾自己，不看大局，上下左右互不信任，等等。当然，我们有些制度和措施也鼓励了这种思想的泛滥。

2. 严重铺张浪费。这种现象，也较普遍，主要是讲排场、摆摊子。争投资不问使用，争设备闲置损坏，争编制人浮于事。吉普换轿车，仓库换宿舍。股变科，科变处，小单位变大单位，艰苦朴素的优良传统变成了铺张浪费的坏作风。铺张浪费就是意志衰退的开始。

3. 用人不问政治。这种现象，有些单位很严重。群众对领导干部用人不问政治，反映十分强烈，说他们喜欢顺手、顺眼的，吹吹拍拍的，唯唯诺诺的，从来不说一句逆耳之言的人。不少单位，还有什么"四大金刚"，这些人大权在握，欺上压下，而领导偏听偏信，盲目支持，脱离群众。有的领导干部不抓新生力量的培养。提拔干部不通过组织，不走群众路线。有的单位，几年来没有发展一个党、团员。有的甚至对干部有亲疏、有厚薄。

4. 工作追求形式。这种作风，到处可见，浮夸谎报不是个别的，没有做的事，也说做了，没有做好的，说做好了。说他们那里政治工作做到了仓库，实际上并没有做工作。说他们那里是"五好"食堂，可是群众不承认，写了一副对联："钱清粮清账正好，质次价高数量少"。有的单位，讲求表面热闹，工作不扎实；不顾实际情况，机械执行命令；工作上布置多，检查少，虎头蛇尾，抓小丢大。有的单位为了追求形式，甚至雇人打球、唱歌，把好事办坏。

5. 作风专横粗暴。在物资系统多数领导干部是具有民主作风的，但也有一些干部作风粗暴专横，习惯于家长式领导，乱批评指责，搞"一言堂"，听不得逆耳之言。有不少领导干部，对人不是耐心说服，而是压服，甚至张口骂人。这些人自以为是，不接受新鲜事物，不相信群众力量，骄傲自满，不能平等待人，群众对这种作风非常愤恨，向上级写信反映，他们知道了，就追查写信人，进行打击报复。

6. 革命意志衰退。现在确实有一些领导干部革命意志衰退了。这是我蹲点半年来感触最深的一点。种种表现，怵目惊心，发人深省。突出的是：贪图享受，好逸恶劳，讲究衣、食、住、行。有的人一天到晚离不开酒，开会时，也带上酒瓶子。隔一会儿，喝几口。有的人，下现场，倒背手，看着工人劳动。这些人，不学习，不动脑筋，满足现状，不求进步，摆老资格，"吃老本"，人们称之为保职、保薪、保命的"三保"干部。这些人，工作上疲疲沓沓，上班打瞌睡，缺乏朝气。他们中有些人是好好先生，不负责任，对好人好事不支持，对坏人坏事不斗争。有些人，不下现场，不调查研究，不了解情况，只听汇报，不加分析，重大问题，照抄照转，一问三不知，一切靠秘书，一时也离不开拐棍。一个经理在800多天中，下现场不到10天。有的人，乱搞男女关系，道德败坏。

对领导干部来说，革命意志衰退是最大的危险。

7. 领导脱离群众。这种情况在我们系统也很严重。突出表现在：不关心群众生活，不关心群众疾苦；对劳动人民缺乏阶级感情。工人生了重病，不能上班，领导不但不去看望，反而说以旷工处理。领导不下食堂；现场无厕所，没有休息室；喝水不给碗，怕工人偷走；粉尘中作业不发口罩，无视工人的健康。

好多小事情，一到官僚主义者手里，都变成了老大难问题。食堂里不卖一两饭，要吃就是二、四、六两，工人提了几年意见，解决不了；有一个仓库需要一个铜扳手，写了几次报告，都没有解决。一些领导干部不是以普通劳动者姿态出现，而是高人一等。办事不和群众商量，只靠行政命令。一句话，有些领导干部不依靠群众，不做群众工作，不调动群众的积极性，严重地脱离了群众。

8. 核心团结涣散。这种情况，只是少数，但危害性很大。核心不团结，大都由于某些领导干部的严重个人主义，不问真理在谁手中，只争"谁说了算"。少数人决定问题，压制不同的意见；有问题，不摆到桌面上，搞自由主义，散布不和言论，甚至打击别人，抬高自己。有些人采取非组织手法，把同志看成敌人；两套马车，各拉一帮人，闹宗派主义，闹无原则纠纷，结果被坏人钻了空子。而这些部门的党组织却软弱无力，没有思想斗争，没有政治领导；不靠党的组织，只靠"四大金刚"，没有政治，一切都庸俗化了。

这些问题要痛下决心立即解决。要提高自觉性。人苦于不自觉，总要原谅自己，对自己的问题不客观，总想说轻一点，这是一种惰性，必将阻碍自己的进步。

必须在领导干部中树立一种好作风，即实事求是的作风，联系群众的作风，批评与自我批评的作风。

领导干部要学习，要参加劳动，要有民主作风。

大胆培养新生力量*

（1965年11月3日）

党中央、毛主席多次提出要全党重视新生力量，强调这是一个战略任务。现在我们的各级领导部门，都缺乏新生力量。新中国成立已整整16年，而南方许多县的县委书记还是南下干部。据中组部调查，目前中央政府部长平均年龄55.8岁，副部长53.2岁，省委第一书记54.3岁，副书记51.9岁，县委书记平均年龄也已到41.4岁。这种情况，在物资部门也不例外，以部机关为例，正局平均年龄50岁，副局48.9岁，正处48.1岁，副处43.5岁。当然，不能只看年龄，年龄并非唯一条件。但现在的问题是许多较优秀的年轻干部没有充分发挥应有的作用。老干部经验丰富，是我们当前各级领导班子的中坚，可是若不及早注意这个问题，一旦青黄不接，党的事业受损太大。其实有些老同志蹲点劳动，已经力不从心。年轻干部精力充沛，对其中优秀者应及早放在领导岗位上。不在其位，不谋其政，不把他们摆在领导岗位上也锻炼不出来人才。不下水学不会游泳。其实，回头看看，当年我们许多同志走上领导岗位时不也是年轻人吗？现在为什么对年轻人就不放心了呢！我看，问题在我们的思想和认识。所以，解决这个问题，首先要克服保守思想。有些人重资格、排辈分、论级别已成为习惯势力，就是不想想人是受制于自然规律的，共产主义事业是需要有一代代新人去继承的。必须重视年轻人的作用。毛主席经常讲，青年时代思想解放，没有包袱，出成就。项羽24岁起兵，横行天下8年，死时才31岁。李世民19岁起兵，得天下时28岁。毛主席称赞徐寅生那篇关于打乒乓球的讲话，说这是小将向老将挑战。重视年轻人的作用，必须解放思想，打破老框框，要敢于破格提拔优秀的、年轻有为的、德才兼备的新生力量，让他们在精力充沛、生气

---

* 这是袁宝华同志在物资部干部会议上讲话提纲的第三部分。

勃勃的时候有所作为，为党多做工作。其次要及早动手，不能拖，培养一个干部，从送上岗位到比较成熟，要一个过程。早提起来让他们和老领导一起挑担子练本事，会使这个过程短一些。倘若非等老得动不了了，那就迟了，来不及了，被动了！提拔干部是一项经常工作，不能突击。第三，要抓紧对年轻干部的教育培养工作。政治上要关心他们，思想上、工作上要严格要求他们、热情地帮助他们。在这方面，老干部要有共产主义的觉悟，一切为了事业的风格和认真负责的精神。总之，对年轻人要大胆信任，积极培养，严格要求，放手使用。有了年轻人，我们的事业才有保证。

  为做好这件事，还必须强调对年老体衰或长期患病的老干部，妥为安排。这也是一件大事。他们为党做了很多工作，培养了很多干部，立下了很大的功劳，现在退出了领导岗位（我们都有这一天），大家应该尊重他们，党应该关心他们，对他们的生活要负责到底，这与培养新生力量的工作密切相关、同样重要。

管物又管人，管物先管人*

（1966年2月2日）

第一，人尽其才，物尽其用，管物又管人，管物先管人。管物资容易得的职业病是见物不见人。物是死的，人是活的，把人管好了，人的积极性一发挥，物就活了。人的精神面貌变了，物资供应工作的面貌也变了，积压的、锈蚀的、不能用的少了，供应及时了、对路了，退货的少了。100吨钢材能顶一百一二十吨，甚至更多一些。有的单位木材成材率可以达到95%，而一般的只能达到70%左右。看来，要做到人尽其才、物尽其用，只有人尽其才，才能物尽其用。只要把人的积极性发挥出来，物就活了。

第二，自找麻烦，上门服务，把为生产服务作为物资管理部门的工作指导思想。马鞍山物资部门提出"自找麻烦，上门服务"体现了这一思想。越怕麻烦，麻烦越多，越找麻烦，麻烦越少。麻烦即问题，找麻烦就是找问题，问题解决了，麻烦自然就少了。过去的问题在哪里呢？人们形容有六个字："坐、等、卡、推、拖、顶"。以这种思想来指导工作，就不是为生产服务。只有用为生产服务的思想来指导工作，工作才能做好。自找麻烦，就有点革命思想、革命精神。"自找麻烦，上门服务"，就可以缓解供需间的矛盾。现在一些地方缺大车、排子车轴承，如果都用"哈、瓦、洛"（哈尔滨、瓦房店、洛阳）生产的轴承，矛盾就不能解决。对此，天津自找麻烦，大搞轴承回收，把磨损不严重的轴承供大车、排子车用，这样，矛盾就地解决了。

第三，统而不死，活而不乱。越统越要发挥大家的积极性，越活越要加强检查监督。这个问题既复杂又简单，用形而上学处理这个问题就复杂，用辩证法处理就简单。一统就死，一死就叫，一叫就放，一放就

---

* 这是袁宝华同志在全国工业交通工作会议、全国工业交通政治工作会议小组讨论会上的发言摘要。

活，一活就乱，乱了再叫再统，统了再叫再放，再活再乱……这就是形而上学。用形而上学处理问题，一统就四路堵死、水泄不通，非死不可，一活就撒手不管、放任自流，非乱不可。现在物资部门有 20 万人的队伍，集中了上百亿物资，应该在强调统一集中的同时，强调更好地为生产建设服务，更好地发挥各部门、各地区的积极性。在强调统一领导的同时，要强调分级管理；在强调搞好供应的同时，要强调加强管理。否则，忙死了也解决不了问题。要有统有放，有死有活；把基本的方面统起来，次要的方面活一些；重大的方面卡死，小的方面要活。看来越强调统的时候，越应该强调发挥大家的积极性；越强调活的时候，越应该强调加强检查监督。过去管供应不管使用，也是形而上学，不能使物资用得合理。既管供应，又管使用，就可以用之合理，物尽其用。

领导干部思想要革命化*

（1966年4月8日）

对我们领导干部来说，公与私的问题，个人利益、局部利益与整体利益的关系问题，并不是都完全、彻底地解决了的。我们要活到老、学到老、改造到老。在一般干部身上存在的问题，也往往在我们领导干部身上同样存在。社会经济基础发生了变化，而我们的思想往往跟不上，身子已经到了社会主义了，脑袋还留在资本主义里，脖子拉得很长。和平环境里，家当越大，包袱越大，我们领导干部在这一点上应当清醒，思想要革命化。

第一，认真学好马列主义、毛泽东思想。这是根本的根本，是个方向问题。对我们物资部门来说，要摆正三个关系（政治与业务、人与物、全局与局部），树立一个思想（全心全意为人民服务）。在学习马列主义、毛泽东思想上，领导干部要带着问题学，要带头学，带头用，带头写，带头讲。

第二，从实际出发。要坚持蹲点，坚持实践（三大革命运动①的实践），坚持"三深入"（深入生产、深入实际、深入群众）。不然，就会"三脱离"（脱离生产、脱离实际、脱离群众）。领导干部要参加体力劳动，这是锻炼思想、调查研究、联系群众、坚持"三深入"的很好方法。领导干部要参加服务队，服务队是物资部门革命化的方向，全体工作人员都要做服务队员，要把为生产服务的思想作为我们的指导思想。

第三，走群众路线。要克服"三多三少"（到群众中去的多，从群众中来的少；一般号召多，具体指导少；联系领导骨干多，联系广大群众少）。要坚定不移地相信群众，依靠群众，放手发动群众，发挥群众的积极性。相信群众是个世界观问题。放手发动群众并不容易。不相信群众，

---

* 这是袁宝华同志在全国物资工作会议、全国物资政治工作会议上的总结发言摘要。

① 阶级斗争、生产斗争、科学实验。

不发动群众,少数领导干部是无所作为的。把物资部门20万职工的积极性发动起来,才能发挥全国200万供销人员和2 000万厂矿职工的积极性,共同把物资工作做好。服务队就是走群众路线,开办物资储蓄业务也是走群众路线。领导干部要有民主作风,好话、坏话都要听,尤其要听逆耳之言,要永远保持谦逊作风。要发挥集体领导作用。不要论权,要论真理。真理在谁手里就服从谁。

第四,从全局出发。要身在岗位,胸怀全局,放眼世界,牢固地树立全局观点,要时时刻刻从党的最大利益,从七亿人民的最大利益出发。要敢于负责,勇于负责,认真负责。不能做分工的奴隶,不能怕批评。对党、对人民有利的事情坚决去办,对党、对人民不利的事情坚决反对。否则,就没有是非界限,就搞不好团结。

第五,解放思想。要始终保持旺盛的革命意志、革命精神和革命干劲,敢闯、敢创。要打破老框框,切忌主观性,看问题、处理问题要防止绝对化。原则要坚持,办法要灵活,不要怕变,不要保守。不要被保守思想所束缚,不要被自己划的框框所限制,要不断总结经验,不断提高认识。这样做,才能不断解放思想,才能想得宽,才能不断改造客观世界和主观世界,把工作做活做好。

第六,永远保持艰苦朴素的作风。这实际上是一个世界观的问题,说穿了就是一个要革命还是要当官的问题。要革命就要艰苦朴素,就要发扬延安精神。这一点绝不是生活小事,对领导干部来说尤其重要。

第七,以身作则,身教胜于言教,以身作则是无声的命令,要大家革命,先要自己带头革命。说明白一点,就是领导干部要革自己的主观主义、官僚主义、形而上学和个人主义的命。

领导干部责任重大,要更高地举起毛泽东思想的伟大旗帜,坚定不移地依靠广大群众,坚持"三深入",以领导革命化,带动物资队伍革命化,促进物资工作革命化。

在全国清产核资、清仓节约
电话会议上的讲话

(1971年7月23日)

同志们：

关于节约工作，今年上半年，各地区、各部门进一步贯彻了伟大领袖毛主席"勤俭建国"的方针和中央1970年34号文件的精神，尤其是在全国计划会议后，传达和落实全国计划会议的要求，几个月来，节约工作搞得比较深入、比较扎实，节约工作有了新的发展，很多地区和很多部门作出了显著的成绩，当前形势很好。

通过群众性的节约活动，"勤俭建国"的思想深入人心，人人动脑动手，群策群力，取得了很大的成绩，提高了路线斗争的觉悟。群众中涌现出大批的积极分子、红管家、节约模范。各行各业出现了一批好的典型、贯彻"勤俭建国"方针的典型、节约的典型。在节约工作上，取得了一系列好的经验、成功的经验，比如：在节约金属材料方面，除了继续搞合理套裁、搞革新工艺、提高材料利用率之外，机电产品设计改革有了很大的进展。去年国家计委召开的清仓节约工作座谈会整理的机电产品改革120个例子中，上海、天津、大连三个市有75项，已经成批投产、全部代替老产品的占47%，小批投产的占35%，这两项加起来，就是个很大的数目。今年一机部重点企业会议上，确定推广的64种新产品，现在各地区正在陆续推广。各地区也总结推广了一批新的产品设计改革的项目，像上海市机电一局，除积极推广去年的改革产品以外，今年1到4月份，又继续改革了237项，已经投产的有92项。另外，基本建设设计审查上，在节约金属材料方面也取得了很大的成绩和很好的经验。在电力节约方面，辽宁省总结和推广了改革工艺、改革设备、改革供电方式、采用新技术、加强设备维修、节约生活用电等十项主要的节电经验，收到了很好的效果。刚才白潜同志的发言里讲到了他们所取得的成绩。他们是在去年大幅度节电的基础上，又取得了这个成绩的。去年辽宁省节约的电力，大致相当于沈阳市一年所用的电量。在节煤方面，各个地区继续抓了改炉、改灶、利用余热和降低主要产品的单位消耗，刚才都有介绍，我就不重复了。在节约石油方面，各地区突出抓了"多极火花塞"的推广。河北保定地区的汽车，已全部改装了"多极火花塞"；在排灌机械、拖拉机、摩托车等机具上，也开始使用。上海、湖南很多车辆都已经改装了。现在国家计委清仓节约办公室和商业部、一机部、交通部、燃化部，正在保定召开推广"多极火花塞"经验交流会，全国都有代表参加，会后一定会有更大的推动和进展。在节约化工材料方面，主要是抓了酸碱的回收利用。上海市上半年就回收节约了酸碱4万吨。上海用硫酸的工厂有1 000多个，从去年起经过调查研究，进行排队，实行分档供应，一条龙使用，也就是说，需要浓度大的单位先使用，需要浓度小的单位后使用，这样，就节约硫酸2万吨。在木材的节约方面，主要是继续推广以条草代木、土模砖模代木模、改革包装箱、降低坑木的单位消耗、提高木材的出材率和利用率等等。在综合利用方面，也有很大的发展，吉林市从去年开始，大搞"三废"① 综合利用，一年来利用"三废"生产各种产品104种，总价值达6 600万元；南京化工厂，目前已利用"三废"17种，全年回收综合利用价值可达到130万元。总之，今年上半年的节约工作，在毛主席"勤俭建国"方针的指引下，在各省、自治区、直辖市和各部门的领导下，广大群众群策群力，取得了巨大的成绩。

但是，节约工作的发展是不平衡的，当前存在的主要问题是，有些单位节约工作还不够落实。首先是节约思想不落实。有些单位领导的思想还不明确，还没有用毛主席关于节约的一系列指示去武装广大群众的头脑，还没有把节约指标在群众中认真地进行讨论。节约工作可有可无的思想，节约指标完成完不成无所谓的思想，节约到顶、潜力挖尽、浪费难免的思想，甚至节约麻烦、伸手方便的思想还存在着，在某些单位甚至是严重地存在着。归根到底，是在经济领域里两条路线继续斗争的反映。是节约还是浪费，是动手挖潜还是伸手要？有些单位，材料少很

---

① 废气、废水、固体废弃物。

着急，消耗高不着急，对于浪费现象，熟视无睹，容忍了落后状态；甚至有个别地区，对于国家计划的节约指标，一直到6月底还没有向下布置，那当然是极个别的。节约工作的不落实，还表现在节约措施不落实。有一般的号召，没有具体的指导；有会议的布置，没有会后的检查；有节约的指标，没有节约的措施。所以，重点钢铁企业的炼铁焦比，6月份还只有本溪、武汉、马鞍山、太原几个钢铁公司和上海冶金局创造了历史上先进水平；64个大中型电厂，第一季度的发电煤耗，比去年同期上升的有30个电厂；有些机电产品的设计改革，经过各方面的鉴定，技术已经过关，但因为工艺装备、协作配套、组织衔接等工作抓得不紧，一直到现在不能成批投入生产；有的地方，电力供应紧张，已经导致工厂开工不足，但仍然没有认真地抓节电工作。节约工作不落实，还表现在节约工作的组织不落实。不少的地区和单位，节约工作情况集中不起来，节约工作的经验不能及时地总结和推广。5、6月间，国家计委清仓节约办公室的同志，到几个地区的几十个企业里去调查和学习，他们发现只有一个企业能够说出来节约计划的全面完成情况。当然，不少企业也可以讲一些，可是讲全的就很少。有些单位，一直到现在为止，还没有人管节约；一些原始记录、统计制度，都没有建立起来。总起来说，是我们国家计委的工作没做好，工作抓得不紧，情况摸得不透，及时总结和推广经验不够。所有这些，都使节约工作不能够更好地开展下去，取得更大的成绩。

对于下半年的节约工作，我们研究了一下，提出两条要求。问题虽然很多，集中起来，我们想，贯彻落实了这两条，就可以基本解决了。一个是加强领导，一个是狠抓重点。

首先，要求各地区、各部门都要加强领导，进一步狠抓节约工作中的两条路线斗争。要批判那种认为节约指标是软任务、完成完不成无所谓，节约工作是分外事、可有可无的错误思想。刚才上海和辽宁的同志都介绍了这方面的经验，他们在这一方面狠抓了两条路线斗争，狠抓了大批判，所以他们的工作开展得很好。还要批判那种认为节约麻烦、伸手方便，宁肯停产，不抓节约的错误思想。当然这是极个别的，可是还有。经过大批判，搞好群众的思想发动工作，把群众充分发动起来，工人同志、技术人员和领导干部，大家一起，迅速地掀起一个狠抓节约、反对浪费的新高潮。要认真改变只有一般号召、没有具体指导，只有会议布置、没有会后检查，只有节约指标、没有具体措施，要根本改变这种状况。要加强对于节约工作的领导，深入到生产第一线去，对于生产第一线的节约工作，进行具体指导。对于今年上半年节约计划的执行情况，要发动群众，认真进行检查总结，好的经验，要积极推广，薄弱的环节，要采取有力的措施，力争完成和超额完成今年伟大领袖毛主席亲自批准的国家计划里边的节约指标。希望各省、自治区、直辖市和各个部门，能够把上半年节约计划执行情况的总结尽快地送给我们。

第二，要狠抓重点，也就是狠抓几项主要物资的节约。大家都知道，要完成今年的生产计划和基本建设计划，就物资的平衡来说，还是比较紧的。除了清仓查库、回收废钢铁、修旧利废，还要狠抓几项主要物资的节约。当然，其他物资的节约也要抓，但重点的是抓好这几项物资的节约。首先是金属材料的节约。要继续大搞机电产品的设计改革，产品设计改革中技术过了关的，要积极抓紧推广，我们已经请机械部门来具体地抓这件事情。对于新工艺、新材料，像精密铸造、球墨铸铁、粉末冶金、工程塑料、辉绿岩制品和冷墩、冷挤、冷压等加工工艺，要作出具体的计划。有些代用的材料，也是比较缺少的，那就要用在重要的方面，节约材料比较多的地方，节约贵重材料的地方。这些，都要请各地区、各部门加强组织领导，切实解决推广中的问题。当然，在节约金属材料方面，还有其他要抓的，像基本建设上、合理套裁上等等，也要抓紧，就当前来说，重点先抓这个。其次，在节电方面，要推广辽宁省所总结的十条节电经验。国家计委清仓节约办公室已经就此整理出一个材料，最近就可转发到各个地区和各个部门参考，希望各地区、各部门也能够注意总结推广自己的经验。还有，就是继续抓好节煤、节油、节约木材、节约化工材料的工作，这些我就不一个一个地说了。举个例子，譬如煤粉化铁，它可以节约焦炭，广东省他们抓了一下，今年上半年已经改建了煤粉化铁炉300多座，占全省化铁炉60％以上。其他地方在这一方面都有好的经验，都取得了好的成绩，类似这样的节约经验，要大力去推广。最后，就是要狠抓消耗定额，要降低原料、材料、燃料和电力的单位消耗，凡是单位产品消耗比去年同期上升的，或者是高于历史先进水平的，要发动群众，进行分析，找出原因，订出措施，力争创造新的水平、新的先进水平。主要产品的主要原料、材料、燃料和电力的单位消耗,要建立定期的检查制度,请各省、自治区、直辖市和工交各部在今年10月和明年1月,分别把主要产品的主要原料、材料、燃料和电力的单位消耗情况,整理出来送给我们,我们把它们汇集起来,发给各个地区和各个部门作参考。

认真做好清产核资工作^{*}

（1972年2月11日）

第一，清仓工作年年要做，有的甚至月月都要做。旧的积压清理了，新的积压又会产生。因为计划再周详也会有调整和变动，不平衡是经常发生的。有时候今天适应，明天又有变化，又会不适应。所以，清仓工作不仅要经常做，还必须花大力气去做好。

第二，做好清仓核资工作要上下一齐动手，不是清仓核资办公室少数几个人就可以做好的，这是整个经济战线上的大事。省、自治区、直辖市革委会，特别是生产指挥部（组）和计委的主要领导同志，都要亲自动手抓。也不能把这件工作看成只是财务部门的事，看作是一个单纯的财务问题。要加强领导，发动群众，依靠群众，做到心中有数。心中无数，指挥生产是很危险的。我们有些部门和企业心中无数，一方面物资、设备闲置积压，一方面还伸手向上要东西。

第三，明确清仓工作的方针，具体政策也要对头。具体政策不对头，也会事倍功半。因为清查工作比较起来难度还不大，但怎么样核定资金，怎么样把积压物资处理好，就是个大问题了。尤其是如何把流动资金和固定资产的多余闲置部分充分利用起来，要相应制定许多具体的政策。这些问题如果解决不好，清产核资工作就有可能半途而废。现在清理出的大部分积压物资还没有充分地组织利用起来，就说明存在着问题。这里面虽然有难以找到利用单位的，即所谓"老大难"的积压物资，但大量的东西是可以利用的，这就需要各地区、各部门密切合作，根据情况，制定利用积压物资的具体办法，解决一些思想认识问题。如：有些下放的大企业，包括中央各部直供的企业积压物资处理不动，这是因为这些企业领导人有顾虑，他们担心今天把多余积压的物资拿走了，明天需要

---

* 这是袁宝华同志在1972年全国计划会议期间召开的清产核资事业座谈会上的讲话摘要。作者时任国家计委副主任兼生产组组长。

时拿不到。尤其一些由主管部门分配供应的物资，地方没有可能供应。这个问题就需要研究如何加以解决。中央各部门首先要支持地方，要动员企业从全局出发，充分发挥物资的作用，不要怕企业埋怨，不要怕企业可能"将"你的"军"。物资积压在那里总是不好，拿出来支援外单位，对生产建设是有利的。同时，地方也要积极支持主管部门。专业部门要和综合部门结合起来，中央各部要和地方结合起来。

第四，核定企业流动资金的工作，想争取在上半年基本完成。抓紧这个工作，也是为了促进企业管理。不首先核定资金，加速处理积压物资就会有困难、有阻力。要想处理快，就一定要核资，就是要"抽紧银根"。核资搞好了，一方面可以加强经济核算，改善经营管理，一方面也是为了促进积压物资加快处理。

第五，固定资产需用量不好核定不要紧，只要先抓紧清理好就行。企业的生产能力多大，配套是否齐全，有多少积压闲置的设备，一定要彻底清查出来，详细登记造册，并按照国家计委规定的统计表格逐级上报。有的企业只要稍微增加一些设备，就可以提高或增加产量，要注意平衡调配。

清查固定资产是个大事。这是带有普遍性质的工作。旧中国的固定资产是200亿元。建国20年，现在据说有2 000多亿元，要彻底查清，做到心中有数，才能改善布局，安排生产，才能搞好综合平衡。

在全国清产核资经验交流会第一次全体大会上的讲话

(1972年5月10日)

在今年全国计划会议上,我们曾专门开过一次关于清产核资工作的座谈会,各地区、各部门的同志都参加了。大家一致意见,需要开这次经验交流会。会后,办公室同志做了一些准备工作。全国清产核资领导小组又开会进行了研究。这次会议,是搞好全国清产核资工作的一次重要会议,也是给加强企业管理打好基础的一次重要会议。

通过一年多来的实践,越来越清楚地看到清产核资工作的重要。我们的国家,在社会主义建设过程中,怎样把有限的资金合理地使用起来,使其充分发挥作用,怎样使现有的固定资产充分地发挥作用,这是关系到多快好省地建设社会主义的很重要的问题。一年多来的实践越来越证明,在流动资产和固定资产方面潜力是很大的。而正是在这一点上我们心中无数。全国的固定资产现在有3 000亿元,解放前不过200亿元,这样大的家当,我们利用得怎样?是否充分发挥了作用?我们不很清楚。现在,一方面固定资产闲置,这是大量存在的事实;另一方面,我们还要扩大新的固定资产。当然,扩大建设是必须要有的,在力所能及的范围之内,越大越好。要扩大再生产,加速社会主义建设速度,就要有固定资产的扩大。问题是我们不能超过实际可能,用更大量的资金和物资,去扩大固定资产,因为整个国民经济必须要保持一定的发展比例。

在今年全国计划会议上,再三动员缩小建设规模,把基本建设投资压缩到265亿元之内。但是,现在加上各方面自筹资金安排的建设项目,已经达到了340亿元。因此,我们在这项工作中,首先应该抓什么?首先应该把现有的生产能力、固定资产的作用,充分发挥出来。在全国计划会议之前,我们进行了反复讨论,提出了"四个优先",第一条就是优先充分发挥现有设备的生产能力。只有这样,才能做到多快好省,时间短，花钱少，收效大。然后，才是扩大再生产。现在的问题是，一方面现有的生产能力有闲置，而另一方面又要用大量的物资、设备、资金、人力去增加新的生产能力。新的要搞，但首先要发挥现有设备的生产能力。

再一个问题是，流动资金占用过多，不能合理地使用有限的资金，造成大量物资积压。经过一年多的清产核资工作，看来这方面的问题比较多，潜力比较大，需要我们加强这项工作，在比较短的时间内，把资金核定下来。只有把资金核定下来，才能加速积压物资的处理，才能促使企业把清出来的物资用到当前急需的生产建设上去。

今年全国计划会议上，总理提醒我们要注意三个突破。我最近这一次到上海、浙江、江苏、马鞍山看了一下，各地传达得很快、很认真。总理的指示很重要。在我们目前的经济条件下，使用的劳动力多了，现在职工总数突破了5 000万人，农业战线上的劳动力相对减少了。工资总额突破了300亿元，把这些钱拿出去以后，增加储蓄的是少部分，绝大部分要投到市场上去，要供应物资，这就加重了市场的压力。商品粮突破了800亿斤，商品粮多了，就要加重农民的负担，这就有个城乡关系的问题，工农联盟的问题。总理指出的这三个突破，中心是劳动力指标的突破，其他两个突破都是必然要相应产生的。

全国计划会议开完后已快三个月了，从将近三个月的情况看起来，又出现了两个突破。一个是物资分配计划突破了。由于基本建设投资国家只安排了265亿元，实际上搞了340亿元，这就突破了国家物资分配计划，造成各地物资特别紧张。全国计划会议上，明确指出首先要搞简单再生产，保证生产维修，实际上有很多单位把生产维修材料用去搞了基建，这是很危险的。西苑旅社物资分配会议开了半年多，由于突破了国家计划，不好安排订货，至今散不了会。看来，基本建设战线是长了。一方面大量固定资产闲置不用，另一方面基本建设战线又拉得过长。战线长不长，不能只看需要，还要看可能，目前是有些超过了现实可能。这个突破就带来许多问题，造成各方面紧张。

再一个是财务资金计划突破了。去年工业信贷资金增加了73亿元。清产核资中整个清出了多余积压物资价值130多亿元，其中工业企业清出了80多亿元，这些物资，一方面还未完全处理，一方面又增加了70多亿元。今年全年工业信贷资金，计划增加10亿元，1、2两月已增加了11

亿元,加上3月份,共增加17.8亿元,接近全年计划指标的180%。工业信贷资金的大量增加,固然也有因为生产扩大,需要增加的,但许多是由物资积压造成的。造成物资积压虽有种种原因,但事实总归是事实。

现在,人、财、物三条都突破了,这对我们国民经济的发展来说,是不利的。这就向我们提出了一个迫切的任务:要搞清产核资。不是做修修补补的工作,要做带根本性的工作,要"釜底抽薪",不能"扬汤止沸"。硬是要把固定资产、流动资金清查清楚,合理核定资金、物资和设备需要量,该抽的抽出来。

"釜底抽薪"是个原则,原则定了,还要具体化,既要把清产核资搞好,又要不影响当前生产,而且要促进生产。因此,这次会议要解决方法问题,做过河搭桥的工作。大家在一起要很好地交流一下经验,不能光说好的,不说坏的,各地有经验,也有教训,也可以把教训讲一讲,经验、教训都是我们的财富,不是一个地方、部门的财富,是我们大家的共同财富。

会议时间要抓紧一点,日程不一定按20天安排满,因为大家都很忙,工作很多。可以把意见分别集中起来讲一讲。革命大批判,有的在大会上讲,有的在中会上讲,主要是在中会上讲,有的也可以用书面发言。经验交流也是这样,有的在大会上讲,有的在中会或小会上讲。希望大家集中力量,抓紧时间,把会议开好。

对冶金部工作提的五点意见＊

（1972年8月16日）

冶金部生产领导基本上处于自流状态，几乎等于无人抓。抓得不紧、不狠、不力。

完成今年国家计划，决非轻而易举，大有完不成的危险，要万分重视。

第一，领导要亲自动手，主持每天的生产调度会议。

第二，主管组的领导要加强，定组长，发挥司局长的积极性。

第三，调度班子要二十四小时工作，要抓两个重点检查：生产问题，夜班工作。

第四，抓重点，抓典型，抓薄弱环节。要准备两手，中小企业的产量和铸钢要多搞点。

第五，动员群众，要有全局观点，要敢于负责，工作要及时灵活，充分发挥积极性、创造性和主动性。

＊ 这是袁宝华同志针对"文革"期间冶金工业生产的严重问题对当时冶金部领导提出的批评建议。

在国家计委生产组煤炭生产日报上的批示

（1972年9月23日）

74个重点矿中，54个完不成计划，这样下去能完成年计划吗？月末赶产不更增加了运输的困难吗？冶金、水电、铁道用煤库存补不上去，冬天能过得去吗？五部电话会议秋里①同志讲话已半个多月，煤炭生产未见好转，令人不安。请雁翔②同志阅转世恩③、今强④同志，采取断然措施，限期改变这种状况。

---

① 即余秋里，曾任石油工业部部长、党组书记，国务院副总理兼国家计委主任，中共中央军委副秘书长、总政治部主任。

② 即张雁翔，时任国家计委生产组调度室主任。

③ 即康世恩，曾任石油工业部部长，国务院副总理兼国家经委主任，国家能源委员会第一副主任，中共中央顾问委员会常委。

④ 即徐今强，时任燃料化学工业部副部长。

节约是战胜困难的法宝[*]

(1972年12月10日)

当前煤、电、运的紧张带有普遍性,除甘、川、滇外,都感到紧张,东北、华北和华东三大电网更紧张。对待这种紧张状况,应当采取什么态度?我看出路就是毛主席指出的要增产节约。就是说,除了要努力增加生产外,还要厉行节约。大量材料说明,先进与后进的差距很大,差距就是潜力,差距大,潜力也大。事物发展总是不平衡的,总是有差距,总是有潜力。社会生产与社会需要之间的矛盾,是长期存在的。"节约是社会主义经济的基本原则之一"[①],节约是计划经济的主要特点之一,节约是社会主义建设总路线的重要内容和组成部分,多快好省是个整体,不可分割。节约是党的优良传统,是战胜困难的法宝。毛主席早在土地革命战争时期就指出,"节省每一个铜板为着战争和革命事业,为着我们的经济建设"[②]。到了抗日战争时期,毛主席又号召我们,要自己动手,克服困难,并指出"节约是一切工作机关都要注意的"[③]。在抗日战争胜利的前夕,毛主席又做了"任何地方必须十分爱惜人力物力,决不可只顾一时,滥用浪费"[④]的指示。在第三次国内革命战争时期,毛主席及时地做了"生产和节约并重"[⑤]的指示,并号召我们"必须十分节省地使用我们的人力资源和物质资源,力戒浪费"[⑥]。毛主席在《在晋绥干部会议上的讲话》和《再克洛阳后给洛阳前线指挥部的电报》等文章中,一再指示要注意节约。在党的七届二中全会上,毛主席又及时地指示全党必

---

[*] 这是袁宝华同志在全国节约工业用煤会议上的讲话摘要。
[①] 《毛泽东文集》,第6卷,447页,北京,人民出版社,1999。
[②] 《毛泽东选集》,2版,第1卷,134页,北京,人民出版社,1991。
[③] 《毛泽东选集》,2版,第3卷,896页,北京,人民出版社,1991。
[④] 《毛泽东选集》,2版,第3卷,1019页,北京,人民出版社,1991。
[⑤] 《毛泽东选集》,2版,第4卷,1176页,北京,人民出版社,1991。
[⑥] 《毛泽东选集》,2版,第4卷,1188页,北京,人民出版社,1991。

须保持艰苦奋斗的优良作风。全国解放后，在第一个五年计划期间，毛主席一再教导我们要执行"勤俭建国"的方针，"厉行节约、反对浪费"[1]。这不但在经济上有重大意义，在政治上也有重大意义。制定明年计划，要把节约作为重要因素考虑在内。对人力、物力、财力，都提出节约的要求。主要物资要求全面节约，煤、电、运输尤应突出强调。目前，我国使用的内燃机车、电机车还较少，大多数还是蒸汽机车，用煤较多。煤、电、运输三者之间是互相依赖、互为因果的。我国燃料构成比较落后，煤炭约占80%。加之我们的技术力量薄弱，生产水平低，技术装备也很落后，譬如锅炉就相当落后，有的还是上一世纪的，热效率很低，燃料浪费很大。煤炭在生产、质量（灰分、含矸率）、运输、装卸、保管、加工、使用各个环节上也都存在着很大的浪费。我们必须认真贯彻执行毛主席"厉行节约、反对浪费"的教导，把节约工业用煤工作做好。

---

[1] 《毛泽东著作选读》，下册，796页，北京，人民出版社，1986。

节约潜力很大*

（1973年4月29日）

第一季度，主要产品用煤用电的单耗，多数企业比去年都有不同程度下降，少数企业有所上升。铁路机车每万吨公里耗标准煤，第一季度平均为131公斤，比去年同期降低4公斤，节约原煤14万多吨。但是，在20个路局中，有4个路局的单耗比去年上升。火力发电耗标准煤，6000千瓦以上发电厂，第一季度平均为450克，比去年同期降低6克，节约原煤25万吨左右。但是在这些电厂中，有1/3的企业单耗比去年上升。炼铁耗焦，20个重点钢铁企业每吨铁耗焦，第一季度平均为617公斤，比去年同期降低12公斤，节约焦炭5.2万吨。但是在20个企业中，有9个企业比去年上升；有6个企业仍在1000公斤以上。电炉钢耗电，17个电炉钢厂每吨钢耗电，第一季度平均为678度，比去年降低13度。但是有10个企业比去年上升。电解铝耗电，7个铝厂每吨铝耗电，第一季度平均为15860度，比去年降低1282度，但仍高于历史较好水平137度。原煤耗电，78个重点煤矿综合耗电，第一季度平均为30.52度，比去年上升2.47度，多用电1.4亿度。

从以上几个产品的单耗看，趋势是降低的。但是问题在于，有一部分企业的产品单耗都上升了，可见，还大有潜力可挖，特别是那些单耗上升的企业潜力更大。

燃料不足，是当前工业一个突出的问题，不解决好，会把整个工业拖住。在全国计划会议传达要点中有两处提到了这个问题。燃料不足，解决的办法主要靠增产节约，发挥现有企业的潜力，增加新的生产能力。当前煤炭的消耗，各方面节约潜力很大。以发电用煤、冶金动力用煤、炼铁用焦三项消耗为例，如果把平均单耗降到历史较好水平，可节煤

---

* 这是袁宝华同志在他主持的国务院工交各部（委）、军委后勤部、北京市主管生产的负责同志的会议上的讲话摘要，这次会议着重讨论了节约问题。

1 500万吨。节约煤炭是广大群众的迫切要求。去年兰州节约工业用煤会议提出的节煤措施，还不落实，不落实规划就要落空，群众的社会主义建设积极性就要受到挫伤。试举几个方面的例子来说：

1. 锅炉改造。去年兰州会议以后，各地区都比较重视。目前，已有25个省、区、市作了计划，今年改造锅炉19 400多台，其中：陕西省、青海省、上海市、北京市等地区抓得较好，计划改造锅炉1 950台，预计节煤38万吨。据一些地区反映，材料不落实。材料问题，国家补贴了一部分，主要靠各地区、各部门自己解决。中央企业改造锅炉问题，地方要抓，各主管部也要抓，企业解决不了的问题，要帮助解决。今年是三年锅炉改造规划中第一年，一定要把重点放在热效率40%以下的锅炉。

2. 非炼铁用焦的节约代用，还没有人抓，情况不明。机焦有1/3左右作非炼铁用，土焦中作非炼铁用了多少，不清楚。近年来，一些地区创造出来的节约非炼铁用焦的措施，如用混煤烧石灰、煤粉化铁、煤粉成型（煤球）生产合成氨等，都没有很好地总结推广。上海第三钢厂、吴淞化工厂、汉阳钢厂等，已用混煤代焦烧石灰，其他厂为何不能做？煤粉化铁，1971年一机部在广州召开会议以后，新上了800多个炉子，可是现在90%以上停下来了，原因是炉龄短、煤粉供应等问题没有进一步研究解决。煤粉成型生产合成氨，燃化部在福建召开过会，但没有推开。开了会，不抓效果，这是个作风问题，一定要有扎扎实实的工作作风。目前，有的企业甚至用焦代煤，甘肃二〇五厂煤气发生炉，原设计用无烟煤，去年因无烟煤供应不足，用焦代煤6 600多吨。白银公司去年烧石灰用焦炭11 000吨。非炼铁用焦的节约代用，只要认真抓一下，就可以节约下来支援钢铁工业。混煤代焦烧石灰，冶金部和燃化部要专门组织一个小组来解决这个问题。煤粉化铁，一机部要抓一下，一机部牵头，三机、五机等部参加。

3. 冶金动力用煤，今年就用3 200多万吨，没有定额考核，使用得是不是经济节约，说不清楚。冶金部要抓一下，在5、6两个月以内提出节约和考核的方案来。要抓早抓好，不要超过"七一"。

4. 利用煤矸石。根据各地的经验，煤矸石可以用来代替一部分生活用煤和生产用煤，但多数煤矿还没有利用。为了节省运输力，煤矿首先应利用。去年兰州会议商定，今年各煤矿要利用煤矸石节省好煤250万吨。但计划还未落实到企业。燃化部要在 5 月 15 日前把计划安排到各矿去。

5. 锅炉制造中存在的问题。科研与设计制造部门，对各地近年来改造锅炉中，为节约煤炭、为消烟除尘、为烧本地劣质煤创造出来的较好炉型和燃烧方式，还没有认真地加以总结。因此，有的新出厂的锅炉，就要进行改造。浙江省在 1971 年至 1972 年，对新出厂的锅炉就改造了 92 台，其中有的就是杭州锅炉厂制造的。一些地区反映，一面改造"煤老虎"，一面又在制造"煤老虎"。今后的锅炉设计与制造，要很好地与煤种结合起来，与节约煤炭结合起来，与消烟除尘结合起来，与节省材料结合起来。

6. 余热利用，去年兰州会议决定，各地区都要进行普查利用。北京市已调查了几十个企业，都有余热可利用，利用起来，可节约大量煤炭，他们正在作利用规划，并准备对全市余热资源进行普查。天津市也准备进行普查。其他地区也应有重点地进行一番调查，把余热利用起来，节约煤炭。

7. 市场用煤的节约。全国生产的煤炭，发电用 1 亿吨左右，冶金动力煤和炼焦煤用 1 亿吨左右，市场用 1 亿多吨，其他各行业约用 1 亿吨。市场是一个用煤大户，节约市场用煤有重要意义。去年在烟台开全国解决农村烧柴节约生活用煤会议后，各地都在进行改灶。经验证明，无论是城市还是农村，凡是改了灶的就能节约大量煤炭，西安市在 1970 年把全市集体单位的炊事灶和居民灶普遍进行了改革后，一年节煤 15 万吨左右。现在机关炊事用煤，一般的斤粮耗煤 4 两至半斤，改了灶的可以降到 1 两左右。中央机关没有改灶的都要改，请国家机关事务管理局抓一下。解放军改灶节煤有很好的经验，总后勤部要继续抓下去。

要重点抓好煤炭的节约*

（1973年12月5日）

1974年，是完成第四个五年计划关键性的一年，要开展大规模的增产节约运动，狠抓节约工作。节约工作内容多，范围广，要有重点。就明年来说，重点要抓好煤炭的节约。

煤炭是国民经济最突出的薄弱环节，不仅是钢铁工业需要煤炭，电力工业需要煤炭，化肥工业需要煤炭，各行各业都需要煤炭。我国有3亿人口烧煤，煤炭关系到国计民生。我们在研究工业速度问题过程中，考察了国外一些情况，联邦德国、日本这两个国家在钢产量达到2300万吨到2500万吨时，需要标准燃料的情况是：联邦德国为1.8亿吨，日本为1亿吨。拿铁来讲，联邦德国1960年产铁2500万吨，耗标准燃料2亿吨；日本1964年产铁2400万吨，耗标准燃料1.6亿吨。这两个国家加起来，耗标准燃料3.6亿吨。我国去年产铁2300万吨，耗标准燃料3.6亿吨，其中3亿人口烧煤1亿吨，折合标准燃料7000万吨，扣除各种因素实际消耗3.2亿～3.3亿吨标准燃料，比日本消耗1.6亿吨多一倍左右，比联邦德国消耗2亿吨多60%～65%。从这个对比可以看出，要加快工业发展速度，不节约燃料不行。当然主要靠增产，但节约也必须抓好，要下决心、下功夫，硬是要解决好这个问题。

能不能大量节约煤炭？回答是肯定的。节煤潜力很大。

1. 要狠抓降低消耗定额。经过做工作可以降低定额，比如发电用煤每年要用八九千万吨，稍加努力就可以节约大量煤炭。发电煤耗还没有达到历史较好水平，按现有消耗水平，如果全国各电厂发电煤耗平均降低7克，全国一年就可节约发电用煤150万吨。

炼铁焦比，如果所有重点钢铁企业的焦比都能在现有水平上降低25

---

* 这是袁宝华同志在1973年全国清仓节约工作座谈会上的讲话。

公斤，平均由 610 公斤降为 585 公斤，一年就可节约炼焦原煤上百万吨。小钢铁厂炼铁焦比节约潜力更大一些。

铁路机车耗煤目前已低于历史较好水平，但也不平衡，20 个路局还有 8 个路局没有达到历史较好水平，说明这方面也有很大潜力。

合成氨用煤，浙江省衢州化工厂耗原料煤为 1 185 公斤，28 个大企业平均为 1 447 公斤，比衢州化工厂高 262 公斤。明年如降低煤耗 5%，就可节煤 70 万吨。

2. 节约非炼铁用焦，范围很广，潜力很大，经验也很多，应大力推广。

3. 推广代用燃料。浙江省利用石煤的经验，几年来代替好煤上百万吨。安徽省今年烧煤矸石等代燃品上百万吨，萍乡矿务局身居煤海、不烧好煤的经验，四川省永荣矿务局烧矸石的经验等，都要大力推广。

4. 利用余热，是节煤的一个重要方面。上海、天津、北京、辽宁等省市做了调查，摸索了一些经验，都说明了有潜力可挖。

5. 改炉改灶。改炉很重要，既能节煤，又能解决安全问题。

6. 管好用好。有些企业"黑龙"天上飞（冒黑烟）、"白龙"地下爬（跑蒸汽），说明管理不好，跑、冒、滴、漏现象严重。因此，加强锅炉的运行管理，消灭"黑龙"、"白龙"，堵塞跑、冒、滴、漏，也是节煤的重要途径。

切实加强节约工作的组织领导*

（1974年9月11日）

毛主席说："节约是社会主义经济的基本原则之一。"① 过去我们每年都抓几次节约工作，今年第四季度还要召开全国清仓节约工作会议，请各部门为这个会议做好准备。生产部门既抓生产又抓节约，坚持"生产和节约并重"的原则；搞物资供应的，要以90%的时间抓节约，10%的时间抓分配，做到管供管用，厉行节约。我们要切实加强对节约工作的领导。

当前的重点是抓燃料的节约。燃料是个大问题。第一是多生产，这是发展生产的需要，是人民生活的需要。譬如在农村，如果能供应农村用煤，就可秸秆还田，增强地力，提高产量。我们要把工农业生产的速度搞得快一点，在很大程度上是受到燃料的限制。第二是节约燃料，这不是今年明年的一时权宜之计，是个长期的方针。把钢铁生产促上去，要节约燃料。水泥也是薄弱环节，原因还是煤炭问题。燃料油也要节约，节约100万吨原油，就可换回1.2亿美元，出口500万吨原油，就可换回6亿美元，能买多少东西！每一个同志都要在头脑里盘算盘算节约燃料的问题，要想高速度，就必须把节约提到日程上来。

把焦炭真正用到发展钢铁生产上去。我国冶金工业的发展，受焦炭的影响很大。日本600公斤洗煤炼一吨生铁，折400公斤焦，我们4 800万吨洗煤才生产2 500万吨生铁，差不多两吨洗煤才生产一吨生铁。我们每年生产那么多的焦炭，其中有很大一部分用于烧石灰、烧白云石、化铁。我国燃料资源丰富，炼焦煤多，但浪费也大。日本的焦比是400公斤，我们现在是628公斤；我们生产化肥用焦炭，朝鲜是用粉煤，我们生产电石现在还用大量焦炭。必须限制非冶金用焦。要把焦炭真正用到

---

* 这是袁宝华同志在国家计委召开的节约工作会议上的讲话。
① 《毛泽东文集》，第6卷，447页，北京，人民出版社，1999。

发展钢铁生产上去。世界各国都把焦炭当成宝贝，而我们却不珍惜使用，这怎么行！

要从各方面节约生铁。我们现在生产一吨钢要一吨多生铁，是很不应该的。这种状况，钢铁工业怎能更快地发展？我们在生铁的使用上浪费也太大，例如大量的生铁铸管、生铁铸暖气片，大量的农具用生铁，大量的烧饭铸铁锅，这种铸铁锅一年需要几十万吨生铁，不仅费铁又费煤，传热又慢。还有，大量的机器设备底座、外壳都用生铁，这是极大的浪费，也说明我们工业的落后。节约生铁就是节约能源，必须充分注意这个问题。

坚持革新，反对守旧 *

（1974年11月6日）

开展技术革新采用先进技术，是实现四个现代化的一个大问题，也是关系到多快好省地建设社会主义总路线的一个大问题。所以说，技术革新不单纯是技术问题、经济问题，更是一个政治问题。我们要充分依靠群众，利用现有基础，现有设备能力和技术力量，大搞技术革新，有计划地进行改造，挖掘生产潜力，改变生产技术条件，不断增加生产能力，加快社会主义建设步伐。

开展技术革新，要坚决贯彻独立自主、自力更生的方针，破除迷信，解放思想，打破洋框框，走自己工业发展的路，但拒绝向外国学习是不对的，迷信外国，以为外国一切东西都是好的，也是不对的。

我们科学技术的发展，我们的立足点一定要放在自力更生上，全心全意依靠工人阶级。从生产实际出发，总结自己的实践经验，由小到大，由土到洋，坚持毛主席提出的几个并举，就能多快好省地发展我们的国民经济。

---

* 这是袁宝华同志在全国技术革新经验交流会开幕时的讲话摘要。

加强安全生产[*]

(1975年2月)

毛主席经常强调,在实施增产节约的同时,必须注意职工的安全、健康和必不可少的福利事业;如果只注意前一方面,忘记或稍加忽视后一方面,那是错误的。我们是社会主义国家,工人阶级是国家的主人。我们的干部必须对工人的生命和健康负责,对国家的财产负责。各级领导干部同工人的关系,就是"互相关心、互相爱护、互相帮助"的同志关系,如果在生产中,我们对危害工人安全健康的事,对死伤阶级兄弟的事,无动于衷,不闻不问,那就同过去资本家对待工人的态度没有多少区别。我们必须从理论上来认识加强安全生产的政治意义,认识这是一个为什么人、为什么企业的问题,是必须引起各级领导十分重视的政治问题。只有这样,才能正确认识和处理生产与安全的关系、革命精神与科学态度的关系、群众自觉性与组织纪律性的关系,以利于加强安全生产。

1. 加强领导,切实贯彻执行党的安全生产方针。当前,一个比较普遍的问题是无人负责。我们每年因事故死亡、致残那么多人,可是有不少单位的日常安全生产工作却无人负责,这是不能容许的。安全工作无人负责,事故必然增多。必须克服无人负责现象,反对那种对安全生产不闻不问的官僚主义作风。各省、自治区、直辖市,各产业部门、企业单位,必须有一位领导同志分管安全生产工作,定期布置、检查、总结安全工作。从一个省、自治区、直辖市,一个产业部门来讲,每年要大抓四次。遇到事故抬头,还应及时抓。

2. 发动群众,把安全生产工作建立在广泛的群众基础上。工人同志整天在生产第一线劳动,最了解生产中哪里存在不安全因素,应该采取

---

[*] 这是袁宝华同志在全国安全生产会议上的讲话摘要。

什么安全措施，特别是老工人对防止事故发生有着丰富的经验。因此，必须积极组织工人参加安全管理，充分发挥工人群众的作用。要依靠群众广泛进行安全宣传教育，今年要对新工人、特殊工种工人普遍进行训练，还应对民工、集体所有制职工和参加劳动的学生、干部进行安全教育。对于群众创造的安全生产经验，要认真予以介绍推广。对于安全生产的先进事迹，要及时予以表扬。当前，许多企业的群众安全组织——安全员网，由于无人过问，无人做日常组织工作，而流于形式。必须采取有力措施，认真解决这个问题。

3. 坚持行之有效的安全制度，严格组织纪律。安全制度是用血的教训换来的，领导干部首先要坚持执行，不坚持就是失职。安全制度，就是带强制性的，无论什么人都要执行。否则，生产建设就无法正常进行，国家财产和人民生命安全就没有保障。把坚持安全制度说成是"管、卡、压"，是完全错误的。我们要使所有干部和群众都明白这条道理，"加强纪律性，革命无不胜"，革命是这样，生产建设也是这样，在企业组织生产时，没有严格的组织纪律性，是难于完成任务的。对于官僚主义作风严重、事故多的单位，上级领导机关要加强思想政治工作，提高干部的政治责任感，帮助他们端正思想，改变作风；对于不遵守劳动纪律、不执行安全制度的，应当严肃批评教育；对过去发生的重大事故，没有处理的，要认真处理；对于玩忽职守，造成严重后果的，要追究刑事责任。

在全国废钢铁回收上交、物资节约、利用库存工作电话会议上的讲话要点

(1975年6月21日)

一、搞好废钢铁的回收和上交工作

关于废钢铁的回收上交,我们在包头开过现场会议。中央13号文件①下来以后,广大群众、各行各业都认为钢铁元帅要升帐,我们的工作要跟上。大家都说,农业要机器,备战要武器,钢铁要上去。人人想全局,多拣废钢铁,争取新胜利。所以我们要搞好废钢铁的回收上交工作。大家都知道,废钢铁是炼钢和铸造的重要原料。要完成今年钢的生产任务,就需要大量的废钢铁。大体上炼三吨钢要吃掉一吨废钢铁。所以废钢铁的回收和上交工作做得好或者不好,直接影响钢的生产任务的完成。尤其是对一些特殊钢厂的生产影响更大。炼特殊钢,要用80%的废钢,而且质量要求也比较高。

最近几年,我们每年从外国进口一批废钢,每年都是几十万吨,满足特殊钢厂的一部分需要。可是,进口废钢价格高,一年要花费七八千万美元。

今年回收废钢铁的计划早已经下达了。这个任务,有钢厂回收的,也有机械厂和其他工厂以及社会回收的。有炼钢用的、机械工业用的,也有轻工、化工和农机用的。1至5月份,回收的废钢铁,完成了年计划的37.1%。上交的废钢铁,完成了年计划的36.9%。由于广大群众的努力,今年回收和上交的情况都比去年好。有13个省、自治区、直辖市,上交任务已完成40%以上。它们是北京、上海、天津、河北、内蒙古、

---

① 《中共中央关于努力完成今年钢铁生产计划批示》(中发〔1975〕13号)。

辽宁、青海、甘肃、江苏、浙江、安徽、福建和湖南。对特殊钢厂完成上交任务40％以上的也有十二三个省、区、市。希望这些省、区、市继续努力，多作贡献，保质、保量地完成任务。最近，中央13号文件下来以后，山西省委为了保钢，决定超计划多收7万吨废钢铁；太原市抽调50名干部成立专门机构，从6月6日到13日，8天，给太钢送去了1600吨废钢铁。

但是，也有一些地区，前一时期对废钢铁的回收和上交抓得不够紧，使大连、抚顺、本溪这些特殊钢厂废钢的供应情况比较差，特别是鞍钢供应的钢坯切头，只完成全年计划的29％，有的单位上交给特殊钢厂的废钢质量比较差，影响特殊钢生产的质量。我们希望上交任务完成不好的地区和单位，上交废钢质量不好的地区和单位，认真检查，发动群众，采取措施，迅速赶上，努力实现计划要求，而且要争取多交、早交、交好留次，为保钢作出贡献。

所有的重点钢铁企业，都要认真抓好废钢铁和生铁的消耗，努力降低消耗定额，争取多炼钢、炼好钢。要积极利用轻薄料和钢渣来多炼钢和炼好钢。

在抓好炼钢用废钢供应的同时，有关部门还要本着"不挤不让"的原则，按计划安排好生产中小农具、小五金和其他轻工市场所需要的边角料以及铸钢、铸铁所需要的废钢铁。

为了及时掌握情况，冶金部、铁道部和各省、自治区、直辖市的有关部门，要加强调度，并且要求在每月10日、20日、30日分三次向国家计委金属回收小组汇报运交钢厂废钢铁的情况和问题。

下面讲一下全国废旧物资回收工作。这一项工作，对我们整个国民经济来说，是一个不可缺少的工作，是一项重要工作。各级党委和供销总社，各级商业和供销系统，有的是物资系统，对这项工作抓得很紧很好，工作有很大成绩。他们及时地保证了重要工业原料的供应。1973年，他们回收的废旧物资价值是9亿多元，那就是说，全国平均每一个人要出售一元多的废旧物资。其中，北京是每个人6.6元，天津是9.8元，上海是13.5元。1974年，他们回收的废旧物资总值是10亿元。说明潜力还是很大的。他们去年回收的废钢铁有291万吨，有色金属5万吨，回收的造纸原料有100万吨，废橡胶12万吨，废塑料8万吨，废玻璃13.7万吨，玻璃瓶 5.5 亿个，各种杂骨 20 万吨。同时，他们还大搞综合利用，产值有 1.7 亿多元。

只有充分利用我们的物资资源，而且十分珍惜劳动人民的劳动成果，才能够做到废物不废，化废为宝，化害为利，化无用为有用。我们现在正在开全国废旧物资回收工作会议，希望大家继续努力，发扬成绩，为社会主义建设作出更大的贡献。

二、搞好节约燃料、电力和原材料工作

中央 13 号文件指出：今年的工业生产，"不仅要完成数量计划，而且要提高质量，增加品种，降低消耗，实现安全生产"。冶金部在给中央的报告中，也提出了节约焦炭、煤炭、石油和电力的要求。搞好节约，对于钢铁的大干快上，完成今年的国民经济计划，具有重要作用。今年 4 月份，国家计委在天津市召开了工业企业全面完成各项经济指标、实现多快好省的经验交流现场会。大家学习了天津的经验，现在各个地区正在传达贯彻。我们一定要把群众性的增产节约运动进一步开展起来，把节约工作抓得很紧很紧。

1. 降低焦比，节约非炼铁用焦。这个问题，中央和国务院领导同志曾多次提出过，非炼铁用焦的比重大，这个情况，必须迅速扭转。重点企业的焦比，今年第一季度又有上升，比历史上达到过的好水平高出将近 100 公斤。如果我们能够达到历史上曾经达到的好水平，今年就可以节约大量的焦炭。历史上已经办到的事情，现在为什么办不到呢？有的企业就做到了。比如上钢一厂，从 1972 年以来，焦比年年降低，去年降到了 514 公斤。所以，焦比高的企业，要发动群众，采取有力措施，根据冶金部的要求，把焦比迅速降低到 600 公斤以下。已经低于 600 公斤的企业，要进一步挖掘潜力，创造新的水平。

非炼铁用焦，去年占全国机焦的 40％以上，浪费很大。冶金部给中央的报告提出，非炼铁用焦，今年要比计划减少 40 万吨。这只是指冶金企业。机械、化工等行业也都要节约。请各省、自治区、直辖市计委、节约办公室，要协助冶金部门，机械、化工等部门，认真抓好落实工作。节约焦炭的技术措施、项目的进展情况，应定期向国家计委提出报告。

各地对土焦生产，也要切实进行一次检查和整顿。努力节约炼焦用煤，这方面的潜力也是很大的。

2. 计划用油和节约用油。我国石油工业发展很快，但各方面的需要不断增加，出口援外任务也越来越大，所以，计划用油、节约用油，就是一个长期而重要的任务了。要加强用油管理，做到：（1）用油有计划；（2）消耗有定额；（3）领油有凭证；（4）耗油有记载；（5）超耗查原因；（6）低耗找经验，反对吃"大锅饭"。

节油计划，一定要严肃对待，努力超额完成。去年，我们根据国务院领导同志指示，召开过节油会议。一年多来，创造了许多节油的好经验。比如改革喷油嘴，可以节油10%以上。烧油掺水，可以节油5%以上。加强燃油的管理，根据天津轧钢三厂和上钢八厂的经验，可以使每吨钢的油耗下降到五六十公斤。我国工业用油历史不长，在油料管理和燃烧技术上还比较落后，消耗一般偏高，节约潜力很大。今年7月份，我们准备召集十个重点烧油省、市参加的节油会议，通知已经发出去了，请有关省、市和部门做好准备。

关于成品油的节约，商业部4月份在成都开过会，会议的材料已经发出去了，各地要认真贯彻执行。当前柴油的供应是比较紧张的，所以对农机用油的管理要加强，要建立和健全管理制度，堵塞漏洞，减少浪费。

3. 计划用电和节约用电。当前，电力的供需矛盾比较突出，当然这也反映了工农业生产迅速发展的大好形势。现在钢铁生产要上去，电力供应将会更为紧张一些，所以，我们必须加强计划用电和节约用电。首先要加强用电管理，严格按计划用电。对重点企业要下达用电指标，实行"四定"（电力、电量、产品耗电定额和负荷率），同时，定期检查执行情况。

其次，要按行业总结推广节电的经验。重点是抓耗电量大的行业。比如电炉钢、电解铝、铁合金、原煤、合成氨、烧碱、电石、水泥、纺织、造纸、化纤，以及电厂自用电和供电线路损失等。不合理上升的产品电耗，要限期达到历史上曾经达到过的最好水平。同时，还要组织用电的大普查，节约非生产用电。洛阳铁路分局通过大普查，加强用电管理，非生产用电减少50%。这就说明潜力还很大，成绩也很大。现在，有的省据反映,生活用电的电炉耗电竟然有10万千瓦左右。有的地方农村用电,重建设,轻管理,线路损失达20%以上。对于这些浪费现象,要采取措施,尽快改变。

4. 进一步抓好节煤工作。今年各地计划节煤1 500万吨以上,超过了国家计划的要求,这很好,要抓紧落实,努力实现。利用余热、改选锅炉的措施,要真正收到实效。土法改炉也要继续抓紧。有条件的农村,还要大办沼气。

5. 抓好原材料的节约,努力降低单耗。金属、化工、木材、水泥的节约,都要抓紧、抓好。特别是金属材料,在使用上还存在着很大的浪费。要大力发展和推广金属代用材料,如铸石制品、工程塑料等。要大力发展少切削、无切削新工艺,发展粉末冶金制品,提高材料利用率。天津市这几年改革了一批老机械产品,有的重量减轻70%,所以这方面是有很大潜力的。还有木材节约,潜力也很大。财政部的同志反映,重点煤矿坑木回收,如果提高到历史上曾经达到过的水平,一年就可以节约1.4亿元。同时,他们也反映,去年有些重点企业因为消耗定额的增大,估计要损失4亿多元。

今年一季度,38种工业产品的738个产品的单耗,有一半比去年同期增加了。所以降低产品单耗的工作一定要做出成绩来。有些企业长期没有消耗定额,缺乏考核制度,这种状况再也不能继续下去了。一定要在各级党委的领导下,依靠广大群众,把节约原材料的工作做好,把考核消耗的制度建立、健全起来,中央9号文件、13号文件都强调要建立、健全合理的规章制度,在节约原材料、燃料和电力的工作上,我们要抓紧必要的规章制度的建立和健全。

三、继续"扫仓库",把库存的金属材料和机电设备更好地利用起来

最近几年,各地区、各部门贯彻执行毛主席关于"要扫仓库"的指示,做了大量的工作,取得了不小的成绩。今年第一季度末,钢材库存比去年12月1日的普查数字降低45万吨。这是一个很大的成绩。今年以来,各地区、各部门调度调剂钢材80多万吨,有色金属近万吨,取得很

大成绩。但是，发展很不平衡，有的部门、有的地区，钢材库存继续增加。还有不少单位利用库存钢材的指标，至今还没有落实到基层。有的单位调度调剂的材料跟物资分配计划、利用库存计划相脱节，造成一面调度调剂，一面继续积压。所以，我们要首先依靠广大群众，继续大搞清仓利库工作。铁道部最近抽调了100多名干部，组织了6个清仓挖潜工作组。同时，还从100多个直属单位分别派出1 500多人，深入基层，大搞清仓挖潜。吉林省是我们利用库存钢材的先进单位，他们去年钢材库存周转期已经达到国家规定的要求，但他们检查了12个企业的库存情况，发现这些企业库存仍然超储很多，平均周期达到7个月，有的甚至高达8到10个月。吉林省这样的利用库存的先进单位，还有这样的情况，这就证明，"扫仓库"不能只搞一阵子，要经常搞下去。所以，只要我们加强领导，充分发动群众，采取有效措施，就可以作出更大成绩。

其次，要结合分配计划和全年订货工作，尽快把利用库存的任务落实到基层。国家计划利用库存指标已下达到各地区、各部门。国防军工、铁道兵、铁道部、冶金、农林等部门和北京、河北、山东、广东、广西、黑龙江等省、区、市，已经把利用库存指标落实下去。北京市是按照"三核实，一落实"的要求，层层发动，制定措施，把利用库存指标同供应指标一样下达到基层，工作做得深入扎实。但是，有的地区和部门的工作做得比较粗糙，采取了简单地分摊指标的办法，有的甚至一直到现在，还没有安排落实下去。我们希望各个地区、各个部门都检查一下，凡是没有安排落实的，要尽快安排落实。

还有，要进一步加强调度调剂，充分利用库存。要推广上海在全市范围内集中统一调度，把物资搞活的先进经验。最近，在烟台召开的全国金属材料调度调剂会议，制定了调度调剂工作的十项规定，进一步明确了要在国家统一计划的指导下，有领导、有组织地进行。在调度调剂工作中，要做到政治挂帅，发扬风格；自下而上，调度调剂；确保重点，照顾一般；调度为主，调剂为辅；抓紧发货，实现合同。这方面的经验还很多，我们要认真加以总结。

关于机电设备的清仓和利用库存工作，也讲一下。这项工作已经引起了大家的重视。去年以来，也开始做了一些工作。去年年底，全国机电设备库存总值超过全年的基建投资，甚至超过全年机械工业的总产值。

不仅库存量大,而且库存设备的管理也不好。不少单位,家底不清,账物不符,保管不善,损失浪费的现象非常严重。国家计委决定今年6月1日进行全国机电设备库存大普查,大家都很重视。北京、上海、天津、昆明、呼和浩特等城市都召开了几千人的大会,把进行全国机电设备大普查的精神和要求一竿子到底地传达到基层。有的部门和单位,领导同志亲自动手,深入发动群众,普查工作搞得认真扎实。希望各省、区、市,各部门、各单位都进一步行动起来,认真把这项工作抓好。要进一步坚持政治挂帅,深入发动群众。要加强检查监督,把好验收关。要做好会审汇编工作。要在普查的基础上,总结经验教训,加强设备管理,建立必要的规章制度,防止前清后乱。我们也准备像对金属材料一样,把机电设备的清仓利库继续抓下去,一定要抓出成效来。同时,要搞好调度调剂,把库存设备真正利用到国家计划规定的重点生产建设上去,并优先用到支援钢铁生产上去。

以上请各省、自治区、直辖市,各部门、各有关单位的同志研究讨论,结合实际,做出具体安排。

黄金生产是一件大事*

（1975年6月27日）

对于黄金生产和黄金地质勘探工作，中央领导同志一向是十分重视的，并且一再提出：像我们这样一个历史悠久、幅员广大、人口众多的国家，为什么黄金生产上不去？应该把黄金生产搞上去。

我国采金历史长，资源丰富。例如山东招远，是个老的生产点，历史记载采金始于宋朝，其实汉朝就开采了，资源不仅没有枯竭，反而越采越多，是老矿新生，生命力还很强。又如内蒙古金盆金矿，还是处女地，200人一年搞了1万两金子，说明资源很丰富，大有可为。

中国这么大的地方，到处都是金银财宝，就靠我们去发现。我们对960万平方公里的地下宝藏，还是处于知之不多的状况，有些地方是处于无知的状况，许多地方普查还没有走到，地质图上还有一部分是空白的，需要我们去做工作。这几年搞了一部分航空物理探矿，搞了一批磁力异常点，一直到现在，绝大部分还没有进行验证。最近河南省地质局验证了许昌地区附近的磁异常，面积有几百平方公里，只验证了十几平方公里，十几个点，几乎每个点都见矿。总之，地下宝藏有待我们去发现，要变无知为有知，变知之不多为知之甚多。我们国家的面貌要改变，首先要改变精神面貌；要改变物质面貌，就要改变地质图的面貌。地质搞不清楚，物质面貌就改变得慢。

今年的计划和中央13号文件都专门讲要加强地质勘探，加强矿山、科研工作。搞钢铁、搞有色金属、搞黄金，遇到的首先是资源问题。不能搞无米之炊，要把基地建立在可靠的基础上。即使是一个老矿点，也要继续把深部资源和边缘的资源搞清楚，扩大新储量。

现在我们主要是出口农副产品，要花很大力气才能换回一点外汇；

---

* 这是袁宝华同志在黄金地质工作座谈会上的讲话摘要。

如果拿出些黄金,就不一样了。

我们进口一套1.7米冷、热轧机,要将近6亿美元。进口13套化肥设备,解决吃饭问题,也要将近6亿美元。靠什么来换回国外进口所需要的外汇呢?除了靠农副产品、传统的手工艺品外,还要靠矿产品,过去就是钨、锡、钼、锑、汞,现在看来,要大量靠黄金。这就需要有资源,加强勘探力量,加强生产力量。

大家有一种共同想法,就是想使地质勘探工作带有更大的群众性。全国地质会议上介绍了黑龙江穆棱县办地质队的经验,这个县加强了地质工作,进一步摸清了本县地下资源,促进了"五小工业"① 的发展,最后把农业促上去了。我们国家有2 000多个县,要让大家去找,专业队伍与群众队伍相结合。江西九〇九队工作搞得好,就是靠发动群众报矿,和群众相结合。九〇九队开办了专门训练班,群众上山放羊也好,挖药也好,见矿就报。全国地质队伍50万人,是骨干,每个县武装起来,力量就大了。

---

① 地方"五小工业"是《第四个五年计划纲要(草案)》的主要内容之一。要求各省、自治区、直辖市都要建立自己的小煤矿、小钢铁厂、小有色金属厂、小化肥厂、小水泥厂等,简称地方"五小工业"。

要把质量提到第一位*

（1975年8月25日）

最近，我们根据国务院领导同志的指示，讨论和研究了工业方面的几个问题。在研究中，大家都感到，工业产品质量问题，是个重大、尖锐的政治问题。前不久小平同志找我们计委的同志，谈话中提到如何坚持"质量第一"的问题，指出在发展数量的同时，一定要把提高质量放在第一位，要我们抓品种、规格、质量。现在我们各条战线都在学习贯彻中央领导同志的讲话精神，贯彻抓革命、促生产的方针，取得了巨大的胜利。但是，由于林彪反革命集团的干扰和破坏，工业产品质量产生了不少问题。在国防工业会议上，叶副主席、邓副主席、先念副总理在讲话中都讲到产品质量问题。他们所讲的，不只适用于国防工业，同样适用于民用工业。目前的机械产品质量就不好，基本建设的"百年大计"在有些地方已成了句空话。我们的产品质量不好，不仅影响国防备战、出口援外，也影响到生产建设、人民生活、财政收入。这件事情应引起我们的严重注意。

早在50年代，毛主席就明确指出，"工业管理问题。特别要强调质量问题"①。毛主席说："数量不可不讲，把质量提到第一位，恐怕到时候了。"② 在更早的时间，毛主席还讲过，"一切产品，不但求数量多，而且求质量好"③。毛主席这些指示，对当前的工业生产具有重要的现实意义。一机部的同志都记得，1972年总理关于援外汽车质量问题明确指出："质量这样下降，如何援外，如何备战？这是路线问题"④。马克思曾指出，

---

* 这是袁宝华同志在第一机械工业部召开的一次会议上的讲话。
① 《毛泽东文集》，第8卷，80页，北京，人民出版社，1999。
② 转引自《建国以来重要文献选编》，第15册，659页，北京，中央文献出版社，1997。
③ 《毛泽东选集》，2版，第3卷，1020页，北京，人民出版社，1991。
④ 《周恩来选集》，下卷，463页，北京，人民出版社，1984。

物质财富本来就是由使用价值构成的。不讲质量，就降低了使用价值，甚至没有使用价值。不讲质量的数量，就是减少了数量，甚至没有数量，这是最大的浪费。

产品质量下降的原因很多。就机械工业来说，有原材料质量问题，也有主观方面的原因，如设计、工艺、操作、检验、技术水平的问题等等，但我认为最根本的是管理问题。所以，抓质量，必须结合整顿企业管理来进行。关于这一点，小平同志已讲了多次。根据目前的状况，尤其是设备的状况，今年要集中两三个月的时间，切实整顿企业。所谓整顿，就是整顿企业管理，搞好设备维修。整顿企业，抓产品质量，必须依靠群众和发动群众，不依靠群众是搞不好的，一时搞上去了也巩固不住。企业管理和质量问题是千百万人的事情，不能少数人关在屋子里冷冷清清地搞，那是搞不好的。就是一时质量上去了也巩固不住，因为没有在广大群众思想中生根，就巩固不住。

总理说质量是路线问题，主要指的是思想路线。所以，抓质量、抓整顿，首先要抓思想，要把产品质量提到路线高度上来认识，克服重数量、轻质量，片面追求产值、吨位的倾向。解决这个问题，关键是要先把领导的思想路线端正过来，自觉地、全面地贯彻多快好省地建设社会主义的总路线。重数量、轻质量的思想可不能小看，这个思想在一部分企业还挺严重。有人认为，"产量完不成不好过，质量差一点照样过"，"产品好不多卖钱，产品差不少卖钱"，"反正我的东西有人要"，等等。群众批评我们："抓产量是握拳头，抓质量伸开巴掌"，什么也抓不住；"抓产量千方百计，讲质量顺便提提"。这样干，生产越多，废品越多，对国家造成的损失越大。这种状况是同多快好省地建设社会主义的总路线不相容的，同社会主义企业性质根本没有共同之处。当然也还有对质量敢不敢抓的问题，愿不愿抓的问题，去不去抓的问题。关于这个问题，叶帅、小平同志、先念同志讲话做了回答，过去怕这怕那，可以原谅，今后再不抓就不行了。实践证明，抓还是不抓大不一样。解决了领导思想问题，就抓上去了。

其次，要切实整顿和加强企业管理，建立健全必要的规章制度。现代化的企业不能没有科学管理。通过整顿，所有的企业都要发动和依靠群众建立和健全七项管理制度①，从岗位责任制到成本核算。要加强思想教育，把遵守规章制度变成群众的自觉行动。建立和健全七项管理制度，必须抓好七项经济技术指标。现在有的企业七项经济技术指标是"两上五下"，即成本、消耗上升，劳动生产率、质量、利润、品种、产量下降。所以，必须通过整顿抓好三个环节：一是质量、品种和产值、产量发生矛盾时，要确实保证质量、品种。二是产值、产量增长主要靠现有生产能力。现有生产能力的发挥，主要靠质量的提高、品种的发展、废品率的减少。而品种的发展重点要注意短线产品的生产。三是日常生产组织工作，要始终抓住质量、品种不放，特别是在原材料质量次的时候，在产值、产量任务重的时候，更要及时抓住产品的质量、品种不放。

第三，要把质量抓上去，必须注意组织好均衡生产。这对我们机械工业意义重大。我们有些企业抓生产往往是前松后紧，月初松散，月末突击，为了突击，有的厂科室干部甚至家属、学生齐上阵，什么操作规程、岗位责任制、设备保养、质量检验等等一概丢下不管，这能搞好质量吗？这种做法对产品质量影响很大，而有些企业领导人却不以为然！要搞好质量就要组织均衡生产，不仅在机械工业，在所有工业企业中都要大讲特讲均衡生产。这几年，我们搞生产的同志就怕"放卫星"，煤炭哪一天放了一个"高产卫星"，第二天非下来不可，钢铁也一样，这倒是个规律。

第四，抓质量，还必须搞好设备和工装模具的维护检修。设备状况不好，工装模具陈旧失修，量具超差不准，检验设备不全，理化、计量跟不上，这都会给产品质量带来一系列问题。这个问题各行各业都程度不同地存在，必须认真做好。

第五，把质量抓上去，要从原材料、基础元件、配套件抓起。这些东西的质量不好，将直接影响到整机、配套产品和其他产品的质量。所有生产企业对这些东西进厂的每个环节都要紧紧抓住。要坚持不符合质

---

① 1971年，国务院召开全国计划会议，会前，周恩来同志在听取国家计委汇报时指出，我们现在的企业乱得很，要整顿。根据周总理指示，会后，在起草《1972年全国计划会议纪要》时，明确规定企业必须恢复和健全岗位责任、考勤、技术操作规程、质量检验、设备管理和维修、安全生产、经济核算等七项制度。

量要求的原材料不投料，目前由于种种原因，这还是一件不容易下决心的事情。可是这条原则必须坚持。对于不合格的零配件、配套产品不装配，不合格的产品不出厂，不计产量，不订合同。出了厂的要按质论价，要保修、保退、保换。

总之，对于工业产品要强调"质量第一"，对于产品质量要强调严格要求，要十分严格不能九分，少一分也不行。

关于整顿企业的几个问题*

(1975年9月1日)

企业整顿是摆在我们面前的一项十分重要而迫切的任务。今年毛主席圈阅了几个重要文件，强调要整顿铁路运输秩序，建立健全必要的规章制度，指出管理制度没有不行，有了不执行是不允许的。文件要求，"要采取坚决措施，整顿那些问题多的重点钢铁企业的领导班子"，还指出，要"加强企业管理、整顿企业秩序"，"把必要的规章制度建立和健全起来"，等等。关于企业整顿问题，近来中央负责同志先后在一些全国性会议上，讲了许多重要意见。邓小平同志明确指示，今年要花两三个月时间整顿企业。

整顿企业，中央是下了决心的。我们必须认真领会、坚决贯彻，并联系工交战线的实际情况，认清整顿企业的重要性和迫切性。现在，不少企业存在不同程度的"散"和"乱"的问题。小平同志在军委扩大会议上指出的军队部分单位、部分同志中存在的"肿、散、骄、奢、惰"，在工交企业同样存在。这种状况同我们面临的形势和任务，同毛主席和党中央对我们的要求差距甚大，很不适应。

根据当前企业的实际情况，企业整顿工作应从何处入手呢？根据毛主席、党中央指示精神，应着重抓好三个重点：一是领导班子的整顿，二是加强企业管理和建立必要的规章制度，三是设备维修。而整顿企业领导班子又是重中之重。当然，企业的整顿和建设是一个长时期的任务，但近期首先要着重抓好这三件事，为今后的工作打下基础。

一、关于整顿企业领导班子

各地党委在贯彻中央几个文件以来，已集中精力抓了一些企业领导

---

* 这是袁宝华同志在国家计委召开的生产调度会议上的讲话。

班子的整顿,逐步摸清了现有状况,采取了坚决的措施,摸索了经验,收到了初步效果。不少单位的情况表明:领导班子状况,好的和比较好的占多数,但问题较多、"软、懒、散"较严重的班子大都存在于一些对国民经济影响很大的骨干企业。实践证明,只要坚持贯彻毛主席、党中央的指示,认真做好整顿工作,即使是"老大难",也是会转变过来的。据铁道、冶金、煤炭、一机、石油化工、电力、邮电、交通、纺织、水产、森工、建材等12个部门的不完全统计,在1 439个重点企业、事业单位中,需要调整领导班子的单位379个(注:各部门统计的重点单位口径不大一样,需要调整的标准也不完全一样),占总数的26.3%。其中,到7月底,已调整的有133个,占需要调整数的35.1%。其余正在调整或正在制定方案。已调整的班子,多数有了显著产业化。煤炭部所属82个统配煤矿,领导班子需要调整的34个,占总数的41.5%。到7月底,已经调整、充实的25个,占需要调整数的73.5%。这25个经过调整的班子,目前大致有三类情况:第一类,领导班子团结、组织健全、有战斗力,对错误倾向敢于斗争,群众发动较好,生产上升幅度大的有乌达、淄博、枣庄、平顶山、鹤壁等5个,占调整了的班子总数的20%;第二类,领导班子开始形成核心,革命和生产形势发展较快,但还不巩固的有西山、霍县等16个,占64%;第三类,调整后仍不够得力,群众发动不充分,生产上升幅度不大,需要进一步整顿的有石嘴山、汾西、宜洛、观音堂等4个,占16%。

铁道部所属69个局、院、厂,问题多、需要调整的领导班子有31个,占总数的44.9%。贯彻9号文件以来,已进行调整的有23个。经过调整的领导班子,一般地说,思想政治路线开始端正,无产阶级党性增强,革命和生产出现了新面貌。如徐州分局和田心、成都机车车辆工厂等单位的领导班子,已发生了显著变化。他们带领群众学理论,抓路线,促大干,4月份以来,月月超额完成任务,有的达到和超过了历史最好水平。

一机部250个重点企业,问题较多的领导班子有50个,占总数的20%。到7月底,已调整13个,占需要调整数的26%。调整后,思想政治路线较端正,消除了派性,认真落实了政策,广大群众的革命积极性调动起来了,属于这种情况的有太原矿山机器厂等5个企业,占调整了的班子总数的38.5%；领导班子基本形成核心，有干劲的有武汉重型机床厂等3个，占23.1%；领导班子有所加强，但效果还不明显的有洛阳矿山机器厂等5个，占38.5%。

冶金部103个重点企业，需要调整的57个，占总数的55.3%。已经调整的有武钢、攀钢、重钢、郑铝等23个，占需要调整数的40.4%。经过调整效果比较显著，革命和生产形势一般都好转，如长城钢厂，由"老大难"开始向先进转化，二季度以来，生产猛增，由一季度日产百多吨，上升到500多吨，到6月底，就还清了一季度的欠账。

石油化工部，14个油田和直属勘探单位厂、处一级共有265个，问题较多且需要调整、加强的有49个，占总数的18.5%，正在抓紧进行整顿。全国46个大中型化肥企业的领导班子，需要调整的28个，占总数的60.9%。其中，有18个正在调整，其余10个正在同地方协商调整方案。

交通部34个重点企业的领导班子，需要调整的有18个，占52.9%。其中已有5个调整完毕，调整后革命和生产形势已开始好转，如红星船厂过去是"老大难"，现在有了显著变化。剩下13个，有的正在调整，有的尚待进一步摸清情况。

电力部56个重点企业的领导班子，需要调整的14个，占25%，已调整的8个，正在调整的6个。

纺织部大中型棉纺企业198个，问题较多，需要调整的26个，占13.1%。其中，已经调整的14个，占需要调整数的53.8%。

邮电部74个企业、事业单位，需要调整的16个，占21.6%。

地方党委对整顿企业领导班子的工作，也是抓得很紧的。据17个省区市统计，在3915个企业中，好的1421个，占36.3%；一般的1788个，占45.7%；问题多、需要调整的706个，占18.0%。其中，7个省市已调整数占40.3%。如天津市重点企业、事业单位159个，领导班子好的68个，占42.8%；比较好的84个，占52.8%；问题较多的7个，占4.4%，对这7个企业，正在抓紧整顿，市委要求"三季度抓出成效，年底改变面貌"。

在整顿和建设领导班子方面，各地区、各部门都已初步摸索了一些经验。我们了解到的几个部门和地区的情况，带有共同性的经验，主要有以下几点：

1. 总的要求是，以毛主席三项重要指示为纲，深入贯彻中央9号、13号、17号、18号文件，坚持"三要三不要"①的原则和革命事业接班人的五项标准②，进行思想整顿和必要的组织调整，把企业的领导班子，真正建设成为党性强、精干有力、敢字当头、团结战斗的领导核心。

2. 坚持思想整顿为主，把思想建设放在首位。从端正思想政治路线入手，坚决克服资产阶级派性，认真落实党的政策，提高继续革命的自觉性，启发自我革命，着重解决"软、懒、散"的问题。

3. 在提高思想的基础上，进行必要的组织整顿。要认真执行党的政策，严格区分两类不同性质的矛盾。"多换思想少换人"，一般不要采取大换班的做法。对犯错误的干部，坚持"惩前毖后，治病救人"、"团结——批评——团结"的方针。为了有利于发动群众和团结大多数，非调离不可的坚决调离。对个别混进领导班子的坏人，必须严肃处理，决不能心软手软，久拖不决。

4. 要充分发动群众，依靠群众，实行开门整顿。铁道部的经验证明，凡是坚持依靠群众，开门整顿的，问题解决得就快、就透；不依靠群众，甚至怕群众，关门整顿的，就解决不好，甚至问题越积越多。

5. 调整、配备班子，要坚持老、中、青三结合的原则。把有实践经验、党性强、干劲大、身体好的同志选拔到主要领导岗位上来。特别要注意配备好第一、二把手。上级领导要支持他们敢于负责，大胆工作，在斗争中建立威信，做到说话有人听、办事要灵。

6. 在整顿企业领导班子的同时，要注意抓好党支部和班组的建设，这是企业建设的很重要一环。要使党的支部真正成为能团结广大群众、带领群众进行革命和生产斗争的坚强的战斗堡垒。要教育党员和群众，增强党的观念，自觉维护党的领导，发挥党员的先锋模范作用。要配备好班组长，注意选拔有经验的老工人担任。班组中要保持和培养必要的

---

① 即"要搞马克思主义，不要搞修正主义；要团结，不要分裂；要光明正大，不要搞阴谋诡计"。这是毛泽东同志1971年8月中旬至9月12日在南方巡视期间同沿途各地负责同志谈话中针对林彪等人的阴谋活动而提出的。

② 即必须是真正的马克思列宁主义者；必须是全心全意为中国和世界的绝大多数人服务的革命者；必须是能够团结大多数人一道工作的无产阶级政治家；必须是党的民主集中制的模范执行者；必须谦虚谨慎，戒骄戒躁，富于自我批评精神，勇于改正自己工作中的缺点和错误。参见薄一波：《若干重大决策与事件的回顾》，下卷，1161页，北京，中共中央党校出版社，1993。

政治技术骨干力量。

7. 重点整顿和经常的建设工作要结合起来。领导班子调整了，不一定就保证思想路线端正了。调整后，还可能出现反复。因此，整顿和建设领导班子是一个长期的、经常的工作。集中一段时间重点整顿以后，还要不断抓，反复抓，经常抓，使之不断巩固和提高。

二、关于整顿和加强企业管理的问题

当前，许多企业的主要技术经济指标完成得不好，劳动生产率低，消耗高，事故多，设备状况差，产品质量不稳定，乱拉乱用资金，亏损面扩大。很重要的原因是企业管理薄弱，制度松弛，生产秩序混乱。中央17号文件指示，"要切实整顿和加强企业管理，把必要的规章制度建立和健全起来"。这是当前整顿企业的一项重要内容。

首先，简单地摆一摆这方面的情况：

1. 全面完成七项技术经济指标的企业所占比例很少。各部门缺乏这方面的数据。北京市全面完成七项指标的企业，今年第一季度所占比例为18.7%，第二季度稍有上升，也只有25%。天津市1972年全面完成七项指标的企业占13%，1973年占50.8%，1975年上半年占49%。辽宁省1973年这一比例为30.2%，1974年为21.8%，1975年竟下降到3.7%。

2. 产品质量下降，质量事故多。重点钢铁企业的平炉钢锭合格率逐年下降。历史较好水平为99.29%，1972年为97.22%，1973年为96.69%，1974年为95.76%，今年上半年下降到94.72%。

鞍、武、包三大钢厂今年上半年平炉钢出了23.8万吨废品，其中鞍钢16.6万吨，等于每天有四炉钢白炼了。

不按计划炼钢，钢种合格率低。过去钢种合格率一般在97%以上，今年上半年鞍钢只有84.5%，包钢只有66.1%，武钢只有39.2%。

混钢事故增多。鞍钢上半年发生混钢事故达248起，收到用户抗议361次，其中，重大的10次。如长春第一汽车厂使用鞍钢生产的"16锰钢"，因钢的强度太高，冲压时把一台最大的3 500吨高压冲床冲坏了。经化验，发现含锰量根本不是规定标准1.2%～1.68%，而高达4.81%，接近标准最高值的3倍。

商品煤灰分率今年上半年达23.54%，比历史最好水平1954年的18.83%高4.71%；商品煤含矸率1966年为0.62%，今年上半年高达1%。

原油损耗大，要求低于3.2%，今年上半年高达4.5%；原油含水率上半年高达1.67%。

3. 劳动生产率下降。冶金、煤炭、石油、化工、电力、建材、机械、纺织、造纸、森工等十个行业的全员劳动生产率都低于历史最好水平，其中，冶金、煤炭和森工低30%以上。冶金工业劳动生产率第一个五年平均每年增长16%，第二个五年每年增长17%，第三个五年每年下降5%，第四个五年的前四年，每年下降4.8%。第一汽车厂实物劳动生产率由1971年的每人1.68辆，下降到1974年的0.98辆。

4. 产品成本比过去增高。全国工业生产成本这几年降低缓慢，1974年不仅没有降低，反而上升2.6%。纺织工业可比产品成本1972年降低3.13%，而1973年超0.99%，1974年超1.45%。有些产品的单位产品成本也增高，如解放牌汽车由1966年的每辆9 137元，增高到1974年的9 998元。东方红75型拖拉机单位成本由1972年的每台7 690元，增高到1974年的8 066元。

5. 亏损面扩大，积累率下降。全国工业部门1974年亏损57亿元，亏损面达37%，今年这种情况继续扩大，据28个省市的统计，上半年地方工业亏损由去年同期的22亿元增高到23.8亿元。造纸、制糖工业的亏损企业去年分别占本行业企业总数的31.5%和49.2%。

企业积累率水平下降。国营工业企业每百元产值提供的积累，1970年为29.2亿元，1974年下降到24.7亿元，按1970年积累水平计算，1974年工业积累约减少70多亿元。

产品质量低，经济效果差，这是最大的浪费，不仅反映在生产企业，还影响到建设单位，造成的后果是严重的。有一定的外部原因，但内部原因是主要的。如果企业管理加强，是会好转的。举一个例子，长春第一汽车厂铸件废品率一直在30%左右，有一次他们做了试验，严格按工艺规程操作，废品率就下降10%。

如何整顿和加强企业管理？根据大庆和一些学大庆的先进企业的经

验，最根本的要抓以下几条：

1. 首先要端正思想政治路线，把企业管理提高到坚持社会主义建设总路线的高度来认识。这些年来，企业管理上存在混乱状态，基础工作薄弱，有我们工作上的原因，根本的还是林彪"政治可以冲击其他"等谬论的流毒未肃清。目前，在抓企业管理的问题上，部分干部中存在着一怕说是"管卡压"，二怕说是"唯生产力论"，三怕被批为"回潮"的不敢抓和观望等待的思想，因此，必须在学习理论中进一步肃清林彪路线的流毒。树立多快好省、全面完成七项指标的思想，坚持"质量第一"的方针，批判那种单纯追求产值、吨位，忽视质量、品种，不讲经济核算等错误思想倾向。

2. 全心全意依靠工人阶级搞好企业管理。要批判资产阶级法权思想，确立"群众是真正的英雄"和工人群众是企业的主人的思想，摆正领导与群众的关系。"工人参加管理"，首先是依靠工人群众管路线，管大事。从班组、科室到厂部，都要吸收工人参加管理，特别是吸收有经验的老工人参加。实行群管与专管相结合，在群众管理的基础上，加强专业管理。领导和专业管理人员，要做思想政治工作，发动和依靠群众，认真把企业管理好。要到群众中去，和群众一起实践，在专业上给以必要的指导。要注意总结经验，抓好典型，组织交流推广，不断提高企业管理水平。

3. 建立健全和严格执行必要的规章制度。党有党章，国家有宪法，社会主义企业没有革命的、科学的规章制度是不行的。建立规章制度，一定要批判过去那种靠少数人关起门来搞，脱离群众，脱离实际，结果是束缚工人群众手脚，阻碍生产发展的错误思想和做法。规章制度一定要来自群众，来自实践；要有利于限制资产阶级法权，有利于工人群众当家作主，充分调动群众的积极性，有利于多快好省发展生产，有利于加强党的一元化领导。这样的规章制度是有生命力的、合理的。工人群众总结自己的实践经验制定出来的规章制度，绝不是对工人群众的"管卡压"。

当前，有的企业是"有章不循"，也有的是对旧的规章制度没有认真改革，实际上处于"无章可循"的状态。因此，首先必须把岗位责任制、技术操作规程、质量检验制度、设备管理和维修制度、安全制度等必要的规章制度建立和健全起来,严格执行。要坚持政治挂帅,做好思想政治工作,使严格执行规章制度成为广大群众的自觉行动,对不合理的规章制度,要有领导、有步骤地加以改革。要加强安全教育,严格执行技术安全规程和操作规程,严禁违章作业。要经常开展群众性的安全教育活动,预防事故的发生。出了事故,要吸取教训,要把事故原因分析清楚,要使事故责任者和广大干部、群众受到教育,要落实防范措施。对于违章作业和重大事故,要追究责任,情节严重的要给以处分。甘肃省委准备今年拿出一定时间,发动群众对企业管理进行一次大检查,从本企业的突出问题入手,揭矛盾,找原因,抓落实。看来,不这样发动群众大搞一下,确实是不行的。

三、关于设备维修问题

工交企业目前的设备状况不好,设备失修情况严重,完好率低。除炼油行业以外,其他行业的设备完好率都低于历史最好水平,有的逐年下降。这种状况是不能适应生产发展需要的,迫切需要整顿和改善。

据一机行业74个重点企业的统计,金属切削机床和锻压设备历史最好水平是80%～85%,1974年下降到70%,今年一季度下降到68.2%,其中,精密、大型、稀有设备完好率只有62.8%。冶金行业重点企业设备完好率逐年下降,历史最好水平是89%,1974年为77%,1975年一季度下降到73.5%。其中矿山设备历史最好水平为86.7%,一季度下降到64.5%。

电力行业历史最好水平为93.6%,1974年和今年一季度分别只有82.3%和83.4%。

特别值得指出的是,有些重点企业的关键设备状况很不好。如鞍钢的"三炉三机",平均完好率只有50.5%;18套轧机,完好的只有8套,仅占44.4%;17座焦炉,完好的只有3座,仅占17.6%。第一重型机器厂拥有机械工业最精密、大型、稀有的设备235台,完好的只有40台,仅占17.0%,该厂第一金工车间12米大型龙门铣床,早在1970年应当大修,原可负荷100吨重的工件,现在放上30吨的工件就只能爬行了,而且,四个铣头已坏了三个,只能凑合使用。

设备事故增多。一机行业重点企业发生的重大设备事故，1973年为55次，1974年66次，1975年已发生了49次。第一汽车厂最大的一台稀有、关键设备3 500吨机械压力机，于去年9月和今年3、4月，连续发生三次大事故。

设备状况不好，是有些领导干部对设备管理维修工作不重视，重生产、轻维修，只用不修和拼设备的恶果，制度松弛、违章操作也是一个重要原因。再加上配件的生产供应不足，也影响了设备的检修。

必须把设备维修工作提到重要议程上来。并且，要下决心在今年年底以前进行突出检修。煤炭和石油化工部最近组织设备检修大会战的经验证明，只要领导重视，抓狠抓紧，依靠群众，大搞群众运动，设备状况是可以好转的。煤矿设备的完好率在他们组织大会战以前，6月底仅65%，经过7、8两月的会战，已提高到80%。

搞好设备维修，当前要抓紧以下几次工作：

1. 首先从领导思想上纠正不重视设备维修的倾向，同时要向广大职工开展爱护设备的思想教育。坚决制止拼设备的错误做法。各级主管部门要有机构专门负责这项工作。

2. 各行业要像石化、煤炭部那样同地方密切配合，组织群众性的设备大检查和维修设备的大会战。要充分揭露薄弱环节，采取有效措施。首先要把一些关键的设备修好。对那些长期失修、带病运转的关键设备，必要时，应适当安排停产检修。

3. 从设备的管理、使用和维护、检修等环节，把必要的设备专责制等规章制度建立健全起来。做到精心管理，精心维护，合理使用，计划检修。对设备状况要做到心中有数，主要设备应当建立台账。人人爱护设备，台台有人负责。

4. 要坚持贯彻"先维修、后制造"、"先配件、后主机"的原则，保证维修配件的生产供应。各部门、各企业要坚持自力更生的精神，不断提高配件自给率。各行业所有机修和配件的制造能力（包括工厂、车间），要保证为设备检修服务，不要安排主机制造任务，已转产主机的要转回来。要认真做好准备，总结出典型经验，开好全国的设备维修会议。采取坚决措施，改变当前生产设备失修的严重状况，为今后打好基础。

对整顿企业的工作，我们还缺乏经验，有的问题还需要在实践中进

一步解决。但我们要坚决贯彻中央指示,立即行动起来。我们建议:

1. 各部核心组对整顿企业的工作要认真讨论研究一下,提出一个方案来,要把整顿的主要内容、目标、步骤、时间要求和措施具体化。建议各部都要有主要负责同志主管这一工作,当作一件重要事来抓。

2. 要把整顿企业的工作紧密地同学习无产阶级专政理论运动结合起来。在学习理论运动的推动下,认真地把企业整顿好。整顿企业也就是贯彻"鞍钢宪法"①、深入开展工业学大庆②运动在当前情况下的重要内容,目的都是要把巩固无产阶级专政任务落实到基层。不要把它们分割开来。

3. 要放手发动群众,依靠群众,大搞群众运动。不论是整顿领导班子,还是建立规章制度和搞好设备维修,这些工作不充分发动群众,是搞不好的。

要正确贯彻党对知识分子和技术人员的政策,要教育他们和工人群众相结合,注意发挥他们的作用。

4. 建议各部把今后四个月的生产和企业整顿工作统一部署一下。要以整顿促增产,更好地完成今年计划,把整顿和做好明年的准备工作结合起来。要求在年底以前把重点企业基本上整顿好,抓出成效来,为迎接第五个五年计划,加快国民经济的发展速度认真做好准备。

---

① 20世纪60年代,毛泽东同志肯定的鞍山钢铁公司在企业管理方面一些经验的概括。1960年3月11日,中共鞍山市委以鞍钢的经验为依据,向中共中央作了《关于工业战线的技术革新和技术革命运动开展情况的报告》,同月22日,毛泽东同志在报告的批语中,高度赞扬了鞍钢管理的经验,并称之为"鞍钢宪法"。批语中所肯定的经验主要是:大搞技术革新和技术革命,实行"两参一改三结合",开展群众运动,实行党委领导下的厂长分工负责制,坚持政治挂帅等。

② 大庆位于黑龙江省松嫩平原的中部,是我国最大的石油生产基地之一。20世纪60年代石油部调集全系统主要力量在大庆组织会战。以铁人王进喜为代表的大庆职工,在外有封锁、内有自然灾害的极其困难的条件下,奋发图强,自力更生,发扬一不怕苦、二不怕死的英雄气概和一丝不苟、严肃认真的科学态度,高速度、高质量地建成了具有先进水平的大油田,甩掉了"中国贫油"的帽子。毛泽东同志在1964年向全国发出号召——工业学大庆。

附：

工业交通各部门重点企业领导班子调整情况

部门	考察重点单位数	需要调整 单位数	需要调整 占单位总数的比例(%)	已调整 单位数	已调整 占需要调整单位数的比例(%)	其中：调整后有显著变化 单位数	其中：调整后有显著变化 占已调整单位数的比例(%)	正在调整 单位数	正在调整 占需要调整单位数的比例(%)	正在摸底调查的单位数	尚未进行工作的单位数
总计	1 439	379	26.3	133	35.1	58	43.6	133	35.1	70	43
冶金	103	57	55.3	23	40.4	15	65.2	25	43.9		9
煤炭	82	34	41.5	25	73.5	5	20.0			9	
石油	265	49	18.5					49	100.0		
化肥	46	28	60.9					18	64.3	10	
电力	56	14	25.0	8	57.1	3	37.5	6	42.9		
一机	250	50	20.0	13	26.0	5	38.5	5	10.0	30	2
森工	118	28	23.7	12	42.9	4	33.3	16	57.1		
水产	16	5	31.3	3	60.0						2
建材	128	23	18.0	7	30.4	5	71.4	2	8.7	6	8
纺织	198	26	13.1	14	53.8	10	71.4			7	5
交通	34	18	52.9	5	27.8	4	80.0	4	22.2		9
铁道	69	31	44.9	23	74.2	7	33.4				8
邮电	74	16	21.6					8	50.0	8	

说明：1. 考察重点单位数各部门口径不完全一样。
2. 需要调整单位数各部门标准不完全一样。
3. 这是各部最近送来的数字。已调整数一般截至 7 月底。

尽快把稀土科研、生产和推广应用搞上去[*]

(1975年9月5日)

我国稀土工业从无到有，从小到大，取得了很大的成绩。旧中国我们没有查明的稀土资源，解放后在广大地质工作人员的努力下，已在18个省区找到了各种类型的稀土矿床，工业储量已大大超过了整个资本主义世界的总和。目前，我国有16种单一稀土氧化物和金属已进入工业生产，产品纯度也达到"两个九"到"四个九"。稀土的应用范围广泛，已发展到冶金、机械、石油、化工、建材、轻工、农业、医疗和国防工业等各个方面。稀土的科研工作取得了很大的进展，科研队伍日益壮大，成果不断涌现，有的已赶上或接近世界先进水平。

十多年来，我国稀土工作取得了很大的成绩，但还存在一些问题，如稀土资源综合利用没有跟上，稀土生产还满足不了需要，有的产品质量不稳定，有的价格过高，推广应用抓得不力，尤其稀土在钢材中的应用还没有展开，科研工作不适应生产发展的需要，等等。我们要认真总结经验，提高认识，采取有力措施，尽快地把稀土科研、生产和推广应用促上去。

一、要贯彻综合利用方针

我国稀土资源绝大部分在包头，包头矿是世界上罕见的铁、稀土和铌等多种元素共生的大矿床。过去，由于我们没有在综合利用上大做文章，稀土利用率仅有1.37%，铌的利用率还不到1%。今后应该重点对包头矿进行综合勘探、综合评价、综合开采、综合选冶、综合回收，以达到全面综合利用资源的目的，改变长期以来把包头矿只当作单一的铁矿

---

[*] 这是袁宝华同志在全国稀土推广应用会议上的总结讲话提纲。

来进行勘探、评价、选冶的开发思路。

有的同志认为，包钢"钢铁都保不了，哪有时间抓稀土和铌"，还有的说："先把钢铁搞上去，再腾出手来抓稀土。"这种说法，乍听起来好像有道理，实际上是有害的，是把可以统一起来和应该统一起来的东西对立起来。事实上，不抓稀土等元素的回收，不仅浪费了宝贵的资源，污染了环境，而且铁精矿品位也提高不了，氟、磷等元素还要影响钢铁的生产。只有综合利用，才能将稀土、铌、锰、氟、磷等元素充分利用起来，不仅变废为宝，还可以进一步促进包钢的钢铁生产。我们要根据我国自己资源的特点，建立和发展我国自己的原材料工业体系。包钢要向多品种高质量的方向发展，要把包钢建设成为黑色和稀土金属联合企业，建成具有我国资源特色的钢铁基地。

有的同志也许会觉得"综合利用说起来容易，做起来难"。的确，包头的共生矿是比较复杂，会遇到不少困难和技术问题，但只要我们坚决依靠党的领导，充分发挥广大干部、工人群众和科学技术人员的作用，难关是可以闯过的。先念同志要我们大胆地试，他说，可以试试看，一定要把它当作一件大事情来办，要重视，不泼冷水。一次不行，两次不行，100次不行，200次不行，就是300次不行，也不能动摇。坚决试验下去，最后总有一次会搞成功的。成功了，既可解决污染问题，又为国家创造财富。关于包头矿综合利用方针是全面贯彻执行，还是"年年讲，年年不做"，我们认为这不仅是一个认识问题，而且是一个贯彻多快好省路线的重要问题。全面贯彻执行综合利用的方针，下定决心解决包头矿的综合采、选、冶和综合回收问题已是当务之急。

二、全面规划，合理布局

根据毛主席的指示，周总理在四届人大政府工作报告中提出发展我国国民经济分两步走的设想，要在1980年前，建成一个独立的比较完整的工业体系和国民经济体系，在本世纪内全面实现农业、工业、国防和科学技术的现代化，使我国国民经济走在世界的前列。为实现这个宏伟目标，今后十年，我国稀土工业应该有一个较快的发展。

现在稀土资源大部分在包头，但从发展国民经济的要求出发，地质部门要在内地进一步查找资源。江西的重稀土、广东的独居石等重点矿产资源，要根据发挥两个积极性和合理布局的精神，积极加以安排利用。

目前，稀土硅铁合金占了全部稀土用量的80%以上，但仍然供不应求，缺口很大。根据各地电力、硅铁供需情况及相应的生产条件，要作一些新的布点。为了使全国稀土生产厂都能吃上精料，内蒙古在提供稀土原料产品方面，要多承担一些任务。希望大家从全局出发，发扬全国一盘棋的精神，搞好社会主义大协作，逐步做到使我国稀土工业有一个更加合理的布局，实现十年发展规划的目标。

三、迅速增加产量，大力提高质量

当前稀土推广应用中存在的主要问题之一，还是产量不足，质量不稳定。稀土生产单位，要通过革新挖潜，充分发挥现有生产潜力。关于这个问题，要提醒大家，不要一讲发展生产，就大搞基建。搞基建也要集中力量打歼灭战，少花钱，多办事。所有企业都要充分发挥现有生产能力，努力提高产品质量，坚持质量第一的方针。要制定产品质量标准，切实整顿和加强企业管理，严格规章制度。执行规章制度要十分严格，九分不行，少一分也不行。只有这样，才能保证稀土推广应用工作的顺利进行。

四、加强科学研究工作

科学实验是三大革命运动之一，我们必须打好稀土科研这一仗。不打好这一仗，生产就无法很快提高。

稀土科研工作，我国是50年代初期开始的。1958年以后，稀土的科研工作对稀土的地质勘探、选、冶、生产和推广应用促进较大。不少科研单位和大专院校，都为我国稀土工业的发展作出过贡献。但是总的说来，我国稀土科研工作水平还不高，还不能适应生产、应用发展的要求，科研必须为今后稀土工业的大发展开辟道路，科研一定要走在前面，对科研工作，我们要舍得花一点本钱，特别是对一些关键性的技术攻关课题，要确实保证必要的物质条件。对稀土生产中的技术难关，从矿石到采、选、烧、冶以及防护问题的研究，要分工合作、迅速解决。对稀土应用中的技术问题，要广泛开展试验研究工作。要大力加强基础理论的研究工作，搞清稀土的作用及其原理，掌握规律，为生产应用进一步发展打好理论基础。科研资料也要提高质量，要求要严格，工作要细致，数据要准确。

五、狠抓具体措施落实

为了高水平、高质量地发展我国稀土工业，还必须采取有效的具体措施：

（1）为了加强领导，要成立一个全国稀土推广应用领导小组。各省、区、市和各部门也都要有负责同志抓这项工作，并指定有关单位负责督促检查，组织协调并及时解决工作中遇到的问题。

（2）切实解决资金、设备、材料问题，对所需要的电力、硅铁和化工材料等，要妥善安排供应。

（3）为确保稀土原料供应，包钢要订出具体计划和措施，抓好综合利用，所有的选矿系列都要回收稀土，尽量提高稀土的精矿品位。所有的铁水都要提取铌渣，努力增加铌铁生产。

（4）在矿石开采、选冶过程中，凡有污染和有害作业的地方，都要认真做好防护工作，各地劳动、卫生部门要协助抓好这项工作。

（5）要建立和健全科研试验基地和测试中心。包头的试验基地要尽快建立和健全起来。

（6）要加强情报交流和科学普及工作。

毛主席指出："人是要有一点精神的"①。我们不信神，不怕鬼，外国人能解决他们在工业化中遇到的问题，而中国人，中国的无产阶级，中国的科学技术人员难道就没有办法解决我们自己的包头矿的选矿冶炼问题、综合利用问题、应用问题吗？广大群众是要求和能够把稀土应用搞好的。有的老专家在这次会上表示，这一辈子只要还有一口气，就要和广大工人一起闯出包头矿的新的选冶方法来，这种精神很好。我们有许

---

① 《毛泽东文集》，第7卷，162页，北京，人民出版社，1999。

多稀土工作的积极分子,有老工人,有技术人员,也有领导干部。他们打报告写信,向领导反映情况,积极提出建设性意见。他们急国家之所急,一面搞生产,一面克服困难,创造条件,开展科学研究,我们应该支持他们,鼓励他们!向他们学习!

我们要坚持独立自主、自力更生,艰苦奋斗、勤俭建国的方针,我们要坚持"鞍钢宪法",继续深入开展工业学大庆的群众运动,知难而进,打破洋框框,走自己稀土发展的道路。我们全体同志就是要保持过去革命战争时期的那么一股劲,那么一股革命热情,那么一种拼命精神,把革命工作做到底,使我国稀土的科学技术水平在世界上居于领先地位,使稀土的科研、生产、应用为我国社会主义建设作出更大的贡献。

在全国设备维修报告会上的讲话

(1975年10月16日)

今天，石化、煤炭两部介绍的经验很好，比较系统，很有说服力，很有启发性，值得大家认真研究学习。

他们的成绩的取得，源自认真贯彻了毛主席的三项重要指示、中央一系列文件和国务院领导同志的有关指示精神，在各级党委的领导下，坚持党的基本路线，贯彻"鞍钢宪法"，深入开展工业学大庆的群众运动，主要负责同志亲自抓，亲自过问，亲自动员，把设备维修工作列入党委的议事日程，并抽出大批干部，做扎扎实实的组织工作，深入基层，调查研究，总结经验，抓典型，树样板，组织和推广先进经验。

他们的经验的主要特点是：

1. 党委加强领导，从思想路线入手，正确处理了生产和维修的关系。

2. 奋斗目标明确，都有几项指标。

如炼油行业有四项指标：设备完好率95%，装置开工周期1.5～2年，泄漏率0.2%，配件自给率70%。

煤炭行业口号是"80、7、2"，即设备完好率80%，设备待修率降到7%以下，机电事故率2%以下。另外一项巷道失修率降到10%以下。有了这些明确的指标，能把群众组织动员起来。

3. 狠抓典型，树样板，注意总结推广先进经验。煤炭部抓了三矿、四点。

4. 依靠和发动群众，群管群修，用好、管好、修好设备。

如开展群众性的"一类岗"、"完好岗"活动；生产工人参加检修；当设备的"赤脚医生"，培养"一专多能"；"分工虽不同，都是主人翁"，出现了团结协作的新风尚；开展"三好"、"四会"技术练兵活动。

5. 自力更生，修造配件。

他们不搞"等、靠、要"，坚持"干、创、造"。配件自给率提高很快。这个经验很重要，对国民经济特别是基础工业部门有着非常重要的意义。

6. 依靠群众，建立和健全以岗位责任制为中心的设备维护、保养、检修等制度，保证了改善设备状况成果的继续巩固和提高。

在这期间，各部门也都有自己的先进典型，为工交系统 11 个部委、为全国设备维修工作会议，初步推荐了 100 多个典型，要继续认真总结提高，及时加以推广。如鞍钢 8 月份以来，发动群众查漏、堵漏。共查出 3 万多处跑、冒、滴、漏，群众自己动手，解决了 70％多。

全国设备维修工作会议将在年底召开。多年来，还是第一次。这次会议将进一步贯彻中央有关文件精神和国务院领导同志关于加强设备维修工作的指示，也是贯彻工业整顿指示的一次重要会议。小平同志在学大寨会议上传达了毛主席的指示。工业、农业、商业、文教、科技队伍要整顿，文艺要调整，调整也是整顿。整顿企业，首先是政治思想工作的整顿，但还要整顿企业管理，彻底搞好设备维修。今年 11、12 月，用两个月的时间，抓企业整顿，同时把设备维修搞好。兵强马壮，迎接第五个五年计划的开始。

目前，工交系统的设备完好率很低，有的行业，关键设备的完好率只有一半左右。为此，提出几点意见：

第一，我们要纠正那种不重视设备维修的倾向，拼设备那就更错误了。两部经验解决了这个问题。要求从现在起到明年底，按照主次、缓急、分批、分期打歼灭战。力争把所有失修的设备都修复起来，原来想使设备完好率提高到 80％以上，现在看来，应该达到 90％以上，超过历史较好水平，并保证今后完好率逐年升级。

第二，要建立健全设备负责制，加强设备维修的专门机构。对设备要做到精心管理、精心维护，合理使用、计划检修。

机械行业要组织力量，搞好配件的生产和供应，提高配件质量，延长配件使用寿命。

各部门、各地区要密切配合，开展群众性的设备大检查和设备维修大会战，把一些关键设备维修好。

要坚持贯彻"先维修、后制造"、"先配件、后主机"的原则。最近铁道部召开了设备维修大会,贯彻了这个原则。要从生产安排和物资分配上,优先保证维修配件的供应。各部门、各企业要不断提高配件自给率。

第三,要组织工人学习技术,特别是要加强对新工人的训练。要严格要求,为革命苦练基本功,使每个工人达到操作、维修都能过硬。

我读了齐齐哈尔机床二厂马恒昌同志的来信。他的三点建议很好。

1. 把各企业之间的设备维修互助组恢复起来,每月召开一次会,互查互检。

2. 建立每天班前十分钟、每周末一小时清扫机器的制度,并做好评比检查,不合格不准使用。

3. 举办新工人技术学习班。新工人要学习机器的结构、性能,了解润滑系统等技术,经过考核发给合格证,方可操作。

全国设备维修工作会议很快就要召开了,请各部门领导都认真对照检查一下本部门的设备情况,认真检查一下参加会议的筹备工作,抓典型、总结经验,如何?在今年内,各部要根据国务院领导同志关于整顿企业的指示精神,认真抓好设备维修工作。在全国设备维修工作会议召开之前,各部要抓紧时机,对照先进部门,学先进,找差距,定规划,争取在较短时间内,改变设备面貌。

"四人帮"批"唯生产力论"是别有用心[*]

(1976年12月3日)

"四人帮"反对实现四个现代化，制造种种谬论，其中之一是借批"唯生产力论"打击广大干部和群众的社会主义积极性，破坏社会主义生产。谁要是坚持抓革命、促生产，他们就给谁扣上这顶大帽子。

什么是"唯生产力论"？在马列主义经典中，"唯生产力论"是取消阶级斗争、反对无产阶级革命、反对无产阶级专政的修正主义谬论。在无产阶级夺取政权以前，它鼓吹没有生产力的高度发展，就不能进行革命，而随着生产力的发展，资本主义就可以"和平长入"社会主义，无须进行暴力革命。在无产阶级夺取政权以后，它鼓吹唯一任务是发展生产力，反对无产阶级专政下的继续革命。"唯生产力论"的要害是维护和复辟资本主义。我们过去反对"唯生产力论"，今后也必须反对"唯生产力论"。但是，反对"唯生产力论"，绝不是不要搞生产，努力搞好社会主义生产，是无产阶级专政的基本任务之一。而且生产搞得越多越好，越快越好。"四人帮"把发展生产一概斥为"唯生产力论"，那是别有用心，故意制造混乱，是对社会主义建设事业的恶毒诬蔑，是对历史唯物论的公然背叛。

历史唯物论充分肯定上层建筑对经济基础、生产关系对生产力的反作用，而且在一定条件下，表现为主要的、决定的作用。但是，历史唯物论根本不同于历史唯心论，它历来认为，生产力对生产关系，经济基础对上层建筑，一般地表现为主要的、决定的作用。无产阶级的革命导师早就一再指出：人们首先必须吃、喝、穿、住，然后才能从事政治、科学、艺术等活动。因此，人类的生产活动是最基本的实践活动，是决

---

[*] 这是袁宝华同志在国家计委召开的揭批"四人帮"罪行大会上的发言摘要。

定其他一切活动的东西。"四人帮"这伙号称懂得马克思主义的所谓"理论家",竟然不懂得人是要吃饭的,根本否认生产力、经济基础对于社会发展的作用。

"四人帮"鼓吹,"革命搞好了,生产下降没有关系"。他们胡说"宁长社会主义的草,不栽资本主义的苗","宁要社会主义的低速度,不要资本主义的高速度","宁要社会主义文化低,不要资本主义文化高"。他们叫嚷,只要抓好阶级斗争,"工厂可以不出产品","农场颗粒无收也没有关系"。真是混账逻辑,形而上学猖獗。

大家知道,革命是历史的火车头,革命的目的就是解放生产力,促进生产力的发展。古往今来,没有哪一场真正的革命,不是大大推动社会生产力发展的。社会主义革命是历史上最深刻最广泛的革命,给生产力的发展开辟了最广阔的道路。解放以来,随着社会主义革命的深入,我国社会生产力的高速度发展,不是最有力的证明吗?就一个单位来说,也是这样。哪里的革命搞得好,就一定能促进生产的发展;哪里的生产搞得一团糟,根本原因是那里的革命没有搞好。

生产下降,不是没有什么关系,而是关系极大。工厂不出产品,那算什么工厂!农场不打粮食,还算什么农场!所有的生产单位都不生产了,整个社会吃什么?不用说革命被断送了,连社会也要灭亡。这都是起码的常识。毛主席历来教导我们要抓革命、促生产,革命生产两不误。"四人帮"叫嚷,"路线问题不解决,生产再多,也是给资本主义复辟打基础"、"把生产搞上去,是给走资派脸上贴金",鼓吹"不为错误路线生产"、"不为走资派生产",这是一个极端反动的口号,是明目张胆地煽动停工停产。这是恶毒污蔑我国的无产阶级专政和社会主义制度。

应当指出,社会生产是一个统一整体,一个单位停止了生产,就会影响其他许多单位生产的正常进行。每个企业按国家计划进行生产,都是为社会主义生产,为无产阶级专政的国家生产,为人民群众的利益生产。其实,他们讲的那个"路线斗争",是用他们的那条修正主义的路线来同马克思主义的路线斗。他们以自己划线,跟他们跑的,就是正确路线;抵制和反对他们的,就是错误路线。他们所说"不为错误路线生产"的实质,就是处心积虑地要把我们的社会主义生产搞乱、搞垮。这几年,正是由于"四人帮"的干扰和破坏,打乱了国民经济的发展计划,拖住了国民经济的发展速度,使我们丧失了宝贵的时间。如果不除掉"四害",再让他们干扰破坏下去,我国的国民经济就要崩溃,无产阶级专政的物质基础就必被他们搞垮!

在全国物资部门学大庆座谈会上的讲话

(1977年3月5日)

开展工业学大庆的群众运动,我认为要着重解决六个问题:(1)批判资本主义倾向,坚持社会主义;(2)建设一个坚持党的正确路线、团结战斗的领导班子;(3)建设一支又红又专的"铁人"①式的革命化队伍;(4)发展经济,保障供给,做生产建设的促进派;(5)艰苦奋斗,勤俭建国,大力挖掘物资潜力;(6)依靠群众建立和健全合理的规章制度。学大庆,要抓住根本,同时,要结合各部门的实际,提出本部门学大庆的具体要求,解决本部门的具体的工作路线、方针、政策和方法问题。要在各级党委统一领导下进行。现在,我就物资战线学大庆运动讲几点意见:

一、物资战线学大庆,要批判资本主义倾向

在物资流通领域,资本主义倾向相当严重。这个问题,在"四人帮"干扰破坏下,不可能解决,因为"四人帮"就是资本主义势力的总根子、总后台。他们包庇、纵容、支持贪污盗窃、投机倒把。1975年全国物资工作会议,会上搞了一个加强协作管理,制止"以物易物"的文件,但"四人帮"反对,他们反对国家统一计划,在社会主义经济内部大搞生产资料的非法交易。他们搞的这一套,搞乱了生产资料的分配、供应,破坏了社会主义计划经济,危害极大。在他们的影响下,特别是他们直接插手破坏的地方,资本主义泛滥,贪污盗窃、投机倒把成风,新老资产阶级分子肆意侵吞国家资财。有些单位以协作为名,行非法交换之实。

---

① "铁人"王进喜,中国石油工人的光辉典范,曾任大庆1205钻井队队长。他为中国石油工业的发展和社会主义建设立下了不朽的功勋,在创造了巨大物质财富的同时,还给我们留下了宝贵的精神财富——铁人精神。

有相当一部分物资，脱离了国家计划分配、计划调拨的正常渠道。

要加强党对物资工作的集中统一领导，在物资管理上采取有力的措施，制止资本主义倾向。在这方面，我们有不少抵制"四人帮"、坚持社会主义统一计划、反对非法交换的单位，大庆就是我们学习的榜样。大庆油田党委在物资工作上实行了"五统一"，即统一计划、统一分配、统一采购、统一调度、统一管理。这五个统一，对堵住资本主义的邪门歪道作用很大。三机部有些企业，也在党委的集中统一领导下，对物资工作实行了对内集中管理、对外统一归口。这样做，有利于改变物资分散、采购人员满天飞的状况，防止了违法乱纪等现象的发生。我看所有企业都应当这样做。我们搞社会主义，就要反对资本主义倾向。

一个企业如此，一个城市、一个地区、一个省都应该加强对物资的集中统一管理。

政治工作是一切经济工作的生命线。要在物资工作中坚决制止资本主义倾向，各级物资部门必须像大庆那样，学解放军，加强政治思想工作，建设一支革命化的物资工作队伍。大庆的物资工作人员坚持"三老四严、四个一样"①，拒腐蚀，永不沾。在工作中做到遵守正当渠道，不搞歪门邪道；坚决执行计划，不搞非法交换；供应一视同仁，不搞以权谋私；严守物资政策，不搞"礼尚往来"。大家都自觉地这样做，资本主义势力就很难有可乘之机了。

二、物资战线学大庆，要鼓干劲，做生产建设的促进派

深入开展工业学大庆的群众运动，努力把国民经济搞上去，物资部门必须当好后勤。各级物资部门一定要树立为生产服务的思想，保证国家计划内所需物资的供应，做到全面负责，负责到底。想生产所想，急

---

① 20世纪60年代初期，大庆油田职工在油田建设、队伍建设、培养良好作风方面创造的好经验，也是中共大庆油田党委向全体职工提出的要求。"三老"：对待革命事业，要当老实人，说老实话，做老实事。"四严"：对待革命工作，要有严格的要求，严密的组织，严肃的态度，严明的纪律。"四个一样"：对革命工作，要做到黑夜和白天一个样，坏天气和好天气一个样，领导在场和领导不在场一个样，没有人检查和有人检查一个样。大庆油田坚持"三老四严、四个一样"，带出了一支思想好、纪律严、技术精、作风硬的职工队伍，为发展中国的石油工业作出了卓越贡献。这个好经验，曾被广泛推广到其他行业，并起到良好的作用。

生产所急。大庆物资工作人员那种"宁愿自己千辛万苦,不让前线一时为难"的革命精神,要认真学习,大力发扬。所有物资部门都要十分关心企业的困难,企业确实有困难的,要满腔热情地支持它们。

物资部门要发动和依靠广大干部和群众调动各方面的积极因素,采取一切有利于生产的方法,千方百计为工农业生产建设服务。就是说,要想尽一切办法,解决生产建设的急需,手头没有东西,也不能简单地推出去了事。应该看到社会库存物资很多,我们的家底很厚,要发动群众,发挥广大群众的智慧、干劲和创造性,大家想办法,就没有克服不了的困难。只要我们一心扑在社会主义上,一心为公,为生产服务,主动解决生产上的问题,就会取得企业的信任,物资就可以搞活了,工作就可以主动了。

物资部门过去一些行之有效、深受用户欢迎的好做法,应该进一步继续推广。周恩来同志曾经肯定过的组织物资工作人员下乡下厂服务这种形式,应该大力提倡。

三、物资部门学大庆,要大搞节约挖潜

努力增产,厉行节约,是毛主席的一贯教导。节约是社会主义经济的基本原则之一。"四人帮"却不许讲节约,不许反浪费。你揭露积压浪费,他们就给你扣上"否定大好形势,宣传今不如昔"的帽子;你要提倡降低消耗,开展节约竞赛,他们就给你扣上"要把工人阶级引导到资本主义"的帽子。真是浪费有理、节约有罪,天下哪有这个道理!他们一方面利用库存积压,攻击诬蔑中央领导同志;一方面又胡说执行毛主席关于"扫仓库"指示是"走资派在搞阴谋","是以清仓压革命",完全是出尔反尔,信口雌黄!他们败坏了党的艰苦奋斗的优良传统,破坏了增产节约运动,造成了物资的严重积压浪费。

我们要学习大庆艰苦创业的精神,恢复我们党的光荣传统,坚决贯彻艰苦奋斗、勤俭建国的方针,大力开展节约挖潜工作,这在当前有很现实的意义。余秋里副总理在全国计划会议开幕时的报告中已提出这个问题。是切切实实地从节约中求增产,从挖潜上求速度呢,还是向上伸手,坐等条件,空喊大干快上?这是一个事关全局的大问题。必须发动

群众，深入讨论，弄清思想，认真解决。

现在着重讲一下利用库存的问题。毛主席发出"扫仓库"的指示已经多年了，去年国务院又专门发了通知，还在兰州开了现场会。当前我们库存物资很多，家底很厚，抓好这项工作非常重要。

拿钢材来说，这几年，一些地区和部门，抵制"四人帮"的干扰破坏，积极清仓查库，利用库存，取得了一定成绩。但也有些部门、地区和单位，钢材库存迟迟降不下来，有的反而有所增加。尤其是过去"四人帮"控制的地区，情况更为严重。如上海全市钢材库存高达70多万吨，相当于半年以上的消耗量，大大超过国家计划规定四个月的水平。目前全国库存钢材仍有一千二三百万吨，潜力还是不小的。机电产品库存过多的情况更为突出。1975年进行了普查，本想好好抓一下，但由于"四人帮"干扰破坏，这几年不少地区和部门的库存不但没有降低，反而有所上升。根据43个部门和地区的统计，去年6月末机电产品的库存就比年初增长了6.4%。

要进一步降低库存，加速周转，使有限的物资发挥更大的作用，必须改变各行各业层层设库、物资分散、"货到地头死"和层层收费、任意提价、加大成本的状况，对地方企业（不包括中央部直供的下放企业）需要的通用物资，实行"指标到局、供应到厂"的办法，即由生产建设主管部门安排分配指标，由物资部门统一供应，做到物资部门和工矿企业两级库存。这既有利于加速物资周转，又有利于加强经济核算。

为了把库存物资充分利用起来，必须发挥中央和地方两个积极性。中央各部门要提倡同地方商量办事的作风，凡是没有商量好的，不要贸然下命令，依靠地方党委做好这一工作。各部直属、直供企业除正常周转和已列入利库计划以外的积压物资，应当允许地方统一调度，希望各部支持。

物资的供需矛盾，在国民经济的各种矛盾中是比较突出的，物资工作搞得好坏，事关大局，任务是艰巨的，物资战线的各级领导干部，要走在前面，带领广大职工高举毛主席的伟大旗帜，在党中央领导下，发扬革命战争时期那么一股劲儿，充分发挥主观能动性，调动一切积极因素，作出显著成绩，争取更大的胜利！

坚决把产品质量搞上去
促进国民经济高速度发展*

(1978年4月18日)

同志们:

在这次会议的前几天,有十几位地方、部门和企业的同志就深入揭发批判"四人帮",开展工业学大庆问题作了很好的发言。先念副主席,登奎①、秋里、世恩副总理作了许多重要指示,使我深受启发和教育。现在,我就进一步提高产品质量,促进国民经济高速度发展,以加快实现四个现代化的问题讲几点意见,供同志们参考。

一、质量问题,是个路线问题

华国锋同志在第五届全国人民代表大会上,提出了新时期的总任务,发出了向四个现代化进军的动员令,要求我们加快社会主义经济建设速度,并且指出:现在,有些企业只求产量多,忽视产品质量,忽视降低消耗,造成很大浪费,这是不符合全面实现多快好省的要求的。我们要坚决反对不讲质量,不讲经济核算的败家子习气。华主席在这里明确地告诉我们:没有高质量,就没有高速度。是努力提高产品质量,为四个现代化打好基础,还是忽视产品质量,当社会主义的败家子? 这是摆在我们面前的一个必须严肃对待的大问题。

新时期的总任务要求我们,必须更多地生产高质量的产品,用以支援农业,加强战备,壮大经济实力。这是实现四个现代化的需要,是巩固无产阶级专政的需要。

---

* 这是袁宝华同志在全国工业学大庆工作会议上的讲话。
① 即纪登奎,时任中共中央政治局委员、国务院副总理。

早在半个多世纪以前，列宁就尖锐地指出："要么是灭亡，要么是**在经济方面也**赶上并且超过先进国家。"① 在当前国际阶级斗争日趋紧张的形势下，我们如果不能生产出比资本主义国家的产品效能更高、质量更好的产品，就会被动挨打。产品质量搞不好，就不能满足人民生活和国家建设的需要，就不能增加出口、搞好援外，支援世界革命，那么，社会主义制度还有什么优越性呢？

毛主席一贯重视产品质量，作过一系列重要指示。早在1945年就指出："一切产品，不但求数量多，而且求质量好，耐穿耐用。"② 1959年指出："要注意质量，宁肯少些，但要好些、全些，各种各样都要有。"③ "工业管理问题。特别要强调质量问题"④。1960年指出："品种、质量放在第一位，数量放在第二位。"⑤ "数量不可不讲，把质量提到第一位，恐怕到时候了。"⑥ 1961年指出：我们要搞扎实一点，不要务虚名而招实祸。今年、明年、后年，我们要做巩固工作，提高质量，增加品种、规格，加强管理，提高管理水平，提高劳动生产率。1964年指出：基础工业，现在主要解决品种、质量问题。有一定的数量，品种更多了，质量更好了，基础就更巩固了。毛主席关于把质量摆在第一位的指示，是我国社会主义建设的一个十分重要的方针。

周总理坚决执行毛主席的指示，十分关心产品质量。1972年，总理针对林彪、"四人帮"破坏国民经济造成的严重情况，在关于援外汽车质量问题的一个文件上批示说："质量这样下降，如何援外，如何备战？这是路线问题"⑦。同年，又在有关广交会的另一个文件上批示说：轻工业等产品的质量一定要搞好。质量不好，宁可不出口，要出口，就要保证质量。在总理的关怀下，1973年，产品质量上升。1974年，"四人帮"进行破坏，质量再一次下降。1975年，邓副主席根据毛主席、周总理的指示，提出："质量第一是个重大政策"⑧，要求各地狠抓产品质量整顿，

---

① 《列宁全集》，中文2版，第32卷，224页，北京，人民出版社，1985。
② 《毛泽东选集》，2版，第3卷，1020页，北京，人民出版社，1991。
③ 《毛泽东文集》，第8卷，76页，北京，人民出版社，1999。
④ 《毛泽东文集》，第8卷，80页，北京，人民出版社，1999。
⑤⑥ 转引自《建国以来重要文献选编》，第15册，659页，北京，中央文献出版社，1997。
⑦ 《周恩来选集》，下卷，463页，北京，人民出版社，1984。
⑧ 《邓小平文选》，2版，第2卷，30页，北京，人民出版社，1994。

这一年产品质量又有上升。1976年，"四人帮"更加猖狂地进行破坏，产品质量再一次大幅度地下降。产品质量几次下降，给国民经济造成了极大的危害。

"四人帮"为了篡夺党和国家的最高权力，不惜搞垮我国的社会主义经济基础，制造了大量反马克思主义、反毛泽东思想的谬论。他们鼓吹建立"没有规章制度的工厂"，把一切管理制度说成是"资产阶级的管卡压"，把图纸、工艺说成是"修正主义的条条框框"，把学习技术污蔑为"走白专道路"。他们胡说："我们向共产主义过渡，不指靠发展生产力，不指靠物质基础，主要靠精神"，恶毒攻击抓产品质量是"给'文化大革命'抹黑"，是"唯生产力论"，是"右倾翻案"。"四人帮"在辽宁的那个死党还叫嚷："质量第一，基本路线第几？"这完全是颠倒黑白。社会主义企业是一个有机整体，如果不要规章制度，不要图纸工艺，不掌握技术，怎么进行生产，怎么保证质量？如果我们生产不出比资本主义国家的产品性能更好、质量更加优良的各种工业、农业、国防、科研所需要的现代化产品，如果不具备比资本主义更强大的生产力和物质基础，怎么能巩固自己的政权，又怎么能最终战胜资本主义，向共产主义过渡呢？质量第一，是指在生产活动领域里，在数量和质量的关系上，要把质量摆在第一位。基本路线，是指我们党、我们国家的方向道路。怎么能把这两者对立起来？如果讲它们之间的关系，那么，质量第一，也正是落实基本路线的一个具体体现。对"四人帮"这些反动谬论，必须彻底揭露和批判。

二、当前产品质量低劣的状况仍然十分严重

粉碎"四人帮"为提高产品质量、高速度发展国民经济扫除了最大障碍。一年多来，在以华主席为首的党中央领导下，各部门、各地区和各企业在狠抓恢复和发展生产的过程中，开始注意抓质量工作，广泛开展了质量大检查，产品质量存在的问题得到了进一步揭露，对质量管理的基础工作已开始整顿，产品质量严重下降的状况有所改变，一部分产品恢复到了历史最好水平，在提高质量方面取得了初步效果。例如，石油产品，去年基本稳定上升。19个炼油厂，有12个厂的成品合格率达到

百分之百。一机部重点考核的100种产品，品种合格率由去年初的47％提高到71％。今年2月，重点钢铁企业的生铁合格率达到99.43％，比去年提高3.14％。重点企业钢材合格率达到98.49％，已接近历史最好水平。棉纱一等一级以上品率达到95.4％，创历史最好水平。飞鸽牌自行车质量已超过历史最好水平。上海市119项产品中，质量达到和超过历史最好水平的占61.3％。北京市重点产品质量达到和超过历史最好水平的占61％。天津市主要产品质量达到历史最好水平的占54％。我们对于已经取得的成绩必须给以充分肯定，以鼓舞士气，增强信心，更有力地进行战斗。

但是，对"四人帮"破坏产品质量造成的恶果，决不能低估。当前产品质量低劣的状况仍然十分严重。（1）从全国来看，还有一半左右的产品质量没有恢复到历史最好水平；已经恢复的，有的还不稳定；少数产品还在继续下降。（2）主要工业产品的质量标准低，大多数只相当于国际上五六十年代水平，就是这个标准，许多产品还达不到。（3）尤其严重的是，相当一部分领导干部忽视产品质量的思想还没有扭转。下面我举一些例子：

冶金产品，去年八项质量指标，完成计划和达到历史最好水平的，只有电解铜一项。有些品种，近几年质量严重下降。如鞍钢供第一汽车厂的钢板，1966年冲废率只有1％～2％，去年冲废率高达5％～10％。大梁钢板冲废率比1966年增加10倍。有些钢轨的质量不好。去年津浦线铺轨164公里，使用四五个月后检查，平均两公里就发现有一根带轻伤或重伤，有的纵向垂直裂纹长达10米，严重影响行车安全。滚珠钢材寿命低，汽车轴承比美国低80％，航空轴承比英国低87.5％。高速工具钢钻头，我们的三只才顶英国的一只。冶金产品质量不好，直接影响军工生产和国防建设。如"903"钢板，去年抽查2 230吨，不合格的占一半还多。炮钢、飞机大梁、起落架、子弹钢夹杂物多，有裂纹。我们需要的是能顶用的钢。现在，我国钢材产量小，优质钢比重小，质量又这样差，这些问题不解决，怎么备战？怎么赶超？

机械产品，经过一年多的整顿，质量有所提高，但问题仍然很多。1977年底，全国八大拖拉机厂，除江西、鞍山、上海丰收外，均为不合格品。15个中型拖拉机厂，有10个厂产品是不合格的。四平、开封、佳木斯三个主要联合收割机厂,产品都不合格。如果质量问题不很快解决,不但影响实现农业机械化的进程,还影响工农联盟。大型发电设备常出事故。哈尔滨电机厂为吉林前郭电厂生产的 10 万千瓦机组,由于转子平衡螺钉没有锁紧,运行中脱落,打坏发电机,造成停电 100 多天,影响 40 多个企业生产。后来检查该厂生产的同类型机组,发现 7 台都有类似的质量问题。河北省机械局去年底检查了 11 个柴油机厂,33 台产品,没有一台合格的。在这次检查中,合格率都是零的还有:4 个厂的减速机、5 个厂的空压机、13 个厂的离心泵、2 个厂的汽车、1 个厂的拖拉机、15 个厂的电机、8 个厂的车床等。天津第一机床厂生产的出口插齿机,由于这几年质量下降,英国商人指定要 1959 年生产的。一机部掌握的重点产品中,去年二季度抽查为合格品,三季度又戴上了不合格帽子的有长沙鼓风机厂的罗茨鼓风机、兰州石油化工机器厂的换热器、沈阳拖拉机厂的东风 28 型拖拉机、重庆机床厂的滚齿机等等。

煤炭的质量下降也很严重,影响到各方面。去年,统配煤矿的商品煤灰分和含矸率,比历史最好水平分别提高 3.85% 和 0.48%。按去年产量计算,就多运了 1400 万吨石头,平均每天要有十几列火车拉运。煤的灰分增加,会导致焦炭灰分增加。焦炭灰分每增加 1%,炼铁焦比要升高 2%,生铁产量要下降 3%。按去年焦炭灰分比历史最好水平高 1.68% 计算,全年就多耗焦炭 35 万吨,还少生产生铁 80 多万吨。

化工产品中,普钙磷肥有效成分的含量普遍达不到标准。据化工部统计,普钙磷肥五氧化二磷含量,在创造历史最好水平的 1964 年,全国平均为 17.7%,去年只有 12.2%。现在全国六大磷矿含磷量比历史最好水平下降 5% 左右。磷矿石含磷品位降低 1%,生产一吨磷肥,硫酸消耗量相应增加 20 公斤左右。去年由于磷矿品位下降,就多消耗硫酸七八十万吨。医药质量问题也很多。例如上海黄河药厂,去年 7 月发现药品中有异物混入,有的药片压进了小虫,药瓶装进了蟑螂、稻草、玻璃屑,出口的"利血平"也混入金属屑。阜新市制药厂生产的葡萄糖氯化钠注射液,有白块、玻璃屑、菌团,检验室检验不合格,工厂竟出合格检验报告书,出厂销售。浙江龙泉药厂去年上半年生产 48 个批号大输液,有 10 个批号发霉变质,给病人注射后,发生热原反应 20 余人次,其中经抢救无效,死亡三人。

建材产品，平板玻璃的一级品率至今还没有达到历史最好水平。有的水泥标号没达到也出了厂。青岛砖厂生产的红砖，像食品店里的桃酥一样脆，而食品厂生产的桃酥，却像砖头一样硬。市委书记批评他们说，你们两个厂来个对口赛吧。

轻工产品，经常发生质量问题。去年4月，上海杨树浦一家商店发现一瓶中国酿酒厂生产的熊猫牌葡萄酒里，有一只死老鼠。轻工业部检查51个烟厂，17个厂的产品全部为三类品。检查255个牌号，三类品196个，占76.9%。天津的前门烟和郑州的三门峡烟，有的连点三根火柴还吸不着。群众批评说，这不是吸烟，是吸火柴。上海的前门烟只相当于1958年的飞马烟，降了一个等级。今年3月，罐头行业在福州举行鉴评会，蘑菇罐头有32个厂参加鉴评，29个厂的质量达不到一类水平。最近南京电视机厂生产的12寸电视机，发到北京600部，因质量不好，不能投放市场。发到太原200部，一个商店进货18部，卖出9部，全部退回。我们出口的电风扇，自1954年以来，已销往68个国家和地区，在国际市场上享有一定的声誉，但近几年来，质量下降，在香港的销售量已由首位退居到第三位。去年上海出口的商品，因质量差，外商索赔的就有34笔、67 400美元。如销往比利时、荷兰的自行车，去年就赔了15 000美元。出口联邦德国的6 500架照相机，经到货检验，94架有各种毛病，只好退货。

纺织品，棉布缩水、折断、褪色，针织品变色，一直没有解决。据上海出口公司反映，上海出口的衬衫因质量不好，在香港被贬为"杂牌衬衫"。"学生呢"原是上海独特产品，曾把意大利的名牌货"七重天"赶出市场，这几年质量下降，穿不了几天，就起球露底。

电的质量也有问题。有些电网周波低，电压下降，线路损失增加，造成电机烧坏，影响工厂生产和人民生活。据鞍钢动力处统计，去年鞍钢由于供电原因烧坏马达1 757台，今年一季度就烧坏446台。

商品包装和运输装卸不好，造成损失也很严重。据上海对9种产品计算，仅破损、污染和被盗，去年损失460多万元。襄樊运往石家庄的花瓶210个，因没有小包装，花瓶间也无衬垫，破损率竟达60%。上海钻石牌闹钟，用柳条包装，有的破损率高达21.7%。去年上半年，由上海调拨电视机9 823台，破损534台；调拨收音机30 480台，破损2 260

台。北京的雪花膏、香脂，残损率达到30%。今年1月由上海发往山东大众日报社的进口新闻纸360吨，因装卸不好，纸卷压扁、破裂，已经不能用于印报的117吨，占发运量的1/3。去年10月，天津港在起卸进口的一套价值640多万元的石油钻机主件时，全部摔坏。今年2月，起吊一台钻机，又翻到海里。去年哈尔滨铁路局承运到沈阳的电机转子摔坏两件，影响重要工程使用。去年，丰台站发生两次调车冲撞，损坏鲜蛋几十吨。去年10月，阳泉调往北京的白布装在运过炭黑和水泥的车里，大部分污染变色。

当然，上面讲的，并不是我们产品质量的全貌。有些问题还没有充分暴露，但也足以看出问题的普遍性和严重性了。这样一种质量状况，如果不迅速地从根本上加以扭转，既谈不上高速度，更谈不上四个现代化。我们要实现工业现代化，但生产的机器设备是不合格的；我们要实现农业机械化，但供应的农业机械是不能用的；我们要实现国防现代化，但武器装备常出事故；我们要实现科学技术现代化，但实验仪器不合要求。不解决质量问题，光喊四个现代化，岂不是空话。

问题不仅在于质量低劣的现象到处可见。更重要的，是许多人对质量问题的严重性还没有认识。去年9月，秋里同志在一机部质量会上讲话时，要求大家在数量与质量的关系上来个转变，但有些人对这一点迟迟不能理解，至今还没有真正转变。石家庄柴油机厂生产的柴油机，因为质量不合格，去年年底停产整顿。就在整顿期间，发现190缸体硬度不够，要求是洛氏20度，实际最高才相当于洛氏16.5度，检查科不同意使用，管生产的副主任和抓整顿质量的副书记仍决定使用。这个厂由于把大量不合格品出厂，农民经常找上门来，有的说："你们把老百姓坑苦了！"还有砸工厂牌子的。工厂在厂门口设了个"支农组"，用一些不合格零件应付找上门来的社员。农民气愤地说，什么"支农组"，纯粹是"治农组"。这个厂在产品质量上有那么多的教训，还这样麻木不仁，说明了问题的严重性。

解决产品质量问题已经到了刻不容缓的时候了。先念副主席去年11月指示：质量问题要彻底整顿。不少产品质量这样坏，简直是给党开玩笑，给国家开玩笑，给人民开玩笑。听到质量问题这样严重，心里很难过。揪出"四人帮"已经一年多了，一些企业质量还那么严重，领导还不重视，如不迅速改变，要给以纪律处分。我们要认真贯彻中央领导同志的指示，认清解决产品质量问题的迫切性。下定决心，抓紧时机，一鼓作气，从根本上扭转产品质量低劣的状况，努力把产品质量搞上去。

三、认真整顿质量，大打一场质量翻身仗

我们要努力清除"四人帮"的流毒，提高思想认识，把领导干部、工人、技术人员提高质量的积极性充分调动起来，下苦功夫，扎扎实实地做好基础工作，大打一场质量翻身仗。今年内所有产品的质量，要一律恢复到历史最好水平，已经恢复到历史最好水平的，要努力赶超国内外先进水平。

第一，要深揭狠批"四人帮"，牢固地树立质量第一的思想。

"四人帮"的破坏，给我们造成的内伤是十分严重的。要提高产品质量，必须首先肃清"四人帮"的流毒，提高思想认识。"四人帮"把加强企业管理、整顿产品质量，统统污蔑为"复辟资本主义"。在他们眼里，破坏管理的有功，加强管理的有罪，破坏质量的有功，提高质量的有罪，把是非弄颠倒了，把人们的思想搞乱了。直到现在，有些人还心有余悸，不敢抓质量，不敢抓管理，不敢按工艺纪律严格要求。我们要通过揭批"四人帮"，彻底澄清要不要提高产品质量、要不要加强质量管理、要不要执行工艺纪律、要不要学习技术这样一些重大原则问题。

在"四人帮"流毒的影响下，现在，还有相当一部分干部，比较普遍地存在着"产量任务重，质量没空抓"，"好坏有人要，质量不用抓"，"生产条件差，质量没法抓"的错误思想。这种思想不来一个彻底转变，产品质量也不会有根本改变。

"产量任务重，质量没空抓"，这种把产量和质量对立起来的认识是不对的。这是重产量，轻质量，把产量当作硬任务，把质量当作软任务，片面追求产量的一种借口。结果丢了质量，产量也就失去了意义。所有数量，都是具有一定质量的数量，没有质量，也就没有了数量。马克思说："不论财富的社会形式如何，使用价值总是构成财富的物质

内容。"① 按照马克思的理论，如果你生产的产品失去了使用价值，那你为国家创造的价值和产量也就失去了物质内容，那就不能称其为产值和产量了。生产没有使用价值的产品，不是为国家创造财富，而是给国家造成浪费。

"好坏有人要，质量不用抓"，这种认识更是错误的。我们生产的产品，都是为实现四个现代化、为人民生活服务的。不能因为有人要，就忽视质量，粗制滥造。生产的产品不顶用，浪费了大量燃料、动力、原材料和人力，这种做法，一害国家，二害人民，三害自己。有的弄虚作假，以坏充好，欺骗用户。凡是这样干的，一定要抓住不放，严肃处理。

"生产条件差，质量没法抓"，这是外因论的思想在作怪。提高产品质量，有没有外界因素？当然有。我们整个国民经济的生产活动是互相联系的，有哪一个企业的生产能够脱离这种联系，能够取消这种外因呢？在你这里是外因的，在他那里是内因。反过来，你这里的内因，又是另一个企业的外因。如果大家都不把精力放在解决企业内部的问题上，都强调外因，那我们的产品质量又到何年何月才能整顿好呢？强调外因，只有等靠要，如果大家都等、都靠、都要，那就什么也等不到、靠不到、要不到了。如果大家都从全局着想，着眼于内因，严于解剖自己，找自己的差距，挖自己的潜力，互相创造条件，问题也就好解决了。

质量和数量是对立的统一。产品的质量提高了，实际上等于增加了数量。如宝鸡石油机械厂，为提高钻井打捞工具——母锥和公锥的使用寿命，改进了热处理工艺，过去六个锥打捞不起的井下落物，用改进后的一个锥打捞十几次还不坏。去年8月，他们在昆明全国热处理会议上发起产品寿命"一顶二"的竞赛倡议。现在这个厂已经有四种产品达到了一顶二，产品出厂都有寿命指标，达不到指标的，就无偿补送。石家庄煤矿机械厂积极响应这个竞赛倡议。经过努力，现在生产的泥浆泵缸套采用渗硼工艺后，寿命由150小时提高到700小时；轴承环模具由2 000次提高到6 500次，都达到了一顶二。如果全国的工厂都来参加这个竞赛，产品质量都能做到一顶二，将为国家创造出多么大财富啊！

改变重产量、轻质量的思想，不单是企业的事情，我们各级经委、

---

① 《马克思恩格斯全集》，中文1版，第23卷，48页，北京，人民出版社，1972。

工交办、工交部门的领导干部都要对数量和质量的关系,在认识上和行动上来一个转变,认真帮助企业创造条件,解决实际问题。

第二,大搞群众运动,整顿质量管理。

要搞好质量,必须深入发动工人群众和工程技术人员,充分揭露矛盾,弄清本单位的产品质量状况。在此基础上,大力整顿质量管理,加强基础工作。从组织上、制度上,保证产品质量的不断提高。

1. 要建立健全各级质量管理机构,充实质量管理人员,赋予他们质量把关的权力。质量管理机构和人员要本着精简的原则,在今年上半年内设置和配备起来,改变质量工作无人管的状况。

工厂的质量检验机构要由厂长直接抓。要配备责任心强的、熟悉业务的检验人员。要支持质量检验人员把好质量关。要依靠群众自觉执行质量标准,要有一大批不脱产的质量检验员,实行专职检验和群众自检、互检相结合。

2. 要建立严格的质量责任制度。要迅速改变那种对图纸工艺谁愿意改谁就改,谁愿意怎么干就怎么干,出了废品,既不查明原因,也不分清责任,质量好坏一个样的状况。武钢、攀钢从今年1月1日起实行了在钢锭上打印、挂标签和"废品归户"制度,对防止钢锭混号和减少废品很有效果。大庆为什么能取得各项工作的高质量?就是因为大庆的广大工人群众有高度的社会主义觉悟,企业有严格的责任制度,领导又敢于高标准,严要求,上下有一个共同的对国家、对人民的高度责任感。就是在"四人帮"横行的日子里,他们也坚持高标准、高质量不动摇。在群众那里,不合格的,就是不出手,不出班组;在领导那里,不够标准的,就是不算数,不能出厂,推倒重来。高度的政治觉悟,严细的思想作风,严格的责任制,过硬的基本功,是大庆取得高质量的传家宝,也应该是我们各行各业夺取高质量的传家宝。

3. 做好提高质量的基础工作。要下功夫,扎扎实实地整顿图纸、整顿工艺、整顿设备、整顿工卡量具,充实测试手段。设备完好率,今年要达到历史最好水平。

4. 整顿产品质量标准,开展"三化"工作。现有的标准,有许多已经阻碍产品质量的提高,应该迅速加以修订。许多产品还没有标准,据天津市调查,约占22%,没有寿命指标的更多,有关部门要抓紧制定。

还有些质量标准不全的,要充实完善。这项工作,要在今年内基本完成。产品"三化"工作,有关部门要认真研究,作出规划,有步骤地组织实施。

5. 加强产品质量的考核工作。考核要严格,做到:质量好,知道是谁的成绩;质量不好,能查明是谁的责任。要抓完成质量指标的好坏典型,好的要表扬,不好的要批评教育。各地区、各部门对重点产品的质量计划,要按月按季按年进行统计,检查分析,采取措施,保证完成。计划、统计指标不全的,要加以整顿充实,使它真正起到促进考核的作用。在质量管理上,都要定个章法。各部门要根据本行业的特点,制定质量管理办法。最近一机部搞了一个,已下达企业试行。

6. 把提高质量纳入社会主义劳动竞赛。要大力开展产品质量"一顶二"、"万米无疵布"、"十万米无色差"、"千炉无废品"、"质量信得过"等生产优质品的竞赛运动。洛阳轴承厂滚子终磨小组数年如一日,开展"质量信得过"活动,很有成效,应普遍推广。最近一机部提出三年创建五万个"信得过小组"的目标,这很好,大家都要这样办。各企业都要制定创建"信得过小组"的三年规划,要明确提出每年创建多少个"信得过小组"的指标,并组织实现。同行业产品质量评比和访问用户的办法,要形成制度。各部门、各地区和各企业可以根据情况,每年组织一次"质量月"的活动,揭矛盾,找差距,总结经验,表彰先进,同时举办各种类型的产品质量展览。报纸、刊物、广播都要大力宣传,造成生产优质品光荣的强大声势。

第三,要实行鼓励提高产品质量的政策。

1. 在生产计划安排上,同一种产品,要优先安排生产优质品。在原材料、燃料、电力供应上,优先保证优质品的生产。

任何地方和部门,都不准给企业压空头产值,也不要增加长线产品的生产。

2. 实行"四不"、"三包"的办法。原材料不合格的不投料,零部件不合格的不装配,产品不合格的不出厂,不合格品不能计算产值和产量。不合格产品出了厂的,制造厂要包修、包换、包赔。凡是把不合格品当作合格品欺骗了国家、欺骗了用户的,一经查出,工厂的主要领导人要受批评处分。

3. 在价格政策上,要坚决实行按质论价,优质优价。不能不管质量好坏,都定成一个价。各部门今年要选择一些主要产品认真进行调查研究,摸清情况,做出按质量等级修订价格的方案,报国家物价总局审批。为了提高边远地区的产品自给能力,要帮助他们搞好产品质量,并给以适当照顾。工厂的残次品,统交商业部门,不得擅自处理。

4. 对生产优质品的工厂、车间、班组和个人,要实行奖励制度,包括精神奖和物质奖两个方面。要把质量作为评奖的重要条件。对在产品质量上给国家造成损失的,要取消其奖励;严重的,要追究责任。

5. 产品质量长期不好,而又在限期内没有改进的企业,应令其停产整顿。

第四,要搞好技术培训。

当前,职工的技术水平和业务水平低,是影响产品质量的一个重要因素。要认真贯彻国锋同志关于一定要极大地提高整个中华民族的科学文化水平的指示,领导干部要带头学政治、学技术、学业务。要大力加强对职工的技术培训,办好"七二一大学"①、技工学校、技术夜校和各种技术训练班。要实行考工定级制度,调动广大职工学技术、学业务的积极性。今明两年,对工人、技术人员和干部的技术业务水平要普遍进行一次考核,按实际达到的技术等级发给证书。超过技术等级的,作为晋级、增加工资的依据之一;达不到技术等级的,要帮助他们限期达到。

要像大庆那样,广泛开展岗位练兵活动。号召青年工人为革命苦练基本功,老工人要搞好传帮带。要广泛开展技术表演赛。在学大庆运动中,要评选技术标兵或操作能手,给那些技术上过硬的人以应得的荣誉。

各单位都要制定三年的技术培训规划,认真组织实施。

第五,要制定提高产品质量的规划,有计划地进行质量升级和产品

---

① 1968年7月21日,毛泽东同志对《文汇报》记者和新华社记者合写的《从上海机床厂看培养工程技术人员的道路(调查报告)》批示:"大学还是要办的,我这里主要说的是理工科大学还要办,但学制要缩短,教育要革命,要无产阶级政治挂帅,走上海机床厂从工人中培养技术人员的道路。要从有实践经验的工人农民中间选拔学生,到学校学几年以后,又回到生产实践中去。"(全文见1968年7月22日《人民日报》)因批示日期为7月21日,故人们将工厂举办的职工业余大学称为"七二一大学"。

换代。

各地区、各部门,要坚决贯彻执行中央关于在1978年内使产品质量恢复到历史最好水平,并进一步赶超国内外的先进水平的要求,拟定今后三年产品质量升级规划。首先要对对国计民生有重大影响的产品,在调查研究、摸清情况的基础上,一个品种一个品种地定出具体规划,作为生产计划的重要组成部分,采取有效措施,组织力量,促其实现。倒了牌子的名牌产品,今年都要恢复起来,还要进一步创造新的名牌产品。

提高产品质量的规划要尽量采用新技术、新设计、新工艺,要和学大庆的规划结合起来,和组织专业化生产结合起来。规划要在今年9月底以前报国家经委。

质量能不能搞上去,根本在路线,关键在领导。各省要由一位书记或革委副主任,各部要由一位副部长,各级经委(工交办)也要有一位主任具体负责抓质量。各级党委要将产品质量工作列入议事日程,定期讨论研究。各级领导都要抓典型、树样板,要抓重点企业、重点产品。对质量不好的企业和产品,要"三不放过":原因不查清不放过;责任不查明不放过;措施不落实不放过。今后,不论哪个地区、哪个部门、哪个企业,质量出了问题,首先找第一把手。

下面我再讲一讲全面完成八项经济技术指标的问题。

毛主席为我们制定了"鼓足干劲、力争上游、多快好省地建设社会主义"的总路线。我们要永远坚决执行这条社会主义建设总路线,全面地贯彻多快好省的方针,全面完成八项经济技术指标的国家计划。打倒"四人帮"一年多来,全面完成八项指标企业的比重不断增加,据10个省区市和12个大中城市的统计,去年考核7 618个企业,完成八项指标的1 800个,占23.6%。全国工交企业亏损面不断缩小,由1976年的37.2%下降到28.9%,今年2月又下降到26.5%。亏损额由1972年的72亿元下降到57亿元。这种全面完成国家计划的企业越来越多的发展趋势是令人鼓舞的。但是,也要看到这方面的问题仍然是很严重的。1977年,全国尚有百分之七八十的企业没有全面完成八项指标的计划,全面达到本企业历史最好水平的就更少。还有一部分大庆式企业,也没有全面完成八项指标计划。许多企业仍然是产品质量差,品种少,消耗大,成本高，劳动生产率低，浪费惊人。有些单位不执行供货合同。亏损企业，主要是非政策性亏损企业为数还不少。这种状况，与高速度发展国民经济的要求很不适应。

华国锋同志在五届人大政府工作报告中提出："我们要求，所有企业的经济技术指标，今年内都达到本企业的历史最好水平，已经达到的要赶超国内和世界的先进水平。"我们要下大力抓好以提高质量、降低消耗和增加积累为重点的八项经济技术指标，各级领导要当成一场硬仗来打，每个时期都要有明确的奋斗目标，有针对性的措施，经常检查，务期落实。主要经济技术指标完成情况，要一季比一季好。少数没有达到历史最好水平的大庆式企业，一定要限期达到。所有企业在今年内都要达到历史最好水平，已经达到的要赶超国内和世界先进水平。

要切实贯彻生产与节约并重的原则，狠抓企业经营管理，严格财经纪律，加强扭亏增盈工作。在今年内，由于经营管理不善造成非政策性亏损的企业，一定要扭亏为盈。政策性亏损企业，要把亏损额降到最低限度。

各级经委（工交办）、工交生产部门都要有专人经常掌管八项指标的工作，要协同计划、统计部门，按年、按季度抓好八项指标计划的下达、执行和统计考核三个环节。有关部门要分工协作，密切配合，共同努力把这一工作抓好。年中要结合学大庆检查，组织力量，开展一次对上半年八项指标完成情况的大检查，摸清现状，制定措施，提出规划。

各企业单位，特别是大中型企业，结合整顿，要扎扎实实地抓好基础工作。所有企业都要坚持定期经济活动分析制度，狠抓经济核算，特别是班组经济核算。要把全面完成八项指标纳入工业学大庆、开展社会主义劳动竞赛的群众运动中去。定期评比检查，定期公布同行业、同工种的竞赛结果，广泛发动群众比、学、赶、帮、超。对先进经验，要及时总结，大张旗鼓地宣传、推广。

各级主管部门，要面向基层，积极为企业完成八项指标创造条件。要将国内外先进水平的有关资料整理下发，并经常派人深入生产第一线，了解情况，帮助解决问题。要加强生产指挥调度，安排好燃料、电力和原材料的分配，搞好供产销的衔接，组织好社会主义协作，保证必要的生产条件，使企业能够更有计划地、均衡地组织好生产，促进八项指标的全面完成。

为便于经常掌握八项指标的完成情况,各省、区、市,国务院工交各部门,每个季度要向国家经委报送有分析有措施的八项指标完成情况的专题材料,统计部门仍按国家统计局规定报送八项指标完成情况的资料。

今年三分之一的时间快要过去了,时间紧迫,任务繁重。毛主席曾经指出,世界上怕就怕"认真"二字,共产党就最讲"认真"。只要各级领导真正重视质量这个问题,下决心抓,我们就一定能够把质量工作搞上去。

提高职工技术水平是当务之急*

（1978年8月12日）

现在，世界上正经历着一场伟大的技术革命，它广泛地推动着生产技术的飞跃发展。为了赶上和超过世界先进科学技术水平，提高劳动生产率，加快四个现代化的步伐，必须大力提高我国职工技术水平。

建国28年来，我国社会主义革命和社会主义建设，取得了伟大胜利，科学技术经历了翻天覆地的变化，出现了一个崭新的面貌。但是，由于林彪、"四人帮"的严重干扰破坏，我国的技术发展停滞了十来年。这十来年正是世界上科学技术发展最快的时期，因而使我们与世界先进技术水平的差距又拉大了。从时间上讲，落后了15～20年；从技术上讲，落后了一个时代。我国职工文化技术水平低，就是这种落后的突出表现。这同实现四个现代化是一个尖锐的矛盾。如果我们不努力在短期内尽快提高职工的技术水平，就会拖四个现代化的后腿。因为，不论对现有企业进行技术革新和技术改造，还是建设新的企业，都需要使用国内的或国外的先进技术装备，如果没有与之相适应的技术操作水平和技术管理水平，就是有了充足的原材料、燃料、动力和其他生产条件，也是不行的。因此，加强技术培训，提高职工技术水平，就是一件刻不容缓的工作，是当务之急。

由于林彪、"四人帮"的干扰破坏，我国职工的技术培训工作遭到很大的摧残，主要表现在：

职工文化技术水平低。全国工业交通企业的职工1977年底的技术等级平均只有三级上下。据北京市工交系统调查，现有职工中，初中和小学文化程度的约占80%，大专文化水平的很少。全国全民所有制工业企业工程技术人员占职工总数的比例也是很低的，这同现代化的需要，同

---

* 这是袁宝华同志在国务院务虚会上的发言，由《人民日报》发表。作者时任国家经济委员会常务副主任。

国际水平相比,差距很大。

职工教育工作遭到严重破坏。据统计,1962年全国技工学校曾达到1 200所,师资、教材、教学设施、实习工厂都比较健全,培养出来的学生一般可以达到三级或四级工的技术水平。1966年以后,这些技工学校基本上都停办了,多数改为生产单位,近几年才有所恢复。但由于缺乏教材、师资,教学设施也不足,学生的质量大大下降,一般只有一级或二级工的水平。厂办业余教育的情况也大致相仿。业余大学在校学生1965年有41万人,1972年降为1.3万人;业余中学在校学生1965年有650万人,1972年降为69万人。

社会上的技术交流、技术协作活动减弱了。我国很多工业城市,有广泛开展这种活动的好传统,这是普及和提高技术水平的一种成功的经验。前些年由于林彪、"四人帮"一伙的干扰和破坏,工会、共青团的作用不能发挥,老模范、技术能手遭到打击、诬陷,社会上有组织的技术交流活动大大减少了。

按技术等级标准考核晋级、调资的制度被废弛了。过去各部门都有工人技术等级标准和工程技术人员等级标准,定期进行考核晋级。后来,长期没有考核晋级,使职工的技术等级和实际的技术水平脱节。据1975年工交系统的调查,五级以上技术水平的工人人数只占职工总数的10%多一点,这显然是低于我国工人实际技术水平的,对于技术干部和工人学习、钻研技术的积极性有很大影响。

技术情报工作基本上停顿了。前些年,大部分技术图书资料封闭了,技术情报机构差不多也都裁并了。了解国内外技术动向,查阅国内外技术情报资料,困难重重,广大技术干部和工人视听闭塞,严重影响了技术水平的提高。

引进项目的技术培训工作受到很大干扰,影响了先进技术的掌握,不能尽快发挥投资效果。

"四人帮"破坏职工技术培训工作所造成的恶果,现在越来越看得清楚了。我们必须深入批判"四人帮"的反革命罪行,分清是非,肃清流毒。大量事实说明,加强职工的技术培训工作,不仅仅是一个业务问题,而且是一项重大的政治任务,是关系到四个现代化能不能实现的重大问题。搞四个现代化,同打仗一样,决定的因素也是人,是有高度政治觉悟、掌握了现代科学技术的人。大力加强职工的技术培训工作，需要全党动手，各部门紧密配合，下苦功夫，花大力气，尽快扎扎实实地把这项工作抓起来。

加强党委对技术培训工作的领导。领导干部要带头学习。毛主席说过，我们"一定要鼓一把劲，一定要学习并且完成这个历史所赋予我们的伟大的技术革命"，"要学新本领，要真正懂得业务，懂得科学和技术，不然就不可能领导好"①。不能以其昏昏，使人昭昭。我们一定要下功夫，钻进去，努力学习，成为精通业务、懂得技术的内行。不只是企业的领导干部要学，各级领导干部都要学。干什么，学什么，制定规划，由浅入深，持之以恒。要大造声势，掀起一个学业务、学技术的热潮。

为了提高领导干部的技术水平和管理水平，还可以办训练班。有的部委委托高等学校办了厂长训练班，经过短期训练，工作能力都有所提高。

实行考工定级。过去有同八级工资制相适应的应知应会的工人技术等级标准，现在需要按照新的情况进行修订，每年进行一次技术考核。既要考核理论知识，也要考核操作技术。要建立技术考核委员会，由主要领导干部挂帅。考核成绩要记入个人技术档案，作为晋级、调资的依据之一。

加强岗位练兵，苦练过硬本领。要提倡尊师爱徒，订立师徒合同，包教包会。今年下半年有必要按照"四懂、三会"（懂工艺流程、懂设备结构、懂设备原理、懂设备性能，会操作、会维修保养、会排除故障）的标准，对现在岗位上的技术工人普遍进行一次测验。不合格的要进行补考，限期内达不到标准的，要调离技术岗位，另行分配非技术工种的工作。今后新工人进厂要开办训练班，学习生产操作、安全规程和必要的理论知识。测验合格，才能上岗位。各企业要根据测验结果，制定技术培训计划。

建设宏大的工程技术人员队伍。对现有的技术人员，政策要落实，专业要对口，技术职称要明确。要从政治上、工作上和生活上关心他们，为他们的工作、学习创造条件，充分调动他们的积极性，发挥他们的才干。

同时，要注意培养新的技术力量。我们要努力办好现有的高等理工

---

① 《毛泽东文集》，第7卷，350页，北京，人民出版社，1999。

院校、中等专业学校，尽可能多招收一些学生。为了争取时间，除了恢复业余大学、办好"七二一大学"之外，工交企业和事业单位有条件的还可以开办短期训练班，从现有职工中大批选拔培养技术人员。

各部门要修订工程技术人员等级标准（要把掌握外语水平作为一项重要内容），每年进行一次考核。工人可以申请参加工程技术人员的考核。考核成绩达到哪一级水平，就应给予哪一级的技术职称和待遇。

办好工科大专、中专、技工学校和职工业余教育。要提高师资水平，提高教学质量，编写一套好的教材，培养出高水平的毕业生。技工学校也要招收初中毕业生。老企业还要在技工学校开设短训班，有计划地培训在职青年工人，主要是提高他们的自学能力。

今年年底以前，应该普遍恢复业余技术学校（业余大学、业余中学、技术夜校）。要组织好电视机、录像机、录音机的生产和供应，首先满足电化教育的需要。有条件的企业要办"七二一大学"（小企业可以联合办）。要按照国务院有关规定，学完规定的课程，经过考核达到与普通大专院校毕业生同等水平的，使用上同等对待。工厂办学一定要做到师资、教材、学员、时间"四落实"。

广泛开展群众性的技术革新活动和科技情报工作。要提倡破除迷信，解放思想，敢想敢说，敢于创新。鼓励职工提出合理化建议和创造发明。修订或重申职工合理化建议奖励条例，对有重大贡献的要给予光荣称号和物质奖励。

开展社会主义劳动竞赛，组织群众性的比学赶帮超的活动，要把解决生产技术上的关键问题，作为竞赛的重要内容。

工业城市要组织技术交流和技术协作，恢复行之有效的群众技术交流站、技术表演赛、技术攻关、会诊等活动。各部门应该广泛地组织全国性的产品评比、技术推广和经验交流。

为了更好地开展群众性技术革新活动，应当加强科技情报工作。要吸收国外的科技情报，加强国内同行业技术交流。要建立专业的研究机构和产品设计机构，建立和充实技术图书馆。

应当尽快恢复各种学会，充分发挥它们的作用，开展学术活动，出版学报，为科技人员开展学术研究创造条件。

做好引进项目生产队伍的培训工作。要推广石化部门的经验：成建制地调集生产队伍,送老厂培训,实行"六定、一顶、两包"(定指导员、定人员、定岗位、定培训点、定培训时间、定期考核;在老师傅监督下顶岗位操作;培训厂要包教,新建厂要包会)的制度;同国内大专院校挂钩,利用引进项目的技术资料编写教材,办专业短期训练班;打破基建、生产的界限,生产人员一开始就上岗位,同建筑安装工人一起,参加进口装置的安装、调试、试车,通过实战演习,在正式开车之前,就把岗位的操作、维护技术掌握起来。同时严格按照国外设计定员选拔配备管理人员、技术干部和技术工人。国内现有企业今后也要按照技术改造后的情况,配备人员,搞好技术培训,不能搞"人海战术"。

认真地向参加设计、施工、试车和生产的外国专家学习。要指定技术人员、工人和管理干部组织专门班子,制定规划,对口学习,一定要把引进设备的全部技术知识学到手。出国考察,事先要有严密的组织和明确的任务,回来后要检查考核,把学到的先进技术真正用到生产上去。

逐步提高职工的外语水平。我们学习外国的先进技术,就要突破语言、文字的障碍。一定要大力宣传学习外语的重要作用,迅速掀起学习外语的热潮。要积极培训外语教师。企业要举办业余外语班,为职工学习外语创造条件。中青年职工要努力在两三年内学会一种外语。今后选送出国培训的职工,要粗通一种外语。要培养一批懂得工业技术的外文翻译。原有的外文翻译不适应改行的,要动员他们归队。

加强企业的技术管理工作,建立和健全各级生产技术责任制。要恢复总工程师制度,充实和加强各级技术管理机构。它的主要任务是:认真贯彻执行国家的有关技术政策,组织执行各项技术标准、技术管理制度,负责日常生产技术管理,编制和组织实施各项技术发展规划、技术措施计划,推广、应用新工艺、新技术,加强职工的技术教育等,保证完成企业的生产计划。没有条件设置总工程师的企业,技术工作要有专人负责。各级技术负责人都要选派有能力、有事业心的人担任,不要挂空名,不要搞形式,要充分发挥他们的作用,使他们有职有权有责。

积极采用现代化的技术管理手段。现在世界工业国家已经广泛运用电子计算机进行管理,而我们的技术管理手段还是落后的,我们要十分重视电子计算机的应用,广泛开展对电子计算机技术知识的学习,已有电子计算机的和将要有的单位都要开办训练班,大力培养操作、维修和软件编制的技术人员、技术工人，力争一两年内把拿到手的电子计算机全部使用起来，并逐步发挥其效益。同时，在一些主要部门和主要地区筹建一批计算中心。

领导要注意抓重点、抓典型。对职工的技术培训工作，各部门、各地区都应该有自己的典型，组织交流经验，以点带面，作出切实可行的规划，把工作落到实处。

在日中经济协会欢迎中国国家经委
访日代表团会上的讲话

(1978年11月1日)

感谢稻山先生欢迎代表团来日本访问的讲话,日中经济协会邀请我们来考察工业管理、企业管理,对于我们是非常及时,非常重要的。

日中经济协会在邓副总理对《中日和平友好条约》正式签字生效之后邀请我们来访问,这是协会给予我们的很好的机会,我们应该珍惜这个机会,好好考察学习。协会的几位副会长,有的在北京我们已经见过面了,他们对我们这次来考察,做了大量的工作,付出了辛勤的努力。我们非常感谢!

我们国家的工业管理、企业管理,开始是学习苏联的,后来结合我国的具体情况,1960年我们提出"鞍钢宪法"几条原则,后来又形成大庆的管理企业的经验,可是,由于受到了"四人帮"的干扰破坏,与实现四个现代化的要求不相适应了。粉碎"四人帮"以后,虽然我们做了大量的工作,但在工业管理、企业管理方面,水平还是低的,不注意质量,不注意经济核算的现象很严重。我们注意到了要学习发达国家的先进经验,广泛地开展技术交流,要组织技术装备进口,就需要组织产品出口,不掌握好进口技术装备,就不能生产出好的出口产品。由于我们的管理水平低,所以,在一定程度上限制了我们工业的发展,这就需要我们认真地考察学习。这也是我们代表团里北京、天津、上海等地的管理工业的负责人的愿望。我们要把考察的成果,应用到我们的工业管理和企业管理中去。所以,我们要在这一个月的紧张而愉快的考察、学习中,做到满载而归。希望日本朋友尽力帮助我们。

在中国国家经济委员会访日代表团与石川馨先生座谈日本开展"质量月"情况后的讲话*

（1978年11月13日）

贵国搞群众性的管理活动，我们很感兴趣。

我们考虑，代表团回去以后，第一件事就是如何提高质量。我们在批判"四人帮"破坏工业的时候，也把提高质量作为重点，所以，我们在今年9月已经开展了第一次全国性的"质量月"活动。我们抓质量与其说是启蒙性质，还不如说是恢复性质的，"质量第一"的口号是1956年开始提出来的，11年间，由于"四人帮"的干扰，原来已经达到的水平，又大大地退步了。我们是从ABC开始的，工厂比较混乱，到处乱堆乱放，灰尘很多，石川馨教授在北京座谈时，就指出我们的工人没受到教育，不知如何操作。小松制作所帮助北京内燃机厂提高产品质量，效果显著，说明"质量第一"的思想真正深入人心的重要性。所以，我们要感谢石川馨先生和河合良一①先生。虽然我们的"质量月"活动取得了成绩，但从质量管理来说是刚刚走了第一步。这次到贵国来，到了有关单位和企业参观、座谈、学习，如到了科技联、规格协会，听了几位教授的讲课，又到了几个工厂看了以后，感到日本的企业真正把质量摆在了第一位。日本的企业，在矛盾很多的情况下，抓住了质量，把产品质量摆在重要地位，这一点我们要很好地学习，要真正使"质量第一"的

---

* 石川馨，日本学者、教授。曾应日本小松公司总经理河合良一邀请，指导小松公司实行先进的质量管理方法，从而使该公司的产品提高了国际竞争力。1978年石川馨教授来中国就产品质量管理问题进行考察和讲学。他提出，中国的机械企业，在现有设备条件下，只要加强质量管理，其效益即可成倍提高。

① 日本小松公司总经理。小松公司是日本以生产推土机、挖掘机、翻斗车等工程机械为主的大型企业，倡导并推行先进的质量管理方法。

思想深入人心，要从喊口号阶段进入到实际行动阶段。这是第一个感想。

第二个感想是日本的企业真正做到了预防第一。

第三个感想：日本的企业广泛开展了自主管理活动，特别在质量上，把广大工人都发动起来了，自觉地开展质量管理活动，这一点很重要。工人不是靠行政命令，而是自觉的，这个力量是无穷无尽的。

第四个感想：日本的企业管理干部、公司领导，对企业管理、质量管理，真正花了大力气，为了提高，做到了千方百计。

第五个感想：我们半个月来，看到日本整个社会抓产品质量、产品标准、检验，消费者对产品质量的监督，企业生产者为提高质量而做的努力，充分说明，全社会都在为提高产品质量做工作。在这个基础上，日本第19次"质量月"大会讨论了如何达到国际化的问题，所以我们想要向石川教授和多位先生请教。

日本工业企业管理考察报告*

（1979年1月10日）

国家经委代表团，应日中经济协会的邀请，于1978年10月31日至12月5日，对日本工业企业管理问题进行了考察。代表团分三组，重点考察了新日本钢铁公司，小松工程机械公司，丰田汽车工业公司，松下电器公司，东芝电气公司。

这次考察，是在《中日和平友好条约》生效，邓小平同志访日圆满成功，日本掀起"中国热"之际进行的。日方对这次考察很重视。在他们的协助下，考察基本上达到了预期的目的。但是，我们代表团是企业接待的，他们说好的多，说坏的少，也没有安排我们接触下层社会，这就使我们的考察有一定的局限性。

经过考察，代表团的全体同志有一个共同的感觉，我国加速实现四个现代化大有希望，但是要花大力气。

大有希望，就是说，日本地少人多，发展工业的基本资源除了有少量的煤炭外，其他几乎什么都没有，而且又是资本主义制度，存在着不可克服的矛盾。但是，他们从1955年到1976年，国民生产总值增长4.7倍，平均每年增长8.7%；工业生产增长8.4倍，平均每年增长13.6%；国民收入增长6.4倍，平均每年增长10%左右；职工实际收入增长2.1倍，平均每年增长5.6%。工业生产60年代初期居世界第五位，1973年跃居世界第三位。按人口平均的国民生产总值1978年已经接近美国。我国与日本相比，土地面积约为日本的26倍，人口比日本多八倍，发展工业的基本资源十分丰富。我国人民勤劳智慧，社会主义制度也比资本主义制度优越得多。我国在第一个五年计划时期，经济发展速度本来是很

---

* 这是袁宝华同志率国家经委代表团考察日本后给国务院的报告。时任国务院总理华国锋，副总理李先念、余秋里、康世恩听取了袁宝华的汇报，并将报告转发给全国各省、自治区、直辖市和国务院各部委。

快的,当时,经济水平同日本差距不大,后来,由于我们工作上的缺点错误,特别是林彪、"四人帮"的干扰破坏,使我国政局动荡,严重地阻碍了经济的发展。现在,我们已经排除了干扰,出现了安定团结的政治局面。我们又有党的领导,还有良好的国际环境。日本能够用20年左右的时间,实现了现代化,我们为什么不能在本世纪末实现四个现代化呢?经过考察对比,我们认为这是完全可能的。

但是,把可能变成现实,要花很大力气。必须下决心从思想上来个大解放,彻底摆脱小生产习惯势力的束缚,要打掉框框,冲破禁区;在政治上,要长期保持安定团结、生动活泼的局面;在经济上,要坚决改革那些束缚生产力发展的管理体制,要实现持久的、稳定的高速度;在经济管理组织上,要把从苏联搬来的那一套行政的组织管理形式,坚决地、彻底地改变为经济的组织管理形式,提高管理水平;在工作上,要兢兢业业,扎扎实实做好加快实现社会主义现代化的各项基础工作,包括普及和提高教育,加强职工培训,提高全民族的文化科学水平。所有这些,都要花大力气。否则,条件再好也是不能成功的。

日本工业发展速度快,有很多原因,如:政局比较稳定;美帝侵朝侵越战争期间对日本经济的扶植和刺激;日本政府采取每个时期有重点地发展经济的指导方针;资产阶级力图缓和阶级矛盾,想方设法把企业利益和职工利益拴在一起。此外,还有一个极为重要的原因,就是引进先进技术装备和先进管理方法。从50年代起,日本就不断从美国引进先进技术装备,也从美国引进一些先进的管理技术,但是,管理问题并没有引起整个工业界的普遍重视,更没有像重视先进技术那样来重视科学管理方法。多数企业仍然采用战前的老办法,靠公司行政命令,层层照搬照转,他们称之为"精神管理"、"鞭策管理",从上到下缺乏一套适应现代化技术的科学管理方法。结果虽然从美国引进了先进的设备,而产品质量、劳动生产率都大大落后于美国,成本居高不下。这种状况,同今天我们的情形极其相似。但是从50年代后期开始,他们总结了经验,吸取了教训,普遍学习外国先进的管理方法,并结合本国的传统加以消化,创造了一套以提高产品质量和服务质量为中心的、使管理工作全面现代化的、适合日本情况的管理办法。同时,他们不惜花巨额外汇引进外国先进技术,引进后,就组织科研、设计、制造方面的力量，加以研究，边使用，边消化，进行仿制和改进，变成自己的东西，在国内迅速推广，迅速提高了本国的机械制造能力和科技水平，并能出口。这样，他们才赢得了60年代和70年代初期的高速度。过去名声不好的"东洋货"已成为世界第一流产品，有很强的国际竞争能力，世人为之刮目。

日本人把先进生产技术和先进管理方法，称为经济"高度成长"的两个车轮，缺一不可。他们把管理比作"软件"，认为管理是一门科学，没有先进的管理方法就没有经济的高速度发展。他们把管理、科学、技术称为现代文明的三鼎足，把人的能力的开发，管理技能的发展，看作当代最迫切的问题。这一经验，是很值得我们借鉴的。

现在我们正在为实现四个现代化进行新的长征，从一开始，就应当实行引进先进技术装备与引进先进管理方法同时并举的方针，并逐步地创造出一套适合我国情况的科学的管理方法。我们看了日本的一些工厂以后，发现我国一些工厂的厂房和设备并不比日本的差，而生产效率却比日本低得多，我们引进的一些先进技术装备的生产能力，也远远没有充分发挥出来，主要是因为管理落后。我国同发达的资本主义国家相比，科学技术方面的差距固然很大，管理方面的差距更大。因此，我们在引进先进技术装备的同时，必须强调引进先进管理方法。引进管理方法并不要花很多钱，却可以在经济上得到很大的效益。这个问题，应当引起我们极大的重视。

现将有关工业企业管理的几个主要问题，报告如下：

一、企业的组织

日本工业公司的组织多种多样，他们根据生产的特点，从有利于生产、提高效率、便于经营出发，选定不同的组织形式。我们考察过的公司，基本上有三种形式：

一种形式是，统一核算，统一管理。如电力工业公司，产品单一，发电和供电同时进行，各发电厂的生产，由公司用电子计算机高度集中控制，按照严格的计划进行，各发电厂只管机组的安全运行，一切经营管理权都集中在公司，各发电厂在经济上没有独立性。

第二种形式是,统一核算,分级管理。如新日铁公司,下属十个钢铁厂,是日本最大的钢铁联合企业,产品比较单一(最终产品都是钢材)。各钢铁厂的生产指标和物资供应,都由总公司统一安排。但各厂在组织生产、核算成本、外包作业、零星购置、任用厂内干部等方面,都有很大的权限,相对独立性较大。

第三种形式是,分级核算盈亏,分级管理,实行"事业部"制。如东芝电气公司,产品从电视机、电冰箱等家用电器,到成套发电设备,种类繁多,许多产品的生产是单独进行的,但在生产技术上又有一定的联系,他们在总公司下,按产品设20个"事业部"(类似分公司),分管25个工厂。各"事业部"实行独立核算。

此外,还有其他的形式,如丰田汽车公司,在生产方面,实行统一核算,分级管理,公司和工厂的关系,与上述新日铁公司的情况相似。但在销售方面,则由丰田财团另外的销售公司统一经营,丰田汽车公司不管销售。

所有这些公司,无论采取哪种形式,财政大权都集中掌握在公司手里。所属各工厂的专业化程度都很高,整个企业是由许多专业化工厂联合而成的。

日本的联合企业,许多是跨地区的,甚至是全国性的。所谓全国性的,是指其下属企业分布在全国许多地方,而不是把全国同类企业都网罗在一个大公司之内。全国性的、同一行业的大公司有许多个,如日本有五大钢铁公司、十大汽车公司、九大电力公司等等。它们相互竞争,竞相发展。我们在组织全国性的联合公司时,也不应把全国同一行业的企业都组织在一个公司之内,只此一家,别无分号。如果这样,就没有比较,没有竞赛,没有竞争,就容易把这种公司搞成行政领导机构,或者原有的专业局摇身一变,挂出公司的招牌,有名无实。

日本公司各级的职责、权限和分工是非常明确的。从我们考察过的公司来看,公司一级主要管:(1)公司的经营方针和"战略性"决策;(2)产销计划;(3)设备投资和生产经营的财务预算;(4)科学研究和新技术开发;(5)进出口业务。工厂一级主要管:(1)品种、质量、数量;(2)交货期;(3)成本;(4)安全;(5)作业场地的清洁卫生。

公司设董事会,在董事长的主持下,定期举行各种决策性会议,作出决定,由总经理组织执行,总经理对董事会负责。厂长都是精通技术和管理的、能干的专家,他们的责任是在自己管辖的范围内,贯彻执行公司的方针和各项决定,完成前述各项任务。厂长直接对公司的总经理负责。在董事会闭会期间,公司的工作由总经理负责。公司的各部门、各工厂,以及工厂的车间、工段、班组都严格实行首脑负责制,有职、有权、有责。

我们在日本看到,公司和工厂的各级领导干部,可以在自己职权范围内放手工作,该自己决定的事情,就拿出主意,用不着到处请示,没有人干涉他们履行职责,没有人代替他们决断,更没有人代替他们承担责任。他们的工作,井井有条,效率很高,不是事事都找厂长、找总经理,使厂长和总经理忙得不可开交。我们访问工厂时,厂长连续几天陪我们活动,也没有人找他,工厂的各项工作还是有条不紊地进行。

许多熟悉中国情况的日本朋友曾坦率地对我们说,中国工业领导部门和企业领导人的职责和权限暧昧,党委书记、厂长、支部书记、车间主任,各有什么权力,有什么责任,很不明确。他们指出,在这种情况下是无法管好工业的。

我们应当明确规定各级负责人的职责,彻底改变那种大家都负责、实际上无人负责的现象。我们企业党委对经济工作的领导,也应当摆脱具体事务,紧紧抓住企业经营的大事。我们企业的各级干部,都应当职责分明,各负其责。这样做可能更为有利。

二、企业的计划

日本各公司的生产,像一切资本主义企业一样,都是严格按照计划进行的。他们的计划是很严密的、符合实际的、科学的。他们把企业计划叫做"生产销售计划",主要特点是以销定产。公司在具体制定计划时,要确切地掌握两个方面的依据,一个是订货单,一个是市场预测资料。大型产品、专用设备、有特殊要求的产品,以及固定协作的产品,通常是按订货单编制计划;没有订货单、直接在市场推销的产品,则采用市场预测的方法安排计划。因此,各公司既有庞大的推销机构,又有现代化的商业情报中心。各公司都同商社(主要是商品产销的中介,有的也承包工程、经营工厂)保持密切联系,各大商社都有非常现代化的世界性的情报网，如三井物产商社，在五分钟内，就可以把世界各地的商情收集起来。各公司不断按最新商情，争取扩大订货单，按月调整生产计划，力图使计划符合用户和市场的需要，使产销紧密结合起来，既不短产和拖期交货，也不盲目超产，造成积压。

为了使产销衔接好，他们在编制生产计划时，详细调查用户对产品质量、规格的要求，研究如何改善自己的生产条件，改进设计和工艺。根据销售计划制定生产计划，根据生产计划来确定零部件、原材料、燃料、动力的供应计划，劳动力增减计划，新产品试制计划等等，使各项计划以生产计划为枢纽相互衔接起来。经过反复的综合平衡，制定具体的作业计划，按作业计划组织生产。

由于各公司都是以销定产，按生产的需要安排物资供应，相互间又有密切的协作关系和经济合同的保证，所以各公司就都能够准时地相互提供各自需要的产品，组织均衡生产，一般不会发生停工待料和产销脱节的现象。

资本主义公司内部的计划制度和计划方法，是在长期的竞争、危机、曲折的过程中，逐渐形成和完备起来的。我国是社会主义国家，实行生产资料公有制，不仅各企业有计划，而且全社会也有计划，这是根本优越于资本主义的地方。我们的经济制度，更应当按需要生产，以需定产。但是，由于缺乏经验，受苏联过去那一套的影响，往往使我们的计划上下脱节，产销脱节，不是有缺口，就是造成积压。要改变这种状况，很需要把资本主义公司制定产销计划的方法中对我们有用的东西学过来，改进我们的计划工作。

三、专业化和协作

战前，日本工业的专业化和协作比欧美发达的资本主义国家要落后，存在许多"大而全"、"小而全"的企业。战后，随着经济的发展，专业化协作也迅速发展起来，使劳动生产率大幅度提高，产品成本大幅度降低。

为适应发展专业化协作的趋势，防止大批"小而全"企业的倒闭，日本政府于60年代初，采取了工业结构的"双重化"政策，要求大企业不要简单地吞并中小企业，而要同中小企业建立多方面的协作关系。并于1963年制定了《中小企业促进法》，对中小企业贷款扶持，帮助解决技术和管理问题，使中小企业生产专业化，提高效率，为专业化协作的进一步发展开辟了道路。

日本的专业化协作，通常都以大公司为中心，联系大批的专业化协作厂，如丰田汽车工业公司有1 240家协作厂，新日铁公司有400多家协作厂。大公司和协作厂之间的关系，有以下特点：（1）充分利用历史上形成的老关系，绝大多数协作厂都与大公司有几十年的协作、供销等经济关系。（2）各协作厂实行独立的经济核算，但在经济上和技术上，对大公司有很大的依附性。有的，大公司直接投资；有的，大公司派干部参与经营管理；有的，大公司派专家进行技术指导和工艺监督；有的，由大公司帮助解决一部分资金设备；有的，使用大公司的技术专利。（3）协作厂主要为一个大公司服务，但同时又与其他厂家建立协作关系。如东海理化电机制作所生产的汽车配件，一半以上供应丰田汽车公司，其余的供应其他汽车公司。（4）绝大多数协作厂是中小企业，但也有少数比较大的企业。这些大企业对某一大公司是协作厂，但它们又与许多中小企业进行协作。还有些协作单位，如运输公司、清扫公司，都是较大的公司，它们同时为许多公司服务。日本的大中小企业，通过复杂的协作，建立起密切的经济关系。

由于专业化协作的发展，日本各大企业都能集中精力抓好关键性产品的生产，不断改进关键性技术和工艺。如新日铁公司君津钢铁厂，不但把厂内的清洁、绿化、食堂这一类生活服务工作完全外包出去，就连从高炉车间到转炉车间的铁水罐运输，也外包给运输公司。① 而中小企业由于产品单一，也便于大批量生产，有利于革新技术、降低成本和提高

---

① 新日铁公司的君津钢铁厂，在原料作业方面，自己只管配料，而把原料运输、矿石处理、焦炭制造都外包出去；在高炉作业方面，自己只管高炉冶炼，而把高炉修理、铸铁机都外包出去；在转炉作业方面，自己只管转炉冶炼和连续铸造，而把添加剂的加工处理、铁料的集中压块、脱硫处理、铸型修理都外包出去；在轧钢作业方面，自己只管冷轧、热轧，而把煤气、切头、产品捆运都外包出去；在制管作业方面，自己只管成型、焊接，而把二次加工、非破坏性检查、管壁涂料都外包出去。同时原料和成品的厂内外运输，也都外包出去。机械、电气、仪表、水道的维修，自己只管一小部分，大部分也外包出去。全厂职工7 000多人，40个协作厂的职工8 000多人。

劳动生产率。

企业间的协作关系,用合同的形式固定下来。通常先签订"作业承包基本合同书",对双方应承担的权利和义务作出原则性的规定。然后还要签订"作业承包合同书",把合同的条件进一步具体化。至于产品的规格、质量和数量,还要每月定一次,以适应市场的变化。为了衔接大公司和协作厂的生产,大公司还将年度生产推销计划送交协作厂参考。由于双方都很重视信用,违反合同的情况是很少的。

我国在实现四个现代化的过程中,专业化协作将迅速发展。我们在组织专业化协作的时候,应当参考日本的经验,注意保持历史上形成的经济关系,并根据经济合理的原则积极发展新的协作关系,既不要轻率地肢解那些多年来形成的协作关系,也不要硬把统一的工厂简单地分割成许多个"专业化"的厂子,然后再去组织它们协作。

四、质量管理

经过这次考察,我们对日本质量管理有了新的认识。日本人把质量管理叫做"品质管理"。工业企业的一切经营管理活动和生产活动,都以提高产品质量为中心,各级管理人员和每个工人对此都有明确的认识,企业的各项规章制度,都是环绕着这个中心并为它服务的。他们强调,质量标准应以用户是否满意为唯一标准。各公司规定的质量标准,往往高于政府颁布的标准,而各工厂制定的标准,又高于公司的标准。随着经济的发展,用户的需要是不断发展变化的,要使用户满意,不仅要提高现有产品本身的质量,而且要不断发展新品种。日本质量管理的基本指导思想和制度,不仅大大提高了工业生产的效率,而且给国民经济带来极大的好处,整个社会的服务质量和社会风气,也随之发生了重大的变化。在国际激烈竞争的条件下,他们提出要"生产世界上点名的产品"。日本各公司都把不断提高产品质量当作生死攸关的问题,从上到下都有强烈的提高质量、发展新品种、加强竞争能力、争取企业生存和发展的紧迫感。对照我国一些企业严重存在的片面追求数量,不顾质量,许多产品几十年"一贯制",对用户提出的要求置若罔闻等情况,感触颇深。

"好产品是生产出来的,不是检查出来的",这是日本工业界一个流行的说法。他们注重从设计、工艺、设备、原材料和生产过程的各个环节上全面贯彻"质量第一"的思想，预先消除可能导致产生不合格品的各种因素。他们还通过先进的测试手段来检验各道工序的产品是否符合设计的要求。凡是不合格的零部件都不能进入下一工序，同时，对协作厂的设备、工艺、技术，也都有严格的要求和检查，所以最后装配的产品是高质量的。产品出厂后，还有一套完善的技术服务工作，发现问题，总结经验，及时加以改进。我们往往不注意预防性的质量管理，而用大量的检查人员进行成品检查，发现的不合格品已无可挽回，造成人力、能源和原材料的很大浪费。这种做法，是应当改进的。

日本人说，在国际竞争中，要靠高质量，要靠新品种。他们把提高质量和增加品种结合起来。日本市场上钢材、机器设备等生产资料，几乎达到要什么品种就有什么品种的程度，各种生活资料也品种齐全，花样翻新，汽车、自行车都有上百种，电视机几十种，手表就有机械表、自动上弦表、薄型表、装饰表、电池表、晶体表、超小型表、液晶显示器电子表等20多个品种，每种又有许多不同样式。他们根据用户的需要，经过深入细致的调查研究，不断设计和生产新品种，如东芝电气公司半导体工厂出售的产品，每年有一半是新品种。而大量新产品的上市，又刺激和创造了一系列新的需要。我们参观的东京三越百货商店，经营50万种商品，而我国在香港的百货商店，不到3万种，北京王府井百货大楼只有两万几千种，差距实在太大了。

日本企业生产新产品时，都要考虑质量和性能更能满足用户的需要，价格基本保持原来的水平，甚至更低。每个大企业都集中许多优秀科学技术人员，拥有设备完善的研究设计机构，用于发展新产品的科研、试制费用一般占销售额的1%，这样巨大的开支，都分摊到正在生产的旧产品中去。我们的新产品试制费很少，不足的部分都打入新产品的成本，使新产品价格很高，工厂亏本，用户还买不起。我们这种办法如不彻底改变，新产品是很难发展起来的。他们生产新产品时，先定出有竞争能力、用户能接受的价格，然后制定成本目标，千方百计为降低成本而努力。这种新产品的定价办法，也值得我们借鉴。

"全员品质管理"，这个口号在日本工业界叫得很响。资本家很清楚，要提高质量，没有生产第一线有实践经验的广大职工经常提出改进工艺、技术的意见，没有一套科学的质量管理方法，是根本不可能的。他们在提出"全员品质管理"这个口号的同时，还制定了一整套具体的质量管理办法和奖励办法，使职工的个人物质利益同改进质量、提高企业经营管理水平直接联系起来，并且给积极参加质量管理的职工以各种荣誉，刺激全体职工参加质量管理的积极性。各工厂都普遍组织工人质量管理小组，经常讨论研究质量管理问题，对提高质量起了很大的作用。日本一年一度的"质量月"活动，是全年坚持不懈的质量管理活动成果的总检阅，我们参加了他们"质量月"的一些活动，对我们很有启发。

五、职工培训

日本各工业企业对培训人才十分重视，把它叫做"能力开发"。日本人根据他们国家的具体情况，经常说，在国际竞争中，要求得国家和民族的生存，除了发展技术以外，别无他途。工业界普遍认为，"一个好的企业，首先是优秀的工人、优秀的技术人员、优秀的管理人员组成的优秀的技术集体"，都把努力培养人才作为自己的"战略"任务。他们说，没有先进设备，可以购买，没有资金，可以借贷，但是，没有人才就什么事情也干不成了。培养出好人才，是企业领导人的光荣；培养不出好部下，就不是好领导。这已形成一种社会风气。各大公司的董事长，都以自己的公司培养和拥有大批的优秀技术人才和管理人才为骄傲。他们在培训人才方面是肯花大钱、下大力气的。

日本企业培训职工的办法，基本上有三种，即现场学习、业余学习和脱产学习，而以现场学习为主。在提高职工自觉性的基础上，把在现场实践中学同课堂书本中学结合起来。对各级和各类人员都有不同的学习要求、学习内容和培训方法，还有成套的教材。

对工人的培训，要求严格，新工人（一般是高中毕业）入厂后，至少要经过半年训练，专业性强的要经过9个月到1年的训练。除了安全、基础知识和专门技能的教育以外，还重视礼貌教育、纪律教育和企业的"传统"教育。如调换新工种，还要重新培训。为了使工人获得必要的知识和技能，他们还把工人分成五"层"，入厂1年至2年的叫"新入层"，

3年至5年的叫"一般层",6年至9年的叫"中坚层",10年至14年的叫"棒心层",15年以上的叫"监督层",相当于工长的水平。对每一"层"的工人,都有不同的训练内容和要求,定期考核,同升级、涨工资联系起来。干什么就学什么,学不会,就不让他干。因此,他们从工人中选拔的工长,就没有不称职的。

对干部的培训,如对股长到部长(相当于处长)的领导人员,则强调全面管理技能的提高,实行定期调换岗位的制度,如管生产的,调去管销售;管劳动工资的,调去管生产,使干部取得管理工作的全面经验。只有搞科技的技术人员,才保持专业的稳定性。对董事长、总经理一级的领导干部的训练方法:一是请专家、教授讲课;二是参加各企业间的经验交流;三是在本企业的培训中心进行专题总结,并给课长以上干部讲课,要讲课,就得自己多学习;四是短期脱离工作,到休养地"务虚",总结经验;五是出国考察。

日本的大公司都有设备先进、师资齐全、教材成套的培训中心。例如新日铁公司八幡钢铁厂,19 000名职工,设有建筑面积12 000平方米的培训中心,可同时培训2 000人;还有一所培训中层干部的研修中心,建筑面积2 800平方米,可同时培训300人。培训中心有带录像机的电视教室、自动化的教学电影教室、外国语教室以及幻灯教室,职工下班后,可随时去上课。打开录像机,就可以从自己座位上的电视机中看、听老师讲课;带上耳机,可以选学外语。此外,他们还按照13个专业编有13门通用教材和52种专用教材。

我们为了加快社会主义现代化的步伐,从中央部门到各企业,都应当把培训技术人才和管理人才当作一项战略任务来抓,彻底改变多年来形成的那种鄙薄、歧视,以至打击技术人员和管理人员的错误做法。资本家很懂得培养"有文化的奴隶"的必要性。我们工人阶级更应当懂得培养本阶级的人才对我们事业的极端重要性,在培训职工方面要有气魄、下本钱。

我国正在大量引进外国的先进技术装备,同时也准备引进科学的管理方法。我们如果不立即切实地把培训工作抓紧抓好,就不能很好地发挥引进技术的作用,也不能很好消化,更不能结合我们的革命传统创造出自己的一套来,势必大大延缓四个现代化的进程。

六、日本企业刺激职工积极性的办法

日本的企业十分重视刺激职工的积极性,许多大企业都把重视人的因素、发挥职工主动性作为办好企业的"指导思想"。日本企业管理制度的一个显著特点,就是通过一整套办法把职工的利益和企业的利益拴在一起,使企业劳资全体人员结成日本人所说的"命运共同体"。这套办法主要是:(1)"终身雇佣制",只要企业不倒闭,一般就不解雇职工,使职工产生一种与企业"共存亡"的感情。(2)"年功序列工资制",工资的一半取决于工龄,另一半取决于能力和贡献;逐年工资增长的多少,取决于企业经营的成果。新入厂的工人(高中毕业生)月工资8万日元,两年后,涨到10万日元;大学毕业生月工资10万日元,十年后,可涨到30万日元。初入厂的女职工比男职工工资少1万日元。(3)一年两次奖金制,奖金数额取决于企业盈利的多少,一般相当于三至六个月的工资,除倒闭企业外,所有企业,所有职工,都能得到奖金。还有"特别奖赏",对贡献大的,一次可以得一辆汽车。此外,还有"提案奖",即合理化建议奖。(4)职工福利①,其水平取决于企业经营的好坏,新日铁公司的福利费占整个劳务费②的20%左右。再加上按企业组织工会,而不像欧美那样按产业组织工会,以及在企业内部提倡"家庭主义",企业领导人千方百计讨好职工,做人的工作,搞什么"家访"、"祝贺生日",举办"恳亲会"、"野餐会"等等,联络感情,笼络人心。

这些办法,在一定程度上缓和了阶级矛盾,并使不少职工以"爱厂如家"的精神为企业卖力,同时,也基本上杜绝了职工"跳厂"的现象,稳定了技术人员和技术工人,这对改善企业经营是很有利的。

---

① 医疗保险费的一半根据家庭人口由职工出,另一半由公司补助,职工看病不另花钱,家属交半费。日本的医药费较高,在一般医院看一次感冒,拿些普通药品,要花两三千日元。职工上下班不乘个人汽车的,企业有免费交通车,买月票的全都报销。职工个人买地盖房子时,企业发3%的低息贷款,而一般贷款利息为5%~7%。企业职工住宅的房租也较便宜,三间一套的公寓住宅(实用面积68平方米),月租金7 000日元,而同样房屋如租市营的,就要25 000~30 000日元,私营的,要五六万日元。还有俱乐部和体育场。但是,日本大公司(资本10亿日元以上)和中小企业不仅在工资水平、奖金数额上有很大差别,而且在职工福利上也有很大差别。

② 劳务费包括工资、奖金和福利费,其中工资占56%,奖金占23%,福利费占21%。

日本公司把职工利益同企业利益直接联系起来的许多办法，是值得我们深入研究的。我们的社会主义制度，保障了就业职工根本不存在失业问题，我们的制度与日本的"终身雇佣制"在性质上是根本不同的，职业安定性比他们更彻底。职工作为生产资料的主人，在本质上就有积极性和主动性，我们还有强有力的政治思想工作，这些都是资本主义社会不可能有的。但是，在社会主义制度下，把职工的积极性和创造精神充分调动起来，还必须有一套经济上的制度和办法。我们现行的工资制度，不能使职工的工资同职工所在企业的经营结果直接联系，奖金制度也不完善，评奖频繁，引起许多矛盾，不能使职工把个人利益和企业利益、国家利益很好地结合起来。看来，必须建立工资、奖金与企业经营结果发生直接联系的制度和办法，允许办得好的企业的职工有较高的工资和较多的福利。一年发两次奖金的办法，似可考虑采用。

通过这次考察，我们深深感到，要加快社会主义现代化建设，在指导经济工作的理论上，必须打掉一些框框，突破一些禁区；在管理体制上，必须作一些重大的改革。

1. 企业管理中的生产力合理组织和生产关系调整问题。长期以来，我们不敢接触资本主义国家的企业管理问题，因为这个问题被片面地认为只是资本主义生产关系问题，不能借鉴，不能学习，只能批判。这种认识，妨碍我们去学习资本主义国家的企业管理中合乎科学的东西。因此，我们虽然引进了不少先进的技术装备，但是不能进行科学的管理，使许多先进设备不能充分发挥作用。不打破这个框框，不懂得"**不向托拉斯的组织者学习就不能**建立或实施社会主义"[①] 的道理，不老老实实地向资本主义国家学习企业管理的科学方法，实现社会主义现代化是很困难的。

多年来，在我们的文件和报刊上，片面强调企业管理问题是生产关系问题，企业管理的任务是调整人与人之间的关系，而忽视合理组织生产力这个极其重要的方面。马克思在《资本论》中说过，企业管理是社会化大生产"引起"的，它的基本任务之一，就是把劳动者、劳动手段、劳动对象科学地组织起来，使它们充分发挥作用，提高效率。在这方面

---

① 《列宁选集》，3版，第3卷，536页，北京，人民出版社，1995。

资本主义国家的企业有很多先进的方法，完全有必要认真地去学习。

资本主义国家在企业管理中，用了前边所说的许多办法来刺激职工的积极性，目的是为了获得更多的利润，这当然是生产关系问题。我们社会主义企业搞好管理发展生产的目的，是为了满足劳动者物质和文化生活的需要，这和资本主义企业是根本不同的。但是，资本主义企业中调整人们之间的关系的一些办法，例如把职工利益同企业利益直接联系起来的办法，我们也可以借鉴。

我们的企业是社会主义企业，职工是企业的主人，没有剥削和压迫，企业中领导和被领导，管理人员、技术人员和工人之间的关系应当是同志式的互助合作关系，在这样优越的条件下，我们的企业管理可以比资本主义搞得更好。建国以来，我们把党的优良传统同管理社会化大生产相结合，创造了不少好的做法，积累了不少好的经验，有"鞍钢宪法"，有大庆这样的典型。有群众路线，生产民主，技术民主，管理民主；劳动竞赛，合理化建议，技术革新和技术革命；岗位责任制，经济核算制；实行两参一改三结合，等等。同时，我们也有不少失败的教训，其中之一，便是脱离职工的物质利益，空谈调整人与人的生产关系。在这方面，用了很多心思，花了很大力气，并未取得令人满意的结果。由于林彪、"四人帮"的干扰破坏，不好的东西被恶性地发展了，好的东西被抹黑、批判了，有些被打入了冷宫，有些未能坚持下来，弄得我们许多企业的管理工作混乱不堪，组织涣散，制度废弛，纪律松懈，从原来已经达到的水平大大倒退了。我们在日本看到，他们在企业管理中，有一些和我们相似的提法和口号，在他们的某些企业管理著作中，也很重视我们过去的一些经验。我们应当善于总结自己的经验，同时认真学习外国企业管理方面的科学成果，把两者很好地结合起来，就一定能够创造出适合我国情况的科学的企业管理制度和方法，把我们的企业管得更好。

2. 高消费与高速度。像日本这样的资本主义社会，他们自己叫做"消费社会"，其实，它首先是个生产社会。他们是在生产发展的同时，实现了高工资、高消费、高积累、高速度。战后日本经济破坏严重，生产萧条，人民生活很苦。60年代初期，池田内阁采纳著名经济学家下村治的建议，提出"国民所得倍增计划"。这个计划的提出，接受了英国工党政府实行"勒紧裤带，恢复经济"的政策遭到群众反对而失败的教训。

它对群众有很大的吸引力，使群众从切身的物质利益上对实现计划产生兴趣，取得了很大的成功。实行这个计划，日本经济就从 50 年代低工资、低消费的基础上，进入了高工资、高消费，经济"高度成长"的时期。随着生产的发展，高工资导致高消费，高消费导致高生产，高生产导致高积累①，高积累导致高速度，如此循环往复，使国民经济螺旋式上升。在国民生产总值、国民收入、职工实际收入都大幅度增长的同时，积累率（积累与国民生产总值之比）也大幅度提高，1955 年到 1975 年平均为 35％，其中 1955 年至 1960 年平均为 29.8％，1970 年上升到 40％，经过石油危机，到 1978 年还达到 32％，大大高于美国（18.2％）、法国（25.4％）、联邦德国（25％）同期的积累水平。设备投资占国民收入的比例，1960 年是 12％，1970 年上升到 33％。日本的经验表明，高工资、高消费、高积累、高速度是相互促进的，在生产发展的基础上，是可以同时实现的。

过去我们通常强调消费与积累之间的对立，而忽视它们之间的统一。认为要增加国家的积累，就要限制群众消费，担心职工收入增加，生活资料的供应跟不上，造成市场紧张，引起通货膨胀。这种想法，表面上似乎有一点道理，但是从根本上说来是错误的。诚然，生产是决定消费的，我们应该强调在发展生产的基础上改善人民生活，但是，把人民消费看成是消极的东西，把消费的增加看成势必妨碍积累的增加，认为要增加积累就得长期压低人民消费，20 多年的经验证明，这种看法和做法是很不对的。在安排积累与消费的比例时，在保证扩大再生产的前提下，要考虑不断增加人民收入，提高消费水平，给人民以看得见的物质利益。这样做，当年的积累也许会少一点，但由于人民积极性的提高，消费对生产的促进，最终积累决不会是少了，而一定会越来越多。

资产阶级为了增加利润，他们还懂得生产与消费互相促进的关系。我们搞革命，搞四个现代化，最终目的都是为了发展生产，满足人民的需要，更应当自觉地运用生产决定消费，消费反过来也对生产起促进作用的原理，处理好积累与消费的关系。随着生产的发展，人民生活应逐年有所改善。这一条，应当是我们制定国民经济发展计划的一个根本出发点。否则，怎

---

① 在工资增长超过物价上涨的条件下，高工资还导致职工的高储蓄。日本职工的平均储蓄率达到 20％，比欧美一些国家要高，这部分储蓄通过银行也转化为投资。

么能使广大群众从物质利益上关心四个现代化的伟大事业呢?

3. 计划经济与市场。日本的经济是资本主义的市场经济,经常受社会生产的无政府状态和危机的困扰,日本政府作为资产阶级利益的代表者,力图通过对国民经济的"计划指导",来缓和企业生产有计划同社会生产无政府状态之间的矛盾,求得经济的发展。他们从1955年至1976年,先后提出过八次计划立法,其中除两次计划因石油危机没有完成外,其余的各次计划都提前实现了。日本政府的"计划指导",充分利用经济手段,运用价值规律调节市场,虽然不能解决资本主义固有的矛盾,但还是收到了效果。

我们受斯大林关于社会主义制度下,生产资料不是商品,价值规律对国民经济不起调节作用的理论的影响,把计划经济按比例发展规律同价值规律截然对立起来,把计划经济同市场经济截然对立起来,生怕一沾市场经济的边,就会使社会主义公有制变质,总是想方设法划清二者的界限。其实,在社会主义现阶段,既然存在着商品生产和商品交换,价值规律就起作用,不仅在流通领域起调节作用,而且在生产领域也起调节作用。我们同斯大林的做法不同,一部分生产资料是商品,大部分不是。我们认为今后全部生产资料都应当作为商品来生产和交换。这样做,对发展我们的社会主义经济,可能更为有利;对解决产销脱节,解决生产资料调拨中经常出现的一方面大量积压,一方面严重不足的问题,可能是一条出路。依据价值规律来制定计划、指导经济活动,对加强我们的经济核算制,克服浪费,提高经济效果,是很有好处的。我们的社会主义市场,没有资本家参加,并且在国家管理之下,没有什么可怕的。

4. 公有制与竞争。日本资本主义财团、公司之间的竞争,是非常激烈的,同时也有不同形式的协调。这种协调虽然没有消灭竞争,但是对于经济的发展确实起了不可忽视的作用。资本主义竞争,一方面,在竞争中出现大鱼吃小鱼、中小企业倒闭的现象,日本每年都有一万多个中小企业倒闭,占全部中小企业的3%以上[①];另一方面,竞争也使企业不断革新技术,提高质量,降低成本,改善服务,是它们发展的强大动力。

---

① 1977年日本工交企业有51万个,其中资本10亿日元以上的大企业1281个,全年倒闭的中小企业共18 000多个。

考虑到社会主义经济发展的历史经验，我们的公有制经济是不是也可以允许竞争，以避免一潭死水、缺少活力。当然，我们的竞争同资本主义的竞争，是有本质区别的。他们在竞争中，尔虞我诈，你死我活，力图打倒对方；我们在竞争中，双方的根本利益是一致的，可以互相促进，共同发展。我们通过竞争，使先进更先进，后进赶先进，同时淘汰极少数长期吃社会主义、拖四个现代化后腿的企业，这有什么不好呢？

在社会主义全民所有制企业之间展开竞争，看谁生产上得快，产品质量高，生产成本低，利润增加多，看谁对现代化贡献大，使办得好的企业职工得到较高的物质利益，办得差的，少得一些，这不是完全应该的吗？至于个别被淘汰企业的职工，也不会失业，国家会把他们安排到社会需要的岗位上去，这是同资本主义根本不同的。

要很好地实行竞争，就必须解决企业有无主动权，主动权是大是小，企业和职工的物质利益是多还是少的问题。要竞争，就必须赋予企业较大的权限，不能什么事都管得死死的。否则，要竞争也竞争不起来。反过来说，我们要扩大企业权限，同时就要考虑如何正确对待企业之间的竞争问题。

日本只用20年左右的时间就实现了国民经济的现代化，成为世界一流的经济大国，他们有许多重要的经验是值得我们借鉴的。但是，想来想去，如果我们在管理体制上不作重大的改革，是很难汲取他们的经验的。中央已经决定，全党工作的着重点要转移到社会主义现代化建设上来，将采取一系列的重大措施，对经济管理体制着手进行认真的改革。但是，究竟从哪里改起呢？

看来，应当首先彻底改革我国全民所有制工业的组织管理形式，即把从苏联搬来的那一套行政的组织管理形式，改变为经济的组织管理形式。这种经济的组织管理形式，应当是供产销统一的、人财物统一的、权力比较大的、领导关系单一的各种公司。各公司的经营活动要对国家负责，各公司的领导人要对使用国家的生产资料和资金负经济责任和法律责任。

只有建立这样的组织形式，才能吸收资本主义多年积累起来的、高效率的、协调的组织经济活动的那些对我们有益的经验。只有建立这样的组织形式，才能真正用经济的方法，把我国几十万个工业企业的经济活动高度地组织起来，向社会主义现代化进军。

实行这种组织管理形式的改革，就会使计划体制、财政体制、物资体制等经济管理体制的改革和国家经济行政机构的精简，有共同的语言和共同的路子，否则就会各说各的，互相扯皮，互踢皮球，或者你等我，我等你，坐而论道，不见行动，贻误时机。

过去，有人把组织这类公司，看作是搞资本主义。毛主席早就明确说过，要学资本家用人少、效率高、会做生意的长处。欧美发达的资本主义国家采用这种组织管理形式，实现了现代化；后起的日本也采用这种组织管理形式，大大加快了现代化的进程；罗马尼亚和南斯拉夫也在采取类似的组织管理形式，已经取得了明显的成效；我们为什么不能毅然决然地采取这种组织管理形式呢？

日本政府对经济的指导和管理，一方面实行经济立法，另一方面又通过国家银行和政府掌握的资本，运用投资、利率、税率、价格等各种经济手段，来干预和调节国民经济的许多具体做法，是值得我们借鉴的，也正是我们所缺乏的。

我们有全国统一的国民经济计划，国家经济发展的目标，可以直接落实到各个企业中去，如果能有相应的经济立法，使各个经济环节的活动和它们之间的衔接都有章可循，有条不紊，再加上充分发挥各种经济组织和经济手段的作用，把各方面的积极因素都调动起来，我们的经济发展速度就一定能够大大加快，社会主义制度的优越性就更能够充分地显示出来。

我们在日本了解到，日本的资本家向银行借款时，都是精打细算，充分考虑投资效果和还本付息问题。同时，银行对借款人所经营的企业的状况、新投资的用项、偿还能力，也进行详细的调查。因此，投资的使用是相当经济合理的。

我们的建设资金基本上都掌握在国家手里，本来可以比日本更合理地分配和使用，但是由于我们的建设拨款是无偿的，既不收利息，更不考虑偿还问题，于是一些部门和企业竞相争投资、争设备，而在资金使用上则很少考虑经济效果，造成巨大的浪费。这种情况如不彻底改变，尤其不能适应我们在建设中大量利用外资的新形势。如果我们在分配和使用国家投资时，也规定付息和偿还的期限，并规定使用资金的负责人应承担的经济责任和法律责任，同时赋予他们相应的权限，那么，就能更好地调动他们的主动性和积极性,就可以大大提高我们的资金利用效果,加快实现社会主义现代化。

结合我们的考察,对我国企业管理、质量管理当前要抓的几件工作,提出以下建议:

(1) 认真抓好试点。拟先在京津沪三市选少数基础较好的工厂,进行改革企业管理的试点。试点厂拟分别与日本对口厂挂钩,定期互访,交流管理技术和经验。1979年要总结试点经验。

(2) 下决心训练厂长,培训骨干。今年开始轮训,办训练班,以提高企业经理、厂长的管理能力。企业还要有计划地培训工人。编印日本和其他国家有关企业管理、质量管理的教材与手册,作为对干部、工人进行培训的参考资料。

(3) 改进"质量月"活动,颁发质量奖。参考日本的经验,把"质量月"的活动建立在加强日常质量管理工作的基础上,使"质量月"成为全年质量管理活动的高潮,进行总检查、总检阅。拟从今年起,设立国家质量奖,表彰在改进质量上有优异成绩的单位、个人和优秀著作,并在报上公布。

(4) 打开眼界,加强企业管理经验国际交流。此次访日期间,已与日方达成关于中日企业管理、质量管理经验交流的协议。日中双方互派以厂长为主的考察团,并互相派人参加对方"质量月"活动。为了更好地吸取各国企业管理方面的有益经验,对不同类型管理方法进行比较、鉴别,拟以国家经委为主,以这次考察团为基础,继续组织考察团到美国、西欧、罗马尼亚、南斯拉夫进行企业管理考察,吸收各家长处,结合我国具体情况,加以研究,以便逐步形成一套适合我国情况的科学管理方法。

(5) 建立企业管理协会。拟在国家经委领导下,由有关工业部门、厂矿企业、研究单位、高等院校组织企业管理协会。研究国内外企业管理制度、方法和经验;协助有关部门交流、推广企业管理经验;组织有学者、教授参加的专家团,举办各种管理讲座,帮助企业运用科学方法改进管理和质量,培训企业的管理干部;出席有关的国际会议,进行国际交流;收集有关情报资料,出版有关杂志、书籍等。

通过以上工作,我们想在1980年,使我国企业管理、质量管理有一个较大的提高,逐步走上现代化的轨道。

最后，由于我们在日本考察的时间较短，接触的方面有限，对一些问题看得不够透，钻研不够深，同时，日本是一个"贸易加工型"（以进养出）的资本主义国家，他们的经验也有一定的局限性，再加上我们的水平有限，因此我们用的资料和提出的看法难免有不确切、不妥当的地方。

附件：
    一、日本企业的组织、计划、专业化协作
    二、日本的质量管理
    三、日本企业的职工培训工作
    四、日本企业刺激职工积极性的制度、办法和职工生活水平
    五、日本政府在经济发展中的作用
    六、赴日考察的简要过程、感受和今后工作的建议

附件一：

日本企业的组织、计划、专业化协作

一、企业的组织

日本联合企业的组织形式多种多样，这次考察的几个大公司，大体上可以分为三种类型：一种是按产品划分事业部，以事业部为单位独立核算，经营管理的主要权力分别集中在各个事业部；一种是全公司统一核算，经营管理的主要权力集中在公司，实行统一领导分级管理的体制；第三种是实行全公司统一核算、统一经营、统一管理的高度集中的体制。

采用哪种组织形式，主要取决于生产特点。这次考察的电器工业企业，由于产品种类复杂，各种产品之间差别大，从家用电器到大型成套电站设备，都在一个公司里生产，所以采用事业部制；钢铁和汽车工业企业，最终产品是钢材和汽车，比较单纯，而且工艺过程有连贯性，所以不分事业部，实行统一核算、分级管理的体制；电力工业企业，产品单一，通过电网统一供电，采用统一核算、经营管理高度集中的体制。

下面分别对上述三种不同企业作些介绍：

1. 东京芝浦电气公司（简称东芝公司）实行的是事业部制。

东芝公司有职工64 000多人，资本金1 020亿日元，资产13 000亿日元，销售额10 700亿日元，是生产成套电站设备、人造卫星电气装置、现代化电传装置、一般电子元件，以及家用电器的大型联合企业。

事业部制，就是在公司下分别按产品组织事业部，如电子计算机事业部、电视机事业部、电机事业部等等。一个事业部相当于一个分公司，自己组织生产和销售，实行独立核算，自负盈亏。事业部长一般由公司董事兼任，委以全权，相当于分公司的经理。东芝公司共有20个事业部，下边分管25个工厂（有的事业部管一个工厂，有的事业部管几个工厂，也有的几个事业部分管一个工厂的几个车间），工厂下边又分若干制造部、课。公司为了便于对事业部进行领导,把20个事业部按产品的性质又划为三大部门(或称三条战线):重电部门、轻电部门、产业用电子设备部门。这三条战线,由副经理或专务董事分管。

日本的事业部制是从美国引进的。过去,日本企业的规模比较小,产品种类也比较单纯,经理可以照管整个企业。战后,随着经济的恢复和发展,日本企业日渐庞大,一个公司生产多种产品,有些甚至是互不相干的产品,经理无法照料,于是开始引进事业部制,把经理的职权分别委让给各个事业部长,经理抓全公司的大政方针,抓战略决策,把各事业部从生产到销售的全部经营责任放给事业部长。

实行事业部制有很多好处:第一,统一领导和分级管理相结合,能够更加机动灵活地经营企业,更好地适应生产高速发展的需要;第二,联合化和专业化相结合,一个公司可以经营种类很多的产品,形成大型联合企业,而每个事业部及其所属工厂,又可以集中力量生产某几种或某一种产品,甚至只生产某些零件,实现高度的专业化;第三,独立核算,自负盈亏,能够看出哪种事业有利,哪种事业不利,便于调整生产方向,更好地适应社会生产和需求结构的变化;第四,责任分明,便于考核,能够更好地调动职工群众的积极性。当然,这种组织体制并不是在任何条件下都能适用,从日本推行事业部制的过程就可以看出,它适用于生产多种产品的大型联合企业。如果品种不多,而且产品生产具有连贯性,这样的企业,就不适宜也没有必要实行事业部制。东芝公司从它的产品构成复杂、品种多样化的特点出发,认为实行事业部制更为有利,早在1949年就采用了这种体制。

东芝公司的经营管理分为三级:

(1)公司。最高领导机构是董事会,在董事长主持下,有由经理、副经理、专务董事参加的经营战略会议,是公司的最高经营决策机构。在它之下,有由经理主持、副经理和常务董事参加的常务会,这是公司的最高经营执行部。

在总公司一级,设有一套职能机构,包括总务、人事、经营情报、财务会计、营业、国际协作、生产、技术等部门。

(2)事业部。公司的经营方针和战略决策,要由各个事业部独立地贯彻执行。事业部经营得好坏,事业部长要负总责。在事业部长主持下,有产销会议，研究从生产到销售过程中的重要问题，是事业部一级研究决定经营管理中重大问题的关键性会议，事业部的生产和销售计划，要在这个会上讨论决定。产销会议有事业部的各职能部长和工厂长参加。

在事业部一级，同样设有一套职能机构，包括总务、财会、业务、营业、技术、制造等部门。

（3）工厂。直接组织和进行生产的关键环节，设有制造部，制造部下设各个制造课从事产品的生产。

工厂一级，也有一套职能机构，包括总务、财会、生产管理、物资供应、品质保证、制造和基建等部门。

这三级有明确的职责和分工。

日本企业的领导人认为，职责问题的中心，是经济责任，最终表现为利润的实现。事业部是经营的主体，是实现利润的关键，它的经营成果表现为三个主要指标：销售量、销售损益、制造损益。一个事业部，每种产品的销售量越多、实际售价越高，销售利润也就越多，这方面的成果，即销售损益，由事业部的营业部长对事业部长负责；生产量越多，实际成本越低，制造收益也就越多，这方面的成果，即制造损益，由工厂长和负责这种产品生产的制造部长对事业部长负责。也就是说，在一个统一核算的事业部内，并不是吃"大锅饭"，每种产品的销售损益和制造损益是分别考核的，如果某种产品的销售量没有完成计划或者没有卖出好价钱，但由于制造成本降低很多，这种产品总的利润额可能完成了计划，作为营业部长，并不算是完成了任务，仅仅是由于制造部、工厂出色地完成了任务，才使事业部的这种产品免于亏损。这种功过，在东芝公司是分别考核的。

要承担责任，就必须有相应的权力。东芝公司各级的职责和权限有明确的规定。财权集中在公司，如设备投资每年要定一次计划，由事业部提方案，最后决定权在公司；全公司的财务制度、计算标准等等，也由公司制定和掌握。但由于事业部是独立经营、独立核算的单位，所以它的经营管理权力比较大。在人事方面，事业部长有最终人事权，工厂长只有第一次人事权，例如增加工资，工厂长可以提出建议，但决定权在事业部长，公司则掌握统一标准，进行综合平衡；又如增加职工，计划要由事业部提出，公司在事业部提出计划的基础上，进行统一平衡、统一招募、统一分配。因此公司也设有人事部门经管这方面的工作。在销售方面，事业部有权独立进行销售业务，有些跨几个事业部的大买卖，要由公司统一管理，所以公司也设有营业部门。

这次考察的松下电器公司，生产特点和东芝类似，组织形式和职权划分也相近，都是事业部体制。但两者有一个重要区别，就是松下公司的事业部只管生产，不管销售。产品销售按产品种类、使用方式、销售方式的不同，设立三个独立核算的营业本部，建立全国和国际销售网点，统一组织。

2. 新日本钢铁公司（简称新日铁公司）实行的是统一核算、分级管理的体制。

这个公司有职工 76 000 多人，资本金 3 227 亿日元，年销售额 23 261 亿日元，年产生铁 3 300 多万吨，粗钢 3 160 多万吨，钢材 2 800 万吨，总出厂量 2 900 万吨。全公司共有 10 个制铁所（即钢铁厂），每个制铁所又有若干个制造部，制造部下再分工厂（相当于车间）。公司、制铁所、制造部、工厂四级，主要权力集中在公司，制铁所也有一定的经营管理权，而制造部和工厂则主要是组织生产。

（1）公司。实行统一核算，全公司经营的好坏，经理要向董事会负全责，所以主要经营管理权力集中在公司。生产和经营管理的大政方针由公司统一制定，供、产、销和人、财、物也由公司统管。例如：

中期计划（三至五年计划）、年度计划和季度计划由公司制定；

订货由公司统一承接，根据各种产品的不同要求，由公司通盘考虑各制铁所的条件，选择最经济合理的方案，把不同品种的生产任务分配给各所；

生产所需的原材料、燃料，由公司统一采购和供应；

产品销售由公司统一组织经营；

全公司课（相当于科）以上组织机构的设置、调整和变更，由公司决定，课以上人员的任免和工资待遇，由公司统一掌握，新入厂职工的工资水平，由公司统一规定；

企业预算由公司决定，各制铁所每年提出设备投资和经营费用预算，由公司有关部门审定，分别经设备预算委员会和经营预算委员会讨论决定后执行。

上述经营管理的各项权力,由经理行使。经理行使这些权力,又是以集体讨论为基础的。公司最高领导层由48名董事组成,通过三种定期的会议(一月一次的董事会,全体董事参加,讨论根据法律决定的事项和其他有关业务执行方面的重要事项;一月两次的经营方针会议,董事长、经理、副经理和经理临时指定的人参加,讨论综合经营计划和有关经营的基本方针,如制铁所事业、新兴事业以及其他经营的基本方针;一周一次的常务会,董事长、经理、副经理、专务和常务董事参加,讨论重要业务执行方针和其他有关经营的重要事项),对职责范围内的大事进行决策,并通过公司的职能部门(共分计划管理、物资供应、产品销售、技术部门四大系统,设几十个部)协助经理贯彻执行。

(2)制铁所。是在生产上相对独立的一级组织,它的基本职责是完成各种产品的交货期、质量和成本指标。所长要对完成这三项指标负责,而且要搞好安全和卫生。所一级也有一定的经营管理权力。例如:

参与公司计划的制定,并根据公司下达的年度、季度计划制定月度计划;

对课以上的组织机构、人员和待遇有建议权,对课以下组织机构的设置、调整,对课以下人员的任免和工资待遇,以及对这些人员的培训,有决定权;

有一定的机动财权,如所长掌握相当于设备投资预算5%的预备金,在此额度内,所长有权批准购置单价在一亿日元以下的设备。

上述职权由所长行使。在制铁所一级也设有一套比较完整的职能机构,协助所长行使职权和推进工作。

新日铁公司各制铁所的所长,全部由副经理或董事担任,他们都是公司决策的参加者,这种组织体制,就使制铁所的领导和公司的决策机构紧密地结合在一起,从而保证了强有力的、高效率的领导。

(3)制造部。是直接组织和指挥生产的机构,它不设经营管理方面的职能部门,只设技术课,协助部长和副部长处理生产和技术方面的问题。如君津制铁所有炼铁、炼钢、条钢、热轧、冷轧、钢管、设备制造等七个制造部,其中的炼钢部设有制钢技术科,共有16人,分管计划、质量、技术开发、设备等方面的工作。

(4)工厂。是生产第一线,只设工厂长,通过作业长、工长组织生产,不设任何管理机构。

上述职权的划分，说明新日铁公司的经营管理权既是非常集中的，又是分级管理、上下结合的。经营管理的大权集中在公司，经营管理工作主要由公司和制铁所两级去做，制造部和工厂集中全力搞生产。在生产上，从经理、所长、制造部长、工厂长、作业长、工长到操作人员，成为一个一贯到底的生产系统，实行一元化的领导；在管理上，公司和制铁所的职能机构都从各自的专业出发，向生产系统提出建议，组织辅助部门，为第一线服务，保证生产顺利进行。

新日铁公司上下结合的领导体制，是有组织保证的。首先，所长参加公司最高领导决策；第二，每三个月轮流在一个制铁所开一次所长会议，经理和副经理也出席，讨论经营管理工作；第三，公司每月召集技术副所长开一次会，讨论技术工作和质量、成本方面的问题；第四，公司的各职能部门也经常召集各制铁所的对口业务部门开会研究工作、沟通情况、进行业务指导。

这次考察的丰田汽车工业公司，组织体制和新日铁公司类似，它的不同点是产销分立，汽车工业公司和销售公司并列。

丰田汽车工业公司有职工 45 000 人，资本金 733 亿日元，销售额 26 174 亿日元，年产汽车 280 万辆，设十个工厂，分别承担各种客货车、小轿车的组装和主要零部件的生产任务。产品的销售业务，由丰田集团的汽车销售公司（共 5 000 人）经营，独立核算，自负盈亏。在 50 年代，由于公司经营困难，为了更有效地推销产品和便于单独向银行借钱解决资金问题，决定把产销分开。从长期产销分开的实践中，他们认为，生产和销售各自独立经营是有利的，因为这样做可以发挥各自的特点，使生产的领导者精力集中于生产，销售的领导者精力集中于掌握市场动态，更好地推销产品，并为设计、制造更符合顾客需要的汽车及时提供第一手资料。

为了使产销衔接，丰田汽车工业公司和销售公司配合紧密，经常沟通情况。销售公司掌握的市场情况，及时向工业公司提供，工业公司在制定生产计划时请销售公司共同讨论。在公司的组织上产销是分开的，而在实际工作中产销又是结合很紧、有统一计划的。

3. 中部电力公司实行的是统一核算、统一经营、管理高度集中的体制。

由于电力通过电网输送，发电和供电必须同时进行，在经营管理上也就必须高度集中。我们考察的中部电力公司，不但计划和预算由总公司控制，每天各电厂发多少电也是总公司统一指挥的，各厂生产情况随时通过计算机传到总公司，这是在这次考察的企业中，最为集中统一的一种管理体制。

通过这次考察，我们感到，日本企业的组织和经营管理体制有一些特色，很值得研究和参考。

1. 日本企业根据生产特点和生产发展的实际需要，从有利生产、提高效率和便于管理出发，考虑组织形式和管理体制。

日本的大公司，一般是大型联合企业，生产特点各不相同，有些企业的各种产品生产之间是连续进行的，如钢铁工业等等；有的企业各种产品生产是单独进行的，但在生产技术上有一定的联系，如电器工业等等；也有的企业是许多工厂生产各种零件，最后装出统一的成品，如汽车工业等等。生产特点不同，组织形式也就不同，不强调统一格式，不一刀齐。例如，日本钢管公司，由于主要产品既有钢铁，又有机械、船舶，甚至还有化肥，产品差别很大，所以不像一般钢铁企业那样实行全公司统一核算，而采用事业部制。但无论采用哪种组织形式，公司内部各生产单位的专业化程度都很高，整个企业都是由许多专业化的车间、工厂联合组成的。这些联合企业不是形式主义地大轰隆搞出来的，每个联合企业都有自己形成和发展的过程，是在反复摸索、不断总结经验的基础上形成的。

我们在改组工业的时候，也应当从实际出发，既要加强专业化，也要注意联合化，不应一哄而起，硬把统一的工厂分割为许多"专业化"的厂子，然后再去组织它们协作。所谓专业化协作，不能仅仅理解为一个个专业公司之间的协作，而应当把公司内部各专业化工厂之间的协作同公司外部的协作结合起来。

日本的联合企业，许多是跨地区的，甚至是全国性的。说它具有全国性，只是说它下属的工厂分布在全国各地，销售网遍布全国，而不是说把全国同类工厂都网罗在一个大公司之内。全国性的同一行业的大公司可以有很多个，它们之间相互竞争，竞相发展。我们在组织全国性联合公司时，也不应把全国同一行业全部包罗在一个公司之内，"只此一家，别无分号"。如果这样，就没有比较，没有竞争，就容易把这种公司搞成一个全国性的行政领导机构。我们应当根据实际需要，既有联合公司，又有专业公司；既有全国性的联合公司，也有地区性的联合公司。怎样对经营管理有利，对提高生产效率有利，就怎样干。

2. 日本企业各级的职责、权限和分工明确，实行各级首脑负责制。

前边对几个大公司的介绍，比较具体地谈到了各级职权的划分。概括地说：战略性的决策、全公司的经营方针、产销计划和总的预算，决定权都掌握在公司最高经营领导层。这个领导层，由领导能力很强的专家组成，一般具有丰富的技术、经济工作经验和行政领导能力。各企业的最高经营层，通过定期召开董事会、常务董事会、经营方针决策会实行集体讨论，作出决定，由经理组织执行，执行结果由经理对董事会负责。这种高度集中的决策方式，表明公司的最高领导层不是事无巨细地乱抓工作，而是紧紧抓住生产经营中带全局性的大事。这一点很值得借鉴。

日本企业，公司以下各级机构的部、课长以及工厂长，也是一批精通技术和经济业务的专家，富有领导工作经验。他们的责任，是在自己管辖的范围内，贯彻执行公司的总方针。各级组织也都强调首脑负责制，上级的职能部门对下级对口的职能部门可以实行横向的业务指导，有时也发布一些指示，但是决定权在经理、事业部长、制作所长、工厂长、制造部长等各级的首脑，他们对上级职能部门不符合实际的指示有权否定。

在考察中，日本朋友们直率地指出我国企业的职责和权限暧昧，弄不清谁是企业的经营者，党委书记、厂长、支部书记、车间主任到底听谁的，各自负什么责任，很不明确。认为这对加强经营管理非常有害。日本企业由于各级职责和权限明确，各级领导都可以在自己职权范围内放手地工作，该自己决定的事情自己必须拿出主意来，用不着到处请示，没有谁能代替他决断，也没有谁能代替他承担责任。这种体制很值得我们效法，这样才能有效地促使每个人努力掌握并力图胜任自己的工作，不断提高效率，否则在领导岗位上就坐不住了。

3. 日本企业从上到下全力搞好生产。

首先，政府为企业创造很多条件，使企业能够把精力集中于生产经济工作。政府通过制定经济政策和法令引导经济的发展，同时利用税收、利率等经济手段促进经济的发展。在法律和政策法令允许的范围内，企业可以自行发展。政府在各种产业的具体建设和经营上不直接干预，而在公用事业的建设上比较下功夫。这种做法非常有效地支援了企业的生产经济工作。例如鹿岛工业基地的建设，县（相当我们的省）政府出面搞规划、征购土地、组织搬迁，在建设过程中，负责统一组织道路、上下水道、公园、住宅、商店和各种生活福利设施的建设，既保证了各企业集中力量进行生产建设，又使生产和生活设施配套。

其次，企业各级管理机构为生产第一线服务，替基层生产单位做了大量的工作。日本企业的工厂一级非常单纯，只是按规定的任务进行生产，工厂集中力量抓好产品质量、成本、交货期、安全和卫生五件事，确保本企业产品有竞争力，所需人、财、物方面的一切条件，都由上级职能部门提供。日本企业在经营管理工作中，把制造、销售系统看作实战部队，把各级职能机构视为参谋部，参谋部必须为实战服务，这个思想是十分明确的。

再次，日本各企业在组织协作时，非常注意把主要产品和决定主要产品技术水平的关键部分抓住不放，其他部分如辅助生产、生活福利设施、环境整理等方面的工作尽量外包，从而保证企业的精力集中于生产，而且集中在生产的主要环节上，同时也促进了辅助生产和服务工作专业化。

二、企业的计划

日本各公司的生产，像一切资本主义企业一样，都是严格按照计划进行的。他们的计划是科学的、严密的、符合实际的。

日本企业计划，是贯彻"经理方针"的重要手段。每年经理要根据经营情况，对重大问题作出决策，制定"经理方针"，规定全公司的奋斗目标。例如，1978年新日铁公司面对不景气的形势，提出的"经理方针"是：在开工率降到70%的条件下，做到企业经营有利，预定新建的工程还要照常进行。为了贯彻执行这个方针，制铁所长、制造部长、工厂长、作业长要逐级拟定自己的具体方针，同时还要制定全公司的计划，确保

"经理方针"和公司目标的实现。

根据"经理方针"和公司的目标,要制定两种计划:中期计划,一般为三至五年;短期计划,包括年度、季度和月度计划。计划内容各企业不尽相同,以新日铁公司为例,包括财务成本计划、设备计划、生产计划、销售计划、原材料和燃料计划、人员计划、研究开发计划、新办事业计划、协作单位计划等等。

企业计划的中心指标,是利润。按照日本企业领导人的说法,企业经营的基本方针是"取得合理的利润和满足顾客的需要"。具体到基层生产单位,就表现为交货期(包括数量、品种)、质量、成本。这三项指标,是考核每个基层生产单位计划完成情况的主要指标,完成这些指标,企业才有竞争力,才能取得更多的利润。

日本企业的计划管理,给我们的突出印象是:

第一,以销定产。

公司在制定计划时,首先掌握两个方面的资料:一是订货单,一是市场预测资料。根据这两方面的资料,确定各种产品的销售量,在此基础上,确定各种产品的生产量。

大型产品、专用设备、有特定要求的产品,以及固定协作的产品,通常采用按订货单组织生产的计划方法;没有订货单、直接在市场推销的产品,则采用市场预测的方法安排计划。因此,各公司既有庞大的推销机构,千方百计广开销路,又有现代化的商业情报中心,及时掌握市场情况。例如,新日铁公司除设有综合调查部、订货管理部、情报系统部之外,还设有十个负责销售业务的部(如销售管理部、薄板部、条钢部等),每个部的职责中都有开辟销路、调查市场情况的任务。在国内有七个营业所,主要任务也是推销产品和市场调查。在国外有九个事务所,负责了解世界市场情况和推销产品。除此之外,各企业还同商社保持密切联系。商社主要是商品产销中介,有的也承包工程和经营生产事业。各大商社都有世界性的、非常现代化的情报网,如三井物产商社,可以通过它的情报网,在五分钟之内把世界各地的商情集中起来。各公司和商社保持联系,对于正确制定产销计划十分重要。

计划期长短不同,计划方法和依据的资料也不同。一般地说,中期计划更多地依靠预测,短期计划则更多地依靠订货单。计划期越短,内容越具体。中期计划体现公司在一个时期总的经营方针和发展目标；年度计划要规定当年生产和销售的具体目标，包括存在的问题和拟采取的对策；季度计划要把年度计划具体化，根据市场情况和变化，对年度计划提出的任务做重新估价，进行必要的调整；月度计划则是基层生产单位的实施计划，即按最新商情和扩大了的订货单组织生产，确保既不短产拖期交货，也不盲目超产，造成积压。

由于各企业都是以销定产，相互间又有密切的协作关系和合同关系，这就使各企业的供、产、销能够较好地结合起来，准时地相互提供各自需要的产品，组织均衡生产，而不致停工待料、产销脱节。

第二，综合平衡。

日本企业把产销计划和其他计划作为一个整体综合考虑。计划程序，是根据销售计划制定生产计划，根据生产计划确定零部件、原材料、燃料、动力的供应计划，资金计划，设备计划，劳动力增减计划，以及能力开发和新产品试制等计划，使各项计划相互衔接，不留缺口。这样，就用计划把整个企业各方面的工作严密地组织起来，而且把有关协作单位的配合关系，纳入统一计划。

计划管理是一项全面的、综合性的工作。日本企业的领导人认为，制定、执行和检查计划，是企业生产管理的根本问题。日本企业的计划，一般都是上下结合，反复商议，各个部门相互配合共同制定的。这在编制季度计划时表现得非常明显。以新日铁公司为例，他们的季度计划由公司制定，制铁所参加。公司的生产管理部门、销售管理部门、承接订货部门、原材料供应部门和财务部门要和制铁所一起搞好综合平衡，共同制定计划。大略的程序是：

公司的生产管理部门，根据年度计划的要求，为制铁所规定季度计划指标的基本要求，制铁所据此提出计划指标的具体方案，并和公司生产管理部门共同研究确定计划指标；与此同时，制铁所还要提出相应的设备计划，并和公司生产管理部门共同进行生产能力平衡。

公司的销售管理部门和承接订货部门，根据最新的市场预测资料和订货单，结合考虑生产的可能性，制定销售方针和销售计划草案。然后，生产管理部门根据销售计划草案和生产能力情况，进行产销平衡，提出生产计划草案。

公司的原材料供应部门，根据原料、材料、燃料供应情况和生产计划草案，提出供应计划草案；财务部门，根据生产和供应计划草案，提出资金和利润计划草案。

然后，公司召开有关部长参加的产销基本方针会议，对上述各有关部门提出的供、产、销和财务计划草案进行综合平衡，共同确定各项计划的基本方针，再分别由有关部门提出供、产、销和财务计划，交公司产销会议讨论，最后由公司常务会批准下达制铁所执行。

上述各项计划是同时交错进行的，而且是上下结合，反复平衡的。

实现上述计划，必须有各方面的配合与保证。因此，还制定质量保证、能力开发、技术开发等一系列计划。这些计划，以生产计划为中心，进行综合平衡。

三、专业化协作

随着资本主义大生产的发展，日本企业之间的专业化协作关系越来越密切。我们考察的一些大企业，如新日铁公司、丰田汽车公司，都以公司生产为中心，与一大批中小企业紧密联系起来，互相协作，互相依存，共同发展，组成一个错综复杂而又有条不紊的分工协作的生产体系。

新日铁公司是专业化协作的一种类型，其特点是生产过程中最主要的工序，由公司自己按专业化原则组织生产，清洁、卫生、设备维修工作以至一些辅助性生产，都外包出去，由协作厂承担。比如，新日铁公司的君津制铁所，在原料作业方面，自己只管配料，而把原料运输、矿石处理、焦炭制造都外包出去；在高炉作业方面，自己只管高炉冶炼，而把高炉修理、铸铁机都外包出去；在转炉作业方面，自己只管转炉冶炼和连续铸造，而把添加剂的加工处理、铁料的集中压块、脱硫处理、铸型修理都外包出去；在轧钢作业方面，自己只管冷轧、热轧，而把煤气、切头、产品捆运都外包出去；在制管作业方面，自己只管成型、焊接，而把二次加工、非破坏性检查、管壁涂料都外包出去。同时原料和成品的厂内外运输，也都外包出去。机械、电气、仪表、水道的维修，自己只管一小部分，大部分也外包出去。这样，就保证了制铁所集中力量抓好生产中最主要的环节。而协作厂专门从事某一方面的工作，也可以提高效率、提高质量和降低成本。新日铁公司共有协作厂400多家，协作厂职工4万多人，约占公司职工的60%。

丰田汽车工业公司，是专业化协作的另一种类型，其特点是零部件由协作厂分别生产后，到丰田公司的下属工厂进行总装，专业化分工更细，协作关系也更为复杂。据介绍，每辆小汽车约2万个零配件，1个月需15万种、20亿个零件。除引擎、车体等主要设备由丰田工厂自己生产外，有70%的零部件由协作厂生产（外协零部件产值约占公司产值的30%），按规定时间和要求送到丰田公司有关工厂装配。丰田公司共有协作厂1240家，其中有240家工厂主要生产汽车的各种零部件（除供应丰田公司外，也供应其他汽车公司）；有1000家工厂为丰田公司制作机械设备、卡夹具，负责厂内设施建设等。

丰田公司为了实现均衡生产，保证汽车按时装配出来，对协作厂零配件生产的品种、数量、质量、交货期，都有精确的计算、严格的要求。他们和协作厂之间订立基本契约，一年修改一次；订货时有订货合同（又称个别契约），部品以一个月为期订货。生产计划在上一月下旬就到达协作厂。订立契约后，丰田公司对协作厂要检查设计图，进行设计认定；要讨论费用，在一定成本内生产最理想的产品；要讨论用什么工序加工协作产品；还要进行协作厂工作能力和效率检查，看是否能达到要求。由于丰田主要协作厂大都在丰田市，所以普遍推行卡片生产制，按丰田提出的生产计划和卡片，每天分几次把零部件送丰田工厂，卡片随零部件一起走，上面明确规定零部件名称、规格、数量、送货时间、送货地点，这样就保证了生产能按照作业计划，高效率地、均衡地进行。

新日铁公司和丰田公司生产特点不同，但主力厂和协作厂之间的关系，有几个共同特点：

第一，他们认为，主力厂和协作厂的关系，不是单纯的买卖关系，不是竞争关系，而是相互帮助、相互依存的关系。协作厂同主力厂虽然订有严格的合同，但他们更强调信用和名誉，认为违反合同或供应不合格品，是工厂的耻辱，会败坏信誉，因此很少发生合同纠纷或中断合同的事。协作厂关系确定后，一般都长期固定下来，丰田公司有些协作厂已有40年历史,新日铁公司有的协作厂已有50多年历史。

第二,主力厂对协作厂的产品质量的管理,主要不是靠进厂时的严格检验,而是把重点放在检查协作厂的工艺和制度,看能否在生产中保证质量。为了做到这一点,主力厂通过各种形式,在技术交流、经营管理上给协作厂以帮助。如新日铁公司有3 000多人到有关协作厂工作,他们既是新日铁的职员,又担任协作厂的职务,起到帮助推广技术、加强管理、提高质量的作用;协作厂在新日铁公司的工厂里,有自己的厂房,挂自己的牌子,参加新日铁公司的生产管理活动。丰田汽车公司对协作厂,经常派去指导员,在管理方面具体指导。如丰田的协作厂之一东海理化电机制作所,主要制品是汽车用电器开关、安全皮带和其他自动车部件,产品53%供应丰田公司。1975年丰田公司派人到该厂帮助推行丰田生产方式,共同研究解决生产效率不高、在库品多等问题,实行了卡片生产制,只用三个月时间,安全皮带生产率提高一倍以上,库存由6天减到0.25天,1978年这个工厂还获得全国中小企业戴明奖。

第三,有严密、详细的合同,把主力厂和协作厂之间的义务和责任规定下来,互相严格遵守。以新日铁君津制铁所与协作厂签订的合同为例,在基本合同中规定了调整、改变合同的程序,防止公害问题,防止灾害问题,在作业上发生疑义的处理办法,保守专利秘密的义务问题,不合格作业的处理问题,双方在企业经营上重大事项的相互通知问题,产品的检查和验收,以及对造成损失的经济赔偿办法,等等。在作业承包合同中则具体规定:(1)作业名称;(2)作业目的;(3)作业内容(附作业方法的详细的规格标准书);(4)作业界限;(5)作业场所;(6)产品质量、规格、成品率;(7)交货期和工作量;(8)检验方法;(9)承包费用;(10)承包费的支付方法;(11)合同有效时间;(12)交货地点;(13)对不合格品的处理办法;(14)其他合同条件等。

第四,主力厂采用各种办法,把协作厂组织起来,参加公司的各种活动。如丰田公司设有质量管理奖,每年评选时,协作厂一起参加,经公司领导与协作厂负责人共同商谈,评出质量管理奖和降低成本奖,由公司统一颁发。丰田公司还把不同类型的协作厂组织起来,分别参加

"精丰会"、"荣丰会"、"协丰会",定期开会,协调行动,交流经验。这些活动,更使协作厂把自己的利益和主力厂紧紧联在一起,在某种程度上成了大公司的附属者。大公司用各种办法控制着中小企业,中小企业又不同程度地依附于大公司,依靠对方发展自己,成为组织社会大生产的一个重要纽带。

附件二：

日本的质量管理

质量管理是这次考察的重点之一。这里扼要地把日本质量管理发展过程的情况和各企业质量管理的主要特点综合作个汇报。

第二次世界大战后，日本为了提高竞争能力，解决产品质量差的问题，于1949年由日本科学技术联盟开始进行质量管理基础课程教育，训练了一批骨干，并确定了日本工业标准（JIS）的标志。1950年请美国学者戴明博士来日本进行有关质量管理统计学方法的讲学，1951年设立了戴明奖（是日本质量管理的最高奖），举行一年一度的质量管理大会，到现在已进行过28次。1960年确定每年11月开展"质量月"活动，到现在已进行到第19次。1962年出版了以车间班组长为对象的刊物《现场与质量管理》，工人们在学习的基础上，自发地组织起质量管理小组，即QC小组（有的叫产品无缺点运动，有的叫小集体活动，名称不同，内容都是工人组织起来讨论和改进质量）。到现在为止，在日本科学技术联盟正式注册的工人质量管理小组已有12万个，约120万职工参加，加上未注册和用其他名称开展质量管理活动的有1 000万人以上。这在日本是一个大规模的群众性活动，对推进质量管理起了重大作用，也是日本引为自豪的质量管理的一大特色。这些活动他们坚持了20多年，使日本质量管理水平不断提高，活动也越来越广泛深入。在日本企业，从领导干部、技术人员、管理人员到工人，质量管理已经普遍运用，以质量为中心，带动了企业各项管理工作。日本产品质量在世界上能有较高的声誉，达到今天这样的水平，正是他们坚持不懈进行长期努力的结果。

据我们了解，日本一些有代表性的企业，质量管理有以下几个特点：

1. 十分强调质量第一，从上到下重视质量，真正把质量问题作为企业命运攸关、生死存亡的大事来对待。日本的企业，到处都挂着"质量第一"、"质量是创造未来的关键"、"不断提高产品质量企业才有光明的未来"、"好质量、好思考"等标语，许多公司的"社训"，第一条就是生产用户满意的高质量产品。他们不是停留在口头上、标语上,而是踏踏实实去干。在50年代就致力于提高质量,增加出口。特别是1961年日本实行贸易自由化以后,国际国内竞争更加激烈,产品质量不好,东西卖不出去,企业就要垮台。因此,企业领导更是挖空心思、全力以赴地抓质量,靠质量来发展企业,靠质量来取得竞争胜利,获得更多的利润。这方面小松公司介绍的事例,给我们留下很深的印象。小松公司是以生产推土机、挖掘机、翻斗车等工程机械为主的大企业,50年代小松推土机的产量占日本总产量的60%。1961年美国凯特皮勒公司(推土机产量占世界一半)决定与日本三菱搞合作公司,生产推土机。美国公司的技术和产品质量都比小松强,美国柴油机大修期为5 000小时,小松为3 000小时。因此人们预料,小松在竞争中或者垮台,或者降为三流企业。在这种情况下,为了赶超美国王牌公司,小松公司总经理河合决心从国外引进先进的质量管理方法,请石川馨教授作指导,动员全公司从总经理,部、课长到工人一起干,靠提高质量打败对方。他们先后制定了两个作战计划,A作战计划以提高推土机质量为中心,这项工作优先于全公司所有其他工作。为了设计出最新型的先进产品,他们舍得花本钱,用各种不同零部件、不同工艺,制造了三种类型推土机96台,在零上70摄氏度和零下50摄氏度条件下进行各种试验,找出最优的数据,然后再重新设计。经过三年努力,终于使柴油机大修期超过5 000小时(现在已超过1万小时),并采取措施,降低成本。接着又进行B作战计划,以扩大国际市场为目标,把出口量由10%~20%提高到50%,其中30%向美国出口,取得国际竞争的胜利。据河合讲,如果当时不引进先进的质量管理方法,下决心改进质量,小松公司今天可能已不存在了。改进质量的结果,还使公司增加收入上千亿日元。小松的事例告诉我们,要赶超世界先进水平,必须瞄准对手,采取科学的管理方法,在质量上下苦功夫攻关。小松奋斗三年,推土机质量超过美国王牌公司,我们一些机械制造厂设备并不比小松差多少,多用几年时间,还不能赶上世界先进水平吗?

2. 十分强调预防第一,把不合格产品消除在生产过程中。日本企业界有句名言:"好产品是生产出来的,不是靠最后检查出来的。"他们强调在生产过程的一切环节加强质量管理,消除产生不合格品的各种隐患。

在管理上着重采取"防患于未然"的质量管理制度,规定在产品研究设计过程中,就要考虑如何保证质量,质量管理人员要参与设计质量的审查工作;对外购原材料和零配件的质量管理,重点不是进厂时的严格检验,而是检查供货单位质量管理系统和工作情况;生产过程中的质量管理,重点不是挑出不合格品,而是要保证形成一个能够稳定生产合格品的生产系统。当然最后进行严格的产品检验把关也是必要的,但他们认为只依靠这个是消极的。为了在生产过程中保证质量,他们采取了一系列措施:

他们有一套严密的质量保证体系。公司设有质量保证部,负责有关质量管理的规划、贯彻和检查,是全公司质量活动的中心。工厂有质量管理课,负责生产中质量和出售产品的质量,指导工人质量管理小组开展活动。质量部、课一般由常务董事分工管理,直接对总经理、厂长负责。

他们有一套科学的管理办法。一种是运用统计学方法进行质量管理,对产品出现缺陷的处理,不是凭大概的经验和印象,而是用数据说话。通过统计,找出产品不良的最主要问题,然后从设备、材料、工艺和工人操作几个方面,发动每个工人找原因,讨论和制定对策,在实施中再对产品质量进行抽查统计,用质量数据图表示,出现问题随时解决。日本许多企业还采取"PDCA"工作方法,叫做"戴明环"。就是把管理工作分作四个阶段,第一阶段(P)是计划,根据对市场和消费者需要的调查,从总经理、厂长到部、课长层层提出工作方针和要达到的目标,使全体职工都明确;第二阶段(D)是实施,按照方针、目标实地去干;第三阶段(C)是检查,哪些对了,哪些错了,把握效果,找出问题;第四阶段(A)是总结,成功的使之标准化,坚持下去,不足的和失败的制定措施加以解决,防止再度发生。根据存在的问题,再提出下一段的方针、计划,如此不断循环,工作质量一步比一步提高。日本企业把这种工作方法系统化、图表化,使干部和工人能普遍掌握,每个循环都有时间要求,实施中有严密组织和检查,实施结果有认真总结。小松公司在北京内燃机总厂帮助试点,使曲轴废品率在短期内大大降低,证明这种方法在我国也是可行的。

他们有严格的产品检验制度和先进的测试手段。例如,生产控制设备的日立公司大瓮工厂，为了使产品准确可靠，除强调工人精心操作外，在质量上要经过七道检查，即协作厂质量水平的检查、购入零配件的检查、部品制作的中间检查、装配检查、完成检查、包装前发送检查、用户使用情况检查。在检查中有整套的测试手段，如自动冷热冲击试验设备、半导体元件高温试验设备、全天候模拟试验设备等。松下电器公司茨木工厂生产的彩色电视机，在新产品试制中，要逐台进行环境试验，5 000小时的使用寿命试验，升高电压10％试验，90％湿度试验，高温150摄氏度、低温零下50摄氏度试验，高低频率振动试验等。正式生产后，在每500台到1 000台中，还要再抽样进行类似检验。对不合格品要解体检查，找出原因，提出对策。电视机的包装设计，要模拟各种恶劣运输条件，进行喷水、滚动颠簸及各种撞击、跌落试验，以检查包装质量，并规定包装的设计不过关，新产品不能投产。这些严格的制度和完善的设施，对保证产品质量起了重大作用。我国产品生产过程的检查和最后检验都不严格，测试手段也不完备，包装粗糙、马虎，在健全管理制度的同时，也要舍得花点钱逐步完善检验和包装手段。

他们对生产过程中出现的质量问题，不是掩盖矛盾，而是让它暴露出来，加以解决。最典型的是丰田生产方式，强调按计划均衡生产，零配件要全部合格，供应"恰好及时"，下一道工序按计划进度到上一道工序取零件，没有多余的零件储备，没有库存，如果生产中出现质量问题，每个工人有权按自己面前的电钮，使整个生产自动线停下来，使矛盾表面化，以便迅速解决。另一方面，他们又教育管理人员千方百计防止由于质量不好出现停止自动线的情况，这就逼着人们不断改进质量管理。

此外，他们还有公司、工厂最高领导人亲自对产品质量进行诊断（检查）的制度。总经理每年要深入到所属工厂、营业所诊断一次，厂长每年到车间诊断两次，系统检查质量管理情况，发现问题，一起研究对策。

3. 十分重视新产品的研究开发。高质量还意味着不断创制新品种。日本企业把不断更新产品、增加新的品种、满足用户多方面的需要，作为提高质量的一个重要方面，下大力气抓新产品开发研究。我们所到的大企业，都设有强有力的研究开发部门，人才集中，设备齐全。他们广泛收集技术情报，研究市场和消费者的要求，进行各种科学试验，设计、试制新产品。所以产品品种多，变化也快。丰田公司仅小汽车就有11种型号，而每种型号又有不同车体、内燃机、变速器、内部装备、轮胎、颜色，他们讲可以生产的品种达4万种之多（经常生产的只有几百种）。据介绍，丰田小汽车每两年要改一次型，两年中还有一次局部改型，每个新车种要提前两年做出设计。有些品种还在畅销的时候，就又开始研究更新的产品，目前丰田已在研究公元2000年的"幻想牌"汽车，并做出了模型。第二精工舍手表厂是生产中高级手表的工厂，60年代以来，从带日历自动上弦表、薄型手表、装饰手表、摆轮电池表、日历电池表，一直发展到今天的晶体表、超小型表、液晶显示全电子表，共计20多个新品种，每种又有许多不同样式，品种和质量都达到世界先进水平。至于电视机、电冰箱等品种，更是日新月异，现在已研究成微型电视、投影电视、遥控电视、多像电视、储存节目电视等新产品。我们参观日本最大的三越百货商店，商品品种达50万种，而我国在香港的百货商店不到3万种，北京王府井百货商店只有2.3万种，说明我们在产品品种上，差距是很大的。

  为了保证新产品的质量，日本企业对开发新产品的工作制度是十分严格的，要经过反复试验，多次评价。例如小松公司开发一项新的机械产品，从设计到大量生产就要经过四次评价。征求用户意见，收集国际国内市场同类产品情报，做出新产品设计，由公司召集有关部门审查，作第一次评价；试制完成后，进行产品性能试验，考核是否符合质量指标，作第二次评价；由试验部门进行长时间耐久试验，试验后全部解体检查，作第三次评价；组织小量生产，交用户使用，听取用户意见，作第四次评价。以上四次评价都通过，才能投入大量生产。有一道通不过，都要重新做试验。

  保证新产品质量的另一特点，是他们十分重视设计与制造相结合。拿丰田公司来说，他们有主任设计员一贯负责制，每一种新车型的主任设计员，从估计市场动向、规划新型车辆、研究试制到投产、销售、售后服务，对技术方面问题负责到底。同时还规定了"驻厂员"制度，在新车种设计研究阶段，公司质量保证部和检查部派常驻员到设计部驻一年，反映市场和生产上的问题，提供过去不良品的有关资料，并带回生产新产品的有关技术；当新产品试制时，设计人员又驻到厂里，进一步贯彻设计意图，及时解决设计中预想不到的问题。他们坚持不懈，严格执行，对防止设计与制造脱节，提高新产品质量，效果很显著。

日本企业开发新产品的科研、试制费用，一般约占销售额的1%。这笔庞大的费用，都分摊到正在生产的产品中，在试销时企业尽量少收利润，国家也免税或减税，所以有些新产品能做到价格不变或更低。有些高档的新产品（如电视投影机）价格较高，就先在美国销售，大量生产、降低成本后再在本国出售。而我们把所有试制费甚至其他费用，都加在新产品成本里面，税收、利润照旧，所以价格高，工厂亏本，用户也买不起。日本新产品的试制和定价办法，很值得参考。

4. 实行综合的质量管理，也就是全体人员参加的包括生产、销售全过程的质量管理。日本企业的质量管理，已不限于生产中的产品质量，而发展到包括研究设计质量、制造质量、销售质量和售后服务质量，从原材料、零配件质量到成本、安全、环境保护的质量，从主力厂产品质量到协作厂产品的质量。他们认为哪一个方面疏忽，不讲质量，都会影响全局，影响整个产品质量和公司信誉。

日本的企业也强调人的因素，强调发挥工人的自主性、积极性。他们认为，只靠少数经营者、管理者，管不好企业，搞不好质量，只有促使工人关心质量，参加管理，产品质量才有保证。为此，他们采取各种办法，把工人利益和企业利益结合起来，把工人命运和企业命运拴在一起，使工人拼命干。我们所到的企业，都有工人组织的质量管理小组（QC小组），或其他各种名称的小集体活动。这些小组不是靠命令组成，不是流于形式，而是强调自己组织，互相启发，讨论问题，研究攻关，发表成果。小组不仅管质量，也管成本、管安全、管原材料消耗，经常开展活动，有的颇有成效。这次考察中，小松大阪工厂的竹笋小组（全组12人，平均工龄12年）工人组长伊藤，向我们介绍了如何使全组工人提高水平、轮流当带头人的经验，丰田精机公司刈谷工厂田中小组（全组26人，一半是女工）介绍了如何把组内女工动员起来，研究改进刹车性能的经验。他们讲的内容很生动，有图表，有事实，有效果，听了很受启发。

由于组织QC小组，发挥集体智慧，工人合理化建议越来越多。据丰田统计,全公司45 000人,有4 000个QC小组,1977年提了4万件合理化建议,共发建议奖金4.2亿日元(未采用提案的也给少量奖励)。新日铁公司实行全员质量管理,在所属9个制铁所共63 000人中,参加"自主管理"的工人占94%,1977年实现合理化建议8 400多件。新日铁八幡制铁所,每年要召开四次全所性合理化建议发表大会,工厂、车间每月召开一次,并分别给予奖励。小松公司还给每个工人印发QC手册,包括质量管理基本知识、简单的质量统计方法、各种质量图表运用方法和安全要求等,携带方便,简明易记。

5. 坚持不懈地开展"质量月"活动,进行全国性的质量评选和交流。我们这次在日本正赶上11月的全国第19次"质量月"大会,我们参加了全国QC小组经验交流会、企业领导人经验交流会和戴明奖授奖仪式。在全国各地一些企业,也到处看到"质量月"的旗帜、标语、宣传画,开展各种质量活动,深感他们"质量月"活动广泛而深入,其中有几点印象较深:

一个是日本的"质量月"活动,不是一个月的活动,也不是全年来一次孤立的、突击的质量评选活动,而是从年初开始,就扎扎实实抓质量管理工作,在这个基础上,通过自下而上地逐级发表成果,交流经验,进行选拔,到"质量月"形成全国质量活动的总检阅,达到质量活动的高潮。在日本,"质量月"活动是在政府的支持下,由民间团体日本科技联盟和规格协会共同组织,吸收消费者、经济界、学术界、政府有关部门组成筹备委员会,从每年1月份开始,就研究确定当年"质量月"活动的重点内容、标语、发行材料,进行宣传;针对公司董事,厂长、部、课长,班、组长,QC小组组长等不同人员,设立不同的课程,进行短期的质量管理训练教育;负责在分区选拔的基础上,确定在全国大会上发表讲演的单位,审定、颁发一年一度的戴明奖。这项工作从1月一直搞到11月。从工厂来看,也是全年活动,到11月达到高潮。比如第二精工舍手表厂,是每年12月提出下一年质量管理方针和计划,从1月开始就具体组织实施,5月到6月进行质量管理中间检查,9月到10月进行总检查,征求"质量月"的标语、论文,予以发表,在质量大会上表彰优秀小组和作者,11月("质量月")以各部、工厂为单位进行总结,召开全公司质量管理大会,汇报检查结果,并提出第二年的质量管理方针,使工厂每年都有提高质量的新目标。

再一个是，日本的"质量月"活动，不是靠行政命令，不是少数人的活动，而是有十多万个质量管理小组、几百万名工人广泛参加的群众性活动。他们不是为选拔而选拔，而是使每个小组的成果都有发表的机会，相互学习，交流经验。据日本科技联盟介绍，为了进行全国选拔，在日本按地区分为8个分会，下面再分30个地区（县），每年2、3月份参加选拔的QC小组，由工厂向分会统一报名，每个小组限定发表一项成果，经本厂、地区和分会逐级发表、讨论、选拔。到分会选拔时，一般是一万个小组中选拔一个。选拔标准不只是看经济效果大小，而着重看小组如何发动每个人动脑筋、想办法，其经验是否有普遍意义。今年"质量月"日本共选拔了14个小组参加全国发表会，一个小组发言半小时，把活动过程、经验绘成漫画、图表，用幻灯机边放边讲，图文并茂，内容生动，讲完后听众可以当场提问，由小组成员当场答复。与此同时，还有企业最高干部质量管理大会，部、课长质量管理大会，工长、班长质量管理大会，以及质量管理著作要点发表会等。每年"质量月"发表和讨论的议题各有侧重，比如1962年的题目是"购买高质量的商品，生产高质量的产品"，1967年的题目是"要在世界市场上获得发展需从质量入手"，1970年讨论的题目是"消费者的笑脸来源于质量管理"，1973年发生石油危机，1974年"质量月"讨论的题目是"在节省资源、节省能源时代质量管理的任务"，随着国际竞争加剧，1978年讨论的题目是"国际协作与日本的质量管理"。这样，紧密联系每个时期的实际，从全国、地区到工厂都同时举行各种演讲会、讨论会，形成一个全国性的质量经验交流和总结活动高潮。

第三是对质量优秀者给予奖励。全日本由10名学者组成审查委员会，对优秀质量管理著作给予戴明奖，对质量管理最好的企业给予戴明实施奖。参加全国发表的QC小组，有三个金奖，其余为银奖。除奖状外，还有金牌、银牌，得奖小组每个成员都有。得金奖小组要向全国企业作报告。同时，地区、公司和工厂，也各自颁发金奖、银奖和铜奖，最优秀小组可以派到国外旅行。到1977年，日本得戴明奖的累计共有41人，66个公司（中小公司16个），3个事业部和7个事业所。对受奖5年还继续积极提高质量的，另发质量管理奖。

负责组织以上活动的民间团体日本科技联盟和规格协会，都是独立核算，自负盈亏，政府不给拨款。他们组织如此庞大的活动，其开支主要靠出版质量管理的刊物、组织演讲会和教育训练收费，企业（会员）赞助费只占总收入的3％。日本科技联盟重点负责厂长、部、课长教育训练，指导企业和小组的质量活动，组织全国质量大会，对象主要是大企业。规格协会负责制定、修改全国工业标准，也进行质量方面的教育训练，但更多地是面向中小企业。它们在全国企业中都享有较高的信誉。

6. 实行用户第一的方针，有完善的技术服务工作。日本许多企业提出的口号是"用户是帝王"，"下一道工序是用户"，并把"制造消费者满意的产品"作为"社训"，对职工进行教育。有的公司还规定，管理人员入厂先到销售部门工作一年，熟悉、了解销售服务和用户需要，然后到其他业务部门工作。他们说，战后一个时期，因为产品供不应求，工厂生产什么就卖什么，反正能卖出去，那时是生产成本加利润就等于销售价格；现在质量普遍提高，竞争十分激烈，必须是用户需要什么生产什么，要先定出有竞争能力、用户能接受的价格，扣除利润，来确定成本，为千方百计达到成本目标而努力。对照我国目前某些企业质次价高、不按需要进行生产的情况，这一点是很有启发性的。

为了生产用户满意的高质量产品，许多企业不是满足于国家规定的质量标准，而是制定比国家质量标准高得多的工厂标准。在日本是工厂标准比公司高，公司标准比国家高，从而使产品质量精益求精。我们参观的日本钢管厂，除贯彻全国统一标准外，公司内部对生产工艺，产品的化学成分、物理性能都提出更高更严的要求。丰田公司对汽车性能的要求，包括安全、经济、舒适、可靠、耐久，还要便于驾驶、省燃料、低公害、低噪音。日本第二精工舍手表厂，根据长期对用户需要的调查，提出了手表质量的14项要求，包括走时准、不停摆、适合冷热环境、指示鲜明、附带机件（如日历）性能好、坚实防震、耐久使用、操作方便、防水、防尘、外形美观、携带方便、不伤皮肤和衣服、容易修理等。按这样全面要求生产出来的手表，当然受到国内外用户的欢迎。

为了使用户帮助改进产品质量，他们提出，看到产品质量不好而不提出意见是罪恶，鼓励消费者对产品提出意见，进行监督，参加质量管理。使我们特别感兴趣的，是日本从 1962 年起开始召开的消费者大会。因为消费者绝大部分是家庭主妇，为了把她们动员来，动了很多脑筋。开始许多妇女不愿提意见，或者讲起来感情用事。他们请石川馨教授和一些学者帮助家庭主妇学习质量管理内容，使她们了解质量管理的意义，学会如何冷静地提出意见，如何用数据说话，帮助工厂改进质量。并在各地分别召开有生产者、消费者、学者参加的小型座谈会，每月一次，互相交换意见，加强了解。在每月座谈基础上，选择一些题目，由消费者代表在 11 月 1 日全国消费者大会上发表成果。

日本企业还设有大量的销售点和服务网，负责产品销售后的技术服务。他们把销售作为生产部门和消费者联系的重要纽带，十分重视这一工作。比如丰田汽车公司在全国就设有 2 000 个推销店，负责日常修理、零配件供应和技术服务，定期召开有用户参加的演讲会、宣传会，教育用户如何正确使用汽车。丰田车出厂后负责供应配件 10～15 年，淘汰产品的零配件，另外组织流水线专门生产或由协作厂组织生产，以保证用户需要。小松公司的服务网，包括全国 10 个"支社"、47 个支店、5 个维修厂，还有 250 个指定的服务工厂和 14 个营业所，共 5 500 多人，平均每 30 公里半径范围内就有一个服务点。他们用计算机把全国服务点联成网络，及时了解用户需要和意见，作为改进产品的依据。用户要求供应备件，一般一天内都能得到满意解决；用户需要工厂制造的零件，一个月左右即可交货。

以上是日本质量管理上的几个特点。此外我们还看到日本的各行各业都重视质量管理。如服务行业质量（饭店和旅游地的周到服务）、交通运输质量（速度快、车次多、准时，东京小汽车由 100 万辆增加到 400 万辆，交通秩序井然，事故大大减少）、环境保护质量（规定工厂绿化面积占总面积的 20%，严格控制污染，多处进行监测）以及建筑施工质量等等，都给我们留下深刻的印象。质量问题在资本主义国家是关系企业生死存亡的问题，对我们来说，是关系到能否实现四个现代化的大问题。我们不仅在工业企业中要重视和保证质量，在社会生活的一切方面，各行各业，各个环节，都要严格讲究质量，这样才有真正的高速度。我们在这些方面，应该比资本主义国家做得更好，才能体现社会主义制度的优越性，才能谈得到最终战胜资本主义。

附件三：

日本企业的职工培训工作

日本企业拥有一批实力雄厚、经验丰富的技术管理人才，他们精通技术业务，熟悉科学管理，办事效率高，给我们留下了深刻的印象。日本就是培养和依靠了这批人才，恢复了战后的经济，用 20 年左右时间，发展成为世界经济大国之一。日本人把这种培训人才的工作叫做能力开发，这个提法是很有见解的。

一、培养人才是日本经济高速发展的重要因素之一，普遍受到国家、社会和企业的重视

我们接触到政府官员、经济学家、企业的经营者、中层管理干部，他们用不同的说法讲了培养人才的极端重要性。

日本把培养人才作为在资本主义经济自由竞争中生存发展的重要手段。他们认为自由经济的竞争，本质上是技术能力和管理水平的竞争，优者胜，劣者败，要么就生存发展，要么就垮台灭亡。日野汽车公司荒川社长说："第二次世界大战后，日本是战败国，国土狭窄，缺少资源，在国际竞争中要维持国家的生存，除了发展技术之外，是无路可走的。这一认识一直贯彻到全体国民，使国民有'危机感'，因此日本非常重视教育，以培养人才。日本战前只有 48 所大学，11 万学生，现在发展到 430 多所大学，180 万学生。日本企业不仅遇到国际上的竞争，而且国内也有强力的对手，为了发展自己，掌握一批优秀的技术人才，使企业不断现代化，是保持竞争力量的重要基础。"东京大学石井教授说："日本一些好的企业是由优秀的工人、优秀的技术人员、优秀的管理人员所组成的优秀的技术集团。因此他们能完成优秀的工作，制造出优秀的产品，使这些企业在产业界有竞争能力。"

日本人认为，现在是新技术、新工艺和新产品日新月异、频繁更新的时代，技术上的竞争更加激烈，必须不断开发新的技术，不使自己的技术"老化"（陈旧过时）。开发"头脑资源"是企业的"战略任务"，用于能力开发的投资是"最合算的投资"，没有能力开发的投资，新技术、新设备的投资就不能发挥应有的作用。

第二次世界大战后，日本出于本国经济恢复和发展的需要，大力发掘人才，十分重视技术人员的作用。战前造雷达的改为搞电子工业，造飞机的改为造汽车，造军舰的搞造船。日本依靠了这批专门人才，积极消化吸收西方的科学技术，经过20多年的努力，逐步形成日本自己的技术经验和管理方法，并且通过大规模的培训工作，把这些经验转移到下一代。这对促进日本科学技术现代化、经济管理现代化起了重大作用。拿培养企业管理人才来说，日本从50年代初就开始学习美国的企业管理方法，分批培训各级管理骨干，其中有培训经理、厂长等企业领导层的"经营者讲座"，培训企业部、课长（类似处、科长）的"管理者训练计划"，培训基层管理人员的"监督者训练讲座"。当时是采取美国教材，并由美国人当讲师，学习运用美国的先进管理方式整顿企业。1955年以来，还先后派出了两万多名企业领导人员到美国去考察学习，大企业专务董事以上的领导人几乎都去过美国。我们这次接触到的一些重要的管理技术和方法，大部分都来自美国。

在日本，能力开发普遍受到国家重视、企业重视以及社会团体的提倡支持。国家首先在普及教育上花了大量投资，提高了人民的知识文化水平。日本初中实行义务教育，高中入学率达到93%，大学的入学率为40%，日本人称为"高学历化"。产业结构往什么方向变化，每年的毕业生就向那里流动，支持了新兴企业对高质量劳动力的需要。近年来入厂的新工人绝大部分都是高中毕业生，也包括一些大学生。这些工人由于文化水平高，入厂后，经短期培训，不仅能熟练操作，而且会计算、画图，并有一定的自学和理解能力。中层管理干部文化水平也较高，新日铁公司君津制铁所课长以上干部，大学毕业的占81%。

各个企业都努力培养自己的人才，把拥有优良的人才引为骄傲。一些企业规定，领导有培养下级的责任。他们认为，培养不出好的部下，就不是好的领导。领导是否有能力培养下级，是考核领导的一条重要内容。有的企业还规定，各级管理干部晋级条件之一，就是要培养出自己的后继人选，促使各级领导重视培养人才的工作。

在日本，我们接触到的几个主要经济团体（日本科技联盟、日本生产性本部、日本能率协会、日本规格协会）都设有教育训练部，从事培养人才的工作。他们有详细的教育训练计划，列出企业各级干部、工人培养训练的课程内容以及收费标准，聘请一些有名学者、教授讲课。日本规格协会出版的1978年《管理技术进修培训内容介绍》，其中分9个类型、25项专题（如质量管理讲座、统计手法讲座、日本工业标准知识、计量技术、产品性能检验技术、实验计划法入门、管理方式研究等），培训对象包括厂长、部、课长、作业长及其他管理人员。各企业可以根据需要选送人员去学习有关课程。这些协会还接受企业的聘请，派人到工厂去讲课或进行指导，并出版有关技术和经营管理方面的著作、刊物、基础教材和手册。这类社会团体在介绍和推广国内外先进管理经验方面起了较好的作用。

二、日本企业对各级各类人员都有十分明确的培训要求，有一套具体的培训制度和培训方法

日本企业的经营管理者，考虑到现代化的生产必须做到高效率、优质、安全、低成本，对在生产第一线的工人和各级干部，都规定必须进行严格的训练，熟练掌握必要的技能，并经考试合格后才能上岗位。工人改变工种要先送到培训中心进行专门训练，技能达到要求后才能担任新的工作。

日本企业实行全员培训的方针，采用现场培训、业余教育、脱产轮训以及个别深造（送大学进修或到国外学习）等培训方法，并强调以现场培训为主。各企业都根据自己的特点制定出能力开发的规划，规定了各级各类人员的学习要求、学习内容和培训方法，一级一级提高，循序渐进，使职工逐步成为精通业务技术的工作人员。

（1）对工人的培训。首先，新工人入厂要经过严格的挑选。一般是工厂和学校建立联系，在每年4月入厂以前对学生进行挑选，并个别面试，合格的才予录取。日本企业实行"终身雇佣"制度，所以录取条件

是很严格的。

新工人入厂后，一般都要经过半年训练，专业性强的要经过九个月到一年的教育培训。训练内容从安全教育、礼貌教育、纪律教育、基础知识教育到专门技能教育。不同工种都有不同的规定内容。如新日铁公司搞电气维修的新工人，教学计划安排643节课，需九个月，有"通用知识"、"专业知识"、"基础实习"、"应用实习"。不仅学理论知识，而且进行实际操作的技能训练。我们在一些工厂的培训中心看到参加培训的工人在分别进行钳工、焊工、电工的基本功训练，还用模拟装置进行操作训练。新工人经过训练合格，到工作现场还要固定一名老工人继续培训一年，他们叫指导员，进一步帮助新工人熟练掌握操作技能。

新日铁公司把入厂2年以内的工人叫"新入层"，把3～5年的工人叫"一般层"（技能一般的），6～9年的叫"中坚层"（生产骨干的意思），10～14年的叫"棒心层"（核心的意思，相当于预备工长），15年以上的叫"监督层"（相当于工长），对他们分别规定了自修和轮训的内容。对自修的要发教材，进行业余辅导，并按期考试。在日本企业中，职工除了工作职务外还有个资格制度，资格是一个人学历、工龄、经验、能力的综合反映，一定的资格相应于一定的职称（例如，新日铁公司新工人的资格叫担当补（类似我国学徒工）；一般层工人的资格叫担当（正式工人）；中坚层工人的资格叫主担当（有一定经验了）等）。一些企业都有"取得资格的促进制度"，其中，完成各项培训要求是评定资格重要条件之一，直接影响到个人的经济利益和前途。所以工人都比较努力学习。

在新建企业或大规模进行设备更新和技术改造的企业中，还要进行设备更新的教育培训，使工人适应新的技术条件和工艺过程。这种教育采取脱产训练和现场培训交叉进行的方式，时间一般在三个月以上，规模大，参加人数多，有时是全厂性的，内容多种多样。例如新日铁公司规定，新厂建设，作业长要提前九个月到任，工长提前七个月到任，其他提前三个月到任，进行投产前的系统培训，因此新厂开工后都能做到稳产高产，优质安全。

随着日本企业产品结构的不断变化，工人的工种也要相应有所变化，因此鼓励工人一专多能，有的企业对多学会一门技术的工人还有工资补贴。

（2）对基层干部的培训。日本企业对基层干部的挑选、培养十分严格，因为生产第一线的工作掌握在这部分人手中。这里着重介绍作业长的培训情况。50年代后期，日本产业逐步现代化，企业中实行了作业长制度（领导几个工长和二三十个工人）。新日铁对作业长的作用有如下一些要求："作业长是第一线的管理者，工人能力的开发者，集体的领导者，上级的助手。""作业长是工人们的前辈，具有高超的技能和强有力的管理能力。""作业长不仅将上级领导的命令向部下传达，而且在自己判断的基础上，决定自己负责范围的目标；并以自己的创造精神，来计划、组织活动，实现这一目标。"担任这个职务，要求有一定年限的实际工作经验，新日铁规定大学毕业的要有8～9年的工龄，高中毕业的要有18～20年的工龄，并且要有担任过工长的经历，基本上是一级一级锻炼，从优秀的工长中选拔、培养上来的。在准备提作业长之前，还有一个预备作业长进修制度，脱产训练六个月，其中一个月学管理方法，四个月学作业长基础知识，一个月在现场跟着老的作业长实习。经过半年培训考核合格，才能担任作业长。这些作业长都具有丰富的实践经验，掌握本工段的技能，有一定的管理能力，能独立解决本工段通常发生的问题。工厂长（在新日铁公司类似车间主任）不在场的时候，作业长可以代替处理问题。我们到日本工厂看到生产组织得井井有条，现场环境安全、卫生，设备、材料、成品布局整齐合理，除了厂长，部、课长强有力的领导外，一批从工人提升起的、有丰富实践经验、精通技术、善于管理的作业长也起了重要作用。这些做法对于我国企业如何培训工段长和车间主任这一级基层干部是可以借鉴的。

（3）对技术工作人员的培训。日本大学的工科学生在校主要学基础理论知识，专门技术的训练要在企业中进行。一般情况下，日本大学生毕业经企业录用后，首先要到生产第一线去当工人，有的还要到销售店去服务，取得生产和销售的实际知识。在此基础上，由有经验的技术人员或基层干部指导，从始至终去完成一项技术工作，取得从事技术工作的实际经验。同时指定学习本专业的基础技术知识和专门技术知识，并给以指导和讲解。然后根据实际工作能力和理论知识给以定期考核。如新日铁公司规定大学生入厂3年内要学完《钢铁制造基础》（共四册），结合实际能力进行考试，合格者取得"主事"资格（相当于科员）。3年到8年内要学完《应用工程学》，掌握更深的专业知识，具有独立解决技术问题的能力，经过考试合格者取得"副参事"资格（相当于"挂长"级——股长）。8年到15年内，要求精通本专业的技术，扩大边缘科学技术知识的学习，培养组织管理能力，进行较深的专题研究，有条件的还派至海外参加科学技术交流，经过考核合格者取得"参事"资格（相当于"课长"级）。

技术部门、生产部门、科研设计部门中行政领导和技术领导是统一的。行政领导本身就是精通技术的技术人员。他们都有职、有权、有责，更重要的是他们有领导技术的能力，经理、厂长放心让他们工作，下级也听他们的指挥。

（4）对经营管理人员的培训。在日本，凡是从事这方面工作的，不强调向专门方向发展，而是强调全面管理的技能。一般情况下，股长以下职员岗位较固定，使其积累经验和增长能力，对股长以上管理干部实行定期调动的制度。比如当课长的，今年在这个课，一两年后就换到另一个课，经过各类岗位锻炼，成绩优良的，才有可能提升当副部长或部长。日本人说，这种办法有三条好处：一是可以调动干部的积极性，不断调动工作，不断接触新的领域，使干部对工作有新鲜感，不至于满足现状，必须不断学习；二是开阔干部的视野，培养干部的全面综合能力；三是可以从中考察挑选干部。此外，在培训中心或研修中心，对各级管理人员进行定期轮训或开办专题讲座。松下电器公司枚方培训中心，企业管理技术一门就设有25个专题讲座。

（5）对社长、董事一级领导人员的提高有如下一些办法：一是出国考察，每年都要派一些人到国外去，开阔眼界或做专题考察；二是请学者、专家、教授讲课或当顾问；三是参加社会经济团体组织的企业之间的经验交流；四是在本企业的研修中心进行专题研究总结。一些企业的经理、董事还要给课长以上干部上课，这本身也要求他们必须努力学习。

日本企业的经理、厂长对经营管理业务都很熟悉，工作干练。他们对这类人才素质的要求，概括有如下几点：第一，必须身体强健，精力充沛，能应付不断扩大的业务负担和变化莫测的经济形势；第二，富于理想，有独创精神，能在竞争时代不掉队；第三，擅长处理人与人的关系，具有全面调动职工的个性和能力的素质；第四，通晓企业全部实际业务，是善于综合管理的多面手，既不要做"事务佬"，也不要做单纯的"手艺人"；第五，要有广阔的眼界和高度的才智，深刻体察世界市场的形势，具有开发高、精、尖技术的知识，能走在时代的前头，不做"乡下佬"、"土包子"。这些要求，对于我们今后培养经理、厂长是有参考价值的。

日本许多企业对干部、工人实行一年一次定期考核。新日铁公司人事调查表中对干部业务能力评价有7项（职务知识；见解、计划能力；理解判断力；联络、处理问题能力，折中调和能力；领导组织能力；工作态度——纪律性、严格准确性；最后综合评价），性格气质调查有12项（社交性、涵养性、协调性、利己性、自主性、感情的稳定性、理智性、积极性、责任感、忍耐性、信赖感、明朗性），每年的考核结果，通过电子计算机储存起来；教育培训部门还有职工学习成绩考核档案，这些都作为使用和提升职工的依据。

三、日本的大企业普遍设有设备先进、师资整齐、教材成套的培训中心

这类培训中心负责职工的轮训、业余自修的辅导和函授教育。新日铁公司八幡制铁所，18 900名职工，就设有培训中心一所，建筑面积12 000平方米，可同时接收学员2 000人。此外还有一所培训中层领导干部的研修中心，建筑面积2 835平方米，可以同时培训300多人。松下电器公司的枚方培训中心，建筑面积19 268平方米，每年培训职工135 000人次。

八幡制铁所培训中心有带录像机的电视教室，自动化的电影、幻灯教室，带电子装备的外国语教室。三班倒的职工，下班后都可以随时去接受各种内容的知识。打开教室的录像机，可以从自己座位上的电视机中看、听老师讲课；打开戴有耳机的录音机，可以自学外语。还有三个实习工厂，供新工人或调换工种的工人操作实习。

培训中心除培养基础知识和专门技能外，还有一些培训技术人员和企业管理人员的较深较广的内容，如各种科学管理手法以及电子计算机技术。

八幡制铁所培训中心教材比较齐全。按照13个专业内容有13门通用教材和52门专用教材。丰田汽车公司、东芝电气公司也都有类似的培训中心，条件都很好，对提高职工技术水平起了重要作用。

附件四：

日本企业刺激职工积极性的制度、办法和职工生活水平

日本企业职工的积极性、主动性较高，这是世界上公认的。我们在考察中，对此也有深刻的印象。

日方在介绍情况时，多次谈到日本企业中普遍推行的"自主管理运动"、各种"小集体"活动以及职工的合理化建议等，并强调职工的"自发性"和"主动性"，强调尊重人和重视人的因素。许多企业甚至把重视人的因素作为办企业的基本指导思想。

实际上，日本企业有一整套刺激职工积极性的制度和办法。主要有：

一、"终身雇佣"制度

这种制度在资本主义世界中，是日本特有的。日本企业雇用的职员和工人，一般要在该企业中工作到退休。实行这种制度，一方面使职工解除对失业的担心，产生一种职业的"安定感"，从而使职工从就业那一天起，就把自己的命运同企业的命运联系起来；另一方面，也约束资方一般不能随意解雇职工，即使在不景气的时候，企业开工不足，也尽量不解雇或少解雇职工。如新日铁公司1978年的开工率为70%，他们除了保持少量的超员，还把某些停产、减产车间的部分职工调到子公司或推荐给协作企业。同时，又大力提倡群策群力，通过降低成本，增加利润，来"保证大家的收入"，只有企业倒闭或职工严重违法时，才解雇职工。实行"终身雇佣"制度，使职工产生个人与企业长期"相互依存"、"利害一致"的感觉，日本人把这叫做企业劳资全体人员结成"命运共同体"。

"终身雇佣"制度是同"家族主义"相联系的。他们说，当职工受雇于某一企业时，就像加入一个家庭一样，企业领导人就是"家长"，干部就是"兄长"，一般工人都是"家庭"成员。在企业活动中，就像家庭辈

分一样,晚辈要听从长辈的指导,长辈要关心和爱护晚辈,宣传在"家庭成员"之间,要"互相爱护"、"互相帮助",每个"家庭成员"对"家庭"活动都要关心,要"爱厂如家",对企业的经营管理,可随时提出建议和批评。强调企业领导人要多听下面的意见,依靠集体的智慧,不要一意孤行,尽量防止劳资冲突,以"避免一场悲剧的出现"。

实行"终身雇佣"制度和提倡"家族主义",把日本民族的传统和习惯同现代化企业管理相结合,形成日本企业管理的一些特点。资产阶级采取这种办法,在相当程度上刺激了职工的积极性和主动性,保证了企业人员的稳定,职工"跳厂"的现象是极其罕见的。社会舆论对"跳厂"职工是鄙视的,像对待一个"背叛家庭"的人那样,对他的"道德品质"持怀疑态度。再加上工资待遇和退休金都同在本企业连续工作年限有直接联系,连续工龄越长,越受优待。在一个企业中连续工作30年,就可以在退休时拿相当于30个月工资的退休金。所以一般情况下职工都不愿离开本企业。这些,都促使职工在一个公司中长期工作下去,并尽力取得公司领导的好感。各公司干部、技术人员和技术工人的长期稳定,对企业经营管理水平的提高是很有利的。

二、"年功序列"工资制度

日本各公司的工资是千差万别的,但从制度上看,基本上都实行"年功序列"工资制度,只有极少数企业如松下电器公司从1966年开始,对新职工实行欧美式的所谓"能力工资"制度。"年功序列"工资制度并不是职工全部工资都取决于工龄,也同时考核能力和贡献。新日铁公司工人工资构成情况,如下表所示。

新日铁公司工人工资构成表

	工资项目	支付根据	占标准工资的比例(%)
标准工资	基本部分	年龄、学历、在企业连续工作年限	49.0
	职务部分	担任职务	29.5
	职务附加	完成职务的能力	7.2
	成绩部分	产量、工时、效率	10.6
其他	倒班费	三班倒人员	3.4
	特殊作业费	特定作业人员(如高温、高空作业)	0.3
	合计		100.0

标准外工资	加班费	早上班、晚下班、假日出勤，按实际工时计算，支付正常工资的130%	占全部工资的比例(%)
			4.6
	夜班津贴费	晚10时至翌晨5时夜班，按工时计算，支付正常工资的30%	6.1
	其他	临时住厂、外出、参加会议等补助	1.2

由上表可见，如果把标准工资作为100，按资历给予的部分只占49%。因此，在"年功序列"工资制度下，工人工资收入的一半以上是活的，它取决于"能力"、"效率"和"成绩"。日本职工每年涨一次工资，既照顾资历，又照顾能力和实际贡献，对职工的积极性是一种经常性的刺激。

三、以企业为单位组织工会

在日本，一个企业的职工，不论什么工种，都参加本企业的工会。他们说，这种办法便于劳资双方沟通情况，易于达成协议。日本罢工事件较少，解决劳资争执，一般不采取停止工作的办法。有些工人认为罢工对企业不利，企业倒闭，大家失业，对自己也不利。有些企业以历来未发生过工人罢工来夸耀。日本人说，欧美工人是按工种参加各产业工会，一个公司的职工分别参加许多产业工会，使企业中劳资关系复杂化，资方要同许多产业工会达成协议，才能解决问题，对企业的经营和发展不利。

"终身雇佣"制度、"年功序列"工资制度和按企业组织工会，被称为日本企业经营的三个"支柱"。这三者相结合，实际上掩饰了阶级矛盾，缓和了劳资关系，使职工的物质利益同企业的命运联系起来，有利于企业获得最大的利润。

四、几种奖赏制度

日本企业每年6月和12月对全体职工发两次奖金，奖金额取决于经营情况。以丰田汽车公司为例，1978年的标准月平均工资为156 710日元，1977年冬季奖金平均每人447 000日元，1978年夏季奖金平均每人470 000日元，全年奖金大体上相当于六个月的标准工资。公司领导人（总经理、董事、部长等）得的奖金更多。如松下电器公司部长的奖金相当于一般工人的三倍。经营较差的企业，奖金要少得多，有的只相当于一两个月的工资。这种奖金制，把职工的个人物质利益同企业经营成果直接联系起来。

此外，各企业根据职工一定时期的工作表现，还由领导人亲自发一种特殊奖赏（公司的总经理对部长和厂长，部长对课长和职员，厂长对车间主任和工人），一般一年一次。奖赏金额较多，有突出贡献的可以得一辆汽车（100万日元）。发奖是个别地进行，得奖人彼此不能询问，要相互保密，这是为了避免因有无奖赏和奖赏差别，使一部分人情绪波动，同时给得奖人普遍造成一种上级很重视自己的感觉，使他们更为企业卖力。据说，个别发奖时，领导人以非常亲切和关心的态度，讲一番话，并针对不同人的具体情况，奖赏封袋也有不同的安排。例如，有的职工在封袋里装上新汽车的领取凭证；有的代他入了股，封袋里装上股票；有的则发现金支票；等等。

日本企业还普遍设有合理化建议奖，以鼓励职工关心企业、提各种改进工作的建议。他们在工艺、技术、质量、安全等方面不断改进，精益求精，与采纳有实践经验的职工提出的各种合理化建议大有关系。我们所访问的企业，都有一套接纳、审查、实施和奖励合理化建议的制度。如第二精工舍手表厂，按合理化建议的效果分等打分，共分八个等级，最高的100分，奖金由500日元到5万日元。还按照每个职工历年提出的合理化建议的累计数给予奖赏，分四等：一等是"钻石奖"，奖金5万日元，奖品价值1.5万日元，发奖状，推荐到海外旅行研修；二等是"金奖"，有奖金、奖品、奖状，到国内其他公司的工厂参观；三等是"银奖"，有奖金和奖品，到协作厂参观，但没有奖状；四等是"铜奖"，只有奖金和奖品。这种办法不仅刺激职工钻研技术和业务，经常提出合理化建议，而且使企业经营和生产的各个环节都能不断改善。

五、企业举办各种福利事业

日本的大公司都支付较大数额的福利费用，如新日铁公司的福利费，占整个劳务费（包括工资、奖金和福利费）的20%左右。我们所访问的各大公司，都有设备完善的医院，医疗保险费的一半由职工出，另一半由公司出，职工看病不另花钱，家属交半费（日本医药费较高，在一般医院看一次感冒，拿些普通药品，就要花两三千日元）。上下班不乘个人汽车的，企业有免费交通车，买月票的，全部报销。有的企业，如新日铁公司八幡制铁所，还采取给商业提供营业用房的办法，使零售商品价格低于城市商店，有些商品低20％；职工个人买地盖房时，企业发低息贷款（一般贷款利息为5％～7％，企业给职工贷款利息为3％）；还为职工提供房租较低的住宅，三间一套、设备很好的公寓住宅（实用面积为68平方米），月租金7 000日元，而同样房屋如租市营的，就要花25 000～30 000日元。此外，各大公司都有很好的俱乐部和体育设备，供职工使用。但是，日本大公司（资本10亿日元以上）和中小企业不仅在工资水平、奖金数额上有很大差别，而且在职工福利上也有很大差别。

六、企业的主要领导人花费大量精力做人的工作，千方百计调整职工内部关系

他们强调有了"人和"，企业才能很好发展。我们所到的很多车间，都挂着"团结一致"、"以和为贵"的标语。厂长经常宣传"劳资利益一致"，模糊职工的阶级意识。各公司还用自己的"社训"和发展的历史，"教育"职工。

他们提倡职工自由结社，除"自主管理"方面的各种小组外，还组织同年会、同学会、同乡会和各种体育俱乐部，并且通过忘年会、迎新会、恳亲会等形式，使职工之间、劳资之间有更多的"对话"机会，以消除"隔阂"和"误会"，促进"人和"。

企业的领导人亲自对职工进行家访，祝贺生日，联络感情，笼络人心。还在工厂组织花展和美术作品展览，既美化工厂，又给热爱这方面活动的职工以展出的机会。工厂号召职工人人提标语口号，采用者给予张贴。

各企业的领导人，对容易引起职工内部矛盾的事非常敏感，总是采取各种办法加以杜绝。例如，他们一年定期发两次奖金，但不搞职工相互间的评奖活动，他们认为，评奖势必引起职工间的不和。凡涉及职工利益的事，领导人总是及时地、耐心地、反复地加以解释。例如，因不景气要缩减生产，就要把情况告诉职工，并让大家出主意，怎样"渡过难关"。

从上述情况可以看出，日本企业通过一整套制度和复杂的渠道，把职工个人物质利益同企业经营情况交错而又紧密地联系起来，使职工进厂就无法摆脱这种联系的纽带。由于资本主义各公司之间的竞争非常激烈（我们访日期间，11月18日就发生一起因企业倒闭，资本家一家九口人举家自杀的事件（见《朝日新闻》）），各企业的职工都为争取本企业的存在和发展，同时也是为争取自己物质生活水平的提高而拼命干，并且严格保守本企业经营和技术方面的秘密。

日本企业通过上述制度和办法刺激职工的积极性和主动性，是企业经营管理不断改善、国民经济获得迅速发展的重要因素之一。在经济发展的同时，职工的生活水平也有很大提高。

多年来，日本职工每年普遍涨一次工资，发两次奖金，物价也随着上涨。由于日元的单位价值小，买一包香烟要花150日元，折合人民币一元多，这就给人们造成一种印象，仿佛日本是高工资高物价，我们是低工资低物价，实际生活水平差距不大。但这是不符合实际的。事实上，职工生活水平及其提高的速度，日本都比我国高得多。

第一，从实际收入的增长来看。日本职工月平均收入（包括工资和奖金），1960年为24 000日元，1965年为39 000日元，1975年上升到170 000日元，1977年增至205 000日元；1975年比1965年增长3倍多。而消费者物价指数的变化为：1975年比1965年增长56%，1977年比1975年增长18%。十几年来，在收入和物价的轮番上涨中，只有1975年和1977年两年的工资增长率略低于消费者物价指数增长率，其余各年的工资增长率都超过物价上涨率。职工实际收入一般每年可增长5%～6%。

第二，从食品构成及其开支占职工收入的比重看。1960年职工家庭的食品开支占收入的比重为38.8%，1976年下降到30.4%。与此同时，高蛋白质食品在食品中的比重又有上升。① 日本人的平均寿命也在延长，1977年男人是72.69岁，女人是77.9岁，成为世界上平均寿命最长的国家。

第三，从耐用消费品的普及率上看。日本家庭耐用消费品的普及率

---

① 按人口平均，每人每天的蛋白质的摄取量，1965年为71.3克，1975年上升到80克；同期肉（包括鱼）的消费量由198.3克上升到303克；而同期粮食的消费量则由418.5克降至340克。

（持有户与总户数之比）随着实际收入的增长，在逐年提高。

汽车：1970年为22.1％，1977年为48.7％；

彩色电视机：1970年为26.3％，1977年为95.4％；

洗衣机：1970年为91.4％，1977年为97.8％；

电冰箱：1970年为89.1％，1977年为98.4％。

第四，从居住面积看。1963年日本全国平均每人居住面积为10平方米，1973年增至13平方米。

第五，从职工储蓄率看。日本职工的储蓄率，近年来一直保持在收入的20％左右。虽然日本职工的个人消费不像欧美那样浪费，为购置房产，准备子女升大学，必须储蓄，但在收入中有这样高的比例用于储蓄，毕竟表示收入水平较高。

第六，从缩短劳动天数看。日本的大公司已普遍实行五日工作周制，每周休息两天。有些中小企业每周休息一天或一天半。每年工资照付的假日共148天（包括52个星期日，52个星期六，17个法定假日，20天休假，7天暑假），工作日只有217天，平均每月工作18天。一般还是八小时的工作日。

日本职工的平均货币收入比中国高25倍。大米、猪肉、房租比中国贵十倍左右，衣着比中国贵五六倍，豆油和鸡蛋比中国稍贵一点，化纤、电器、照明电费等都比中国要低。① 日本职工买一辆汽车（100万日元），按平均收入20％积蓄，每月四万日元，需两年零一个月。我国职工买一辆自行车，平均工资60元，按10％积蓄，每月六元，也需两年多。从这个意义上比较，我国职工买一辆自行车和日本职工买一辆汽车差不多。但日本大学学费②、医药费、房租都比较高，个人收入还要交所得税③。同

---

① 日本市场一等精米的零售价格，折合人民币（按1978年11月汇价，下同）每市斤两元一角，精粉每市斤七角，一等猪肉每市斤七元八角，一等牛肉每市斤三十元四角，白菜每市斤六角五分，精制砂糖每市斤一元一角二分，一等鸡蛋每市斤一元二角，精制豆油每市斤一元，照明用电每度一角五分。10斤精米加20斤精粉的价格，只占日本职工月平均收入的4.3％；而在我国则占职工月平均工资的10％以上。

② 日本大学生一年的学费约180万日元，医科大学生高达280万日元，一般职工供不起子女上大学。因此，许多大学生半工半读，利用业余时间和假日做工挣钱交学费。

③ 日本1970年的工资税率是：年收入在100万日元以下者免征，100万日元者为3.1％，200万日元者为5.4％，300万日元者为9.9％，500万日元者为17.2％，1 000万日元者为30.9％。

时，失业职工生活困难，失业头半年企业发 80% 的工资，半年后每月只能领到政府救济费 45 000 日元，一人最低伙食费一个月就要 15 000 日元。1965 年日本失业者 39 万人，占有就业要求人口的 0.8%；1970 年上升到 59 万人，占 1.2%；1975 年增至 100 万人，占 1.9%；1978 年达到 125 万人，占 2.2%。这种趋势是资本主义制度决定的，尽管有"终身雇佣"制度，也还不能解决，因为有倒闭的企业，有大量缩减生产规模的企业。1973 年以来，随着不景气的发展，这种趋势也在加剧。

但从总的职工生活水平看，由于实际收入的增长，衣食住行都已达到相当现代化、相当富裕的程度。实际收入的增长，不仅缓和了阶级矛盾，而且不断提高国内市场的购买力，成为日本经济发展的一个经常的、稳定的刺激力量。

附件五：

日本政府在经济发展中的作用

我们这次在日本考察中发现，日本政府对经济的"高度成长"和渡过1973年石油危机的难关，都起了十分重要的作用。政府除了实行经济立法外，还通过国家银行和政府掌握的资本，运用投资、利率、税率、价格等经济手段来干预和调节国民经济。

政府通过经济立法，引导经济有重点地发展。日本政府为了缓和企业生产有计划和社会生产无政府状态之间的矛盾，也在一定程度上实行有计划的指导。他们的计划是以立法的形式出现的，包括主要发展目标、达成目标的基本政策和方针、经济增长速度、国民所得的增长速度等。多数为期五年，个别为期十年。从1955年到1976年，他们一共提出过八次计划立法，其中除与1973年石油危机时期相联系的两次计划没有完成外，其余的各次计划，都提前实现了，因而又多次提出新的计划。在这些计划中，最引人注目的是1960年12月池田内阁采纳著名经济学家下村治的建议，提出的"国民所得倍增计划"。计划期限是1961年到1970年，主要目标是"国民所得"提高一倍，国民生活水平显著提高，充分就业，实现经济的高度增长。具体要求是：增加社会资本；改进产业部门结构，使基础工业和关键性工业得到优先发展；发展贸易和国际经济合作；提高人的"能力"和发展科学技术；大型企业要同中小型企业建立协作关系，共同发展，确保社会安定。这些目标，在不同程度上都实现了。经济增长率计划为7.2%，实际达到10.9%，其中基础工业计划为10.5%，实际达到13.8%，"国民所得"四年就增长了一倍，职工实际生活水平有显著提高。池田内阁的这个计划，是接受了战后英国工党政府实行"勒紧裤带，恢复经济"的办法遭到失败的教训而提出来的，对群众很有吸引力，使大家从切身的物质利益上对实现计划产生兴趣，所以取得了很大的成功。至今日本经济界人士和职工对这个计划还津津乐道。日本经济的高速度发展和职工生活的大幅度提高，主要是在这个时期实现的。

日本的这种经验，是很值得我们认真思考的。

日本的经验证明，高速度、高工资、高消费、高积累是相互促进的。例如，1976年比1958年国民生产总值和国民收入都增长14倍多。1971年到1975年的平均积累率（积累与国民生产总值之比）达36%，大大高于美国（18.2%）、法国（25.4%）、联邦德国（25%）同期的积累水平。日本的投资占国民生产总值的比例，相当于美国同期的两倍。个人收入的增长速度，1977年比1960年增长了7倍多，实际收入大致每年增长5%~6%。经济的高速度发展，可以带来高积累、高收入，而高工资、高消费又可以导致高积累，因为，一方面，高工资、高消费使国内市场扩大，刺激生产力发展；另一方面，在工资增长高于物价上升的情况下，高工资也大大提高了个人储蓄率。日本职工平均储蓄率占收入的20%，通过银行转为投资，这种高积累又导致高速度。反过来说，高消费也正是高生产的结果。像日本这样国土狭小、资源贫乏的国家，将近70%的产品还是依靠国内市场的，如果没有国内高度的消费水平，这样大规模的生产和这样高的发展度是根本不可能的。

由于日本实行资本主义制度，资本主义企业是建立在自由竞争的基础上的，计划对于私人企业不具有指令性、强制性，但由于政府在制定计划时，要邀请大企业的代表参加协商，计划在相当程度上反映了资本家的利益，所以政府计划能够在一定程度上起指导发展方向的作用。政府为了保证计划目标的实现，还制定相应的经济法令和经济政策。

就经济法令来说，比较重要的有：1956年的《工业振兴临时措施法》，1960年的《贸易汇兑自由化计划大纲》，1963年的《特定工业临时措施法》和《中小型企业现代化促进法》，1967年的《公害对策基本法》，1971年的《特定电子工业和特定机械工业临时措施法》，等等。这些经济立法，促进了基础工业的改造和石油化工、电机、电子、汽车等新兴工业的发展，对于建立一个以重工业和石油化学工业为基础的现代工业体系起了重要的推动作用。

就经济政策来说，主要是根据不同时期经济发展的目标和需要解决的课题，制定相应的产业投资政策、利率政策、税收政策、进出口政策、劳动工资政策、消费政策和价格政策等等。

日本政府通过国家投资，诱导民间投资，来保证计划目标的实现。

政府通过财政支出，每年进行固定资产的投资。政府投资约占财政总支出的30%。政府资本支出除了一部分投入国家金融机关，为私人和国有企业提供贷款以外，另一部分直接投入国有和半国有企业。政府的大部分投资用于修建公路、铁路、港湾、码头、供电和供水等公用事业，来促进工业的合理布局。最突出的是填海造地，开辟新的工业基地。随着工业的迅速发展，工厂用地不断增加，要求从填海造地上找出路。如鹿岛工业区的建设，日本中央政府和地方政府直接投资4 000亿日元，引导民间投资15 000亿日元，从1968年开始建设，短短十年时间，就建设成为一个包括钢铁、炼油、石油化工、发电的综合的现代化工业基地。政府不但向私人企业提供廉价的工厂用地，更重要的是通过填海造地有计划地全面规划工业区，符合国家计划的项目就允许购地建设，否则就得不到建设用地。

日本政府还通过银行贷款控制投资方向。日本私人企业的投资依靠自有资金的比重是逐年减少的，而依靠借入资金的比重越来越大。近几年来日本私人企业的自有资金只占总资金的15%左右。日本政府通过国家银行对各个财团所属的商业银行规定贷款总额，并实行所谓"窗口指导"①，以鼓励或者限制对某种行业的投资。国家要求发展的行业，就可以得到大量贷款，而不符合国家需要的行业就得不到贷款。这样，既可以限制某些行业的盲目发展，又利于集中使用投资。石油危机以来，经济不景气，工业投资不振，银行又把贷款的对象，由企业转向群众。如对个人购买家用电器、钢琴、住宅等，实行分期付款，还有资助上大学的教育贷款等等，以促进个人消费来扩大生产。

日本银行贷款的利率，是由国家统一规定的。对产业投资，一般实行低利率政策。对要求迅速发展的产业部门，采取特别利率，如对电力工业、电子工业、石油化学工业、特定机械工业，贷款利率多年来一直压低为6.5%，而一般的放款利率，则为8.2%～8.7%。为了推动工业的专业化和协作，给中小型企业大量低利率贷款，帮助这些企业更新设备，改革技术，提高管理水平，加速实现现代化。在发展时期，他们把利率降低，大量放款，鼓励投资；在石油危机时期，则把利率提高，收缩信

---

① 指银行在向企业发放贷款时，根据政府的意图对企业的投资方向进行指导。

贷，进行调节。

日本政府为了促进工业的发展，多年来采取比一般资本主义国家税率低的政策。根据1972年的资料，日本企业所缴的税款，只占国民生产总值的21.2%，而美国、英国、法国、联邦德国等国家则占28%～36%。这一方面是由于日本宪法限制了军事开支，另一方面则是为了刺激企业发展生产而采取了许多减免税收的措施。如准许把企业借入资本的利息，在计算企业的税收时作特别的扣除，从而企业就少缴一大笔所得税；还规定重要工业部门购买特定的机器设备时，所用资金，可从利润中扣除，无须纳税，以促进企业的设备更新和技术改造；出口收入在计税时也作特别的扣除，出口贸易中所受损失的准备金也不计税，等等，以鼓励出口。据日本大藏省的统计，1974年日本大企业的纳税减轻率为42.9%，小企业的纳税减轻率为4.5%。这些情况表明，日本政府在税收政策上是尽一切努力为大企业服务的，而得益最大的是日本政府要求迅速发展的"关键"工业部门。

在税收的分配上，日本政府注意兼顾国家和地方的利益，发挥地方的积极性，使地方政府关心企业的发展。如丰田汽车公司每年拿出利润的45%交税，其中60%归中央政府，20%归丰田公司所在的爱知县，20%归爱知县所属的丰田市。因而丰田市对丰田公司的发展十分关心，在社会服务方面做了大量工作。

日本政府还通过对物价的控制保证经济增长。日本的物价1972年以前是比较平稳的，但从1973年开始，通货膨胀加剧了，物价不断上涨。为此，日本政府曾通过《稳定人民生活的紧急措施法》，企图控制物价，实际上这个紧急措施法并没有也不可能严格实施。在这种情况下，为了使企业保持一定利润，人民生活又有所提高，日本政府采取有控制地提高物价的措施，使物价上涨不超过工资的增长，以利于经济的发展。

日本政府为了推动工业的现代化，还采用一种所谓"行政指导"（或称"行政指引"）的方法，作为补充手段。这个方法，被资产阶级经济学家称作是"温情主义的"。因为这种指导是采取从旁劝告、说服的方法，而不是从上而下的发号施令。"行政指导"所起的最重要的作用，是调整重要工业部门的投资比例，当发现某个工业部门投资过多，就"劝说"这个部门的企业减少和停止投资，降低开工率，防止生产过剩。还通过

"劝说"调节过分激烈的竞争。例如，1966年到1970年日本六大钢铁公司竞相扩大投资，竞争激烈，通产省就出面建议八幡、富士两家最大的公司合并，终于成立了新日铁公司。当发现有些工业部门可以扩大投资时，则及时给以各种便利。例如，为了发展电子计算机，同美国竞争，从1971年到1976年间，政府给三个最大的电子工业集团两亿多美元的"补助金"，使日本生产的电子计算机的某些产品很快地赶上了美国。

日本和我国在社会经济制度上是根本不同的，但是，日本政府通过经济立法，采取各种经济手段，来保证经济计划的实现的许多具体做法，则是值得我们借鉴的。

附件六：

赴日考察的简要过程、感受和今后工作的建议

一、考察的简要过程和情况

我们这次考察，是正当邓小平同志成功地访问日本后，处于日中友好的热潮中。日本方面对我们这样一个大型经济代表团访问很重视，接待的规格较高。日本政府有关部门和经济界头面人物出面接待。日中经济协会、经团联负责人，通产省、企划厅、外务省、国土厅的大臣都热情友好地欢迎，表示要全力协助代表团访问成功。他们认为，这次访问是继邓副总理访日后，中日经济界的一件大事。日本报刊、电视台多次报道代表团活动，说"由于中国经委代表团访日，日中经济关系从质的方面进一步扩大了交流"。

日本的经济界、政府有关部门、学术研究机关，特别是日中经济协会，为我们这次访问做了大量的准备工作，进行了周密的安排，给予热心的帮助。我们所到之处，都是领导人亲自出面，为我们详细介绍情况，有的给我们准备了专门的中文资料和幻灯片，耐心地进行讲解。提出的问题基本上做到了有问必答，一时答不清楚的马上弄清再回答，并赠送了我们不少资料。我们深深感到，日本朋友把我们的考察，不单纯看作业务技术的考察，更看作日中友好的交往，是两国人民深厚友谊的体现。

这次到日本考察，为了搞得深入一些，出发前集中了一段时间，阅读日本有关工业企业管理的资料，拟定了考察提纲，并将我们要重点了解的问题，提前告诉接待单位。做法上大体分三个阶段：

第一阶段，是请日本通产省、国土厅等政府有关部门，日本科学

技术联盟、日本规格协会、日本生产性本部、日本能率协会等有关团体，以及日本经济方面的著名教授石川馨、水野滋、金森久雄等学者，给我们全面介绍日本经济高速成长的背景、原因和现状，使我们对日本经济发展、工业企业管理有一个概貌的了解，有一个总的印象。

第二阶段，是重点考察，分三个小组深入到新日铁公司、小松机械制造公司、丰田汽车公司、松下电器公司和东芝电气公司及其所属工厂，着重了解日本钢铁、机械、电子电器行业的质量管理、技术培训、管理体制和工资奖励制度等问题。还参观了原子能发电站和一些中小企业，这一段花了近20天时间。同时，也抽时间看了一点农户、商店、学校、港口、商社、研究机关，访问了几个工业城市（大阪、九州、神户、丰田、鹿岛等），访问了几处居民住宅区。

第三阶段，回到东京，同日本有关团体、教授和考察过的重点企业的领导人，进行总结、交流，对一些未弄清的问题进行座谈讨论。

我们觉得，这样先了解一些总的情况，然后深入到工厂考察，再座谈总结，方法比较好。自始至终以企业管理为重点，收获是大的。开阔了眼界，了解到不少新的情况，学到了不少东西。考察过程中，日本经济界各方面人员那种认真求实的精神、兢兢业业的工作态度，以及讲究工作效率、严格的时间观念、周到的服务工作，都给我们留下了深刻的印象。

在考察过程中，我们注意到日本政府有关部门和经济界领导人一再表示，热诚希望和中国扩大经济合作、技术交流，希望多做点生意，希望对中国四个现代化作出贡献。这一方面是由于当前日本正处于经济不景气时期，特别是钢铁、纺织、造船等工业都开工不足，想找市场，找出路；另一方面，绝大多数友好人士也希望中国强大，加快实现四个现代化，使亚洲和世界局势稳定，与苏修称霸抗衡。正如有的日本朋友说，如果世界不安定，资源断绝，日本就很难生存下去。出于这两方面原因，他们对我基本态度是热心的。同时，日本经济界也有担心。日中经济协会领导人多次向我代表团领导表示，他们分析中美很快将要建交，中美贸易将有大的发展，日本在技术方面有些还竞争不过美国，这对日本今后经济发展是个威胁，希望中国优先照顾老朋友，多给一点做生意的机会。再一个担心是中国能否保持安定团结,天安门出现"民主墙"大字报后,日本朋友多次探询,会不会出问题,怕又搞什么运动,出现动荡,影响中日经济合作的前景。这些问题,我们都明确作了答复,请他们放心。从这些反映中,我们更加认识到长期保持安定团结的极端重要性,这不仅是国内人心所向,也是外国朋友十分关切的问题。

我们这次重点是考察工业企业管理,在座谈讨论中,日本朋友对管理技术的重要性及其在日本经济高速度发展中的作用,反复作了说明,我们听了很受启发。日本战后生活困难,生产技术上远远落后于美国,管理上也是旧式、落后的。他们讲,当时日本的企业管理,也是靠公司自上而下的行政命令和号召,层层照转照传,他们称之为"精神管理"、"鞭策管理"、"隧道命令"。从总经理到职工,没有搞质量管理教育,不懂得怎样进行质量管理,缺乏一套科学的管理办法。这种状况与我国今天的情况有些类似。

50年代,日本开始注意改进管理,导入美国的管理技术,请美国人讲学,培训骨干,制定日本工业标准,先后建立和恢复日本科技联盟、规格协会、能率协会、生产性本部和各种出口产品检验机构。这个时期,开始采用科学的管理方法,但还不普及,处于打基础阶段。60年代开始,日本总结了经验,在大量引进国外先进技术和采用电子计算机的同时,各企业普遍导入了美国现代化的管理方法(包括质量管理的统计学方法、工程能力管理等),并结合日本具体情况加以活用,强调人的能力开发和经营管理的重要作用,强调发挥人的积极性,把过去靠少数专家、技术人员自上而下进行的质量管理,改造为企业领导人、管理人员和工人都掌握的质量管理,并以提高质量为中心,带动开发设计、制造、销售、技术服务等一系列管理工作,带动新产品试制、原材料节约和成本的降低。进入70年代,随着计算机的大量采用,日本管理水平有了新的发展。许多大公司,从产品设计、制定计划、生产指挥、计算成本到产品销售、售后服务,普遍用计算机进行管理,大大提高了工作效率和工作质量。1973年石油危机后,日本在解决能源困难、外汇短缺、通货膨胀等问题中,仍能保持较快的发展速度,管理水平的提高起了重要作用。经过20多年努力,昔日低质量的东洋货已变为具有世界水平的高质量产品。汽车、电视机、电器用具、电子设备在世界上有很强的竞争力。特别是60年代以来，经济成长率平均每年为11.1％，大体每五年国民生产总值增长一倍。据介绍，1978年日本国民生产总值可达1万亿美元（加上日元升值因素），按人口平均约为1万美元，已接近美国。企业人员平均月收入（包括工资和奖金）为206 500日元，大多数企业实行每周五天工作制；人民生活逐年提高，储蓄率约为20％；文化程度大大提高，初中入学率为100％，高中为93％，大学为40％；环境污染减少，城市、工厂绿化很好；人的平均寿命由40多岁提高到70多岁，整个日本经济面貌起了很大变化。因此，日本人把引进先进技术装备和先进管理方法，称为经济高度成长的两个车轮，缺一不可。认为管理是一门科学，也是一种技术，没有先进的管理技术，就没有经济的高速度发展。他们把管理技术叫做"软件"，把管理、科学、技术称为现代文明的三鼎足，把人的能力的开发、管理技能的发展，看作是当代最迫切的问题。现在，日本的管理水平已引起国际上的注意，美国、英国、墨西哥、巴西、瑞典、丹麦、荷兰等国家，都派人到日本了解企业管理方面的经验。

考察了日本的企业管理后，我们深深感到，与工业先进国家相比，我国在管理上的落后，比之技术上的落后更加突出，引进先进管理技术比引进先进装备更为迫切。在林彪、"四人帮"的干扰破坏下，我们长期以来对外国的先进技术不能学，对外国的管理经验更不敢碰，造成对国外管理状况的闭塞、无知。在他们的影响下，人们往往只强调管理的阶级性，而看不到科学管理方法对组织现代化大生产所具有的普遍意义。现在，这种片面观念到了彻底打破的时候了。我们有些企业，厂房、设备并不比日本差，问题是管理上差距太大。而先进管理方法的引进，既不必买专利，又花不了多少钱，所起的作用却是很大的。如果我们实行引进先进设备和引进先进管理方法同时并举的方针，肯定可以大大加快现代化的步伐。

一些多次到过中国的日本老朋友（如石川馨教授、河合良一社长），在座谈中，对我国的企业管理坦率地提出了看法和意见。他们认为：第一，中国的精神管理多，科学管理少，口号喊得多，实际做得少。第二，日本公司经理、厂长有明确的权限，可以放手做工作，而中国工业管理部门和工厂权限不清,关系暧昧,在中国的工厂不知谁是"经营者"。第三,中国对厂长、车间主任等生产现场指挥人员不重视科学管理的教育。第四,中国在引进大量先进设备的同时,如果不引进先进的管理技术,会影响效率的发挥,出不了好产品。中国现有设备如果很好地管理,就可以提高生产50%。第五,希望中国尽快建立推动质量管理的机构,建立全国统一的质量标准和标识,有统一的质量管理语言。第六,日本引进美国管理技术,照抄的就失败,结合日本实际、取其精华的就成功,希望中国参考日本经验,制定出适合中国情况的科学管理办法。这些意见,我们认为是中肯的,需要认真研究。

二、几点感受和今后工作的建议

这次到日本重点看了工业,也看了其他一些行业,听了日本战后经济恢复和60年代经济高速度发展的介绍,联系我国情况,有以下几点感受:

第一,看了日本后,对我国加快实现四个现代化,更加增强了信心。日本陆地面积只有37万平方公里,一亿多人口,主要资源都靠进口,战争中破坏严重,是在废墟上进行建设的。从战后恢复,50年代打基础,到60年代开始经济高速度发展,只用了20年左右时间,就建设成为一个仅次于美苏的经济大国。我们国家960万平方公里,地大物博,资源丰富,有九亿勤劳智慧的人民,有优越的社会主义制度,特别是有华主席为首的党中央制定的正确路线、方针和政策,日本能办到的,我们同样能办到。我们是大有希望的。但是也要看到,我国的经济基础还很薄弱,管理水平与技术水平同工业发达的国家相比,还有很大的差距,实现四个现代化的宏伟目标,确实要花费很大的力气。

就企业管理来说,日本企业发展的动力是利润,为达到这个目的,资本家采取各种方法,使工人的利益和企业的利益紧紧拴在一起,刺激了工人的积极性。他们群众性的生产活动搞得比较活跃,比较扎实。他们的厂长、管理者,对技术业务很熟悉,经常穿着工作服深入现场,随时掌握生产情况,工作上兢兢业业。他们不仅抓当前生产,还有长远规划,下功夫创制新产品;鼓励工人为工厂提合理化建议,改进产品质量;

重视技术教育和训练，不断提高工人技术水平。我们社会主义生产的目的，是为了满足人民日益增长的物质和文化的需要。我们有群众路线、群众运动的老传统，国家、工厂和劳动者的根本利益是完全一致的。但是我们还必须下苦功夫学习和掌握一套科学的管理办法，把生产上的群众运动搞得扎扎实实，经过艰苦的努力，在管理上是应该而且完全能够赶上去的。

第二，学习外国必须联系自己的实际。日本人善于学习，不保守，一切国家的先进东西他们都学。但是，他们强调联系日本的国情，认真消化，有所创造，这一点是很突出的。质量管理的统计学方法，产品无缺点运动等，都是从美国引进的，但是日本使它适合于自己民族的特点，组织了工人质量管理小组、各种小集体活动、全国质量大会、消费者大会等，给美国学来的经验赋予新的内容。他们引进先进技术装备和购买专利同样如此，从外国买来，研究发展，然后再作为日本专利卖出去，从而积累了技术经验和大量资金。日本人在学习中有钻研、苦干精神，反对说空话，反对浪费时间。他们取得成绩不自满，至今公司经理、领导干部和学者，一年还几次出国，学外国的先进东西，找自己的不足。我们这次出去，深感管理方面的闭塞十分严重，人家搞了一二十年的管理办法，我们听了还是新鲜事情。今后确实需要多看多学，开阔眼界，不使思想僵化，利用他们的先进经验，缩短我们从头摸索的时间。学习中一定要联系我们的实际，不能丢了自己的特点和长处，过去照抄照搬苏联吃过苦头，教训是深刻的。

第三，日本政府对经济的"计划指导"起了一定的作用，企业的计划很严密、很科学。资本主义国家就整个社会生产来说是无政府的，靠价值规律调节生产。但是，日本政府从60年代开始，连续制定了几个长期计划，如1960年12月的国民所得倍增计划，1965年1月的中期经济计划，1967年3月的经济社会发展计划，1970年3月的新经济社会发展计划等。这些计划虽然没有强制性，但他们通过税收、贷款、利率等经济手段，对引导日本经济在每个时期有重点地发展，起了相当大的作用。就一个公司、工厂来说，计划性就更强了，企业不仅有长期的发展规划，年度、月度生产销售计划，而且有按小时、分秒计算的日作业计划（丰田平均不到一分钟生产一辆汽车，累计产量在荧光屏上按秒显示出来）。

高度的计划性，是日本企业生产效率高、库存少、资金周转快的重要原因。至于生产的秩序，各类人员的责任制，职工的组织性、纪律性，都是比较突出的。我们是社会主义计划经济，职工是企业的主人，本来在这些方面，具有资本主义不可比拟的优越性，可是在"四人帮"干扰下，计划经济遭到严重破坏，企业不能讲加强管理，不能讲文明生产，职工组织纪律性涣散，某些方面反倒不如资本主义。在消除"四人帮"影响过程中，应该借鉴资本主义企业科学的计划和管理方法，更充分发挥社会主义制度的优越性。

第四，要正确处理消费和积累的关系。像日本这样的资本主义国家，他们自称为"消费社会"。其实，它首先是个生产社会，不生产哪来的消费。我们看到的日本，是高速度、高积累、高工资、高消费。战后日本人生活很苦，50年代生活提高不快。60年代初期，池田内阁提出了从1961年到1970年的"国民所得倍增计划"，这个计划调动了国民的积极性，实施结果是到1967年就实现了所得倍增的目标，国民生活水平大大提高。高速度、高积累带来高收入、高消费，高收入、高消费又反过来刺激了日本经济的高度成长，成为螺旋式的循环上升。相反，英国人战后发展经济的口号是"勒紧裤带，恢复经济"，结果造成国内市场购买力不足，群众反对，计划遭到失败。这个对比对我们很有启发。生产是消费的基础，我们应该强调在提高生产的基础上改善生活；但另一方面，不能只看到要增加积累，而忽视人民消费，这两者应该是对立的统一。在安排积累和消费的比例时，在保证扩大再生产的条件下，要考虑不断增加人民收入，提高消费水平，给人民以看得见的物质利益。这样当年的积累也许少了一点，但由于人们积极性的提高，消费增长对生产的促进，最终的积累不但不会减少，反而会大大增加。

第五，要重视发展服务行业。随着工业化程度的提高，农业、工业、服务行业的比例要发生很大的变化。以日本的社会结构（指就业者在各产业的分布）为例，1960年第一次产业（农业、林业、水产）占30.2%，第二次产业（工业）占28%，第三次产业（服务行业，包括文教、科学、银行、运输、商业服务等）占41.8%。到1975年，第一次产业下降到12.7%，第二次产业增加到35.2%，第三次产业猛增到

52.1％。现在日本服务行业比重更大了，工作人员的绝大部分是高中毕业生或大学生，工资待遇和其他行业基本一样。哪里有工业，哪里有城镇，哪里有游览区，哪里就有繁荣、周到的服务行业。这既是社会分工发展的必然趋势，又解决了大量人口的就业问题，国家从服务行业取得的收入也是相当可观的。我们在实现四个现代化过程中，社会结构也会发生类似的变化，但是现在的服务行业与社会生产的发展很不适应，这同服务行业的待遇过低有关。在这方面采取正确的政策，大力发展服务行业，将有助于解决就业问题，有利于工厂集中精力搞好生产，有利于加快资金积累和现代化的步伐。

在考察中，我们同时也了解到，资本主义制度的固有矛盾给日本经济带来了不稳定性。日本经济的发展是畸形的、脆弱的，资源绝大部分靠外国，经受不起冲击。1973年的石油危机，给日本很大打击，1974年国民经济没有增长，到现在还处于不景气时期。造船、纤维等行业开工率只有40％～50％，钢铁工业开工率只有70％左右。日本五大钢铁公司1978年减产30％，九大商社中，有七大商社销售额下降。随之而来的是失业率上升。1965年日本失业人口为39万人，占有就业要求人口的0.8％；1970年为59万人，占1.2％；1975年上升到100万人，占1.9％；1978年又上升到125万人，占2.2％。这种趋势还在发展。1978年日本大学毕业生就业考试录取的只占51％，有近一半人不能按大学毕业生待遇找到工作。在激烈竞争中，不少中小企业倒闭，1976年、1977年两年，日本全国发生企业倒闭共34 000起，负债金额达50 000亿日元，仅纺织业就有72家公司关门。我们在日本期间，《朝日新闻》于1978年11月19日登载了栃木县佐野市一个出售粮谷、燃料的资本家，因负债七亿日元破产，走投无路，全家九口（其中七个妇女和小孩，有两个妇女怀孕）集体自杀。这样的惨剧在日本是常有发生的。男女同工不同酬也是普遍的现象，企业中重要技术工作一般都不让妇女干，同样大学或高中毕业，妇女比男职工的月工资要低一万日元。至于社会生活的浪费和腐化堕落，更是非常突出。这些情况，使我们从另一个侧面看到资本主义制度的腐朽性，这也是生产的社会性和生产资料私人占有之间矛盾的表现。

当前我国正处在新的大转变时期。以华主席为首的党中央提出，从

1979年1月开始，全党工作的着重点要转到社会主义现代化建设上来。新的形势要求大大提高管理水平。参照日本的管理经验，为了在我国企业中推行科学的管理方法，改进我国企业管理工作，我们感到，需要在体制上（包括计划、财政、物资、劳动工资体制和企业领导体制）来个大的改革，使企业真正有职有权，放开手脚，真正用经济的办法管理经济，从各方面为企业全力抓好生产创造必要条件。同时，又不能等待，能办的事马上办，能改的就先改，要积极行动起来。我们考虑，在两年内要打好基础，着重抓以下几项工作：

1. 认真抓好试点。拟先选少数有基础的工厂，先走一步，进行改革企业管理的试点。包括推行质量管理的统计学方法，建立工人质量管理小组，严格生产中产品检验，使产品质量达到国内或国际先进水平，并以质量管理为中心，带动新产品试制、成本、安全、原材料、环境保护等各项管理工作。试点厂拟分别与日本有关工厂挂钩对口，组织定期互访，进行管理技术的合作和交流。

为取得试点经验，对试点厂要创造正常生产的必要条件。从工厂讲，领导班子要配强，基础工作、劳动纪律、厂容卫生要经过整顿。从外部讲要帮助，包括国内外专家帮助，对口厂交流，协作厂配套，原材料、燃料、动力保证供应。上面要大力支持，有专人负责，有问题及时解决，并保证工厂领导干部5/6以上时间抓生产。

1979年要总结出试点厂如何全力抓生产和改革企业管理、质量管理的经验。

2. 抓好面上工作。普遍进行宣传教育，培训骨干。着手编印日本有关企业管理、质量管理的讲义、教材、手册和书籍，作为对干部、工人进行教育的参考材料。尽快整顿和建立全国产品质量标准，把部颁标准、地区标准与全国标准统一起来。同时，从现有情况出发，狠抓企业的基础工作，包括建立健全作业标准、原始记录和必要的测试手段，加强工人的基本功训练，为1980年普遍推广科学管理方法打好基础。

3. 下决心训练企业厂长。1979年开始进行轮训，包括国内办训练班、有计划地分批到国外短期学习，以提高企业主要领导人的管理能力。

要认真进行工人和干部的技术培训。结合日本经验,在人力开发上要舍得花钱、花功夫、花力气。要特别注意新工人入厂教育和工段长、班组长训练。企业要逐步建立必要的技术培训中心和轮训制度,并和现场培训结合起来。

4. 改进"质量月"活动。去年9月我国开展的"质量月"活动,在引起人们重视、改进质量上取得了效果。参考日本"质量月"的经验,这一活动一定要持之以恒,并把日常的质量管理工作和"质量月"衔接起来,使"质量月"成为全年质量管理活动的高潮,进行总检查。为此,我们考虑从1979年1月起,要抓好几件事:一是国家经委要提出全年质量的要求和方针,各地和企业要制定改进产品质量的具体规划,包括什么时候达到国内外先进水平、恢复那些名牌产品等,并组织实施。二是5、6月份以工厂为主进行质量年中检查,检查计划达成情况,采取进一步措施。要注重实效,防止形式主义,不再搞那种大轰大嗡的千人、万人大检查。三是在"质量月"中着重进行质量管理成果交流,开会人不宜多,时间不宜长,由厂长或工人组长介绍改进质量管理的经验、效果。四是设立全国质量奖、地区和企业质量奖,表彰在改进质量上有优异成绩的单位、个人和优秀著作,并在报上公布。

5. 加强企业管理经验的国际交流,把眼界再打开一些。1979年日中双方拟互派以厂长为主的考察团访问,并互相派人参加对方"质量月"活动。打算有计划地从国外请顾问和企业管理专家来我国讲学,必要时到一些企业进行指导、帮助。

6. 成立中国企业管理协会①。主要任务是出版有关企业管理的书刊;收集有关情报资料,研究国内外企业管理的制度、技术方法和经验;协助有关部门交流、推广企业管理经验;组织有学者、教授参加的专家团,

---

① 中国企业管理协会成立于1979年3月,是以企业为主体,有专家、学者、新闻工作者参加的,为推进企业改革和发展,提高企业经营管理水平,沟通企业与政府联系的全国性群众团体。它的宗旨是坚持面向企业,为企业服务,为企业提供专业培训、管理咨询、企业信息、科研成果转化等项智力服务,出版管理书籍、报刊,组织企业开展国际交流,以推进企业管理现代化和生产技术现代化,探索和建立有中国特色的社会主义企业管理体系为主要任务。中国企业管理协会和中国企业家协会在各地的分支,已遍布所有省、自治区、直辖市和数百个工业城市;其成员包括国内各种行业和各种经济成分的企业。中国企业管理协会和中国企业家协会还是我国参加国际劳工组织活动的三方代表之一,与我国政府代表、工会代表一起参与有关活动。

帮助企业运用统计学方法改进质量管理，举办各种管理讲座，培训企业的管理干部；出席国际会议，进行国际交流；等等。经费来源，实行企业会员交费，刊物、讲座收费，逐步做到企业化。

通过以上工作，我们想在 1980 年，使我国企业管理、质量管理有一个较大的提高，逐步走上轨道。

关于筹建中国企业管理协会的谈话*

（1979年1月）

刚刚结束的党的十一届三中全会提出，要把全党工作的着重点转到以社会主义经济建设为中心的轨道上来。这是一个重大的历史转折。全会决定，要改革我国经济管理体制和经营管理方法，要"改变一切不适应的管理方式"。为贯彻全会这一重要的精神，适应即将到来的经济体制改革的要求，我与一些同志酝酿，准备成立一个能吸收各方面人士参加的群众性的企业管理协会。这个意见得到了国家经委和康世恩同志的积极支持。

成立企业管理协会的主要目的，是发动并联合一大批社会上热心企业改革的有识之士，发动并联合中共中央、国务院各有关部门，各省、自治区、直辖市有关部门负责干部，各专业研究单位、有关高等院校的专家学者等，组织起来，承担企业管理宣传研究工作，收集整理和研究国内外有关企业管理的制度、方法和经验，组织专家学者培训企业管理干部，开展各种管理讲座，参加有关企业管理的一些国际活动，进行国际交流，等等。它的全称就叫中国企业管理协会，简称中国企协。中国企协在国家经委指导下，近期要做的工作有以下几个方面：第一，认真抓好改革企业管理试点。试点要以质量管理为中心，带动新产品试制、成本、安全、原材料、环境保护等各项管理工作。第二，要抓好面上的工作。立即着手编写国外有关企业管理、质量管理的资料、书刊。目前先集中力量编印日本的有关资料，以此对干部、工人进行宣传教育，培训骨干。第三，尽快着手训练企业的厂长（经理），并受委托培训各地经委主任，包括国内办培训班和有计划地分批分期送到国外短期培训，以提高企业和各管理部门主要领导人的管理能力。第四，改进"质量月"

---

* 这是袁宝华同志在中国企业管理协会成立前与几位同志的谈话要点。

活动。在总结1978年开展"质量月"活动经验的基础上，设立国家质量奖，把日常的质量管理工作和开展"质量月"活动衔接起来。第五，与国外有关组织就企业管理进行国际交流。经商定1979年除继续开展中日双方互派以厂长为主的考察团访问外，在今明两年还拟组团赴美国和西欧各国进行企业管理考察。

为加快筹建中国企业管理协会的步伐，国家经委决定组建中国企业管理协会秘书处，立即着手筹备成立中国企业管理协会的各项事宜，如起草中国企协章程、酝酿理事会成员人选等等。企业管理协会是一个民间的社会团体，它的成员应有广泛的代表性，应吸收各方面积极支持这件事情的同志参加。中国企协的宗旨是面向企业，为提高企业管理水平服务。中国企协成立以后，应接纳一些积极分子和企业为个人会员和团体会员。地方和行业也可以成立各地或各行业企协，并为中国企协团体会员。中国企协应加强同它们的联系，进行业务指导，也可以合作办一些事情，发挥企协系统组织起来的优势，共同为中国企业管理水平的提高贡献我们的一切。

在全国金属材料和机电产品利库工作会议上的讲话

（1979年3月1日）

我讲三个问题：一是采购与推销的问题，二是商流与物流的问题，三是周转与积压的问题。

这次会议，是要研究如何解决物资积压的问题，联系我们到外国考察的情况，感到在很多问题上受启发。去年国家经委代表团到日本考察，主要是考察企业管理。看了资本主义的经济发展，回过头来看看我们国内的情况，心里有点憋气，换句话说就是不大甘心。因为我们社会主义应该比资本主义有无比的优越性，但是却存在着惊人的差距。其原因究竟是什么呢？当然我们可以说，林彪、"四人帮"干扰破坏的影响是很大的，另外也有我们工作中的缺点和错误，原因很多。另一方面，从日本经济发展的过程看来，日本这样的条件，能以这样高的速度发展，拿我们的条件来说，应该不低于日本经济发展的速度，我们高速度发展国民经济，实现四个现代化是大有希望的，但是必须花大力气才行。要把资本主义管理工业、管理经济、管理企业的经验中有用的、科学的东西吸收过来，首先要解决体制问题。不解决体制问题，不能够顺利地吸收这些好的东西，就是吸收过来，也不能很好地消化。所以就临时想到的，简单讲一下这三个问题，供大家参考。

一、采购与推销的问题

这不是一般的问题，这是个方针问题，是我们的生产方针问题，就我们物资部门来说，是一个为生产服务的方针问题，用通常的习惯语言说，是对我们社会主义建设的态度问题。无论是生产的单位或负责物资流转的单位，都应该树立一个牢固的观念，就是"用户第一，负责到底"。我们在日本考察时,他们反复讲这个道理,拿他们的习惯用语说,叫"用户就是皇帝"。皇帝是主宰一切的。想一想也有道理,我们的旧小说里面说,顾客是"衣食父母"。就是要靠顾客穿衣吃饭的,顾客好比是"爸爸妈妈"。可是,我们现在的用户,有的人讲,采购员像"孙子",不但不是"爸爸妈妈",连"儿子"都不够,是"孙子"。用户的地位完全颠倒了过来。我们的经济要高速度发展,不解决这个根本方向问题不行。日本人讲,工厂生产的产品,要以用户的需要为唯一的标准。我们的标准是什么呢?有些地方可能是以产值为唯一的标准。不是说以"八项经济指标"为考核企业的标准吗?有些同志讲,你那个"八项经济指标"都不算,最后是"老九"第一。什么是"老九"呢?就是产值。因为八项指标中没有产值,给产值排个第九,可是"老九"却变成了第一。你给外国人讲,他认为这是不可理解的事情。譬如质量标准,日本有国家标准,可是公司在国家标准之上又有公司的标准,工厂在公司标准之上又有工厂的标准。工厂的标准是保密的,它就靠高于国家质量标准、公司质量标准的产品,进行竞争。我们过去在物资部的时候,一天到晚就盘算着八个字,就是"分到、订到、拿到、合用"。我们做到这八个字或者接近这八个字,大家就欣然喜悦,做不到这八个字,就愁眉苦脸。为什么呢?分到订不到,订到拿不到,拿到不合用,这里面有个数量、质量、品种、时间的平衡问题。对这些问题,现在一说起来,就是计划部门考虑不周,或者没有订到、没有拿到,都是物资部门的事。不,首先不是计划部门,主要也不是物资部门考虑的,这首先是生产部门的事情,数量、品种、质量、时间的平衡,首先要由生产部门来考虑。日本的生产部门,以销定产。就是说,按需要组织生产,有的放矢,不是无的放矢,生产出来是为了使用,能推销出去。只有这样,数量、质量、品种、时间才能真正落实到合同中去,然后严格执行合同,做到分到、订到、拿到、合用。所以,这是个态度问题、方针问题。大家都知道,我们有大量的采购人员,而推销人员很少。为什么呢?因为我们工厂生产出来的产品,不用去推销,反正有人要,而且是"萝卜快了不洗泥",没有人来挑剔你。现在,生活资料已开始有工商矛盾问题了。商业部门看你这个厂生产的东西不好,就不收购,不收购你就积压,最后你得停产,因为银行不能无限地给你贷款。这说明在这个问题上可以采用经济办法,来促进生产的改进和发展。外国的情况恰恰相反，工厂有大量的推销人员，采购人员很少，采购人员打个电话，东西马上就送上门来了。我们现在还做不到这个程度，但必须做到这个程度，如果我们做不到，那我们社会主义现代化的进程就不会快。

二、商流与物流的问题

商流与物流，这是一个什么问题呢？打个比方来说，就是粮票与粮食的问题。就是粮票可以经过行政系统、经济系统发下去，发到公司或工厂，但是粮食应该由粮食部门按照最经济、最合理的办法运送和供给到公司或工厂。这就是刚才康世恩同志讲的"物资银行"的办法。1965年，钢材一方面积压很多，另一方面又短缺很多。李人俊[①]同志就找我谈过，说你能不能开办个"物资银行"，大家把钢材存在你那里，由你进行全国的调度调剂。我们在西南大三线建设时试办过，就是把国家分配给各部门的钢材指标，都划转到西南各省物资局去，由物资局就地就近组织实物供应。同时，物资部拨给物资局3 000吨、5 000吨，顶多不超过1万吨周转钢材，它就把这个地区的10万吨、20万吨、30万吨钢材都调活了。实践证明，这种办法是有效的，经验是成功的。当时，程子华同志是三线建委主任。他一直想着这个经验，很怀念这一条。1975年他到国家计委做顾问，就提出这个问题。后来，他到民政部任部长，还找我谈这个问题。他说，这件事情是好的，还要把它搞起来。按照这种办法，各级主管部门管分配、调度指标，不经手实物，实物由物资部门用最经济合理的办法来进行调运和供应。大宗直达，小额就地就近供应，专用物资由专业部门来负责供应，不外乎这几种办法。大宗直达，也要作具体分析，有些就全年来说是大宗，分到每个月不一定是大宗；或者就总数来说是大宗，分到每个品种不一定是大宗。因此，不能笼统以大宗为借口，都要直达，造成积压有理，这不行。要千方百计避免货到地头死。我们要向商业部门学习。最近看到外贸部一期简报，讲周口地区怎样把

[①] 曾任燃料工业部、石油工业部副部长，建筑工程部部长，国家计委副主任，中国石油化工总公司董事长。

他们的商品输送出来。是运到阜阳去，还是运到驻马店、信阳去？走哪一条路都要经过一段汽车运输，但运到驻马店、信阳去，要多走 372 公里铁路，运到阜阳去就可以节约这一段铁路运输。我们要实行计划经济和市场经济相结合，以计划经济为主的方针。在生活资料方面，商业部门可以选购，选购之后允许工业部门按国家的统一价格自销，或者委托商业部门代销。总之，要考虑一些经济办法。但是，经济办法和行政办法不能截然对立起来，经济办法和行政办法应该统一起来，而主要用经济办法。

三、周转与积压的问题

从周转到积压，这是一个从量变到质变的过程。我们现在要求的，是合理的周转。什么叫合理？所谓合理，无非是合乎理论、合乎实际。就理论上来说，周转越少越好，少到零或者接近于零。积压同资金的浪费成正比例，积压多，浪费就大；同国民经济的发展速度成反比例，积压多，经济发展就慢。这件事情值得我们深思。合理的周转究竟是多少？我们到日本考察前，看到一些资料。去年 6 月底，日本全国厂商的钢材库存是 676 万吨。其中 400 多万吨是国内销售的需要，200 多万吨是出口的需要。加上需要部门的库存，最多翻一番。我原来不大相信这个数字。日本一年生产八九千万吨钢材，库存钢材不超过 1 200 万吨。而我们一年的钢材资源，包括进口在内不过 3 000 万吨，可是钢材库存达 1 500 万吨以上。物资周转这样慢，肯定要拖社会主义现代化的后腿。我们机关里上技术学习课的老师讲电子计算机的应用，说日本丰田汽车厂，一年生产二百七十八万辆汽车，工厂没有仓库，全靠自动化调度。我不相信，一再问这位老师，他说，就是这样。这次我们到丰田汽车厂去看了一下，确实是这样，确实没有仓库，公司没有，工厂也没有。我们问日本人，装配汽车的部件和制造汽车零件的材料，从哪里供应呢？他说从协作厂供给，50 公里以内，一天送货两次，直接送到生产线上。每个生产岗位都有卡片，卡片上写得很清楚，今天的任务是什么、需要什么零件、由哪里负责供给、现在存多少、今天要多少、上午要多少、下午要多少等，协作厂就根据这些卡片记录，按需要送货上门。所以，丰田汽车厂的材料、配件库存周转，大概就是半天到一天。我们一再问他周转期，他说大概是一天吧！生产出来的汽车，也不存在工厂里，只要够五辆，就装上拖车运到码头，由另外一个叫丰田贩卖公司的负责卖汽车，码头上有可以存放三四万辆汽车的场地。一年生产二百七八十万辆汽车，只有三四万辆库存，也没有多少。所以，什么叫合理周转，这就明白了。库存越少越好，最好是零或者接近于零，这个道理就清楚了。但是，由于种种原因，我们现在已经造成了积压，怎么办呢？就是要变积压为流通，变无用为有用。东西压在你的仓库里没有用，到另外一个需用单位就有用了。虽说这个东西还有使用价值，但在你这个地方没有使用价值，是无用之物。要变无用为有用，就要把积压的东西变为流通的东西。我们要认真总结出自己好的经验，同时吸取外国好的科学的方法和经验，创造出我们自己的一套来，提高我们各方面工作的水平。小平同志一再讲，我们的思想水平、技术水平、管理水平都跟不上社会主义现代化的需要。我们就是要在这些方面迎头赶上去。

与石川馨、河合良一先生的谈话

(1979年3月28日)

非常高兴再次会见石川馨教授和河合良一先生。三个月前,我同邓力群、马洪等许多中国经济学家参加的国家经济委员会访日代表团访问了贵国,受到了日本各界的热情接待。我们同日本政府有关官员,同日本的一些著名的民间经济团体,如日中经济协会、日本生产性本部、日本科技联盟等社团组织负责人进行了广泛的交流,受益匪浅。对日本的一些民间团体在促进企业改善管理方面的作用,留下了深刻印象。我和代表团的同事们认为,日本战后经济之所以得到高速发展,原因固然是多方面的,但其中最重要的是,正像一些日本朋友所讲的,得益于科学技术和经营管理。而在推动科技进步和科学管理方面,民间团体发挥了积极的作用。各种协会的活动对帮助日本企业改善经营管理、推动经济发展很有成效。最近,我们结合中国的实际,联合此次访日代表团中的企业家、经济管理专家和有关方面人士,成立了一个旨在推动企业改革、完善企业管理的民间性质的组织——中国企业管理协会。大家推选我为会长,邓力群同志为协会的顾问,马洪同志等为协会副会长,张彦宁①同志为协会秘书长。中国企协联合了一批热心于企业改革工作的积极分子。

去年石川馨先生像讲故事一样,给我们讲日本在抓质量管理方面有一批积极分子经常大喊大叫,到处宣传质量管理。现在中国也有了这样一批抓企业管理的积极分子,我们中国企业管理协会的成立就是以这一批人为骨干。我们的这个队伍还在不断扩大。现在每天都有一批信件寄到中国企协秘书处,要求参加中国企协。许多省、自治区、直辖市,一些工业城市和一些行业及企业也都要求参加中国企协或成立组织。大家热情很高,预计很快会有一批地方的、行业的或企业的企协组织成立起

---

① 曾任国家经委副主任,国家经贸委副主任,中国企业联合会常务副会长兼理事长。

来。我们已经酝酿多时,准备还要成立一个质量管理协会,由正在北京内燃机总厂帮助抓质量管理工作的刘源张①教授负责筹备工作。他是这一方面的积极分子。物资管理方面也打算成立一个协会。把各方面的力量集中起来,把大家的积极性调动起来,集思广益,共同来推动管理现代化的工作,只要齐心协力,事情就好办多了。

为改善企业经营管理工作,最近由中国企协和国家经委联合举办的企业管理研究班开始授课。也就是说,中国企协成立之日,即是这个研究班举行开学典礼之时。第一期研究班有111名学员参加,学员主要是部分大中型企业的厂长(经理)、省、自治区、直辖市和工业城市的经委主任,以及来自国务院所属部门主管工业生产的负责人。我们打算,第二期由中国企协与中国工会组织——中华全国总工会一起来办。把训练企业工会主席的工作也纳入企业管理研究班,这是中国企业的需要。我们设想,在训练这些领导干部的同时,摸索一些经验,通过几期研究班之后,逐步形成一套适合中国国情的教材,在全国推开。第二期研究班学习和研究的内容侧重四个方面。第一,学习基本经济理论,包括工业经济理论和商品经济理论等。第二,学习研究企业管理概论,介绍国外一些先进的企业管理知识,目前重点是介绍日本的管理经验。第三,总结中国自己的经验,包括地方的、部门的和企业自己的经验。新中国成立以来,我们在企业管理方面也有许多新的创造,如鞍钢的"两参一改三结合",大庆油田的"三老四严、四个一样"和"铁人精神"等等,都是非常成功的,需要我们去进一步总结。第四,学员回去以后如何做。我们要求研究班结业时,每人都要交出一篇答卷,主要是学习心得和回去后的打算。这不是一篇学术论文,而是每个学员结合自己所在岗位实际的实施计划书。现在,这种研究班,不仅我们在办,一些省市和行业也在办。中国企协准备还要办一些专业性质的研究班,如质量管理、设备管理等等,我们打算在中国企业管理协会内设企业管理训练中心,把管理研究班长期办下去。

---

① 我国著名质量管理专家,中国科学院数学与系统科学研究院研究员。

以生产为中心，以企业管理为重点，继续深入开展工业学大庆[*]

(1979年3月29日)

一

1978年是工业学大庆取得显著成效的一年。各级党委加强了对工业学大庆的领导，狠抓了企业整顿，特别是重点抓了一批大中型骨干企业的整顿，大大加快了普及大庆式企业的步伐，促进了生产的持续增长，为把工作重点转移到社会主义现代化建设上来创造了良好条件。

去年，开展工业学大庆、普及大庆式企业的群众运动，主要抓了以下几项工作：

1. 贯彻中共中央《关于加快工业发展若干问题的决定（草案）》（即"工业三十条"[①]），拨乱反正，分清是非。围绕政治同业务的关系，搞清企业要不要以生产为中心和加强党的领导，要不要坚持规章制度、学习先进技术、实行按劳分配等一些根本性的问题。纠正了大批冤案、假案、错案，有力地促进了安定团结。不少单位通过肃流毒、治内伤，加强了政治思想工作，促进了后进职工的转化。

2. 以整顿领导班子为重点，突出抓了企业整顿工作。整顿一批，验

---

[*] 这是袁宝华同志在国家经委召开的国务院工交各部（委）和国防工办负责同志会议上的讲话摘要。

[①] 1978年4月20日，中共中央作出《关于加快工业发展若干问题的决定（草案）》。《决定》总结了中共中央、国务院办工业的路线、方针和政策，针对粉碎"四人帮"后整个企业所面临的艰巨任务，提出了整顿企业和企业领导班子，恢复和建立企业管理的规章制度，明确要求企业要恢复建立和健全党委领导下的厂长分工负责制，强调企业必须以生产为中心等重要内容。虽然这个决定对企业领导体制的提法与"文革"前略有不同，但它是当时指导工交战线揭批"四人帮"、正本清源的重要文件，具有初步拨乱反正的重要意义，对工业交通企业贯彻落实新时期的总任务具有积极作用。

收一批，工作比较扎实，收效十分显著。各部门协同有关地区，集中力量抓了27个对国民经济有重大影响的大型骨干企业，经过一年奋战，企业面貌大变，已有12个单位验收命名为大庆式企业，5个单位已达到标准，即将命名。各地区重点抓了320个影响较大的大中型企业，经过整顿，有50％左右建成了大庆式企业，40％达到了整顿标准。企业领导班子的整顿和加强，是巩固安定团结、适应工作重点转移的组织保证。

3. 各行业、各地区基本上都有了影响较大的先进典型，社会主义劳动竞赛更加蓬勃开展。先进典型数量增加了，示范和推动作用更大了，不少部门注意运用典型，推动全局，取得了较好效果。各部门组织的同行业社会主义劳动竞赛在内容和水平方面都有新的发展。如煤炭系统开展的上"纲要"、创水平竞赛，纺织系统围绕提高产品质量开展的"万米无疵布"、"无次品"竞赛活动，以加强基层建设、创优质高产为特点的班组竞赛，搞得生动活泼。铁道部开展的学赶"毛泽东号"机车组的活动取得很大成果，有2 230个机车组达到"毛泽东号"机车组的水平。

4. 很多单位把揭批"四人帮"、整顿企业、组织生产同学大庆形成统一的群众运动，千方百计地保证国家计划的完成。围绕安全、质量、品种、消耗、积累等生产上的关键问题，大力整顿企业管理，加强"三基"工作（基层党支部建设、基本功训练、基础工作），消除薄弱环节，有力地促进了生产的发展。

5. 加快了普及大庆式企业的步伐。各地区、各部门认真贯彻执行中央、国务院关于高标准、严要求的精神，认真进行总结、评比、验收。据部分省、自治区、直辖市验收结果，到1978年底，累计建成县属以上的大庆式企业1万多个，约占全国县属以上企业总数的8％；其中大中型大庆式企业累计建成2 000个，约占全国大中型企业的20％。

总的来看，去年工业学大庆、普及大庆式企业的群众运动，成绩很大，发展是健康的，主流是好的。主要的经验是：第一，学大庆紧密结合党的中心工作，把企业各项工作捆起来，形成统一的群众运动，推动力强，效果好。第二，把整顿企业作为普及大庆式企业的基础来抓。抓整顿，促普及。第三，抓领导班子的整顿和建设，是整顿好企业的关键。既要依靠地方党委，又要充分发挥部门的作用。第四，学大庆必须突出重点，抓住典型。要敢于抓大的，抓难的，突破一点，带动一片。实践证明，不论是多么大的、难的企业，只要领导决心大，抓得紧，方法对头，企业面貌就可以在较短时间内发生显著变化。第五，领导作风必须有一个大的转变。抓整顿企业、建设大庆式企业，各级领导一定要亲自动手，深入基层，调查研究，取得经验；抓点带面，扎扎实实地帮助企业解决问题。

去年一年，在实际工作中，也出现过一些问题和缺点。主要是：（1）有些单位有急于求成和降低标准的倾向。（2）有些单位出现某些形式主义的东西，主要表现是会议多、检查多、参观多，增加了企业的负担，分散了企业领导的精力，有的检查流于形式。

二

关于今年工作，随着全党工作着重点转移到社会主义现代化建设上来，根据中央进行三年调整的部署，工业学大庆的指导思想和实际工作都要适应新的形势。总的要求是，以生产为中心，以企业管理为重点，继续深入开展工业学大庆、普及大庆式企业的群众运动，推动和加快社会主义建设的步伐。为此，要抓好以下几项工作：

1. 坚持学习大庆的基本经验，加快普及大庆式企业的步伐。大庆的基本经验，如"两论"（毛泽东同志的《实践论》、《矛盾论》）起家的基本功，自力更生、艰苦奋斗的精神，实事求是、"三老四严"的作风，革命化统帅工业化，建设一个好班子、好队伍，实行严格的科学管理等经验，对社会主义现代化建设，仍然具有普遍意义和现实意义。工业学大庆、普及大庆式企业是一个群众性的比学赶帮超的运动，每个企业都要坚持在学大庆中不断提高生产技术水平和管理水平，努力赶超国内外先进水平。要把学习大庆经验同学习国外经验结合起来，把学大庆同学国内其他企业的先进经验结合起来。总之，要不拘一格，搞得生动活泼，在认真总结自己经验的基础上，学习别人的好经验。

要根据工作重点转移的要求，修订《大庆式企业标准》，制定1979年全国普及大庆式企业的规划，要努力实现党中央提出的在1980年把现有1/3的企业建成大庆式企业的战略目标，大中型企业要争取超过。要改进检查、评比、验收、命名的组织工作，克服形式主义，简化手续，讲究实效。已建成大庆式企业的，要进一步巩固、提高，使他们成为本行业社会主义现代化建设中的标兵。抓好一批，巩固一批，不断扩大成果，推动全局。

2. 继续整顿企业，加强企业管理，大力提高企业管理水平。要继续花大力量抓好企业领导班子的整顿和建设。领导班子已经整顿好的重点企业，今年要着重在提高企业管理水平和技术水平上下功夫；没有整顿好的企业，要尽量在今年整顿好。要认真建立健全党委领导下的厂长负责制，配备好书记、厂长、总工程师这三把手。要大胆选拔优秀的技术干部到主要领导岗位上来。要在今年或稍长一点时间内做到，大中型企业领导班子成员中，有1/3以上是有实践经验和熟悉本行技术业务、懂得科学管理的优秀的中青年干部，把企业的领导班子真正建设成为适应现代化要求的领导班子。

要狠抓"三基"工作。要特别注意搞好企业管理的各项基础工作；切实抓好以党支部为核心的基层建设，加强车间、班组工作；健全以岗位责任制为中心的各项规章制度，严格执行，奖惩分明；广泛开展基本功训练，提高广大职工技术操作水平。

要把企业职工代表大会等几项基本制度建立健全起来，尊重和维护工人参加企业管理的民主权利，加强民主管理，充分调动广大职工的积极性。要切实执行党委领导下的厂长负责制和总工程师、总会计师等各类管理人员的责任制，做到责任到人，有职有权，尽职尽责。

要严格实行从产品设计、原材料、生产到产品包装出厂的全面质量管理。加强技术工作，提高职工的技术水平，严格操作规程，讲究文明生产，认真执行质量检验制。

严格实行经济核算，讲究经济效果。在加强企业管理的工作中，要坚持自力更生、艰苦奋斗、勤俭办企业、勤俭办一切事业的革命精神，抓好扭亏增盈、清产核资、清仓利库工作。逐步加强各项专业管理，使企业的一切经济活动都实行经济核算，按照经济规律办事。

3. 抓好按专业化协作原则改组工业和企业性公司的组织试办工作。

4. 加强干部培训。各部门、各地区和各企业都要把这项工作当作大事列入重要议事日程，加强领导，全面规划。领导干部要带头学理论、学经济、学技术、学管理，注意不断总结经验，办好企业管理研究班。

各部门、各地区要有计划地轮训工业管理机关和厂矿企业的领导干部，通过各种形式，在今明两年内把工业管理部门和大中型企业主要领导干部轮训一遍。

5. 加强政治思想工作。随着全党工作重点转移到社会主义现代化建设上来，政治思想工作不但不能削弱，还必须大大加强。要坚持社会主义道路，坚持无产阶级专政，坚持党的领导，坚持马列主义、毛泽东思想。政治工作一定要落实到生产业务上，要结合经济工作一道去做。政治工作要围绕生产业务这个中心并为它服务，克服政治工作和生产业务"两张皮"的现象。要教育广大职工正确对待民主与法制、纪律与自由、生产与生活、长远与当前、大局与小局的关系，加强革命传统教育和团结起来向前看的教育，保证工作重点的顺利转移，促进安定团结，充分调动广大职工大干四化的积极性。要不断进行调查研究，取得经验，把企业政治思想工作做得更加扎实、更有成效。

6. 继续抓好社会主义劳动竞赛。把以增产节约为中心的同行业社会主义竞赛更加深入广泛地开展起来，提出有针对性、可比性的具体目标，开展比学赶帮超活动，抓典型，树标兵，把劳动竞赛不断推向新的高潮。

认真做好企业管理改革试点工作*

（1979年4月20日）

这次会议，虽然时间很短，还是取得了很大的收获，达到了预期的效果，使企业管理改革的试点工作有了一个良好的开端。

这次座谈会的主要收获可以归纳为以下四点：（1）加深了对企业管理改革试点的意义的认识。大家认识到，试点工作是具体实现全党工作着重点转移的一件大事，是对中央确定的三年调整方针，特别是对整顿和改革任务的具体落实，大家有决心、有信心把试点工作搞好。（2）试点的指导思想明确了。邓小平同志提出四个坚持①，对全党全国人民统一思想、统一步调，共同搞好全党工作着重点的转移，搞好调整工作，具有重大意义。我们要坚持社会主义方向，贯彻"鞍钢宪法"，学习大庆基本经验，在总结我国企业管理经验的基础上，虚心学习外国的先进管理经验和科学管理方法；要从实际出发，通过不断实践和考验，逐步总结出一套适合我国四个现代化需要的企业管理办法和制度。（3）试点的内容和任务明确了。这就是会议纪要中提出的整顿管理的内容，以及扩大企业经营管理自主权的改革试点。（4）有些企业提出了试点的初步打算。这有利于将来进一步制定规划。

下面就正确处理企业管理改革试点工作中的几个关系问题，讲几点意见：

1. 整顿和改革的关系。无论是整顿企业还是扩大企业自主权的改革，都是调整的内容，都是企业管理改革试点的内容。只有加快改革的步伐，扩大企业自主权，才能使企业在整顿和加强管理方面有更多的主动权、更大的活动余地。企业主管部门和综合部门，在扩大企业自主权的问题上，要相信企业，要放手一点，要体谅企业困难，帮助企业解决

---

* 这是袁宝华同志在企业管理改革试点座谈会上的讲话摘要。

① 坚持社会主义道路，坚持无产阶级专政，坚持共产党的领导，坚持马列主义、毛泽东思想。

问题，大胆支持企业进行试验。改革搞好了，就能进一步推动管理工作，在这方面花点钱，就可能增加更多的收入。总之，整顿和改革这两个方面是互相依存、互相促进的。就企业来说，要更多地把力量放在整顿和加强管理方面，就主管部门和综合部门来说，就应当更自觉地积极做好管理体制的改革工作。

2. 总结自己的经验和学习国外经验的关系。既要总结我们在企业管理方面过去积累起来的一套行之有效的好经验，又要虚心学习国外的好经验和科学管理方法。在这个问题上，既不要故步自封，也不要妄自菲薄。前几年，"四人帮"说什么达到了世界水平，是吹牛。那时谈外国好那还了得，可是现在有一个值得注意的苗头：什么都是外国的好，轻视或者贬低了自己的经验。有些单位引进国外项目，什么都要进口。长春第一汽车厂，建设时60%的设备是自己做的。那时可以办到，现在为什么不能办到？这就值得我们注意。实际上我们自己有很多好的经验，特别是一些带有方向性、根本性的经验，如"鞍钢宪法"。办好社会主义企业要加强思想政治工作，这一条到什么时候也不能丢。还有党的领导。《关于正确处理人民内部矛盾的问题》中提出的六条标准，集中起来有两条：一条是社会主义道路，一条是党的领导。还有群众路线，还有技术革新、技术革命、"两参一改三结合"、勤俭办企业等等，都是我国优良传统，是我们特有的。尤其在这一阶段，如何做好思想政治工作更加重要。在管理改革过程中，会出现许多新的情况和新的思想问题，假如思想工作跟不上，就会增加阻力，或者走上邪路。思想政治工作跟得上就是动力，跟不上就是阻力。比如，有人根本不懂得什么叫发扬民主，把无政府主义误认为就是民主，这就要加强教育，让他们懂得如何正确使用民主权利。

另一方面，我们也应当看到，我们管理水平的确是落后了，外国确有些好的科学的管理方法，如用图表统计方法分析质量，就一目了然。我们必须虚心地去学习它、掌握它，才能把我们的管理水平提高到适应四个现代化的需要上来。外宾一再向我们提出，说我们厂房很好，设备也不错，可是生产水平低，管理水平不行，要有适应四化要求的管理水平。比如北京内燃机总厂推广的日本小松制作所全面质量管理的经验，是科学的东西，就应当老老实实地、认认真真地学。当然我国在质量管理上也有不少好经验,如大庆有一套质量管理经验,清河毛纺厂也创造了一套科学的质量管理方法。我们应当把这些好东西结合起来,融会贯通,综合提高,使之更好地向前发展,而不应把两者对立起来。当然,把外国的东西中国化是最好的;但是,吸收一点外来语言也未尝不可。我们有很多名词都是从日本来的,日本的名词有许多是从我国和西欧去的。各国之间文化、技术的交流,互相吸收长处,是不可避免的、有利无弊的。把外国先进的东西拿过来,不要因为几个外来语阻挡我们,当然能通俗更好。学习别人的经验,学习国外的经验,一定要从实际出发,讲求实效,防止形式主义、生搬硬套。

3. 试点和面上的关系,也就是点面关系。试点要放手一些,同时,试点要考虑到推广,否则,试点还有什么作用呢?改革试点涉及管理体制以及一些根本制度,问题复杂,牵涉面广,需要考虑得周到些、慎重些,是完全必要的。重大问题的改革,总要把它弄清楚,要多问几个为什么,在理论上能否说得通,当然出点毛病也不怕。思想上要敢于创新,态度上要坚决,步骤上要慎重。要实事求是,从实际出发,扎扎实实,看准一步走一步。既要看到需要,又要考虑到主客观的条件。现在不可能所有问题都解决。在今年内,能集中力量把扩大企业自主权搞起来,就算不错了。有的企业可以衡量一下自己的条件,如不成熟,也可以先少试几条,成熟几条试几条。总之,试点工作大有可为,大有奔头。大家一定要有信心、有决心,把企业管理改革试点工作坚持下去。

当前重中之重是尽快把企业工作
重点转移到以生产为中心、
以管理为重点的轨道上*

（1979年4月23日）

党的十一届三中全会决定把全党的工作着重点转移到现代化建设上来。我们工交战线怎么转，从哪里转起？我看，重中之重是必须把我们的企业转到以生产为中心、以管理为重点的轨道上。这是衡量我们转得好不好的一个重要标志。

同志们经过学习，对企业管理的重要性逐步有了认识，但是，从全国工交战线来说，对以企业管理为重点的意义，对加强企业管理的必要性和迫切性，还没有引起足够的重视。一般说来，在工作重点转移过程中，我们的同志还是比较重视抓生产、抓技术，对加强技术工作的重要性容易理解，对加强管理的重要性容易忽视，不完全了解现代化的大生产同科学管理的关系。多年来，在林彪、"四人帮"的干扰破坏下，把企业管理说成是"修正主义"、"资本主义"，说成是"管、卡、压"，使人们对"管理"二字讳莫如深，不敢讲，不敢抓，不敢管。过去一些行之有效的经验，有的搞乱了，有的搞丢了，有的人是被整怕了，因而造成了管理工作的极大混乱，使生产受到极大破坏。加之有些同志不注意按经济规律办事，仍习惯于"用行政的办法搞管理，用运动的办法抓生产"。因此，要按照科学的办法搞管理、抓生产，就有必要从思想上、理论上拨乱反正，提高认识。

同志们对"科学技术现代化和管理技术现代化是推动生产现代化的两个车轮子"的观点很感兴趣。的确，这个比喻是很形象的，也是很恰当的。不可能设想一个现代化的企业，只考虑技术先进，不考虑管理上

---

* 这是袁宝华同志在国家经委第一期企业管理研究班结业时讲话的部分内容。

的科学合理，而生产是能够搞好的。技术装备先进的企业如此，就是技术装备落后的企业，只要我们在管理上下功夫，也可以使老设备创出新水平。我们就有不少的企业用50年代的设备创出了70年代的水平。我国有30多万个大大小小的企业，这是我们国家30年来创建的一个很宝贵的基础，是实现四个现代化可靠的前沿阵地，潜力是很大的。但是由于管理水平低，这些潜力远远没有发挥出来。许多外国朋友也看到这一点，指出只要搞好管理，中国现有企业劳动生产率就可以成倍地增加。我们在60年代的三年调整时期，贯彻"工业七十条"①，强化了企业管理，使国民经济迅速恢复发展的经验，已证明了这一条真理。

加强企业管理，必须认真学习国外的先进经验。要看到我们搞现代化大生产的历史还比较短，工业水平还比较低，搞现代化科学管理还缺乏经验，同发达国家比还有相当大的差距，我们必须学习外国先进经验。在西方一些工业发达国家，管理已经发展为一门重要的科学。社会主义企业同资本主义企业在组织生产上有许多共同的地方，国外有许多我们可以学习借鉴的东西。当然在学习中要注意结合我国的实际，要洋为中用，要取其精华、去其糟粕，要先搞试点，取得经验再推广。

目前，就整个工交战线来讲，我们的企业管理水平是相当低的，加之"四人帮"的干扰破坏，这方面问题成堆。这些年，先进技术装备虽然增加不少，青年职工也增加不少，但是好多技术经济指标还达不到历史最好水平。现在全国还有1/3的企业管理比较混乱，生产秩序不正常。重点企业每百元工业产值提供的利润比历史最好水平还低1/3。还有25％左右的列入国家预算的工业企业亏损。我们要面向现实，有计划、有步

---

① 1961年9月，中共中央颁发《国营工业企业工作条例（草案）》，因《条例》分10章70条，也称"工业七十条"。这个条例是邓小平同志主持拟定的我国第一个工业管理条例。《条例》系统地总结了建国以来，特别是1958年"大跃进"以来在企业管理中的经验教训，为解决当时企业生产失序、管理混乱、制度松弛、设备损坏和乱操作，以及分配上的平均主义等问题，提出了我国社会主义工业企业管理工作的一些指导原则，明确规定了国营工业企业的性质、任务、责任制度和企业计划、技术、劳动、分配、经济核算、职工物质利益等有关原则。关于企业领导体制，《条例》第一次将"鞍钢宪法"中关于党委领导下的厂长分工负责制的"分工"二字删掉，改为党委领导下的厂长负责制。这个条例的颁发和实施，对于提高企业管理水平，改变当时由于高指标、瞎指挥造成的管理混乱，对于贯彻执行"调整、巩固、充实、提高"的方针，使1964年、1965年我国工业重新出现欣欣向荣的大好局面，起了非常大的作用。但是，后来这个条例在"文化大革命"中被污蔑为"修正主义的黑纲领"，没有得到继续执行。

骤地去解决这些问题。我相信只要我们认识提高了,大家都重视了,又脚踏实地去做工作,企业管理的落后面貌会迅速改善,也必将大大加快工业发展的步伐。

一年来,全国工交战线按照"工业三十条"的要求,大力整顿企业,取得显著成绩。到去年底,全国县属以上工交企业约有1/3达到或基本达到了整顿企业的六条标准,其中大中型企业达到整顿标准的占2/3左右。

整顿企业,首先要抓好企业领导班子的整顿和建设。企业领导班子不仅要解决"软、散、懒"的问题,还要考虑如何适应现代化建设的要求。要在现有基础上继续做好调整和提高的工作。不熟悉生产业务的要加强学习、培养和提高;能力差、不能坚持工作的,要调整并妥善安排。要大胆选拔优秀的技术干部、熟悉管理业务的干部到企业的主要领导岗位上来。争取在今年或稍长一点时间,做到在所有大中型企业领导班子中,有1/3以上是有实践经验和熟悉本行技术业务、懂得科学管理、有革命干劲的优秀干部。三年之内,所有企业的领导班子,基本上都要达到这个要求,把企业的领导班子真正建设成为适应现代化要求的领导班子。

其次,必须把质量管理作为企业管理的中心工作来抓。产品质量的好坏,是衡量企业管理好坏的重要标志。我们说,要把工作重点转移到四个现代化上来,就是要先从质量上转。在资本主义国家,是把产品质量作为企业生死攸关问题来抓的;在我们社会主义国家,更应该把产品质量搞好,这是企业领导者、每个职工对国家、对人民的利益应负的高度责任。

加强质量管理,要在认识上来个大提高,在做法上来个大转变。对于日本实行的全员参加的质量管理和全生产过程进行的质量管理的经验,原则上我们都可以采用。要教育工人树立"下一道工序就是用户"的观念,建立严格的质量责任制,保证不把不合格品交给下道工序。要逐步从产品的事后检查过渡到产品生产过程的质量控制。这是一个大的变革。必须加强一系列基础工作,加强原材料的计量、分析,改革生产工艺,提高设备精度和完好率,提高技术操作水平,大搞技术革新,改善产品设计,加强半成品的管理,加强产品的检验和试验,以及改进包装,等等，一个环节一个环节地抓下去。搞好这些工作，必须发动群众，人人都来参加管理。只有各个生产环节都能充分保证质量，才有产品的质量全优。要把专管和群管结合起来，开展群众性的质量管理小组或三结合小组的活动。

再次，要实行全员培训的方针（即对企业内部全体人员分别规定要求，进行培训，使人人得到提高），要培训各级领导干部。各部门、各地区要切实办好干部学校和企业管理研究班，有计划、有步骤地轮训工业管理机关和厂矿企业的领导干部。企业领导干部不懂经济、不懂技术、不会管理，凭什么去领导现代化？这方面非下决心不可，要舍得花这个钱。

还要加强对基层干部的培训，特别是车间主任和工段长。他们是生产第一线的现场指挥者，企业生产管理的好坏，很大程度上取决于他们的技术水平和管理水平。要分期分批对他们进行轮训。今后要注意从有实践经验、懂技术、会管理的优秀工人中挑选基层干部，在提拔干部以前，要经过脱产轮训，考核合格才能任职。

对在职工人，要加强现场培训，进行考工定级。对现有岗位上的技术工人，要普遍进行一次测验，不合格的要认真补课。在今年内切实消除技术操作要求不及格的工人上岗位的情况，因为这是当前事故多、质量差、效率低的一个重要原因。今后招收新工人，要逐步做到择优录取，进厂后先经过培训，经过考试，合格后才能上岗位。

对工程技术人员和科室干部，也要加强培训，给他们创造各种条件，保证他们钻研技术业务的时间，不断提高他们的科学技术水平和解决实际问题的能力。对他们的提职、晋级、确定技术职称，也要经过必要的考核。要充分发挥他们的才能，要让他们有职、有权、有责。在现代化建设中，还要注意培养出一批精通企业管理的专家。

要充分利用现有条件，办好技工学校、职工业余学校、夜大学，支持职工上电视大学和函授大学。要切实加强领导，注意师资的培养，逐步创造条件，积累经验，促进培训工作的发展。

总之，在培训职工方面，要只争朝夕，千方百计，派得力的同志去抓。早抓早主动。当然，也要注意准备工作，创造好条件，讲究培训质量。不要一哄而起，流于形式，挫伤职工的积极性。

要实行全员培训方针*

（1979年5月18日）

党的十一届三中全会以来，政治、经济形势发展很快、很好。在当前和今后相当长的历史时期中，我们的主要任务是搞社会主义现代化建设。搞现代化建设，需要大批人才。建国以来，我们培养了许多科学技术管理人才，在社会主义建设中发挥了重要的作用。但是由于林彪、"四人帮"的破坏，我们在培养人才方面遭到极大损失，整整耽误了一代人，出现了青黄不接的严重现象。因此，加强职工培训已成为我们的当务之急，必须大力抓好这项工作。我们不能把中国式的现代化，理解为低水平的现代化。现代化是有客观标准的，不能任意降低标准。但是，走向现代化的道路，各国有所不同。资本主义现代化，是靠压榨、剥削本国人民，侵略、掠夺世界各国人民搞起来的。搞社会主义现代化，不能走这个道路。中国有丰富的人力资源和自然资源，过去30年的社会主义建设已经有了相当规模的基础。我们搞中国式的现代化，就是要从中国的特点出发，结合中国的实际情况，学习外国的先进技术，走我们自己的道路。为了加快实现四个现代化的步伐，我们要全面开展职工培训工作，尽快地培养出大批人才。

培养人才是当务之急，也是一项战略任务。工交战线在实现党的工作着重点转移和完成国民经济的调整、改革、整顿、提高任务中，要解决的问题很多，有资金问题、技术问题、经营管理问题、经济体制问题和人才培养问题。其中，培养人才是一个重要的战略性问题，也是影响我们国家、民族和社会前进速度的基础性工作。因此，进行职工培训工作，应该有战略眼光，采取战略性的措施。既要有长远的规划要求，又要作出近期的工作安排，踏踏实实地一步一步做起，一年一年地加强，

---

* 这是袁宝华同志在国家经委邀集国务院工交各部（委）、总局负责教育工作和干部工作同志座谈会上的讲话摘要。

长期坚持下去，提高整个工人阶级的科学技术水平和管理水平，工业现代化才有坚实可靠的基础。

职工培训要实行全员培训的方针，也就是对企业内部的全体人员规定不同的要求，分期分批地进行训练，使人人都得到提高，以适应工业发展和四个现代化建设的需要。当前，首先要加强对各级领导干部的培训，初步设想是：今明两年内，把全国8 000个大中型企业的主要领导干部（包括党委书记、厂长、总工程师或经营副厂长）和工交管理部门的主要领导干部初步轮训一遍。总数约3万人。国家经委将会同各省、自治区、直辖市和各部门，制定出分级和分行业的培训规划。由国家经委负责培训各省、自治区、直辖市以及工业集中的城市经委主任、副主任和影响国民经济全局的大型骨干企业领导干部；各部门、总局负责培训重点企业和直属单位的领导干部；各省、市经委负责培训其他大中型企业领导干部。根据四个现代化的需要，我们要不断加强对国外的先进科学技术和管理技术的学习，并将逐步增加出国学习培训的人数。出国干部的选拔，要求技术文化水平高一些，年轻一些，具有一定的技术知识或企业管理经验，并懂外文。各部门要抓紧准备，以便有计划、有目的地利用各种渠道向外派遣学习培训人员。

加强职工培训，要多种方式同时并举，把现场培训（岗位练兵）、业余训练、脱产学习三者结合起来，以现场培训为主。在工人中，要提倡干什么学什么，不仅提高操作技术的熟练程度，而且提高科学文化水平。现场培训，不脱离岗位，可以发挥老工人传帮带的作用。业余训练，包括业余学校、电视教学、函授等，都要广泛开展。脱产学习也很重要。在一定时间内，把一部分干部从紧张的第一线、繁忙的工作中解脱出来，集中精力学习一些科学技术和管理知识，总结一下自己的经验，很有必要。领导干部长期当外行，不熟悉业务、不称职，是不行的。做领导工作，权力很大，而不懂业务，就可能会瞎指挥，把好事办坏了，这在某种意义上说，比"软、懒、散"更坏事。

工交部门的干部必须加强经济理论的学习，以便逐步研究解决实际工作中的许多复杂问题。现在，企业里无偿占用资金，吃"大锅饭"，好坏不分，节约没有奖励，浪费没有惩罚等现象，既有管理方法问题，也有管理体制问题，应该从理论上提高认识，认真加以解决。再如，怎样认识价值规律和商品生产，市场调节起什么作用，生产资料如何进入流通领域等问题，都值得探讨研究。如果我们在理论上不澄清是非，长期陷于若明若暗的境地，我们的经济工作也就不能前进。

要发挥技术人员的作用，就要加强对他们的培训。现代的科学技术发展很快，技术人员在学校学的知识很快就不够用了，需要不断地再学习。技术人员做管理工作的，还要学习管理知识。外语学习也很重要。不能看外文书刊、资料，知识面就窄，就影响学习国外的先进技术。

关于后备人员的训练，各部门都办了一批技工学校、中专和专业院校，这是对的。要大力办好这些学校，发挥这些学校的作用。50年代建的工厂，一般都有技工学校，工人都要经过训练才能上岗位。由于林彪、"四人帮"的破坏，许多技校都取消了、停办了，影响对后备人员的训练。现在，我们要舍得花钱、花力量来办好这些学校。

我们要学习外国的先进经验，同时要十分重视总结自己的经验。我们的企业，学习苏联的管理方法，又经过多年的实践，已经积累了许多行之有效的管理方法，创造了许多好的管理经验，如大庆和一些学大庆先进单位的经验。我们要运用马列主义、毛泽东思想，认真总结这些经验，并且用这些经验来教育广大干部和工人。

培训干部是当务之急*

（1979年6月1日）

党的工作着重点已经转到现代化建设上来。在本世纪末实现四个现代化这样一个新形势下，我们所有的干部要面对新的要求、新的任务、新的情况，要研究解决新的问题。建国以来，我们培训了大批技术干部、管理干部和领导干部，这些同志在社会主义建设中起了很大的作用，是我们的宝贵财富。但由于林彪、"四人帮"的干扰破坏，整整十年耽误了一代人的培养，因而我们的管理干部目前出现了青黄不接的严重状况，需要我们下大力气培养急需的人才，这是实现四个现代化的一个重要前提。毛主席说："政治路线确定之后，干部就是决定的因素。"① 我们党在新时期的政治路线，党的十一届三中全会已经确定。为实现这一宏伟的目标，必须提高干部的素质，要培训干部。不仅新干部要培训，老干部也要再培训。在人民共和国建立前夕，毛主席在七届二中全会上讲："我们的同志必须用极大的努力去学习生产的技术和管理生产的方法，必须去学习同生产有密切联系的商业工作、银行工作和其他工作。"② 毛主席又说："我们必须克服困难，我们必须学会自己不懂的东西。我们必须向一切内行的人们（不管什么人）学经济工作。拜他们做老师，恭恭敬敬地学，老老实实地学。不懂就是不懂，不要装懂。不要摆官僚架子。钻进去，几个月，一年两年，三年五年，总可以学会的。"③ 我们要实现四个现代化，就要掌握先进的技术装备，掌握先进的科学管理方法，把企业管得更好，使社会主义建设速度更快。这一切决定的因素是人，是干部，因此，干部培训是当务之急。

---

* 这是袁宝华同志在国家经委第二期企业管理研究班开学典礼上的讲话摘要。
① 《毛泽东选集》，2版，第2卷，526页，北京，人民出版社，1991。
② 《毛泽东选集》，2版，第4卷，1428页，北京，人民出版社，1991。
③ 《毛泽东选集》，2版，第4卷，1481页，北京，人民出版社，1991。

干部培训有三种形式：第一，现场培训，也叫岗位练兵。第二，业余培训，如举办业余大学等等。第三，脱产培训，如举办脱产培训班，保送到大专院校等等，但大量的干部应以现场培训为主，干什么学什么。当然，业余脱产学习，也是重要的方法。特别是我们的领导干部，每天忙得不可开交，难以坐得下来。能够脱产一段时间，头脑冷静一下，摆脱日常繁忙的事务，学习一些新的东西，整理整理自己的思想，总结一下自己的经验，就可以得到提高。无论哪种方法，当前应学什么呢？我主张，干什么学什么，缺什么补什么。

一、要学习和研究经济理论

我们搞社会主义建设，必须认真地研究经济规律，掌握经济规律，自觉地按经济规律办事，这样，才能把事情办好。至于说怎样把我们的经济工作做好，把我们的企业办好，把我们的工业搞上去，怎样对待社会主义的商品生产，如生产资料能不能进入流通领域，这就是新的问题。我们要把企业办好，怎样运用价格，怎样运用财政税收，运用信贷利率，运用工资、奖金等经济杠杆去监督它、促进它，这些问题都需要研究。长期以来，我们搞工业工作的同志有个缺点，就是往往对技术感兴趣，对经济兴趣不大，觉得反正生产出来的东西有人要，没人要，国家把它包下来就是了，所以不讲经济效果，不太懂得怎样按经济规律办事，这是十分危险的。搞经济工作的，搞工业的，办企业的，一定要学习经济理论。几十年来，长期从事工业工作、有一些实践经验的同志更需要学习理论，学习如何用经济方法管理经济。各个地方、各个部门都应该加强对经济问题的研究，包括理论和实践。我们的工业各部都有个研究院，但都是搞技术研究的，没有搞经济研究的，其实经济研究也是我们搞工业的同志的事。搞工业的不去研究经济，这不是盲目地搞工业吗？所以，前些日子在一个座谈会上，我提议各部门要办经济研究所，要研究经济，研究管理，研究如何自觉地按经济规律办事。我们的领导干部要养成读书的习惯，要提倡研究理论的风气，这样才能使我们具有实事求是、理论联系实际的学风。

二、要学习和研究企业管理

企业管理研究班就是要干这件事情，这件事情很重要。管理是一门科学。加强企业管理，是实现四个现代化的重要基础工作。去年到日本考察，一些日本朋友对我们讲：中国引进了大量外国技术装备，这当然很重要，但这只相当于计算机的"硬件"，还必须注意同时引进"软件"，即科学管理。这两个东西缺一不可，就像一辆车上的两个轮子，缺哪一个都不行。他们说，就目前中国的情况，"软件"往往比"硬件"还重要。大家知道，要使我们的管理更科学、更现代化，不努力学习现代管理知识是不行的。北京内燃机总厂学日本质量管理方法，它那一套图表实际上是一套数学方法，拿数学方法、统计方法进行企业管理，没有一定的数学水平和现代管理知识是弄不明白的。我们的企业将来用电子计算机进行管理，不是高不可攀的，不是可望而不可即的事情。在中国，电子计算机用于企业管理只是时间问题。不学习，不提高我们的科学文化知识不行。在这方面我们要学习外国的好经验，要赶上去。当然，外国的经验，需要在总结我们自己经验的基础上去学习。

三、要认真总结我们自己的经验

我们从事社会主义企业管理，有丰富的经验。讲科学管理，国民党没有给我们留下多少东西，建国后我们学习了苏联的经验，第一个五年计划以后，我们又创造了自己的经验，例如"鞍钢宪法"的五条原则和大庆"三老四严"等管理经验。其实我们的经验有一些也是比较先进的，比如我们的"两参一改三结合"，日本人就很感兴趣，他们认为这是一种好方法。还有我们在企业里有群众选举小组长。这些他们都很感兴趣。

我们应该总结自己的经验，把它系统化，搞出符合中国实际的企业管理学来。一句话，总结我们已有的经验，学习外国的好经验，再提出改进我们工作的奋斗目标和方法。总之，通过企业管理研究班的学习，我希望大家都能够做搞好企业管理的促进派，成为企业管理的积极分子，把我们的社会主义企业管理工作大大地提高一步。

学习经济管理理论，做好当前工作[*]

(1979年7月4日)

参加这期研究班的同志，绝大多数是长期搞经济工作、有丰富的实践经验的。大家面对着这些年来经济发展缓慢、企业中的问题成堆成山的情况，心中十分焦急。同志们是带着许多实际问题来研究班的。我们在办研究班的过程中，也强调了要理论联系实际。研究班没有花太多时间去钻理论概念，而是抓住同志们迫切需要解决的实际问题，把自学、听课、小组讨论、全班交流几个教学环节有机地结合起来。教员和学员都以实践是检验真理的唯一标准，实事求是地回顾历史，总结经验，研究问题，从理论上提高认识，找出了许多问题的根源和解决办法。通过学习，对一些重大问题大家感到思想上豁然开朗了，对今后工作的信心也大大增强了。例如，关于计划调节和市场调节相结合的问题，通过讨论，大家的认识比较一致了。正如同志们说的，我国国民经济所以发展缓慢，我们的经济管理、工业管理和企业管理所以问题成堆，一个核心问题就是把社会主义计划经济同市场经济对立起来，没有充分利用价值规律和市场调节的作用。过去，由于受了斯大林理论的影响，总觉得在全民所有制内部不存在商品生产和商品交换，生产资料不是商品，不能运用价值规律；只有在两种不同的所有制形式之间交换的产品才是商品。多年来，在林彪、"四人帮"的影响下，又把商品生产和价值规律同资本主义联系在一起，认为社会主义计划经济和计划调节与商品经济和市场调节是水火不相容的。因此，思想上怕右，生产上怕乱，不敢和商品经济沾边，拼命限制市场调节和价值规律的作用。这就从根本上违背了社会主义经济规律的客观要求，给生产领域和流通领域带来了严重的后果。在生产方面，企业是为计划而生产，为产值而奋斗，不是按需生产，而

---

[*] 这是袁宝华同志在国家经委第二期企业管理研究班结业时的讲话摘要。

是以产定销，社会生产与社会需要脱节，导致货不对路，造成严重积压浪费，限制了商品生产的发展。在交换方面，否定了企业与企业之间是商品交换关系，人为地割断它们之间的经济联系，使社会主义市场极其狭窄，流通渠道经常梗塞，商品交换很不发达。在计划存在缺口的情况下，必然发生采购人员满天飞、以物易物盛行的现象。

大家认识到，在社会主义制度下，大力发展商品生产和商品交换，实行计划调节和市场调节相结合，是经济发展的客观要求，那种把计划调节与市场调节完全对立起来的观点是片面的、错误的、有害的。从这样一个基本认识出发，同志们还进一步研究了我国现行的经济管理体制。大家认为现行的经济管理体制统得太死，如财政是统收统支，商业是统购统销，等等。这样的管理体制虽然曾起过一定的积极作用，但它的弊病越来越明显。它束缚了企业的手脚，阻碍了技术进步和生产发展。因此，体制改革势在必行。而改革经济管理体制的中心，就是承认企业的商品生产者的地位，相应地扩大企业的经营管理权限。

研究班同志还联系实际讨论了加强企业管理、整顿好现有企业和搞好生产等问题。这是十分必要的。因为，我们学习经济理论，探讨客观规律，归根到底还是为了把我们的企业办好，把企业的管理搞好，把企业的生产和各项工作搞好。

同志们就要回到工作岗位上去了。怎样才能使我们学到的理论更好地指导我们的工作？我们目前应当突出抓些什么问题？我想结合工交战线的形势和同志们研究的问题，讲几点意见：

第一，要继续抓好企业整顿，加强企业管理。

目前有三件事要做：一是在三年内，所有企业都要建立起在政治上和业务上都强有力的、有技术专家参加并能真正发挥作用的领导班子，使厂长确实成为统一指挥全厂生产工作的主要行政领导人。二是把建国以来一直行之有效的各项规章制度统统恢复和健全起来，使所有企业从上到下都有明确的岗位责任制度，每项工作都有人负责，建立起合理的、有效率的、文明的生产秩序和工作秩序。同时，根据新时期的经验和要求，陆续制定全国统一的有关企业的各种法规。三是各地区、各部门必须对所属管理不善的企业分别提出限期整顿的具体要求，如果在限期内仍然整顿不好，要坚决改组那些企业的领导班子。凡是因为经营管理不善而长期亏损的企业,都必须限期扭亏为盈,否则就坚决实行停产整顿,政府不给补贴,银行不给贷款。经过整顿,一定要使企业的各项经济技术指标达到和超过本企业的历史最高水平。

整顿企业,关键是整顿好领导班子,特别是配备好几个主要领导干部,这一条绝不能放松。粉碎"四人帮"后两年多来,我们在整顿领导班子上已取得了很大的成绩,清除了资产阶级帮派体系,批判了资产阶级派性,落实了干部政策。但是这项工作还必须继续抓紧。闹资产阶级派性严重的人,绝不能放到领导班子里,否则就后患无穷。至于人浮于事,效率不高,企业领导人员不懂技术、不懂科学管理,更是我们的企业普遍存在的问题。对此,要在现有基础上继续做好调整和提高工作,一方面要加强对现有企业领导人员的培训,另一方面要选择优秀的工程技术人员、熟悉业务的管理干部到企业的主要领导岗位上来。

目前,我们的企业管理存在着不少问题。总的说,就是乱、散、松,和"文化大革命"前比差距很大。山西有个维尼纶厂,国家投资已达1.2亿元,何时投产还遥遥无期。这个厂建厂以来,厂内秩序一直很乱。在一年多时间内,被拿走摸走的东西价值2.5万元。今年3月,又连续发生哄抢事件,被抢去价值3 700元的物资。中共中央为此发出专门文件,尖锐地批评了企业管理上存在的严重问题。文件指出:"过去多年,由于林彪、'四人帮'的严重破坏,加上我们工作中的某些缺点错误,曾经使我们企业管理上的无政府状态达到了顶点,造成了极为严重的恶果。粉碎'四人帮'两年多来,这种状态有了很大改变。但是,这方面的问题仍然不少。今年以来,政治思想工作一度有了削弱,在部分职工中思想有些混乱,从上到下对企业整顿工作有所放松。各部门、各地方的有些领导干部,对企业管理中存在的问题的严重性认识不足,抓而不紧,往往满足于一般号召;极少数受'四人帮'流毒较深的人,甚至隐恶扬善,尽说假话,不向党中央、国务院如实反映情况。有些企业的领导干部以及治安保卫部门的有关领导人员,对这类丢失国家物资和各种严重浪费问题,有的不去抓,有的不敢抓,有的不会抓,有些人甚至完全不负责任,对各种损害国家和人民利益的行为视而不见,听而不闻。这样下去,在许多地方和企业,要开展增产节约运动只能是一句空话,国民经济的调整工作就无法进行。"文件郑重指出:"必须把维护和整顿企业的生产秩序，制止物资和资金的损失和浪费当作整顿企业、加强企业管理的重要一环，首先抓起来，抓实，抓紧，抓好，抓到底。"像山西维尼纶厂的情况，并不是个别的，而是不同程度、相当普遍存在的一个问题。我们的企业再也不能这样下去了。一定要认真抓管理，大胆抓管理，抓出成效来。

第二，要开展增产节约运动。

党中央号召开展增产节约运动以来，工交战线总的形势是好的。不少地区、部门领导亲自动员、部署，深入发动群众，开展劳动竞赛，从节约中求增产，从挖潜中求速度，取得很好的效果。但是，从全国来说，增产节约运动发展是不平衡的，群众发动还不够充分，声势还不够大，效果还不够理想，因此迫切需要再加一把劲。

为了进一步贯彻调整、改革、整顿、提高的方针，把下半年生产搞上去，保证完成和超额完成今年国家计划，国务院已决定于最近召开全国工业交通增产节约工作会议。会议的主要内容是讨论、研究如何深入开展以高产、优质、多品种、低消耗为中心的增产节约运动，着重解决在增产节约运动中怎样更好地贯彻调整、改革、整顿、提高的方针的问题，在调整工交生产、改革管理体制、整顿企业的过程中，提高管理水平、技术水平和生产水平，实现增产节约的目的，求得更好的经济效果。希望同志们回到各地后，注意切实抓好增产节约工作。

第三，职工培训的工作。

目前，工交战线广大干部、职工的文化技术水平和管理水平，与社会主义现代化建设的需要极不相适。吉林省通化地区曾经对重工系统22个企业的书记、厂长进行了一次测验，考题都是普通的常识，如什么叫劳动生产率，什么叫流动资金，测验结果及格的只有3个人。这种情况在全国工交系统中不是个别的。据估计，县团级以上企业领导干部中，熟悉业务、懂得技术的不到1/3。就是这个1/3，其中不少同志，过去在学校学到的知识有些也已经陈旧了，在科学技术突飞猛进的情况下，还需要重新学习。职工群众中的情况如何呢？根据北京市工交系统去年的调查，具有大专文化水平的只占4％，小学和初中文化水平的占77.5％，文盲占1.6％；三级工以下技术水平的占60％。据煤炭部调查，在180万统配矿工人中，中学文化程度的占35.8％，小学文化程度的占48％，文盲占16.2%。林彪、"四人帮"的干扰、破坏造成的干部和技术力量的青黄不接，严重地阻碍着我们向四个现代化进军。经过两期研究班的学习，我们对这一点的认识更加深切了。

  党的十一届三中全会以来，全国各地、各部门普遍加强了干部培训和职工教育工作，举办了各种类型的学校、讲座、研究班、学习班，这方面的形势是很喜人的。但是，据同志们反映，有些单位领导干部对培训人才的重要性至今仍认识不足，常常是"说起来重要，干起来次要，忙起来不要"，这个问题是需要注意的。领导是关键，领导干部的认识对工作能否顺利开展有直接影响。我们要积极地向他们反映情况、做宣传，希望这些同志尽早变被动为主动，尽快把培训工作抓起来。

认真搞好全国第二次"质量月"活动*

（1979年8月11日）

去年10月，国务院在批转国家经委关于产品质量问题的报告中指出："质量不好是最大的浪费，既害国家、又害人民。提高产品质量，既是最好的增产，又是最好的节约，是调整国民经济的一个重要内容，是实现四个现代化的一项基本要求。"实践证明：抓了质量可以带动各方面的工作，可以促进企业管理水平的提高，可以节约大量燃料、电力、材料，可以促进技术进步，可以增加出口，可以避免积压浪费，可以实实在在地增加产量，增加积累。因此，要把提高产品质量作为增产节约运动的重要内容来抓，要在保证质量的条件下，完成和超额完成今年的工业生产计划。

今年9月份是全国第二次"质量月"，通过这次"质量月"活动，要对一年多来整顿和提高产品质量的成果进行大检查、大评比、大检阅。现在，距"质量月"只有20天的时间了。在这段时间里，我们要抓紧办好两件事：第一，要召开全国质量管理小组代表会议，总结交流我国质量管理工作的经验，讨论《工业产品质量管理条例》（简称《条例》），成立中国质量管理协会，把我国的质量管理工作逐步提高到一个新水平；第二，要从全国的优质产品中评选出拔尖过硬的产品，在全国第二次"质量月"广播电视大会上授予金质奖章和银质奖章。

为搞好全国第二次"质量月"活动，必须做好以下几项工作：

第一，各地区、各部门、各企业都要认真制定一个"质量月"活动计划。要动员各方面的力量积极参加"质量月"活动，大张旗鼓地表彰先进，造成一种"生产优质品光荣，粗制滥造可耻"的社会风尚，使"质量第一"的方针真正深入人心。

---

* 这是袁宝华同志在国家经委召开的电话会议上的讲话摘要。

第二，要认真做好优质产品的评选工作。今年申请金质奖和银质奖的优质产品项目很多，这是十分可喜的现象，说明我们的优质产品在增多，质量管理工作有成绩。但是，这是最高质量奖，一定要坚持高标准、严要求，一定要坚持《条例》中规定的四条标准，宁缺毋滥。凡是授奖优质产品，一定要经得住国内外广大用户的考验，因为这是关系我们国家信誉的大问题。送审的优质品，不能是展品、样品或特制品，要附有用户和检验部门的评价、验证以及和国外对比的确切材料。有些产品如果意见不一致，把握还不大，就宁可放一放，工作做充分一点，明年再参加评选。

第三，通过"质量月"活动，企业要真正树立为用户服务的思想，以用户是否满意作为考核产品质量的主要标准。去年第一次"质量月"活动期间，生产部门的各级领导同志亲自站柜台、访问用户，带头背回废品、次品，认真贯彻"包修、包换、包退"原则，受到群众的好评，对提高产品质量起了很大的推动作用。今年要继续开展这些活动。在质量问题上，一定要认真听取用户意见，对用户负责到底。要坚决改掉那种"萝卜快了不洗泥"的粗制滥造的恶习，坚决杜绝那种"货物出门，概不负责"的旧商人的作风。产品不合格，用户不满意，生产企业就是要包修、包换、包退，必要时，还要赔偿经济损失。

第四，要健全和充实质量管理机构。据了解，有些部门和地区的领导同志至今还没有把质量工作放到应有的位置上来，"质量月"来了，抓一阵，"质量月"一过，人走机构散。各部门、各地区要健全和充实质量管理机构，真正把"质量月"活动和常年的质量管理工作紧密结合起来，把产品质量真正搞上去。

第五，认真抓好全面质量管理的试点。推广全面质量管理，是加强企业管理的中心环节，是形势发展的需要，势在必行。各级领导同志都要钻进去，首先要懂得全面质量管理的基本概念和内容。要大力培训骨干，认真搞好试点，不能大轰大嗡。

第六，加强各项技术基础工作。

1. 要对图纸、工艺、工卡量具、计量测试仪器等的整顿工作做一次抽查，没有搞或者走过场的单位，要补课，整顿过了的要提高加强。

2. 必须组织力量制定和修订技术标准。各部门、各地区要有一个切实可行的计划，限期完成。在制定或修订标准时，要广泛听取用户意见，尊重用户要求，保证技术标准的先进性。

3. 各部门、各地区必须加强质量检测机构，充实必要的检测手段。

4. 要普遍加强对职工的技术培训工作。对职工进行技术培训，实际上是能力资源的开发。搞好了，不增加设备、厂房和人员，就可以大幅度提高劳动生产率。在"质量月"活动期间，各地要表扬一批学科学、学技术的先进典型，对少数学习成绩优异、技术进步显著、在生产中有突出贡献的职工，结合各地实际情况，可以提前定级或升级。要掀起一个人人学科学、学技术的热潮。

5. 下大功夫搞好文明生产。在"质量月"活动期间，要求所有企业，结合爱国卫生运动，搞好生产现场和环境卫生，要做到机台、工具、成品排列有序，操作方便，保证产品不碰、不撞，杜绝跑、冒、滴、漏，以保证产品质量、杜绝浪费和保证职工身体健康。

第七，在"质量月"活动期间，各地要表扬、奖励一批坚持原则、严格执行质量检验标准的质量检验员；同时要严肃处理一些在质量上弄虚作假、无理取闹、阻碍质量检验人员正常工作的肇事者。质量检验是把好产品质量关的重要手段，各级生产主管部门和领导同志都要支持质量检验人员的工作，对广大职工要加强社会主义法制教育。对在产品质量上违法乱纪的，要按照党纪国法严肃处理。

关于现有企业的挖潜、革新、改造问题*

(1979年10月7日)

一、全国工业交通企业的现状和问题

我国经过30年的建设，建起了38万多个工交企业（其中：全民所有制工业企业8.4万多个，交通运输企业3.7万多个，集体所有制企业26万个），拥有5 000多万名职工（其中：全民所有制3 500万人，集体所有制1 200多万人，计划外用工近400万人），4 000多亿元的固定资产（其中：全民所有制工业交通企业3 800多亿元，相当于旧中国近百年积累起来的固定资产的20多倍）。1978年，全国工业总产值已达4 230亿元，工业企业提供的利润和税金共843亿元，占国家财政收入总额的75%（建国初期、三年恢复时期为32%，"一五"时期为44%，"二五"时期为57%）。建国以来，全国新建铁路铺轨2.4万多公里，复线铺轨6 000多公里，共3万多公里。除西藏外，各省、自治区、直辖市都通了火车；新修的公路24万多公里，除四川的得荣、西藏的墨脱两个县以外，全国县县都通了汽车。

我国的工业交通事业虽然有了很大的发展，但同一些工业先进国家比较，还有很大差距：（1）工业产品品种少，许多高精尖的关键性设备自己不能制造；（2）不少产品性能差、质量低、消耗高；（3）生产水平、技术水平和管理水平还都相当落后；（4）交通运输也远不能适应国民经济发展的需要。就现有生产技术装备的状况来看，概括起来说，是"基础不小，欠账不少，潜力很大，亟待改造"。

第一，一批老企业设备陈旧，厂房失修严重。"二五"以前形成的近1 100亿元固定资产，由于厂房设备过于陈旧，再不更新，就连简单再生

---

* 这是袁宝华同志在中共中央召开的省、自治区、直辖市第一书记会议上的发言提纲。

产也难以维持下去。

第二,60年代中期以后新建的一批企业,不少是"壳郎猪",需要填平补齐,成龙配套。

第三,不少企业生产工艺、技术装备过于落后,能源和原材料消耗高得惊人,产品质量无法保证。这方面,不仅是许多"小化肥"、"小钢铁",就连"一五"期间建成的156项企业也是如此,如不逐步更新设备,改进工艺,我国现有燃料动力和原材料,实在养活不起38万多个工交企业。

上述问题,如不贯彻先生产、后基建,先挖潜、后新建的方针,不断用先进技术武装现有企业,逐步更新工艺和设备,要在实现四化的道路上大踏步地前进,是不可能的。

二、挖潜、革新、改造的含义及其范畴

"挖潜、革新、改造"(简称"挖、革、改"),作为一个方针,是在1975年《关于加快工业发展的若干问题》(即"工业二十条")文件中首次提出的。粉碎"四人帮"以后,中央在"工业三十条"中,又把"挖潜、革新、改造"专门列为一条。最近,中央和国务院更进一步明确了"先生产、后基建,先挖潜、后新建"的原则。

所谓"挖、革、改",是指企业在现有技术装备基础上,在保证维持简单再生产的前提下,通过采用新技术、新工艺,进行填平补齐,配套成龙,只花少量的资金、设备、材料,就能很快提高产品质量,增加产品品种,扩大生产能力,降低各种消耗,达到综合经济效益的目的。它既不同于生产维修,又不同于基本建设;它同生产维修、基本建设之间,既要适当划分界限,又要结合进行。

企业大、中、小修,只是维持现有技术装备的水平,不增加新的生产能力,不属于"挖、革、改"范畴。但是实际工作中,往往需要结合修理进行必要的工艺改革,大修基金可以同更新改造资金合理结合使用。要坚持小修小改,中修中改,大修大改,这样做有利于在保证维持简单再生产的前提下,不断提高现有设备的生产能力。

基本建设中的全厂性的扩建和技术改造是基建性质的挖潜项目。国

家已规定,全厂性技术改造工程,列入基建计划;在现有技术装备基础上进行的局部性技术改造项目,列入"挖、革、改"措施计划。新建、扩建大中型矿井,即使是为弥补老矿消失产量而建设的,通常都纳入基建计划,而不纳入"挖、革、改"措施计划。

至于科研三项费用①,系由科委系统归口,属于科研性质,不属于"挖、革、改"范畴。

三、认真抓好老企业挖潜,是多快好省迅速发展工业的必由之路

多年来的实践证明,老企业"挖、革、改",由于是利用现有厂房、设备、工艺,能够做到花钱少、收效快,同搞基本建设相比,一般是资金节省2/3,设备、材料节省一半以上,并且用人少,能赢得时间,达到事半功倍的效果。在这方面,各地区、各部门都创造了许多好的做法和经验。

例如:把国内成熟的先进技术尽快地推广应用到老企业的技术改造上去;把引进外国先进技术同老企业技术改造结合起来;结合大修,对现有工艺进行改造,充分挖掘生产潜力;对现有企业进行填平补齐,成龙配套,提高综合生产能力。还有许多企业,对"卡脖子"工序加以改造,也收到立竿见影的效果;结合经济改组,调整工业内部结构,提高生产、技术和管理水平;综合利用,变废为宝,搞好劳保、环保,实现文明生产;等等。

上述典型经验还很多,说明老企业挖潜、革新、改造大有文章可做,关键在于各级党委思想重视,把这件事提到议事日程上来,抓紧抓好。

四、今后一段时期内,老企业"挖、革、改"的重点放在哪里

按照中央关于调整、改革、整顿、提高的方针,针对当前国民经济中存在的问题,"挖、革、改"的重点是:

---

① 新产品试制费、中间试验费、科学研究经费的合称。这三项费用,主要是指国家下达的重要的科研、试制项目所需要的费用,资金由国家拨款。

第一，要在节约能源、压缩烧油、增产煤炭、挖掘电力上下功夫。

能源紧张已经突出地摆在我们的面前。但全国热能利用率只有28%，而工业发达国家一般都在50%以上。工业企业每年放掉的余热，大约相当于5 000万吨标准燃料，而现在利用的只有8%。特别需要指出的是，我国一年才产1亿吨原油，而烧掉的就达3 000多万吨，其中有1 000多万吨是原油。国际市场上原油价格要比原煤贵得多，如果省下1 000万吨原油，改为烧1 500万吨优质原煤，就可多换外汇10亿美元，正如先念同志所说，烧油就是烧外汇。

在燃料、动力的挖潜、革新、改造上，首先要把烧油改烧煤措施抓上去。这项措施，今年可获一定成效，预计压缩烧油200万吨。其次，抓好现有电站的完善配套，大搞余热发电。再次，在有条件的地方，逐步实行集中供热发电，可以大大提高热效率。

第二，在优先发展轻纺工业和手工业上下功夫。

今年国家补助轻工、纺织两部挖潜改造技措费用5.5亿元，这批项目将于今明两年陆续完成，增加产值17亿元，税利6亿元，一年收回本金。

第三，采用新技术，改造老设备，在提高产品质量、增加品种、降低成本等综合效益上下功夫。

第四，在综合利用、环境保护、劳动保护等重点措施上下功夫。

现有企业的治理"三废"，除害兴利，变废为宝，大有文章可做。吉林化工公司，过去污染严重，"十种污水"、"六类废气"，成为环保、劳保的老大难问题。近几年狠抓了"挖、革、改"，共用资金2 572万元，收到显著成效，每年可为国家增加1 400万元。

五、当前存在的问题和改进意见

当前"挖、革、改"工作存在的主要问题是，组织不健全，制度不完善，头绪多，管理乱，战线长，其中突出的是挖潜、革新、改造资金不足，物资渠道不畅通。

建国以来，我国一直沿用苏联当时采用的低折旧的办法。我国工业企业基本折旧率平均仅为3.7%，更新一次需要近30年时间。

世界各工业先进国家，固定资产折旧率多在10％左右。我国的基本折旧率本来就偏低，又往往被挪作他用。这样，用于老企业的更新改造资金就更少了。对"挖、革、改"的物资供应问题更多，以致许多企业一方面厂房设备严重失修，另一方面却有钱花不出去。

为了把企业的挖潜、革新、改造做好，需要注意：

第一，加强领导，明确分工。中央已经把工交企业"挖、革、改"工作交各级经委抓总。各级经委要切实会同同级计委、财政、银行、物资部门，分工合作，把"挖、革、改"工作抓起来。

第二，要按经济规律办事，用经济办法把"挖、革、改"工作搞好。

1. 适当提高基本折旧率。

2. 扩大企业自主权的试点企业，从明年起，基本折旧基金的70％留给企业；30％按隶属关系分别上交企业主管部门和各省、自治区、直辖市经委，由经委商同级计委、财政局安排。

3. 扩大银行贷款范围。用于那些见效快的中小型轻纺等项目，逐步解决吃"大锅饭"，不讲求经济效果的问题。

4. 允许企业把基本折旧基金、大修理基金、企业基金和国家拨款结合起来合理使用。

第三，从实际出发，搞好规划。各地区、各部门，都要像制定生产、基建计划那样，制定挖潜、革新、改造措施计划，作为国民经济计划的一个组成部分，统一下达。

企业的"挖、革、改"计划，要实行领导干部、技术人员和工人"三结合"，充分依靠群众，相信群众，动员群众，提方案，摆措施，发动群众来实现。

第四，保证物资供应。物资部门要按照"先生产、后基建，先挖潜、后新建"的原则，进一步沟通企业基本折旧基金和挖潜、革新、改造措施的物资供应渠道。

在全国工交干部教育工作座谈会上的总结讲话

(1979年10月20日)

同志们：

我们的会议已经开了四天，今天就要结束了。这次会议是在全国工交战线进一步贯彻执行国民经济调整、改革、整顿、提高的方针，进行现代化建设的第一个战役的形势下召开的。会上，大家学习了中央领导同志关于干部教育工作的指示，交流了工作经验，讨论了明后两年干部轮训规划，并对解决当前干部教育工作中存在的主要问题，提出了许多宝贵的意见和建议。会议开得生动活泼，收到了很好的效果。

中央组织部、中央宣传部、国家计委、全国总工会、教育部、财政部、国家劳动总局、国家统计局、中国人民银行的代表参加了我们的会议，给了我们很大支持和帮助，我们向他们表示感谢。

现在，我根据大家讨论的情况，讲几点意见。

一、一年来工交战线干部教育简要情况

工交战线的干部教育工作，是在党中央和国务院的亲切关怀和直接推动下开展起来的。在今年4月的中央工作会议上，华国锋同志指出："缺乏现代科学技术知识，缺乏组织社会化大生产的能力，管理水平和技术水平不高，这是我们实现四个现代化的严重障碍。全党同志，特别是领导同志和经济战线的同志，要努力学技术、学业务，逐步地使自己成为内行。在三年中我们要通过各种形式，把企业一级以上的领导干部普遍进行轮训。"邓小平同志也曾经指出：不搞教育，四个现代化就没有希望，就是一句空谈。培训工人、干部现在就要着手，不然就要吃亏。中央领导同志的一系列指示，极大地推动了工交战线干部教育工作。

国家经委从今年 3 月开始举办了企业管理研究班。在此前后，各省、自治区、直辖市和国务院工交各部、委、总局也都积极创造条件，办起了企业管理研究班和各种专业学习班。据 27 个省、自治区、直辖市和 16 个部、总局的统计，到 9 月底止，举办的企业管理研究班、学习班，总共轮训了干部 161 137 人，其中县团级以上领导干部 33 046 人。国家经委举办的三期企业管理研究班，共轮训了工交战线负责干部 342 人。经过一年的努力，工交战线干部的培训工作已取得了一些经验，积累了一定的教学资料，师资队伍开始组织起来，培训基地正在恢复和建立。可以说，培训干部工作这个车轮已经开动起来了。这一工作普遍受到了广大干部的拥护。参加学习的同志讲："举办企业管理研究班、学习班，反映了广大干部的要求，体现了党对干部的关怀，是实现新长征的重要起步。"

一年来，工交战线的干部教育工作有哪些主要收获呢？

1. 提高了对掌握经济规律的重要性的认识，明确了搞社会主义建设必须按经济规律办事。

在轮训中，各地区、各部门的研究班都把学习社会主义经济理论作为重要内容，并且联系实际，回顾了我国社会主义建设正反两方面的经验教训，普遍提高了认识，深刻感到，经济规律是客观存在，是不以人的意志为转移的。什么时候按照经济规律办事，我们的建设事业就发展；什么时候违背了经济规律，我们的建设事业就会遇到挫折甚至倒退，就要受到经济规律的惩罚。在学习中，大家结合实际，拨乱反正，批判林彪、"四人帮"极左路线对经济工作的干扰，分清了理论是非、路线是非、政策是非。过去，许多同志不敢讲社会主义生产是商品生产，不敢讲利用价值规律，不敢讲按劳分配和利润，不敢讲物质利益原则，把这些统统当成资本主义、修正主义的东西来批判。人们的思想受到很大禁锢。通过学习，理论上弄懂了，精神枷锁打碎了，思想上来了一次大解放。许多同志表示要在实际工作中认真研究经济规律，学会运用经济杠杆、经济办法，把经济工作做好。

2. 提高了对企业管理的重要性的认识，学习了企业管理的基本业务内容。

过去，由于林彪、"四人帮"把抓企业管理作为修正主义的"管、卡、压"来大批特批，使人们不敢讲管理、不敢抓管理，还有不少企业领导同志不学管理、不懂管理。通过学习，大家提高了认识，澄清了是非，消除了余悸，认识到管理是一门科学，它是随着生产力的发展而发展的，生产越是现代化，对管理的要求越严格。搞现代化建设，没有科学的管理，社会化的大生产就组织不好，其经济效果只能是少慢差费。作为一个企业的领导人，在新长征中必须认真学管理、懂管理、抓管理，全面提高管理水平，才能为四化作出新贡献。

学习班把企业管理作为一门主要课程，让学员掌握企业管理的基本业务内容，并且同总结我国建国以来的企业管理经验、推广当前一些先进企业的管理经验结合起来。比如，对于在企业里如何加强党委领导下的厂长负责制，如何实行计划管理、全面的质量管理、全面的经济管理、全员培训，如何搞好"三基"工作、民主管理，以及扩大企业自主权等经验，都进行了有重点的介绍和学习。一些部门还针对本行业的特点，增加了专业管理知识的内容。学员感到切合实际、学了就能用，效果较好。

3. 学习了外国的一些管理经验，开阔了眼界，使改进我国的企业管理有所比较和借鉴。

多年来，我们很少了解国外的发展情况，特别对资本主义工业发达国家的企业管理接触得更少，这对于学习国外的先进经验是很不利的。各地研究班、学习班，都介绍了一些外国企业管理的情况，使大家了解到一些现代企业科学管理的内容，开阔了眼界；也看到了我们同一些工业发达国家在企业管理上的差距。这些国家除重视科学技术的提高外，还有一个非常重要的经验，就是十分重视管理方法的研究和改进。外国有许多组织大生产的科学方法，是在长期的工业化发展过程中积累起来的经验，其中有不少内容，是我们可以学习借鉴的。这对于改进我国的企业管理是非常必要的。

4. 培养了一大批热心于企业管理的积极分子，推动了各方面的实际工作。

各地区、各部门举办的企业管理研究班、学习班，培养了一大批热心于搞好企业管理的积极分子，起了很好的带头作用。不少同志回原单位后，亲自抓干部教育，抓职工培训，抓企业整顿，抓全面质量管理，抓全面经济管理，抓扩大企业自主权试点，收到了很好的效果。各地的研究班、学习班，不少是这些同志回去后亲自动员、亲自组织、亲自讲课，带动起来的。沈阳第三钢厂一位副厂长学完回厂后，向厂领导班子汇报了两天，引起了大家的兴趣和重视，并决定在厂内立即举办企业管理学习班，由这位副厂长亲自讲课。他还亲自动手，建立、健全了全厂的经济活动分析制度，使企业管理大大前进了一步。

一年来，干部教育工作积累了不少经验。江苏、辽宁等省经委，冶金、一机、化工、纺织等部以及北京市纺织局，在会上介绍的经验都是很好的。归纳起来主要有以下几点：

1. 领导重视，亲自动手。干部教育工作能不能搞起来，能不能坚持下去，就看领导是不是重视。凡是对这一工作重视的地区和部门，工作就开展得快。如纺织、一机、化工、冶金、铁道等部举办的厂长学习班，都是由部领导同志亲自听汇报，亲自解决问题，有的还亲自讲课，因而取得了较大的效果。据不完全了解，河南、江西、云南、福建、辽宁、江苏、四川省和广州市经委负责同志，在参加了国家经委第一期企业管理研究班学习回去后，很快就举办了各种类型的研究班、训练班，亲自动员、亲自讲课，收到很好效果。有些地区，省市委领导亲自关怀过问，使开办初期碰到的困难能够顺利克服。有的省委第一书记亲自到研究班讲话、作指示。云南省开始没有师资，省经委副主任亲自讲课，一连讲了十一讲，对普及企业管理知识起了很好的作用。

江苏省领导重视，全面规划，采取多种形式，已轮训县属以上企业领导干部12 000多人，占总数的28%；其中轮训县团级企业以上领导干部620人，占总数的23.5%。在轮训班中，他们组织同行业对口学习，依靠1/3比较熟悉管理业务的干部，总结介绍先进经验，来帮助大多数不熟悉管理业务的干部，对于推动企业整顿、提高企业管理水平起了重要作用。

北京市纺织局，从上到下层层负责，大抓干部培训。局、公司和厂三级分别举办各种形式的培训班，已达370期，参加学习的达20 058人。通过培训，干部队伍的面貌发生很大变化，有些学习成果已在工作中得到运用。

2. 因地制宜，因陋就简，通力合作，调动各方面的积极性，积极创造办学条件。由于林彪、"四人帮"极左路线的长期干扰破坏,干部培训工作停顿了十多年,一旦恢复,困难不少,普遍反映是"三无",即无校舍、无师资、无教材。面对这种情况,各地区、各部门一不等,二不靠,而是因地制宜,因陋就简,调动各方面的积极性,创造条件,把干部教育工作开展起来。化工部利用全国几个大型化工联合企业的有利条件,建立了干部培训基地。一机部同吉林工业大学等六所设有管理专业的高等院校挂钩,在这些院校里设置企业领导干部短训班,解决了培训基地问题。有的地区和部门是在党校、干校或招待所办起了企业管理研究班,一时办不了研究班的就开设定期讲座。江西省在办班时,没有开大会和讲课场所,就因陋就简,自己动手,搭了一个近400平方米的茅棚,既解决了开大会和听课场所问题,又节约了场租费的开支。这种艰苦奋斗的精神是要大大发扬的。

3. 坚持理论联系实际、学以致用的原则,这是办好研究班的一条重要经验。在我们举办第一期企业管理研究班时,康副总理为研究班规定了"解放思想,独立思考,研究问题,总结经验"的方针。这个方针体现了理论联系实际、学以致用的原则。从一些研究班的实践来看,贯彻这个方针的效果是好的。研究班的学员,绝大多数是搞了几十年经济工作的同志,有丰富的实践经验,他们是带着许多实际问题来参加学习的。研究班要帮助他们去探讨和解决这些问题。因此,在课程安排上,针对性要强,要联系实际,突出重点。比如学习社会主义经济理论,不是学习政治经济学的全部内容,而是围绕着怎样把经济搞活和改革经济体制问题,重点学习社会主义经济是不是商品经济,在工业生产中怎样体现价值规律的要求,如何实现计划调节和市场调节的结合,我国经济管理体制的弊病以及改革的方向,如何扩大企业的自主权等内容。这些都是当前经济管理体制改革的重要课题。研究班从理论与实际相结合上去研究和回答这些问题,引起了学员强烈的兴趣,效果也比较好。

在学习方法上,提倡解放思想,独立思考,把学习理论和总结经验结合起来,充分发扬民主,开展自由争辩,在认识上不强求统一,让实践去做结论。这样,学员的思想活跃,心情舒畅,有所得益。

总之,一年来干部教育工作形势是好的。当然,发展还不平衡,还存在不少问题。有的地方对培训干部的重要性认识不足,重视不够,缺乏长远打算。在实际工作中还存在许多具体问题，一时难以解决，比如：许多单位没有固定的培训基地，缺乏适合学员特点、比较系统的教材，师资队伍也不稳定，经费无固定渠道等，影响培训工作的巩固和发展。这些问题我们准备分别轻重缓急，和有关部门协商研究，逐步加以解决。

二、按照1981年以前把工交战线县以上企业领导干部轮训一遍的要求，认真落实规划

这次座谈会，主要任务是制定工交战线明后两年的培训规划。我们要按照党中央、华国锋同志的指示，在1981年以前，把工交战线县以上企业领导干部轮训一遍。最近，全国组织工作座谈会对加强干部培训也提出了具体要求，我们必须认真贯彻落实。这个任务是工交战线贯彻三年调整方针的一个重要组成部分，要像抓工业生产计划，基本建设计划，挖潜、革新、改造规划一样去抓落实。这是硬指标，不是软任务，是必须落实兑现的。

关于干部队伍建设的重要意义，叶剑英同志在建国30周年的重要讲话中已经讲得十分清楚了。它已经成为能不能实现现代化建设的一个重要关键问题，已经成为十分迫切的任务。最近，邓小平同志强调指出："我们需要一些专家、懂行的人，现在不懂行的人太多了，'万金油'干部太多了"，"按经济规律办事，就要培养一批能按经济规律办事的人"[1]。我们工交战线领导干部的状况，概括起来说是：文化水平低，技术水平低，管理水平低，熟悉业务的专业人才少，而且年龄偏大。干部队伍的这种状况同实现四个现代化的政治任务极不相称，已经成为一个突出的矛盾。据不完全的调查，全国县团以上企业领导干部中，熟悉业务、懂技术、懂管理的不到1/3。昆明市工交企业厂一级领导干部中，大学文化程度的仅占4.6%，高中程度的占10.4%，85%是初中或初中以下的文化水平，其中1%是文盲。北京市一个专业公司有12个工厂、2个研究所，副厂长（包括副所长）以上领导干部76人，平均年龄47岁；从大学毕业

---

[1] 《邓小平文选》，2版，第2卷，196页，北京，人民出版社，1994。

生和中专毕业生中提拔的16人，从工人中提拔的29人，剩下的31人是从部队或其他行业转来的。他们中，对本职工作拿得起来的24人，占31.6%；能应付着凑凑合合干的33人，占43.4%；对企业工作基本不懂的19人，占25.0%；真正懂财务管理的只1人，占1.3%。由于技术业务水平低，产品合格率下降时，厂领导不从生产管理中找原因，却把检验科的人骂一通；科研技术工作有分歧意见时，官司打到领导那里，领导无法表态。河北省一个年产3 000吨合成氨的化肥厂，换了八茬领导干部，生产都没搞好，最后选了一名优秀的公社书记去，生产还是上不去，"不是驴不走，就是磨不转，即使驴走了，磨也转了，还是不出化肥面"。原因是领导不懂生产，不会管理。黑龙江省双鸭山市经委对参加学习班的25名厂长进行了一次入学测验，题目都是企业管理方面的普通常识，如什么是成本构成、流动资金，八项技术经济指标有哪些等，测验结果只有6人及格，1人交白卷，平均40分。上述例子，在工交战线不是个别情况，带有一定的普遍性。面对这种现状，我们如果再不引起足够的重视，采用切实有效的措施，尽快加以改变，将要犯极大的错误。

从干部本身来讲，绝大多数人都迫切希望组织上给以培养与提高的机会，以赶上时代的步伐，适应四个现代化的需要。我们的干部队伍，原来的文化基础和业务技术水平就不算高，经过"文化大革命"的十年动乱，"年纪熬大了，思想搞乱了，业务搞丢了，搞现代化不会了"。他们自己很苦恼，群众也着急。他们中蕴藏着极大的学习积极性，国家经委三期研究班每期都有许多年过六十的老同志来参加学习，有的同志行动都不方便了，还孜孜不倦地坚持学习，反映了广大干部为四化努力学习的精神面貌。现有这批干部是当前组织实现四个现代化的领导骨干，其中不适合继续担任领导职务的只是少数。他们的技术业务水平、管理水平如何，直接影响各级领导工作质量，也必然影响下一茬干部的培养。如果我们不抓好现有干部的培养提高，我们就脱离了现有干部基础，就脱离了广大干部群众，作为领导机关来讲，就是失职，党组织就没有尽到应尽的责任。有的同志讲，光批"长官意志"，不去提高"长官"，今后怎么当干部！这个意见不是没有道理的。

从一些发达国家实现现代化的经验来看，这些国家都十分重视人才的培养，对企业经理、厂长的选拔培养是下了很大本钱的。企业领导人经常到培训中心、研究中心去学习进修,大批企业领导人出国考察。他们的职工教育也非常发达。他们把培养人才作为一种资源来开发,日本叫"能力开发",联邦德国叫"头脑资源"的开发。国家把培养高质量的人才作为重大决策,企业把培养高质量的人才作为重要"经营战略"任务之一。我们在经济、技术、管理等方面还是比较落后的,如果不在人才培养方面,从现在开始就作战略部署,花大力气,下大功夫,如何能在20年内赶上或接近世界先进水平呢?但是,这个问题并不是所有领导人都认识到了。有些单位缺乏长远打算,"说起来重要,干起来次要,忙起来不要",舍不得花力量去组织培训,舍不得送得力干部去学习,把生产当成硬任务,把培养人当成软任务,这是一种错误倾向。各级经委、各工业主管部门要改变这种状况。因此希望大家回去,认真抓落实规划,列出轮训企业干部的名单以及实现规划的措施,11月底报国家经委。今后,国家经委每年开会检查一次,做得好的表扬推广,做得不好的批评督促,务必在1981年以前,把县以上企业领导干部轮训一遍,完成党中央、华主席交给我们的任务。下面,我就这个问题提几点意见:

1. 要切实加强组织领导,解决培训工作中的实际问题。工交各部、各级经委(或工交政治部)要有专门机构抓干部和职工的培训工作,并作为一门经常性的业务抓起来,要有一名负责同志参加具体领导。要着手建立永久性的培训基地,如研究班、训练班、干部学校、培训中心等。可以单独办,也可以和党校、高等院校、大型企业合办。总之要因地制宜,利用各种条件,调动各方面的积极性共同办好。要认真解决教材问题,务请中国人民大学在今年内编出供企业领导干部学习用的《工业管理概论》和《企业管理概论》,作为企业管理研究班的教材,并供各地区、各部门轮训干部时参考。研究班的专题报告,将陆续选编,作为教学参考资料出版。各地区、各部门可根据本地区、本行业的特点,编写适合轮训对象需要的教材。要重视师资队伍的建设,可从有一定管理知识和实践经验的技术人员和管理人员中,选拔一些师资,逐步建立起一支少而精的专业教师队伍,并充分发挥兼职教师的作用。要提高现有师资的教学水平,分期分批派他们到我们的企业管理研究班和重点财经院校、工科大学的管理专业去学习进修。还要逐步创造条件,选派少数有培养前途的教师到国外去培训。经费问题,各地区、各部门应根据节约的原则，制定明后两年干部轮训经费预算，首先从已有的渠道解决，没有渠道和不够的，可会同财政部门商定。考虑到干部培训是一件经常性的工作，今后拟同有关部门共同研究，使培训经费有一个固定的渠道。

2. 要把干部的培训和考核结合起来，从明年开始，各种研究班、训练班，要建立考核制度，学习结束时要作出学习评语存入档案。今后提拔企业领导干部要有业务能力的考核，业务能力不够的要先补课，合格后再任命，不要勉强凑合。总之，不懂得现代化要领导现代化是不行的，在这个问题上不下决心，不树一个较高的标准，企业就没有一个坚强有力的火车头，提高三个水平就没有领导核心和组织保证。

3. 积极着手培训一批具有专门知识、技术管理水平较高、年纪较轻的企业领导干部。随着国民经济的发展，企业现代化的程度将日益提高，干部将向专门化方向发展。因此，只有一种短期轮训的形式是不够的。同时，由于中青年干部将大量增加，对他们在技术业务知识、管理知识方面的要求，理应更高一些。今后可以考虑挑选一些人到高等院校去作一年以上的进修学习，系统学习一些专门知识。此外还要挑选一部分年轻优秀的干部到国外去培训，条件是：年龄在45岁以下，具有中专以上的文化程度（其中大多数应是大学毕业水平），工作成绩优秀，有五年以上的实践经验，并初懂一门外语的企业领导干部或中层干部、车间主任。经过短期外语训练后，送到国外企业或学校去培训。现在中国企业管理协会正与国外联系，只要条件合适，即可向国外派遣。第一批已由中国青联出面和日本谈妥，60人左右，准备在今年11月中旬集中学外语，明年4月份派出，在国外学习一年至两年。日本、联邦德国在第二次世界大战后经济恢复时期，都曾派出大批经理、厂长到美国去培训，对恢复本国的经济起了很大的作用。我国第一个五年计划期间，也曾派了不少干部到苏联和东欧国家去学习，效果也是好的。国家经委考虑明年小批试验，取得经验后逐步扩大规模。希望各地、各部门抓紧干部挑选的准备工作，外语语种可先考虑英语、日语、德语。会后由国家经委发个通知，请各单位按通知要求在年底前把出国培训预备人员调查表报上来。各单位还要尽可能利用外贸和技术引进的机会，有计划地挑选一些优秀干部出国培训。此外，我们还准备邀请国外一些企业管理专家、教授学者来国内讲学,或到一些企业去"诊断",帮助改进企业管理。

总之,要千方百计地把培养人才的工作抓起来。这是一切工作的基础,没有一个高质量的人才基础,实现四个现代化只是一句空话。

三、组织各方面的力量,协同配合,抓好工交战线的全员培训工作,努力提高整个职工队伍的文化水平、技术水平和管理水平

目前,工交战线职工队伍的科学文化技术水平同社会主义现代化建设的需要,也是很不适应的。根据26个省、自治区、直辖市在1 808万职工中的调查,初中以下文化程度的占81.4%,其中尚有8.32%的文盲和半文盲。煤炭、林业、轻工等系统,有的单位职工中文盲达10%～15%。技术等级方面,据26个省、自治区、直辖市的调查,平均技术等级为三级左右,三级工以下的占63.15%,技术人员占1.6%。据有的单位调查,管理人员中受过专门训练的只占5%,受过短期训练的占2%,90%以上的人未受过任何训练,很多人连一般的管理知识都不具备,更缺乏现代化企业的管理知识。这种状况正是企业事故多、消耗高、质量差、劳动生产率低、经济效果差的一个主要原因。为了从根本上改变这种状况,我们必须积极配合有关部门认真抓好各级各类的职工教育。最近,全国总工会、教育部都召开了加强职工教育工作的会议,我们都要很好地在企业中组织贯彻会议精神。要实行全员培训的方针,对企业内部的全体人员规定不同的要求,分期分批地进行训练,并逐步建立和健全企业内部的全员培训体系,使人人参加学习,逐年得到提高,以适应四个现代化建设的需要。

1. 职工培训要以现场培训为主,普遍组织业余教育,有条件的要进行脱产培训。最近几年内,应当将"文化大革命"以来参加工作的青年工人作为职工教育的重点对象。对一些技术比较复杂或关键岗位的工人应定期进行脱产培训。对于初中以下文化程度的工人,应以普及初中文化教育和初级技术教育为主。对于已经具有初中毕业文化程度的工人,要进行高中文化和中等专业技术教育,还要积极举办职工高等教育,吸收具有高中毕业文化水平的职工继续学习。对于青壮年职工中的文盲、半文盲,要坚决在1980年底以前扫除。

在工人培训中,首要的是解决技术不合格的工人上岗位的问题。要结合今年的调资工作,按照主管部门颁发的技术等级标准普遍进行考工,既要考理论知识,也要考操作技术,联系平时贡献,择优晋级。凡是技术不合格的要进行培训,争取在明年内全部解决这个问题。今后一些关键技术岗位,要经过考试,取得操作合格证后才能上岗位。企业招收新工人要逐步实行考试,德、智、体全面衡量,择优录用。进厂后要先集中一段时间进行生产操作的基本训练,进行安全规程教育、纪律教育。要指定老工人进行指导,签订师徒合同,实行包教包学。出徒时要经过考核,合格的才能上岗位独立工作。要建立技术考核制度,每年进行一次技术考核,考核的成绩要记入个人档案,作为今后晋级、调资的重要依据。

2. 要加强对基层干部的培训。企业的基层干部,如车间主任、工段长等是生产第一线的指挥者。企业生产第一线的管理水平,很大程度上取决于他们的水平。这些干部必须懂技术、懂业务、懂管理,还要会做人的工作。要分别提出对这些干部的技术业务能力和管理能力的具体要求,由企业负责在三年内轮训一遍。今后,一定要从有实践经验的优秀工人或技术人员中选拔基层干部。目前,有的单位试行基层干部选举制度,建议对候选人进行业务技术能力和管理能力的考核,由广大群众进行评议以后再履行选举手续。

3. 对于现有的工程技术人员也要进行培训。当前要注意抓好中青年技术人员的培训。40岁左右的中年技术人员是骨干技术力量,他们担负着承上启下的重要作用。各地区、各部门要在所属高等工科院校举办研究班、进修班,对他们分期分批进行轮训,争取尽快地培养出一批技术业务专家来。对于"文化大革命"以后毕业的青年技术人员,主要是搞好"补课",使他们能尽快适应技术岗位的工作。要加强外语培训,无论是中年还是青年技术人员都应该掌握一种外国语,能够阅读本专业的外文书刊。今后提拔工程师,规定必须掌握一门外语。各部门要修订工程技术人员等级标准,每年进行一次技术考核。职工中经过高等和中技教育的,也可以申请参加技术人员的考核。考核成绩(包括实际工作成绩)达到哪一级水平,就应给予哪一级的技术职称和待遇。

4. 管理人员的培训很重要。和外国先进水平相比，我国管理方面的差距比技术方面的差距显得更大。管理对企业生产的影响，某种程度上比技术的影响还大。因此从现在起，就要着眼于管理人才的培养。目前，企业中受过专门训练的管理人员很少，而现有的高等和中等专业学校管理专业的学生也很少，短期内满足不了企业发展的需要，必须立足于从在职职工中培养管理人才。各单位要从现有的干部中挑选一批人去学管理，有的可以送到高等学校去进修，有的可以组织短训班进行专门训练。有条件的还可以组织到国外去培训，培养一批精通管理业务的专家。企业管理人员今后要像技术人员那样，确定正式的管理职称，定期进行业务技术考核，促进管理人员钻研业务技术。

5. 为了培养后备人员，各工业部门、各级经委要积极协助和支持教育部门办好理工科大专院校、经济院校、工科中等专业学校和技工学校。各级各类学校都要充分挖掘潜力，积极扩大招生规模，争取多出人才，快出人才，出高质量的人才。要逐年加强学校的基本建设，更新实验仪器设备，逐步实现教学手段的现代化。要努力造就一支又红又专的教师队伍，不断提高教学水平，提高教学质量。为了适应加强企业管理的需要，建议教育部增办经济管理的专业学院，并在现有院校中恢复或增设经济管理专业，扩大经济管理专业研究生的招生规模。有条件的院校要积极筹办干部班，使一批年轻优秀的领导干部能在高等院校得到深造。

这次会议，是工交战线在粉碎"四人帮"以后召开的第一次干部教育会议，是我们贯彻全员培训方针的第一步。由于我们抓得晚，而培训工作又上得快，因此很多工作都来不及准备，这次会议提的要求多，解决问题少，但总算是迈出了第一步。希望大家回去积极落实，有一些实际问题，有的要和有关部门商定，有的要请示国务院。干部教育问题已经日益引起重视，这些问题是会逐步得到解决的。

培养人才要花大力气下大功夫*

（1979年10月24日）

在今后的三年里，我们要通过各种形式，把企业厂级领导干部普遍进行一次轮训，这是党中央给我们的任务。大家知道，缺乏现代科学技术知识，缺乏组织社会化大生产的能力，管理水平和技术水平不高，是难以实现四个现代化的。据统计，全国县以上企业，领导干部熟悉业务、懂技术、懂管理的不到1/3，而文化程度偏低较为普遍。据北京市一个专业公司的调查，全公司14个厂、研单位，副厂（所）长以上的领导干部76人，由于文化业务素质的差异，对本职工作能拿得起来的占31.6%，能够应付或凑凑合合干的占43.4%，对企业工作基本不懂的占25.0%。这种状况如不改善，怎么能适应四个现代化的要求？

从一些工业发达国家经济建设的经验看，这些国家都十分重视人才的培养。他们对企业经理、厂长的选拔和培养都下了很大的本钱。企业的领导人经常被送到培训中心、研究中心去进修，或出国考察。他们的职工教育也非常发达。培养人才也是一种资源开发。日本叫做"能力开发"，联邦德国叫做"头脑资源"的开发。并且把培养高质量的人才作为国家重大的决策，而企业也把培养高质量的人才作为重要的经营战略任务之一。我们在经济技术、管理等方面是比较落后的，如果在人才培养方面不从现在起抓紧战略部署，并花大力气下功夫把人才培养出来，要在20年内赶上和超过世界先进水平是不可能的，这一点我们要充分认识到。我们的研究班是短期的，不是也不可能把政治经济学教科书从头到尾学一遍。主要是提高对掌握经济规律的重要性的认识，真正搞清楚进行社会主义建设如何按经济规律办事。研究班就要在这方面下功夫。

---

* 这是袁宝华同志在国家经委、全国总工会第四期企业管理研究班开学典礼上的讲话摘要。

大家学习的心情很迫切，学习的积极性也很高。下面我想就如何学习讲几点意见：

一、要解放思想

解放思想，归根到底，目的是为了团结全党和全国人民，脚踏实地地有计划有步骤地实现四个现代化，解放思想是为了反对唯心主义，坚持唯物主义，绝不是随心所欲，盲目蛮干。绝不要浮夸，绝不要说假话，说大话，说空话。解放思想，要尊重客观规律，研究客观规律，照客观规律办事。研究客观规律，我想不但要研究整个社会主义建设的普遍规律，还要研究各个方面建设工作的特殊规律；不但要研究我们自己的经验，还要有分析地研究外国的有关经验。要深入研究前进中遇到的新问题，努力探索最有利于发展社会生产力、最有利于提高人民劳动积极性和生活水平的措施，调整和改革我们的经济结构、管理体制和方法。在解决问题的时候要坚持典型调查、解剖麻雀、一切经过试验等行之有效的马克思主义方法，真正做到情况明、决心大、方法对，力求今后少走弯路，不走大的弯路，比较顺利地到达目的地。归结起来就是，我们的政治路线要以思想路线为基础。所以，要办好研究班，很重要的一条就是要解放思想。只有解放思想，才有可能独立思考，只有解放思想、独立思考，才有可能按照实践是检验真理的唯一标准去研究我们经济工作中存在的问题，总结自己的经验。

二、要结合实际

在学习过程中，我们要把理论同实际结合起来，总结自己的经验，拿出自己的办法来。扩大企业自主权已草拟了一个办法，看了也不很满意，打算在提到全国计划会议讨论以前，先拿到研究班上，听听大家的意见。另外，企业管理也要有些章法。"工业三十条"颁发后，一些原则问题明确了，但不具体。所以，国务院提出修改工业企业管理七十条，我们搞了个稿子，已经发下去征求地方和部门的意见，意见也不尽一致。

目前正在酝酿草拟一部"工厂法"或叫"国营工业企业法"①，已有一个初稿，准备也在这次研究班上让大家讨论一下，学习要结合实际，只有密切联系实际，才能提高我们的才干。

三、要突出重点

大家都来自实际工作部门，都有丰富的经验，要解决的问题很多。据了解，参加研究班的同志多数都是搞了二三十年经济工作的老同志，经验都很丰富，带了一些问题来研究班。要想使这些问题都得到解答，看起来也不可能，只能够突出重点，通过学习对一些主要问题有一定的了解，就是很大的收获了。其他一些问题，只要我们掌握了理论武器，掌握了科学方法，以后进一步去研究。搞得多了，也会消化不良。这是三次研究班总结的一条重要教训。

四、要劳逸结合

前三期研究班，学员平均年龄51岁，55岁以上的占1/3，还有些60多岁的老同志。就是年轻一点的同志，学习中也要注意劳逸结合，不要搞得太紧张。

最后，希望经过这一次研究班学习，大家不仅学习经济理论和企业管理思想，使我们自己有所提高，同时对办研究班的必要性和重要性的认识也有所提高。大家回去后要当好"三大员"，即调查研究员、试点员和宣传员。要成为进行干部培训工作的积极分子。要积极宣传，让更多的同志了解这一工作的重要性，把干部培训工作做好。

---

① 即《中华人民共和国全民所有制工业企业法》，1988年4月13日第七届全国人民代表大会第一次会议通过。全文共8章69条，自1988年8月1日起施行。

根据我国资源特点，搞好铁矿地质工作*

(1979年12月29日)

一、四年来铁矿地质工作会战取得了很大的成绩

关于四年来铁矿地质工作会战的情况，有关同志已经讲了很好的意见。据统计，参加会战的野外地质队伍在高峰时达到十多万人，开动钻机1 200多台，有几十个地质研究单位和大专院校共两三千科技人员投入铁矿科研工作，会战区由原来的12片发展到24片。这样大规模的在全国范围内展开的富铁矿会战，是建国以来所未有的。对于富矿会战的成绩，应当有足够的估价。对于广大干部、科技人员和工人群众的辛勤劳动和作出的贡献，必须充分加以肯定。

首先，富矿会战带动了整个铁矿地质工作，使探明储量大幅度增长。四年新增储量85亿吨，普查评价了一批有远景的铁矿，勘探或补充勘探了20多个储量在亿吨以上可供建设利用的铁矿，这就为矿山建设准备了后备的资源。

第二，对我国铁矿资源的远景、特点和矿床成因有了更多的了解，多方面丰富了我国铁矿地质成矿理论的研究内容。在会战中，通过对我国铁矿区域地质成矿条件、成矿物质来源和铁矿形成、分布与富集规律的研究，我们进一步认识到我国铁矿区域地质成矿条件多种多样，矿床类型种类繁多，矿床成因极其复杂等情况。这一方面说明我国有多种成因类型的铁矿存在，铁矿资源是丰富的，找铁矿有广阔的前景；另一方面又告诉我们，找到具有重大经济意义的铁矿是不容易的，必须做艰苦细致的多方面的研究工作才能取得新的地质成果。

第三，富矿会战调动了地质、科研、教学单位的极大热忱，开展了

---

* 这是袁宝华同志在全国铁矿科学讨论会上的讲话摘要。

多学科、多兵种的协同作战，促进了新技术、新方法在地质工作中的应用。特别是近几年来广泛开展的资源卫星照片和航空遥感资料的判读解释工作，各种物化探综合方法的应用，电子计算机处理，同位素年龄测定，以及稳定同位素、包裹体和成矿成岩模拟实验研究工作等等，紧密配合普查勘探，从宏观和微观的结合上大大深化了对于地质规律、成矿地质背景的认识，促进了一些老大难问题的解决，不但提高了地质工作的质量，繁荣了以往较有基础的领域的研究，而且发展了一些新的地学边缘学科。

第四，通过富矿会战和科学研究，把从实践中获得的大量的第一性资料，经过分析和综合，从中找出规律性和特点，作出理论上的说明，这就为确定下一步可能的工作远景区，进一步明确今后铁矿地质工作的主攻方向和重点，提供了多方面可供选择的意见。这既是这次会议所要解决的问题，又是我们开展铁矿科研工作取得的另一个成果。

几年来铁矿地质工作会战所取得的各项成果表明，富矿会战的成绩是主要的。当然，在肯定富矿会战成绩的同时，应当看到我们工作中的缺点和问题。由于对我国铁矿地质条件的复杂性、找富矿的艰巨性认识不足，对国外已知的一些大富铁矿的成矿规律也没有摸透，因而，在组织富矿会战时，从钢铁工业的发展需要上要求得多，对地质条件的可能性估计不足，有利的条件看得多，不利的因素估计不足，从而根据需要提出了过急的要求，再加上执行中没有完全按地质工作规律和正常的工作程序办事，有些战区出现了一哄而上的情况，有的在没有取得应有的地质成果时则又急于撤下来，造成了不必要的损失。所有这些都应当由我们领导上来承担，从中吸取教训，引以为戒。

二、地质工作在国民经济调整中要作出新贡献

我们的国家，已经进入了社会主义现代化建设的新时期。团结全党和全国人民，调动一切积极因素，同心同德，努力实现四个现代化，是今后相当长时期内全国人民压倒一切的政治任务。为实现这一任务，党中央决定，用三年时间，对国民经济进行调整、改革、整顿、提高。地质工作也要和其他战线一样，认真执行调整的方针，在调整中整顿，在调整中改革，在调整中提高，把内部各种比例关系调整好，把队伍整顿

建设好，使之适应国民经济的发展需要。

建国30年来，我国地质工作取得了很大成绩。地质调查研究程度大大提高。全国地质队伍已发展到近百万人，包括石油勘探在内，每年的地质事业费和基建投资40多亿元，是一支很强大的力量。我国探明储量的矿产已达130多种，成为世界上已知矿种配套比较齐全的少数国家之一，有的矿产储量已居于世界前列。但是整个地质工作的成果，还不能满足社会主义现代化建设发展的需要。同科学技术先进的国家相比，我们的地质研究程度还不高；社会主义现代化建设所需的资源还有许多问题有待解决；我们的基础地质理论还有待提高；我们拥有的地质技术装备和使用的技术方法还相当落后；整个地质队伍的管理水平还相当低，要花大力气进行整顿。我们还应当看到，从整个社会主义现代化的进程来说，地质工作不仅要为四个现代化提供资源保证，而且要考虑外贸出口，为国家创汇，把这个因素考虑进去，差距就更大了。

上述情况表明，地质工作面临的任务是艰巨的。地质工作是国民经济中的一项基础工作。发展国民经济，地质工作必须先行。实现四个现代化，国家要求我们提供多种优质矿产资源，要提前一个到两个五年计划把建设所需要的资源勘探清楚，但找矿难度越来越大，这就是矛盾。调整时期是地质工作抢时间、做好先行的好时机，它要为调整结束后基础工业大上做好资源准备，因而在工作部署上一定要瞻前顾后，看到今后的发展。既要保证当前矿山简单再生产，更要着眼于长远建设需要；既要首先把能源地质工作安排好，又要发挥我们的资源优势，把冶金、化工、建材和轻工用的资源的普查勘探工作搞上去；既要重点抓矿产地质，又要重视水文与工程地质工作，把它摆到重要的位置；既要始终注意加强地质科研、区域地质调查和矿产普查，又要抓重点项目的勘探。总之，要统筹兼顾，全面安排，该上的上，该下的下，使地质工作真正做到先行。

三、要按照地质条件调整铁矿工作部署，在有远景的地区继续加强铁矿的地质科研和地质找矿工作

根据钢铁工业的发展规划和我国铁矿地质条件，为了促进地质矿产和地质科研工作的全面发展，调整一下铁矿地质与科研的部署，压缩部分铁矿勘探力量转做其他矿产，是完全必要的。地质工作的部署要根据国家需要，按地质规律办事，注意充分发挥我国的资源优势。有限的勘探力量要部署在成矿条件最有利的地区，详细勘探的应是国家近期安排建设的项目。要继续加强铁矿基础地质工作，重视基础理论研究，抓紧进行成矿预测，真正做到科研先行。在调整地质勘探力量到地质找矿方面的同时，必须保持和稳定一批地质科研力量，深入下去，持之以恒，抓住国内外典型的矿床实例，下苦功夫深入研究和对比分析，理论和实践结合，把成矿条件和特点搞清楚，作出成矿预测并指出可能的成矿远景区，从理论上指导找矿的实践。要通过对铁矿成矿理论和几种主要类型铁矿的研究，不断丰富和发展中国自己的矿床学，在理论上有新的发展。为此目的，野外地质队也要十分重视并广泛开展科学研究工作。对正在按规划进行工作的富铁矿地质科研项目，要继续把工作搞完，拿出科研成果来，交由上级主管部门审定。

　　从我国铁矿资源特点出发，在铁矿地质工作中一定要坚持贫富兼顾、贫中找富、找富矿和找大型易采易选铁矿并重的方针。这是我们以往行之有效的做法，也是在当前资源条件下必须采取的资源政策。经过30年的地质调查，我们对我国的地质规律和资源特点已经有了更多的了解，在铁矿方面经过这几年的地质会战，对有远景的矿床类型和成矿远景区也有了新的认识。富矿和贫矿都要搞，因为贫、富矿的概念是相对的。有些矿品位高但埋藏深、有害杂质多，同样要经过选矿处理，而鞍山式易采易选的大贫矿，每吨精矿成本不过30元左右，比进口富矿便宜得多，经过烧结同样成了高品位富矿。首钢炼铁生产现在很主动，不少技术经济指标在全国领先，这与开发了迁安大型易采易选贫矿提供的优质原料是分不开的，这也从一个方面说明了我们在铁矿地质工作中采取上述贫富并重的方针的正确性。

　　要立足于我国铁矿资源的特点，下决心花大力气，把资源综合利用的工作搞上去。目前我国许多部门有相当雄厚的选冶力量，但选矿工作在当前仍是一个薄弱环节。从我国铁矿难选矿和共生矿比重大的特点出发，在努力找富矿的同时，也要抓住贫矿的选矿工作，走人造富矿的路子，提高入炉铁矿品位，降低能源消耗。这就不仅要研究解决磁选、电选、重选、浮选等工艺流程问题，还要研制新的选矿药剂和优质选矿设备，同时地质部门和采掘工业部门要合理分工，各有侧重而又互相衔接，共同把这项工作组织好，以进一步形成立足于我国资源特点的采掘工业体系。

要根据我国的资源特点，研究制定出一套资源勘探技术经济政策。在勘探施工中一定要讲求经济效果。地质勘探、矿山设计、矿山开发部门，在工作中要紧密配合，从矿区进入详细勘探时就要实行三结合，使勘探工程的部署既符合设计要求又最经济节约，尽量减少不必要的工作量，努力缩短勘探周期。在执行规范时，要从实际出发，做到符合设计要求，既要按规范进行工作，又要考虑矿床实际，不为规范所束缚。有的同志主张探矿部门和开采部门对于探矿过程中的花费，今后应研究出合理的计价制度，勘探费不能永远是报销制，这个意见是应当考虑的，是符合按经济规律办事的精神的。

要下决心把地质队伍整顿和建设好。要进一步加强党对地质工作的领导。各级领导班子中，要按照党中央提出的标准，把符合条件的优秀的中青年科技人员提拔到领导岗位上来，并且使他们有职有责有权。要继续解放思想，落实党的各项政策，特别是党对知识分子的政策。在地质工作中一定要充分发挥地质专家的作用。在科技人员之间，我们要提倡学术民主，开展不同学派、不同观点之间的自由讨论，实行百家争鸣。同时作为一个科学技术工作者，要尊重事实，坚持真理，学派之间要取长补短，共同促进地质科学的发展。要十分重视人才的培养，我们这样一个大国，面临巨大的地质调查任务，我们需要通过地质工作的实践和加强对职工的培训，造就出一大批各方面的地质专家和具有国际水平的地质科研队伍，进一步提高整个地质工作的科学技术水平。在这方面，老一辈地质学家要搞好传帮带，年青一代的地质工作者要努力奋斗，在工作中发挥骨干作用，勇挑重担。

美国经济管理考察报告*

(1979年12月)

国家经济委员会访美代表团应美中贸易全国委员会的邀请，于1979年11月5日至12月6日访问了美国，引起美国政界、经济界和学术界的重视，受到美国人民、美籍华人和旅美侨胞（包括台湾同胞）以及有关方面的热情接待。

此次考察，以美国经济管理、工业管理和企业管理为重点，分别访问了一些政府机构、工交企业、银行、研究机构、咨询公司和管理协会。会见了一些老朋友，结识了许多新朋友，与不少华裔、侨胞进行了亲切的交谈，对增进两国人民的了解和友谊，发展双方的经济技术合作关系，起了积极的作用。

通过这次考察，我们对美国的经济管理有了进一步的认识。

近年来，美国经济增长率有下降的趋势，但是，美国国民生产总值1978年已近2.1万亿美元，按人口平均近1万美元。美国国民生产总值每年增长的绝对额是相当庞大的，预计1979年将比1978年增长1000多亿美元。

美国具有得天独厚的地理条件，土地肥沃，矿产和人力资源丰富，森林覆盖面积大。发展经济的主要资源基本上能立足国内。美国虽然对外国石油的依赖日益增加，1978年进口石油已占美国石油总消费量的46%，但是他们为保护国内石油资源，在控制开采的情况下，仍生产石油4.3亿吨，能满足国内消耗的一半以上。美国总能源自给率达80%左右，而日本则90%依靠进口。

农业发达，生产率高。农产品不仅能满足国内需要，而且能大量出口。强大的农业使美国发展工业和其他行业免除了后顾之忧。

---

* 这是袁宝华同志根据李先念副总理的指示，率国家经委代表团赴美国考察回来后给国务院写的报告。

美国不仅有传统的、强大的所谓经济发展的三大支柱，即钢铁、汽车和建筑业，而且在战后又发展起一批新兴的工业部门，特别是宇航、大型计算机、飞机制造业、石油和石油化工等，在国际上遥遥领先。

有庞大的国内市场和国际市场。国内市场销售的产品占80%左右。

生产的组织和管理较好，生产设备先进，科研技术力量强大，有完备的、成体系的研究发展机构。1978年美国各种专业技术人员达1370万人，比1958年增长97%，平均7个就业人员中，就有一个专业技术人员。现在大学里攻读管理硕士、博士学位的研究生就有10万人。

美国在财富积聚和生活富裕方面，都显著地高于日本。但是美国经济目前存在一系列的困难：

通货膨胀的势头不断加剧。1978年通货膨胀率为9%。美钞已比12年前贬值45%。据美国总统经济顾问委员会的一位委员讲，当前美国经济处于进退两难的境地，如果进一步增加投资，增加生产，增加就业，会使通货膨胀更加严重；如果控制通货膨胀，紧缩银根，又会出现经济衰退。

失业率在上升。随着经济衰退，1978年失业人数已达605万人，占有就业要求人口的6.1%，大大高于日本的2.3%、联邦德国的3.8%，也高于美、日、联邦德国、英、法、加拿大、意大利7国的平均数5.1%。美国经济专家预计，到明年年底失业率将进一步上升到8%，失业人数将达到800多万人。

贸易逆差很大。1978年进出口贸易逆差394亿美元，今年略有缩小，但仅第三季度仍达70亿美元。

生产工人老化。我们参观的一些企业，生产工人的平均年龄高达45岁以上，从长远的观点看，这对美国经济发展极为不利。出现这种情况的原因，主要是青年人缺乏技术和经验，企业宁愿雇用中年人；政府取消了65岁强制退休的法令，在业工人中年纪大的人增加了；美国人口自然增长率已降低到6‰左右，青年人在人口构成中的比重减少了。

浪费性消费盛行。我们看到，他们在生产上精打细算，讲求经济，节约时间；而在生活消费上，既大量浪费物质财富，又大量浪费时间。能源浪费惊人，摩天大楼夜晚室内无人而灯火通明，正是"华灯万盏照空壁"。猫食、狗食消费一年竟达20亿美元。

美国政府、公司和家庭债台高筑。据统计，1978年美国家庭债务已达12 337亿美元之巨，平均每个美国人有近6 000美元的债务。美国企业也都互有债务，1978年达1.3万亿美元。各级政府债务已超过9 000亿美元，接近于联邦政府两年的财政收入。

对美国经济的前景，美国学术界有各种各样的看法。有些经济学家认为，美国经济已经"老化"，今后将陷入长期的低增长或不增长状态，失业率将继续上升。也有的经济学家认为，美国经济将继续增长到80年代中期，到那时才会发生"轻微的衰退"。美国《商业周刊》的负责人在和我们座谈时说：美国面临经济上的衰退，这个趋势是不可逆转的，但还没有达到灾难性的地步；美国经济是有弹性的，在走下坡路的过程中，有时还会复苏和发展。

随着资本主义世界经济危机的蔓延和发展，资本主义各国过剩的资金、技术和产品日益增多，美国政府和工商界的许多人士，都以急迫的心情发展对外贸易和经济技术合作。

现将我们考察的几个主要问题介绍如下：

一、关于企业管理

这次我们考察了美国福特汽车公司、通用电气公司、洛克希德飞机公司、柏克德工程公司、西艺内燃机工程公司、西屋电气公司、超群石油公司、孟山都化学工业公司、可口可乐公司、里维服装公司等一批大企业，也看了几个中小企业，对美国企业管理有了一个粗略的了解。

（一）企业的组织机构

美国公司的最高权力机构是董事会。董事都是本公司的股票持有者，但股票多寡不同。在董事中必须有一部分人不在本公司工作，以便客观地沟通情况和监督企业。董事会一般一个月开一次例会，特殊情况下董事长可临时召开。董事会讨论并决定经营方针，决定重大的财务和人事问题。在董事会闭会期间，由总裁和副总裁领导企业工作。副总裁中有若干名执行副总裁，分管有关业务。总裁和执行副总裁一般都是董事会成员。各分公司的总经理和副总经理，负责分公司的全部经营活动，他们直接向有关的执行副总裁请示报告工作。分公司所属的工厂，只负责按下达的计划组织生产,进行成本核算。

总公司和分公司的权限和经济关系,是划分得很清楚的。以洛克希德飞机公司为例,总公司下属飞机制造、宇航火箭、电子、空中管制、海下石油等8个分公司,现有职工6.2万人,1978年销售额35亿美元。他们总的管理原则是"分散式的作业,集中式的控制和协调"。各分公司都在总公司的统一规划、政策、管理下,进行独立经营。总公司负责控制财务预算,分配资金和人员,处理公司与银行的关系,统一管理职工的级别、待遇、加薪和保险。分公司是利润、投资的中心,独立核算,自负盈亏,在总公司的预算范围内,有完全的经营和作业权,可以自行购买设备和物资,确定自己的科研发展项目,独立接受国内外订货单,向海外推销自己的产品,并自行向政府缴纳税款。总公司评价分公司的成绩,只看利润。分公司的全部利润都要上缴,由总公司进行调剂和分配,一时赔钱的分公司由总公司给予财政支援。分公司的财务预算,要由总公司审批。总公司制定预算时要与分公司商量。总公司不接受订货单,但各分公司的新产品生产,要经总公司批准。总公司在国外设13个办事处和100多个服务点,供分公司在国外推销产品时使用。谈到总公司和分公司的关系,洛克希德公司负责人形象地比喻说:"总公司给8个分公司画了8个圆圈,在圆圈内,由分公司自己决定去填写什么。"他们的这些做法,适应了商品经济发展的需要,赋予了分公司独立商品生产者的权限。这样,就能使分公司在总公司统一政策和预算的控制下,充分发挥自己的主动性、灵活性和创造性,各显神通。

美国在企业管理方面,近年来新出现了一种组织机构,他们叫做"战略计划经营单位"(SBU)。美国通用电气公司在总裁、副总裁的领导下,设立了发电系统、蒸汽透平、燃气透平、中型工业燃气透平、电力传送、消费品等六个生产经营部门,每一部门下又设立七八个战略计划经营单位。每一个SBU管理若干分公司或工厂。SBU负责制定多种产品的战略目标计划,包括市场预测、新产品的设计和试制、价格、利润、销售量、老产品的革新、提高劳动生产率、降低成本、技术改造和科研。这些计划经总裁批准后实施。美国人说,SBU与日本的事业部不同,事业部是以产品为中心的组织,SBU是以经营为中心的组织,它是关键性的经营和核算单位,负责向总公司上缴利润和向政府交税。通用电气公司一个家用电器SBU，在国内管三个家用电器厂，其中一个专门生产有塑料壳的电器，一个生产带马达的电器，一个生产电熨斗。有些轻便、用工多的零部件，在东南亚的工厂生产，运回装配。这样，不仅工厂能集中力量组织生产，而且大大提高了家用电器的质量和市场竞争力。在各个SBU之间，在SBU所属各分公司之间，在分公司所属各工厂之间，都严格实行经济核算制，供产销都按经济合同办事，如果产品质量不好或成本过高，各自有权向外公司采购而不受任何限制。

各级组织及其负责人，分工明确，各负其责，工作有条不紊，效率很高。如"天美时"手表公司的总裁，只负责执行董事会的决定，管理公司的经营方针、分公司以上负责人的考核和预算控制，其他事务由各级分管。他只听取六个有关方面负责人的汇报。每天的工作都能在当天8小时内处理完毕。他说："公司领导人如果还要把工作带回家去，那就是不称职的。"福特汽车公司专门制定了公司职员的职权手册，明确规定各级负责人的职权范围，总裁可批准500万美元以内的开支，执行副总裁可批准150万美元以内的开支；总裁只听取下属7个负责人的报告，工厂厂长只听取4～7人的报告。他们认为，这样有利于提高效率，避免责任不清。

美国各大公司的组织机构是互有差异的。一般说，组织机构的设置，是根据经济条件的变化、业务的发展和市场的需要来考虑的。从历史上看，在本世纪20年代前，他们在公司内部一般采用集权的管理体制，即所谓职能管理结构，各级都设立相同的职能单位，上下对口，许多问题都由总公司决断。后来，随着企业规模不断扩大，领导层次越来越多，工艺技术日益复杂，产品种类不断增加，单纯采用集权的管理体制，已不能适应生产发展的要求。于是，许多公司逐渐改为分权的事业部管理体制，产品设计、原材料采购、产品的制造和销售、利润核算等，全由事业部独立经营。近年来，有些公司又在事业部的基础上，发展成为"战略计划经营单位"。目前，实行分权管理体制的公司，已占美国公司总数的90%以上。采用分权的管理体制，大大加强了企业的灵活性，提高了经济效果。美国企业领导人很强调组织结构的重要性，美国钢铁公司已故的创始人卡内基曾说过："将我所有的工厂、设备、市场、资金全夺去，只要保留我的组织、人员，4年以后，我仍将是一个钢铁大王。"

（二）企业的经营战略计划

美国一些大公司，都制定长远的战略计划。除了年度计划之外，都有 5 年计划，甚至到本世纪末的计划。他们的 5 年计划，不是分段式地编制，每 5 年编一次；而是连续性地编制，每年都要编 5 年计划，执行一年再加一年，每个年度计划都直接成为 5 年计划的组成部分。这样就不存在上一个五年计划与下一个五年计划的衔接问题。他们说，这种计划编制方法，有利于连贯地、一步一步地实现公司的战略目标。

公司制定战略计划包括哪些主要内容呢？据孟山都化学工业公司介绍，包括以下三个内容：一是"股东的目标"，即股票持有者对公司经营管理成果的要求，使股票价值长期保持出色的增长，超过其他几家大的竞争者。二是"社会责任目标"，即经营业务要对社会法律和道德负责，如环境保护、职工安全、产品品质、能源节约、教育基金、社会救济等。三是"劳资关系目标"，即通过提高工资福利水平，改善劳资关系，使劳资双方都能发挥自己的潜力，鼓励员工积极参加企业管理。

战略计划建立在对国内外市场的深入研究和科学预测的基础上，也考虑新技术的发展和产品周期。有的公司认为，"公司的成功在于对市场需要的了解"，"客观地取得第一手的市场资料，是做出正确决定的关键"。有的公司以薄利多销、组织的灵活性和经营的多样性，来适应市场的需要。各大公司都认真研究每一种产品的使用寿命、市场饱和程度和消费者新的需要。比如，美国通用电气公司鉴于普通小型计算机在国内已经饱和，就大量缩减生产，而增加多种用途计算机的生产，保证了生产的发展和利润的增加。福特汽车公司根据市场调查、能源危机和对消费者心理的分析，现在已经生产出 80 年代的林肯牌豪华型汽车，耗油量比过去减少一半，又适应了美国人喜欢大型轿车的习惯。

据对美国六个大公司的调查，他们成功的技术革新和新产品，60%～80% 是来自用户的建议，或者吸取了用户在使用中的改革。因此，美国各大公司都配备了大量的市场情报人员、为用户服务人员和推销人员。我们参观的门罗计算器公司共有 4 000 人，其中制造工人只有 300 人，推销人员 1 200 人，售后服务人员 1 500 人，设计研究人员 500 人。美国公司推销产品的形式是多种多样的，主要有固定客户订货、批发商订货，有的自己也推销一部分产品，在自销产品中赊销占很大比重。如通用电气公司家用电器工厂的赊销产品占到一半以上,为此他们专门设立了信用部。

目前,美国公司战略发展的研究和预测,已经扩展到经济领域以外,包括研究政治环境和社会环境的变化,以避免意料不到的非经济因素影响企业的利润。

美国各公司每年都要根据政府的规定发表年报,向政府和股票持有者公布一年计划的执行情况和经营结果,同时与过去10年的经营情况进行对比。从福特汽车公司、通用电气公司和超群石油公司的年报看,主要内容包括:投资、销售额、成本、总收入、净收入、短期长期贷款、流动资金、股票增值、每股股息、毛利率和纯利率、经营状况和财务状况的回顾,并列出资产负债表。这些内容也反映了资本家在经营管理上最关心的一些问题。

(三) 企业的研究发展

美国公司在研究新技术、创制新产品和基础理论研究方面,比日本投入的人力和资金更多,1978年各公司用于研究发展的费用,总数达150亿美元。我们所到的公司,都有研究发展中心,有先进的仪器设备和大批的专家,用于研究发展的费用,一般占总销售额的3%～5%,有的更高,如通用电气公司1978年总销售额为196亿美元,研究发展费用为12.7亿美元,占6.5%。

为了适应市场的需要,获取利润,各公司都十分重视新产品的研制。在我们访问时,通用电气公司拥有的技术专利已达5万项。罗切斯特家用电器厂生产的家用电器,产品周期为3个月。他们有一套严格的新产品设计试制程序,首先研究技术的可行性和价格的适应性,并召集有技术人员、财务管理人员、市场推销人员和用户参加的会议,进行讨论。在这个基础上,再召集有关专业人员会议,着重研究本厂原有设备与生产新产品是否适应,还需增加什么设备,即生产的可行性、安全性和质量保证。通过上述两个程序,再审定设计图纸,并把图纸交给生产部门,由生产部门生产出样机,鉴定合格后,组织中间试验性生产,以考核新设备的运转情况、工艺过程是否合理。同时把新产品送到用户手中试用,并根据市场竞争情况标出价格,广泛听取用户反映。再经最后审核,才组织批量生产。他们通过这样严格、周密的程序,使新产品创制的成功率达到90%以上。他们从每100个新设计的产品中,只筛选出6个投入生产。由于他们有强大的技术后方,一种新产品刚试制,另一种新产品就开始设计了。

美国公司都把提高产品质量作为研究发展的重要内容之一。除了研究改进产品质量的工艺技术外,有的公司还成立了由管理采购、制造、市场等有关的副总裁组成的高级的质量管理委员会,每月开一次会,专门研究国内外市场对本公司产品质量的反映和要求以及采取的对策,及时作出决定。至于生产过程中的质量控制,他们在生产的各个环节、各道工序上,一般都用现代化的测试仪器进行检验,从设计、制造、销售到技术服务,都实行全面的质量管理,并已形成一套完整的体系。因此,美国产品的质量在国内外市场上的信誉较高。

(四)企业的职工培训

美国公司在培训人才上,比日本更舍得花本钱。在考察过程中,许多企业的领导人,一再向我们强调培养人才的重要性。门罗计算器公司的总裁说:"我们公司最宝贵的是人,推销比制造重要,培训比推销更重要。"通用电气公司的副总裁说:"我们的成功在于有高质量的职工。"美国钢铁公司的口号是"最好的人才,最好的培训,最好的待遇"。我们到过的各大公司,都设有比日本更加完善的培训中心,包括全套的录像、电视、电影、录音等电化教学设备。培训的形式有业余学习、脱产学习、现场学习和送大学培养。福特汽车公司采取业余培训办法,用三年半时间把普通工人培养为熟练的技术工人,其中一年时间上技术课,每天两个小时,要学完16个科目;两年半时间在工厂实习,担负一定任务。学完三个科目的,可以得到相当于90个小时工资的奖励,工厂实习达到1 000小时的,可以提高工资。毕业后,考核合格,就是技术工人,并可再进修成为工长或工程师。福特公司现有经培训毕业的技工2.45万名,其中35%都升到管理职位,该公司一名退休的副总裁和训练部负责人,都是工人出身。这种训练制度,对福特公司的发展起了重要作用。洛克希德公司选择有培养前途的技术人员,送到大学攻读博士学位,工资照发,毕业后一般回本单位工作。

美国公司在培养人才方面,与日本相比,有一个显著的特点,就是不仅重视培养本公司的职员,而且为用户和协作厂培训人才,以便更有效地推销自己的产品。可口可乐公司有一个面积一万平方英尺、设施完善的培训中心，专门用以培训分布在130个国家的700个装瓶加工厂商的有关人员，还特地编制了一套装瓶厂管理、推销和技术方面的教材，1979年已培训了2 600人，全部免费。安德信会计公司的培训中心，建筑面积达3.65万平方米，有600个床位，50个不同的教室，全套的电视、录像设备，还有电脑操作训练。他们既为本公司培训职员，也为用户培训管理人员，按每期20天计算，一年可以培训4 000人。NCR电子公司，在自己的培训中心专辟出一部分设施，为购买该公司生产的大型计算机的用户免费培训操作人员。该公司负责人认为，不这样做，用户购买贵重的大型计算机就有顾虑，或者买回去不会用，造成损坏，对用户不利，对推销产品也不利。

美国公司培训人才的另一个特点，是强调紧密联系实际，强调实用。教员绝大多数是本公司最有实际经验的技术人员和管理人员，也在外面请一些专家、教授。教材大多是培训中心根据培训需要自己编写的。我们参观普强医药公司的培训中心时看到，他们为了帮助推销人员提高业务能力，专门把推销员向医生推销新药品时的谈话，用录像机录制下来，再放给推销人员看，研究他的表达方式和表情，以求在推销产品时收到最好的效果。新建的杰弗瑞发电站，有两台70万千瓦的发电机组，全部自动化控制，为使工人熟练地掌握自动化控制系统，专门做了全套的实物模型，并用电子仪器控制24个常见的事故，帮助工人练习排除故障。他们介绍，工人要经过两年的训练，才能全面地、熟练地掌握操作技术。

美国公司培养人才的第三个特点，是重视在本公司内部培养从基层管理人员到总经理的各级接班人，而且是从下而上，逐级培养，逐级选拔。据柏克德工程公司介绍，他们在公司内选拔经理人才，有一套程序和方法。他们从两万名专业管理人员中，选拔5 000人做基层领导的候选人，经过训练，选出3 000名基层领导人员；从中再选1 100人参加"经理工作基础"训练，挑出600人担任专业经理职务；最后再从这些经理中选拔300人，经过训练，作为选拔高级经理的对象。他们坚持按"台阶"步步上升，而且在一个"台阶"上，要担任几种不同工作，以培养全面的领导能力。这种打好基础、循序渐进的培训选拔干部方法，可以使选拔上来的干部胜任自己的工作，避免瞎指挥。

(五) 劳资关系

在这方面，美国和日本有很大的不同。日本的企业管理，他们自称有"三大支柱"，即终身雇佣制、年功序列工资制和按企业组织工会。日本企业提倡"家族主义"，把劳资关系、上下级关系比喻为家长和家庭成员的关系。由于实行这些办法，就把职工的物质利益和企业的经营结果直接联系起来，使职工从物质利益上关心企业的发展和各项管理工作的改进。职工一旦受雇于某个企业，就很少跳厂，把自己的命运和企业的命运拴在一起，劳资双方形成所谓的"命运共同体"。而美国企业却提倡"能力主义"，实行能力工资制度和职务工资制度，工资多少与工龄没有直接关系。职工可以自由跳厂，按美国习惯，工人无论跳多少工厂，工龄都连续计算。当然，许多企业都采取高工资、高福利的办法，来吸引和稳定职工队伍，特别是技术骨干。尽管如此，有些企业的职工年流动率仍达30%以上，甚至有些高级管理人员和技术专家也被其他企业挖走，福特汽车公司就有这种情况。

美国和日本在管理制度和劳资关系上的差异，除了反映各自的民族特点外，与两国工会的组织和作用不同，关系极大。日本按企业组织工会，劳资双方易于达成协议，不易长期发生罢工等对抗性事件。一旦罢工，谈判复工也较容易。而美国各产业工会一般都在各工厂有自己的组织，一个企业的工人通常参加三五个甚至十几个不同的产业工会，这就使劳资之间的谈判复杂化。美国的工会有长期劳工运动的基础，组织比较健全，政治力量比较强大。劳资关系和工人工资福利，由工会出面与资方两三年谈判一次，用书面合同形式固定下来，每年再根据通货膨胀情况进行谈判调整。这样，资方就感到不必要也不愿意给工人额外的物质刺激，工人一般也不要求合同外的待遇。

日本每个企业都有工会，而在美国，我们看到有极少数企业却没有工会，例如西屋电气公司的叶片工厂就没有工会，杜邦化工公司除建筑工人外，其他工人也没有参加工会，因为在美国企业中建立工会，要经过半数以上工人投票通过。一些工资福利特别高的企业，工人往往就不参加工会。正像通用电气公司负责人所说，"没有工会的企业，几乎是工人要什么给什么"。

虽然美日企业对工人上班时间、工作定额、操作程序、劳动纪律等方面的要求都是严格的，但是美国人说，像日本企业那样，不论什么车间都穿统一的工作服，现场气氛紧张，那种军事化的管理方法是不能接受的。在美国企业，我们看到，除恒温防尘等特殊车间外，一般工人都不穿工作服，每个工人可以按自己的兴趣安排自己的工作环境。他们认为，这样可以松弛工人神经，有助于提高劳动兴趣和效率。由于美国受封建主义的影响很少，在上下级关系上，也不像日本那样，等级森严，下级对上级唯唯诺诺，毕恭毕敬。

据介绍，美国企业界当前正在争论和研究的一个问题是，要不要吸收工人参加董事会。

(六) **工资福利**

美国企业中的行政管理人员，都实行年薪制，工人则实行小时工资制和计件工资制。过去我们听说，自动化程度高的企业无法实行计件工资，但是这次看到，在美国，个人计件和小组计件还是很盛行的，罗切斯特家用电器厂就有70%的工人实行计件工资。

美国工人工资全国平均每小时为6美元。政府规定的最低小时工资为2.94美元。在美国，中等家庭年收入为1.75万美元。年收入低于6000美元的四口人家庭，就算处于贫困线以下，可以享受政府救济。1977年，这类家庭有530万个，占美国家庭总数的9.3%。

各类人员工资收入悬殊。普通工人年收入1万美元左右，大学教授年薪一般是三四万美元，政府部长年薪7万美元，而某银行总裁年薪30万美元，外加活动费30万美元。

一般说，由于美国工资比日本高，物价比日本低，美国职工平均实际收入比日本要高。美国在业职工家庭生活比较富裕，收入较多，开销也大，还要交所得税。他们实行累进个人所得税，年收入3400美元以下者免征，征税的比例大致是：1万美元者征18%，2万美元者征28%，4万美元者征40%，10万美元者征60%，20万美元以上者征70%。一般家庭交税以后的主要开支情况如下：食品、饮料占20%，住房占30%，空调和家具占15%，衣着占5%，交通占18%，医药占5%，娱乐费占4%。战后私人存款率平均约为6%，而日本却高达20%以上。美国工资水平比日本高，个人储蓄率比日本低得多，表明美国家庭生活开支很大。

美国的工人一般没有奖金。有些企业实行按工资的一定比例（如7%）储蓄，公司给一定比例（如3%）的储蓄补贴，这种存款有一部分要买本公司的股票，按股票领股息。只有领年薪的高级管理人员和技术人员才有奖金，一年一次，奖金多少取决于公司经营结果和本人贡献。通用电气公司对年收入3.5万美元以上的经理人员发给奖金，奖金额为工资的5%～100%。各公司奖励办法差异很大。

在福利方面，一般比较优厚，各公司的福利保险费用占工资总额的25%～35%，主要项目有退休金、医疗保险、人寿死亡保险、旅行意外保险、家属保险、失去工作能力补助、假期工资等等。福利保险金的一半由职工个人交付，另一半由企业交付。政府用征收的一部分所得税，发放失业救济金，具体条件由各州自定，失业工人平均每周领取的失业救济金，大体相当于正常工资的36%。政府还对贫困线以下的家庭，给予补助。目前每个工人每年享受的基本福利金，从1960年的346美元，增加到2 115美元。美国公司一般不修建职工宿舍，由工人自己租房或购房，在借款或分期付款购房时，公司给予信用担保。在福利项目的规定上，各公司也各不相同。可口可乐公司的员工退休养老办法规定，一般65岁退休，退休金按工龄和最后几年工资水平确定；有40年工龄的，退休金可占工资的40%；工作20年，年满50岁，可以提前退休；在本公司工作过10年的职工，离开公司后，到退休时仍可回本公司领取退休金。如果按一定比例少领退休金，退休职工死亡后，其配偶可继续领取，直到配偶去世为止。

美国职工工资不低，福利不少，但是生活上普遍有不安定感。据一些美国朋友介绍，一般职员和工人有几怕：一怕失业，失业救济金只有工资的1/3，如果养活几口之家，失业后收入大幅度降低，日子就很难过了。二怕生病，医药费用高得惊人，手被玻璃划破，上点药水，缠点纱布，要花50多美元；做一次人工流产、结扎手术，住院一天，要花1 500美元；看一次感冒，也得100美元。三怕子女上大学，较好的大学，如哈佛大学，一年学费一万美元，州立大学也要2 000美元，没有点积蓄是很难供子女念大学的，这也是许多大学生半工半读的原因。四怕年老，老年人多半老而无靠，靠退休金生活，日子过得很凄凉。此外，社会秩序不好，犯罪事件越来越多，也使人们感到人身不大安全，贵重财物不敢放在家里，住旅馆也要把钱存入保险柜，很有名的高级旅馆，小偷也照样光顾。所有这些，使普通美国人感到，虽然工资高、福利多，但开销大，物价又上涨，生活是很不安定的。

在生活不安定的美国社会里，一般职员和工人怕失业，又想谋取较高的职位和收入，再加上赊销成风，负有债务，所以职工都被拴住了，只能兢兢业业地、紧张而小心地工作，只要干得好，也有升迁的机会。在那里看不到"铁饭碗"养成的那种不负责任、拖拖拉拉、马马虎虎、敷衍了事的作风。

美国普遍实行信用卡制度，信用卡由职工工作单位所在地的银行经过调查后，根据职工的信用发放，职工私人存款的银行按存款数额也发放。信用卡的内容和使用范围多种多样，有的在指定的城市或商店中购买物品，有的专门用于购买机票、汽油、百货等，根据每个人收入的稳定性和信用情况，有的可以购买超过本人工资几倍的商品，费用在工资和存款中一次或多次扣除。信用卡和赊销，在一定程度上缓和了生产和销售的矛盾。

（七）老企业的改造

美国工业发展的历史久，基础大，两次世界大战的炮火都没有落到美国本土，企业没有遭到破坏。因此，除一些新兴工业部门外，其他工业部门都有一个老企业的技术改造问题，以适应生产和技术的发展。我们访问的工厂，绝大多数是老企业，有几十年甚至一百多年的历史。他们进行技术改造的方式，大体上有三种：

一是把老设备连成生产线，增加少量关键性新设备，实行计算机自动控制，使生产效率和产品质量都得到大幅度提高。如西屋电气公司的汽轮叶片厂，厂房和设备同我国哈尔滨汽轮机厂不相上下，规模还小些，但是，它能造130万千瓦发电机，我们只能造20万千瓦的；它一年生产大型叶片15万只，我们全国只能生产几万只。它的效率高、质量好，主要是在关键部位进行了技术改造，比如：用计算机控制叶片的设计和检验，有60部机器由计算机操纵；实行精密铸造，切削量不超过10%；采用高级的自动焊接技术；等等。看来抓住工厂技术关键，用最新技术进行改造，这是实现老厂现代化的一个捷径。

二是在发挥老设备的作用的同时，在某些重要的生产工序，采用新的设备，新设备与老设备并存，也达到很好的生产效果。戴顿米德造纸公司就是这样，他们从联邦德国进口了70年代最新的切纸、整纸设备，从瑞士进口了自动控制设备，而该公司的打浆、烘干设备是四五十年代的，有些抄纸设备还是20年代的，经过改造，用得很好。这些新老设备配合使用，每天可生产高级纸1 000吨。

三是把过于陈旧的厂房、设备淘汰掉，建设新的车间。孟山都化学工业公司的昆尼化工厂是1901年建厂的，当时只生产糖精，经过不断改造，现在已发展到生产120种产品。目前正准备拆掉一个70多年前的装置，改建新的车间。

美国老企业的改造进行得比较顺利，取得的经济效果较好，一个重要原因是，企业有完全的自主权，有技术改造的足够资金，可以根据自己的具体情况，有计划、有步骤、有重点地安排革新改造项目。

二、关于工业管理和经济管理

我们访问了联邦政府与经济发展关系最密切的商务部、财政部、能源部和总统经济顾问部委员会、国会经济联合委员会，还访问了几个州政府和地方政府，与这些单位的负责人就美国工业管理、经济管理问题进行了座谈，并且与一些公司、企业的负责人和学者、教授进行了讨论，有以下几个问题给我们留下的印象较深。

（一）专业化协作和大中小企业

美国资本主义商品经济的发展，已经达到很高的程度，商品关系深深地渗透到社会生活的各个领域，各种产品，包括劳动力，都已经商品化了。为卖而买这样一个资本运动的公式，在美国已经普遍化了，资本主义的雇佣关系和租赁关系非常发达。所有这些，都是和社会分工的日益发展相联系的。在分工越来越细、市场不断扩大的条件下，生产专业化和协作社会化的程度也越来越高。正如恩格斯在谈到社会分工的发展时所说的，没有任何一个商品生产者能够说"这是**我**做的，这是**我**的产品"[1]。在今天的美国，社会分工的发展程度已经远远超出了恩格斯当年

---

[1]《马克思恩格斯全集》，中文1版，第20卷，294页，北京，人民出版社，1971。

的描述,可以说,任何一个产品都不是由几个企业生产出来的,而是靠一批企业相互协作,才能生产出来。越是大的公司,需要协作的企业越多。因此,在美国这样的资本主义国家,存在大量的中小企业,绝不是偶然的,这是资本主义商品经济发展的一个必不可少的条件。

美国现有企业1 297.8万个(包括工、农、商、服务、诊所、律师事务所等),其中股票上证券交易市场的大公司4万多家,最大的公司只有1 500家左右;小企业有1 000万家左右,其中雇用一个人或几个人的就有550万家左右。小企业占国内全部厂商的97%,产值占国民生产总值的30%,而1 500家大公司的利润却占全部企业利润的90%,雇员占全部雇员的50%。

美国在上一个世纪,只有30万家企业,其中绝大多数是小企业,近几十年来,小企业数量急剧增长,每年新出现40万～50万家,在竞争中倒闭和被大公司收买的约25万家。过去8年每年增加小企业约20万家。

美国的上述情况表明,资本主义进入帝国主义阶段以后,资本集中、大企业兼并小企业的过程,作为一种趋势,无疑是存在的。然而在形式上却有了改变。大资本家在实践中逐渐认识到,与其在竞争中把小企业吃掉,还不如使小企业依附自己,提供成本更低、技术更精、质量更高的协作产品,更为有利。资产阶级政府作为资产阶级利益的总代表,也考虑到,过分的资本集中和垄断,会阻止竞争和妨碍新技术的发展,对资本主义经济的发展不利。因此一些主要资本主义国家,首先是美国,都颁布了保护自由竞争、反托拉斯法①,反对一家或几家公司垄断生产和市场。美国政府鉴于IBM电子公司生产的大型计算机占美国国内市场的80%,曾起诉该公司违法。虽然一些大资本家也想方设法钻反托拉斯法的空子,但是这一法律的存在,毕竟为中小企业的发展创造了机会。

美国政府和银行很注意资助小企业的发展,以保持自由竞争和更多的就业机会,使之对资本主义市场制度和社会秩序起某种稳定作用。美

---

① 主要是指《谢尔曼法案》、《克莱顿法案》和《联邦贸易委员会法案》。这些法案规定,禁止两家或两家以上公司同谋控制贸易;禁止一家公司垄断或控制贸易;禁止几家公司行号合并以后成为一家垄断市场的公司;禁止使用不正当的竞争方法及商业上的欺骗行为,禁止使用骗人的广告。对违法者,政府可以酌处罚金或判处经理人监禁,可以命令一个大垄断企业分为若干较小的公司等。

国政府1953年决定在商务部成立小企业管理局，在全国各地设立100个办事处。它的任务有5条：一是直接向小企业提供中长期贷款；二是帮助小企业改进经营管理，提高技术；三是为小企业争取政府订货；四是做小企业的代言人；五是研究小企业的发展，并为小企业提供经济情报。它还为小企业提供担保，使小企业从商业银行得到贷款。

随着生产专业化和协作的发展，美国小企业作为大公司的卫星企业的作用，越来越显著，各大公司需要中小企业提供的零部件越来越多。洛克希德飞机公司外部协作的零部件，10年前为30%，现在已经达到70%。福特汽车公司在国内外的协作厂商有4万家，供应2 000种汽车配件和工作机具，每年用于外购协作件的款项达200亿美元。资本在集中，而零配件的生产却越来越分散，这是社会分工发展的必然结果。

由于小企业有更大的灵活性，产品单一，技术专门，有一些诀窍，便于在某一个产品上精益求精，能为大企业生产的高精尖产品提供优质的零部件。他们通过创制新产品、革新生产方法和提供新的服务，为自己的发展开辟道路。在美国科学技术发展成果中，一大半是中小企业创造出来的。丹佛市的丹克公司，只有21名职工，其中管理人员和技术人员10名，工人11名，专门生产家用负荷限电器，畅销国内外市场，年销售额50多万美元。丹佛市的另一个哈特威公司，100多名职工，专门生产整流器，不仅供应国内，还占领相当一部分国际市场，年销售额为1 000万美元。美国著名的垄断世界市场的牛仔裤和汉堡包公司，就是在专业化的基础上，由小到大发展起来的。

美国的大公司在生产上是专业化的，在经营上则是多样化的。他们除生产一种主产品外，还同时经营多种产品，这样就可以做到"东方不亮西方亮"，保持利润的稳定增长，对市场变化的适应性强。例如，美国钢铁公司除生产钢铁外，还经营化工、环保设备，以至经营饭店；孟山都化学工业公司，生产和经营从油漆、树脂化工原料、可塑性产品、耐火材料、橡胶化学产品到清除剂、食物附加剂、药剂、除草剂等120多种产品。越搞多种经营，需要的协作厂也越多。

大公司为了保证产品的高质量，对协作的中小企业在技术上、成本上要求很严，有一套严格的科学技术标准、严密的审查程序，还有灵活的结算制度和及时、安全运输的要求。洛克希德飞机公司对800多家供应零部件的协作厂,都要派出技术专家,从产品设计、工艺到整个生产过程,进行审查,看协作工厂是否具备生产合格产品的工作系统,并且要经过试生产和严格的产品性能试验,审查合格后才签订合同。福特汽车公司对协作厂有五条要求:(1)产品符合质量标准;(2)价格有竞争力;(3)能按期交货;(4)操作方法和设备能适应福特公司的近期要求;(5)设计力量和创新能力能适应福特公司远期发展的需要。大公司对协作的中小企业,在经济上和技术上也给予一定的帮助。

福特汽车公司国际部负责人对我们说:"中国许多省市,都搞自己的汽车厂,产量很低,这是很不经济的。最近,一机部打算与我们合营年产2.5万辆卡车的工厂,生产16吨~32吨的卡车。数量少,品种多,不会有竞争力。中国搞现代化,不能一个城市什么都搞,应该分工协作,比如上海造引擎,北京造车身,天津造零配件,然后装配,大量生产,才有竞争力。即使只为满足国内需要,也要考虑经济实用的原则。"这些话是很值得注意的。

(二)美国的产业结构和就业结构

去年,美国国民生产总值2.1万多亿美元,就业人员9 400万人,其中妇女4 200万人,全国固定资产和流动资金约3.2万亿美元。每个受雇人员平均利用3.2万美元的固定资产和流动资金,一年生产2.4万美元的国民生产总值。

随着美国经济的发展和生产领域劳动生产率的提高,美国的产业结构和就业结构都发生了重大变化。从产业结构上看,1968年,美国的第一产业(农、林、牧、水产)生产出来的国民生产总值占全国国民生产总值的3.2%,第二产业(制造业和采矿业)占35.9%,第三产业(运输、建筑、商业、金融、服务、旅游、公用事业等)占60.9%。1978年,第一产业占2.9%,第二产业占33.1%,第三产业占64%。

从就业结构上看,第二次世界大战前的1940年,第一产业的就业人数占全部就业人数的10%左右,第二产业占28%左右,第三产业占62%左右。1967年,第一产业占5.2%,第二产业占26%,第三产业占68.8%。1978年,第一产业占5%,第二产业占23%,第三产业占72%。由上可见,第一、二产业无论是在国民生产总值上还是就业人口的比例上都呈下降的趋势。而第三产业,由于为工业生产和为人民生产服务的行业越来越多，呈上升的趋势。

战后美国在第三产业中，会计、经营管理方面的咨询公司和旅游业有了迅速发展，出现了许多经营这方面业务的大公司，比如普华永道会计公司承担大公司、跨国公司和外国政府在会计、审计、税收和企业管理方面的咨询业务，并培训财会人员。这家公司在世界上有300多家办事处，1 633个合伙单位，有业务人员、合伙人2万多人，1978年的收入达6.75亿美元，是世界上规模最大的会计公司之一。芝加哥的安达信会计公司，在39个国家内设了111个办事处，有1.6万名职员，他们除了一般会计、管理咨询业务和培训人员等业务外，曾受新加坡政府的委托，帮助设计对跨国公司的税收和管理办法，改变了新加坡以前受骗吃亏的局面。美国的旅游业组织也很庞大，收入是很惊人的，一年有1 000多万旅游者，收入达1 000亿美元，占国民生产总值的6%。其中94%是国内旅游，6%为国际旅游，每年国际旅游收入55亿美元，比出口钢、纺织品和棉花的收入还多。在美国的50个州中，有37个州的旅游业已成为主要产业之一。夏威夷州每年旅游收入22亿美元，成为州政府的首要收入。

产业结构和就业结构的变化，是和生产发展的水平相适应的，有一个发展的过程。就我国当前的情况看，就业人员主要还是应当首先分配在物质生产领域。但是问题在于，我们为生产服务的行业有大量空白，很多服务工作是分散在各企业、机关、学校自己搞，效率低，浪费大；为人民生活服务的行业也很不足，不利于生产发展，不便于群众生活，也不利于服务工作本身的专业化和社会化。要使这种状况有一个根本的改善，必须改变长期以来形成的某些传统观念和做法，如笼统地把服务行业一概说成是不创造价值的，把服务行业排除在产业之外，服务人员的社会地位和物质待遇也低人一等，大专院校不设服务方面的专业，等等。只有打破这些框框，服务行业才能随着社会主义经济的发展，相应地发展起来，并保证经济更好地向前发展。

现在，美国各种企业共有1 290多万家，其中，个人独资经营、不售股票的企业占78%，占总销售额的11%；两人以上合股经营、不售股票的企业占8%，占总销售额的4%；出售股票的企业占14%，占总销售额的85%，其职工占全国雇佣人员的50%。全国雇佣人员总数为9 400万人，其中，联邦政府雇员为200万人，州和地方政府雇员为1100万人，企业雇员为8100万人。美国1500家最大公司的销售额占所有出售股票公司总销售额的60%以上，其利润占全部企业利润的90%。在美国500家大工业公司中，100家最大的公司，就占了这500家公司总资产的65.4%、利润的71.9%、雇佣人员的57.2%。美国1.6%的大工业公司，控制了整个制造业的75%。美国4.4%的人口，占有公司股票的60%，占有全部的外国债券，占有州和地方政府债券的77%、联邦政府债券的71%，占有全国个人现金的1/3，占有全国不动产的1/4，占有非公司企业资产的40%。在美国3000多万股票持有者中，极少数企业家、银行家掌握绝大多数的股票。

（三）银行是调节美国经济的重要杠杆

我们在美国访问了大陆银行等5家银行，对美国银行的形式和在经济中的作用，作了一些了解。

美国银行可以分为国家银行和私人银行两大类。国家银行，即联邦储备银行及其所属的12个地区性银行；另外还有1.45万家私人商业银行。在私人银行中，有5500家参加了联邦储备系统。加入联邦储备系统的私人银行，称为国民银行。法律规定国民银行把它们存款的一定数额（一般为10%左右），作为储备金存入联邦储备银行而不收取利息。国民银行有权经营国际信贷，非国民银行的私人银行不能插手国际信贷业务。私人银行是否参加联邦储备系统，由它们自行决定。参加联邦储备系统的私人银行，在组织上也是独立的，有权随时退出。

在美国，银行独立于政府，私人银行不用说，即使联邦储备银行也是这样。联邦储备系统是按照国会章程建立的，并对国会负责。联邦储备银行的主席由总统聘请并任命，但它不是政府执行机构的组成部分，而是一个公共机构。

联邦储备银行虽然不是政府的一个部门，但是政府关于财务方面的许多事务，例如发行货币、发行公债、税收、投资、拨款等，都交由该银行办理。联邦储备银行还代理国库，它是全国唯一的发行银行，并为联邦政府财政开支筹划资金。政府的财政部门主要是研究并制定政策，监督执行。联邦储备银行及其所属的地区性银行，是金融领域中最重要的机构和控制力量。它通过控制货币发行量和贷款量，调整利率，提高或降低证券贴现率,提高或降低会员银行的储备金,在证券市场购进或售出公债,对金融实行控制。现在,银行在美国经济中发挥着越来越大的作用,它是调整经济发展方向、促进生产、刺激消费的有力杠杆。大陆银行的负责人说,美国经济好比一架大机器,银行是润滑油。这种比喻是有道理的。

美国银行能贷出的款项,往往高于股金几十倍。大陆银行是美国第7家大银行,1979年9月30日的股金为13亿美元,而累计贷款却高达342亿美元。这些资金的来源是:活期存款、定期存款和长期借款。此外,美国政府发行公债,都卖给银行,由银行再出售给个人,银行从中吃政府的回扣。这也是银行资金的来源之一。在美国,由于银行与公司之间的辗转借贷,1亿美元的流动资金贷款可以发挥6亿美元的作用。

过去银行与大工商企业之间互相持有对方股票、互兼董事的那种控制关系,目前已有所改变。美国有关法令规定,银行不能长期大量持有某一个或几个企业的股票,不能向企业直接投资;对一个项目的贷款,不得超过银行股金的1/10。所有这些规定,都是为了防止银行直接操纵企业。当然,这些规定并不能阻止银行资本与工业资本之间的互相渗透,互兼董事的情况还很普遍。

由于美国工商企业自有资金只占资金总额的30%左右,所以在经营活动中离不开银行的大量贷款。银行向企业提供贷款的形式,包括直接贷款和银行承包企业债券的销售等。银行在贷款时,要对企业经营状况和市场情况进行调查,决定给哪些企业贷款以及贷款多少;同时,对企业使用贷款的情况加以监督。为此,有的大银行专门聘请了一些经济金融专家和技术专家,着重就资金的运用和分配进行研究,寻求在各个市场进行投资的最佳方案,对企业的经营活动进行指导。这样,银行就通过贷款,对经济发展的方向起了重要的指导作用,扶持和促进新兴的、有前途的产业部门和企业的发展。

由美国政府提供资金的进出口银行和国民银行,有一套支持出口的方案和做法。它们通过卖方信贷、买方信贷和银行间信用等形式,支持美国向国外投资、转让技术和出口商品。

此外,美国银行还对个人开办业务。通过活期和定期存款吸收个人手中的游资,并对个人发放贷款,主要用于购买住宅、汽车等高值耐用消费品，这对刺激消费和通过刺激消费而刺激生产起了很大作用。

上述美国银行在美国经济中所起的巨大能动作用，有值得我们借鉴之处。在高度商品化的社会经济中，银行是调节社会经济生活，组织生产、流通和分配的重要机构，是经济的神经中枢，它的作用随着生产社会化的提高而日益显著。过去我们不大强调发挥银行调节国民经济的杠杆作用，银行对企业也往往是监督限制多，指导扶持少，只是算账、当会计，没有很好地利用贷款、利率等经济杠杆对国民经济活动施以积极影响。我们的基本建设投资效果为什么越来越低？钢材等生产资料为什么大量积压？流动资金为什么占用很多，周转很慢？一个重要原因是基建投资、固定资金和流动资金都作为财政拨款，交给生产单位无偿使用。列宁早就指出："**没有大银行，社会主义是不能实现的**"，"**大银行是我们实现社会主义所必需的'国家机构'**"，"**是全国性的簿记机关，全国性的产品生产和分配的计算机关，这可以说是社会主义社会的骨骼**"[①]。我们对银行的认识，远没有这样高，银行应起的作用也没有发挥出来。总结实践的经验，正确发挥银行的作用，对我国经济走上健全发展的轨道是十分迫切、十分重要的。

（四）美国政府在经济发展中的作用

资本主义进入帝国主义阶段以来，资产阶级政府对经济的干预有加强的趋势，国有化企业在经济中的比重有所增加。总起来看，美国也是这样。但是，与西欧各国、日本等资本主义国家相比，美国国有化企业的比重是较低的，仅邮政全部国营，电力和铁路国营占1/4左右，电讯、煤气、石油产品、煤、航空、汽车、钢铁、造船等全是私营。

政府在经济发展中究竟起什么作用，这个问题在美国也有不同的看法。美国商务部负责人强调政府要少干预经济，他说，政府的基本出发点是："对经济干预越少越好，要创造和保障企业开展自由竞争的环境和条件，以保持经济发展的动力"，"一种以市场为基础的经济制度，比一种需要政府大力支援产业的方法，更能保持我们的经济健全有力"。而马里兰州政府经济与社会发展部负责人说：在30年代之前，政府很少干预经济事务，自从30年代初期的经济危机以来，政府为了解决失业和通货

---

① 《列宁全集》，中文2版，第32卷，300页，北京，人民出版社，1985。

膨胀问题，使经济重新增长，对经济的干预越来越多，"达到了能影响差不多每一项经济活动的地步"。在学术界，有人反对政府干预，主张经济自由发展；但也有人强调政府应多干预经济，认为经济的发展好比行船，自由竞争是"风"，政府计划干预是"舵"。实际上，随着资本主义经济的发展，各种社会矛盾日益暴露和激化，在经济上出现了许多新的矛盾需要解决，美国政府从资产阶级的根本利益出发，还是对经济进行多方面的指导和干预的。

美国政府提出，其干预经济的目的，"是为了实现充分就业，稳定物价，达到经济平衡增长"。为此，美国政府采取了多种干预措施。

经济立法，是美国政府干预经济的基本方式。就立法的内容来看，可以大体分为三类：第一，调整和处理企业之间关系的法规，如保证竞争、反对垄断的《谢尔曼法案》、《克莱顿法案》和《联邦贸易委员会法案》；第二，调整和处理雇主与雇员之间关系的法规，如劳资关系法、最低工资法、限制雇用童工法等；第三，保障社会利益的法规，如环境保护法、消费者安全法等。联邦政府和州政府都有立法权，立法和执法总的说来也是严格的。美国的经济立法固然在一定程度上反映了群众的要求，但主要是反映资本家的意志。资本家通过他们在国会中的代表，对法律的制定和修改，施加巨大影响。美国的许多资本家对我们说："不给中国以最惠国待遇，我们在贸易上就很难同西欧、日本竞争。"因此，他们正在督促国会，尽快通过这个法案。

税收，是政府干预经济的一个主要杠杆。美国是世界上税种最多的国家，可统计的就有80多种，其中有个人所得税、公司所得税、国内消费税、销售税、遗产税和赠与税等等。主要税法由国会制定修改；"财政部颁布细则，税务署解释、执行。除联邦政府规定的税法外，各州和地方议会也可以规定自己的税种和征收办法。联邦政府的税收大约相当于州政府和地方政府税收的两倍，联邦政府每年要向州政府和地方政府提供财政援助。

联邦政府负责征收个人所得税、公司所得税、国内消费税、关税、遗产税、赠与税和社会保险税；州政府征收销售税和州政府单独规定的个人所得税、公司所得税、消费税、遗产税等；地方政府征收财产税和地方政府自己规定的销售税、个人所得税等。因此美国有三套税务官员，联邦政府有税务人员约8万人，州政府有4万人，地方政府有两三万人。

税收是美国政府财政收入的主要来源，占全部财政收入的90%左右。据1978年统计，三级政府税收总额为4677亿美元（不包括社会保险税1240亿美元），占美国国民生产总值的23%。在全部税收中，个人所得税占48.5%，居第一位；公司所得税占14.8%，居第二位；财产税占14%，居第三位。

联邦政府、州和地方政府，通过税收所形成的财政收入，主要用于哪些方面呢？

联邦政府1980年财政年度的财政支出约5000亿美元，其中，社会福利费占39%，国防费占24%，对州和地方政府补贴占16%，国债利息支出占9%，政府部门的支出占12%。政府部门开支包括政府雇员的工资和办公费等，联邦政府有雇员200万人，州和地方政府有1100万人。联邦政府的社会福利费开支，主要用于失业救济、社会保险，如发放退休养老金、补助低收入家庭、救灾、粮食补贴、学龄儿童伙食补贴、医疗救济、房租补贴等。

州和地方政府的财政支出，主要用于教育，修建公路、港口和公共福利设施。美国公立大中小学都由地方经管，中小学实行义务教育，州和地方政府每年在教育方面的支出，约占财政支出的38%；用于公路、港口等交通方面的支出，约占10%；公共福利方面的支出，占12%以上。

政府还从政治、经济的需要出发，通过税率的变动，限制某种经济活动，或者鼓励某种经济活动。譬如，目前为了鼓励个人投资，对纳税人新投资的股息收入减税10%；为了节约能源，对购置节约能源的新设备，可以减免部分税收。

政府的巨额订货或采购，是美国政府影响经济的一个重要渠道。美国政府手中握有能够左右经济发展的巨大财力，1978年，差不多有1/3的国民生产总值掌握在各级政府手中，而1929年只掌握11%。政府订货和采购的主要产品是所谓"公共货物"，即军火、救济物资、公用事业设施等等。政府通过增加或减少向私营企业购买商品或服务，对经济活动产生重大影响。

政府每年从财政预算中，拨出一定的款项，用于公用事业和其他非营利性事业，如建筑公路、港口、码头、水库、运河、飞机场和某些大的电站，以及市政设施，为工农业和其他经济事业的发展创造条件。兴办这些事业，往往不赚钱甚至赔钱，私人资本不愿意干，但这些事业又是资本主义经济发展所必需的，美国政府就把这些事业先办起来，有些建成后再卖给资本家经营。他们办这些事，为资本家在那些赚钱的产业上投资创造了条件，有利于经济的发展。拿公路来说，三级政府投资修建的柏油路，在全国约有490万公里，其他公路100多万公里，还有6.8万多公里的州际高速公路，形成了全国四通八达的公路网，这对美国经济的发展起了巨大的促进作用。各州和地方政府，还竞相完善公路、铁路、航空、港口和其他公用设施，制定有利于私人企业的税法，来吸引投资，繁荣本地区的经济。

此外，联邦政府对那些具有战略意义、投资巨大而又不盈利的项目，下大力气加以发展。比如，50年代苏联卫星上天后，美国为了超过苏联，花了2 000亿美元的投资，集中了40万人，使宇航工业很快地居于领先地位。宇航工业的发展，不仅解决了大批人的就业问题，而且带动了电子、遥控、燃料、新型原材料等一大批新兴工业的发展。可见，美国政府一方面通过兴建各种公用设施，为资本主义经济的发展创造必要的条件；另一方面，又通过发展新技术和新兴工业部门，来引导和推动整个工业向更高的水平前进。

美国政府还通过价格，对农业、公用事业、能源等部门的发展进行干预。例如，对农产品实行保护价格，在农产品滞销时，政府以高于国际市场的价格收购农产品，并对休耕土地实行补贴，向农场主提供各种贷款，以促进农业的发展。对石油、铁路、公路、水运、航空、管道运输等，实行控制价格，规定价格幅度。其他产品，实行自由价格。这样，就在一定程度上稳定了国计民生。

政府还控制某些产品的进出口。对一些重大新技术专利和新设备（如大型电子计算机）的出口，要经过政府批准。为了鼓励商品出口和资本输出，政府在财政、技术和情报等方面，向私人资本提供多方面的支持。为了保护国内某些产业部门，规定某些产品如纺织品的进口限额。同时，在国内某些企业由于进口产品的竞争而发生困难时，则给予贷款。

美国政府对那些由于经营不善、竞争不力而发生亏损，甚至倒闭的企业，一般不给予财政援助。但是，对个别濒于破产和倒闭的大企业，政府还是给予支援，以避免大量工人失业，引起经济混乱和社会动荡。例如美国国会1979年12月21日通过一个提案，决定对美国第三家大汽车公司——克莱斯勒汽车公司提供15亿美元的政府担保贷款，以防止该公司倒闭。这是美国历史上政府给私人企业数额最大的一次财政援助。

综上所述，美国政府对经济的干预，主要是通过法律手段、经济手段和各种价值杠杆来进行的。对于公司、企业的投资方向，产供销，生产规模，生产技术，研究开发，工资福利，利润分析，国内外的市场活动，等等，政府一般不加干预，统统由公司、企业自主，只要不违法就行了。

美国政府不设庞大的经济管理部门，也没有专门的工业部。他们对经济的管理，是与高度发达的资本主义商品经济相适应的。我国在所有制的性质上与美国有本质差别，但是在商品经济这一点上有共同性。因此，美国政府管理商品经济的一些做法和经验，是可供我们参考的。我们过去照搬苏联的一套，政府设立庞大的经济管理部门，应该由政府管的没有很好管，不应该管的如企业具体的经济活动，却管得过多、过严、过细、过死，使企业无法按照商品经济的原则开展经营活动和必要的竞争。实践证明，这是不利于社会主义经济发展的，是违反客观经济规律的。

三、几点感想

根据在美国的所见所闻，结合我国的情况，我们有以下一些想法：
（一）关于计划调节和市场调节的有机结合问题

这次考察美国的企业管理，给我们最突出的印象是，美国公司的一切经营活动，都有严密的、科学的计划，而他们的计划又是建立在对市场需要的研究分析和预测的基础上，并根据市场变动随时调整计划。这虽然不能从根本上改变资本主义社会生产的无政府状态，但在某种程度上减少了生产的盲目性。看来，战后资本主义生产过剩危机形态的某些改变，除了与他们积极开辟国内外市场，提高市场预测的准确性之外，与企业计划性的加强也有一定关系。

资本主义企业依据市场来制定和调整计划，是为了使产品尽快地销售出去，取得最大的利润。我们社会主义生产的根本目的是为了直接满足需要，我们的生产更应该适应市场的变化。因此他们制定计划的程序和方法，不仅我们的企业可以学习，而且我们在制定整个社会经济计划时也可以参考。党的十一届三中全会提出把计划调节和市场调节结合起来，是完全正确的。社会主义经济是计划经济，同时又是公有制基础上的商品经济，计划性和商品性的统一，应该是社会主义经济的根本特征之一。我们的计划，应当反映一定时期内生产发展的需要和人民生活水平提高的需要，在商品经济的条件下，这两种需要都表现为市场需要。因此，我们在制定计划、执行计划和调整计划时，都必须考虑市场的因素，我们的计划应当是与市场有机结合的。所以我们不能离开市场需要去讲计划调节，也不能离开计划指导去讲市场调节，更不能把两者截然对立起来，只有这样，才能从根本上避免为计划而生产、为生产而生产所造成的大量积压、严重浪费。

社会主义生产既然是商品生产，价值规律就必然起调节作用。因此，我们在经济工作中，应该充分利用价值规律的作用和各种价值杠杆，这是实现计划调节和市场调节有机结合的关键。

看来，我们在经济体制改革中，应当特别注意解决价格问题。似可考虑除关系国计民生的主要产品由国家规定统一价格外，有些产品应实行浮动价格，更多的产品应允许企业根据实际成本和市场需要的变化，自由定价。这样才有利于企业之间开展必要的竞争，促进经营管理的改善，把企业搞活，把经济搞活。价格问题是关系国民经济各个方面的一个极其复杂的问题，也是体制改革中需要首先解决的问题。价格不合理，体制改革的许多问题就无从谈起。因此，我们应当尽快明确价格体制改革的方向，制定具体的改革方案，积极稳妥地进行。

（二）关于扩大企业自主权问题

对于这个问题，国内已经有很多议论。国务院去年曾作出一些具体规定，各省、市也选择了一批企业进行试点，取得了初步的成果和经验。通过这次对美国企业的考察，我们深深感到，扩大企业权限，必须紧紧围绕市场这个中心，使企业的一切经营活动都与市场需要有机地联系起来。只有这样，才能适应社会主义商品经济发展的要求，发挥价值规律的调节作用。我们目前下放给企业的一些权限，还远未达到这个要求。

看来，企业首先应当有权按照市场的需要和变化，来制定和调整自己的生产计划，国家计划要以企业计划为基础，那种下达指令性指标的做法，应当加以改变。其次，还应当扩大企业的产品销售权，除国家计划收购的产品外，其他产品包括生产资料都应当允许企业以多种形式自行推销，真正做到生产者和消费者见面，防止产销脱节。第三，企业对自销产品，应当有权根据市场情况，按照优质优价、薄利多销的原则，自行定价销售，以便鼓励企业生产更多、更好、更便宜的产品，来满足社会需要。第四，在财务上要给企业以更大的机动，使它们能够掌握足够的资金，包括利润留成和折旧基金，有计划地用于本企业的挖潜、革新、改造。如果不给企业这些基本权限，企业就很难发挥主动性和灵活性，也不可能围绕市场需要组织生产，更谈不上制定自己的战略发展计划。

为了扩大企业自主权，各级政府和主管部门要改变那种"保姆式"的管理方法：成天忙于生产调度等具体业务，给企业的经营活动划各种条条框框，在利润留成、折旧比例上搞许多繁琐规定，结果算得越细，矛盾越多，上面又忙又累，下面怨声载道。与其这样，还不如下决心把现行的利润留成制度改为税收制度。可以考虑由中央政府征收所得税，省、区、市政府征收资产税，并在所得税中分成，企业所在地政府征收地皮税。废除现行的产品税，因为产品税不利于专业化和协作的发展。同时，把各级政府管经济，逐步改为由专业公司和联合公司等经济组织来管。采取这些措施，各级政府的经济管理部门就可以大大精简，经济主管部门的主要精力就可以放在经济立法、制定规划、研究政策、交流经验上来。由于各级政府摆脱了日常经济管理的繁琐事务，就有可能把主要精力放在协调那些直接影响国计民生的各产业部门的发展关系上，放在研究各经济区、各地方如何发挥自己的经济优势、逐步形成全国合理的经济结构上，放在城市建设、公共设施、科学、教育、文化、卫生和各种服务事业的发展上，为企业和公司开展正常经济活动创造必要的条件。这样做，可能对我们经济的发展更为有利，社会主义经济制度的优越性就能更充分地发挥出来。

（三）关于培训管理干部和罗致人才问题

去年我们成立了中国企业管理协会，抓了管理干部的培训，一年来，各级经委和工业部门举办了各种管理干部训练班、研究班,培训了 46 万名各级管理干部,其中县以上企业领导干部 15 万名,这对改进我国的企业管理工作,起了一定的作用。此次赴美考察,看到他们在培训人才上花那么大的力量,使我们深感这方面的工作还需大大加强。

美国一些企业管理协会、基金会、服务团和大公司、银行,都向我们表示,愿意为中国培训管理人员,并提出各种优惠办法。我们准备与有关方面协商后分别予以答复。

我们打算,今年内建立一个培训中心,在继续抓好国内培训工作的同时,采取派出去、请进来的办法,加强国际交流,开阔管理干部的眼界,提高他们的水平。中国企业管理协会已经和一些国家的有关团体和部门达成协议,今年将分几批派出两三百名管理人员到国外短期学习,培训费用由他们负担,我们只承担来往旅费和一些零星费用。同时,拟分批邀请 50 名左右外国的管理专家、教授和有实际经验的管理人员来我国讲学,交流经验,并到一些企业考察。

我们所到的美国各公司,都有美籍外国技术专家在其中工作,包括不少美籍华人。美国公司对这些人才不惜重金收聘,委以重任,用其所长,以利于企业的发展。这些人对美国经济和技术的发展,起了重要作用。我们在引进外国资金、技术和设备的同时,应当邀请一些有真才实学的美籍华人回国讲学或短期工作,使他们有机会把头脑中的知识贡献给祖国实现四个现代化的伟大事业。

美国有各种咨询公司,收罗大批专家,进行各种研究,提供咨询服务,出卖知识。从总统起到各大公司的董事长、总经理,都有各种专门的顾问班子,为他们研究问题,出谋划策。这样,他们在作出决定时,可以有各种选择,避免纰漏。我们的各级领导机关,也可以考虑成立各种顾问委员会,邀请经济、技术、管理方面的专家参加,给他们出题目,请他们作各种专题研究,提出各种方案,比较利弊,以供决策参考。这样做,领导机关在讨论问题时,就可以不从 ABC 开始,避免可能产生的片面性和失算。

我们要强调培养干部,也要强调充分发挥现有专业技术人员的作用,用非所学是一个很大的浪费。据统计,我们现有翻译人员本来就不多,其中不搞本行的还有 4 万人,即使搞本行的,有些人也没有充分发挥作用。应该考虑，除各单位保留必要的外文人才外，把他们组织起来，成立各种企业化的翻译公司，以解决当前外文翻译力量严重不足的问题。

（四）关于军用工业和民用工业的关系问题

国民经济军事化，是美国经济的一个重要特点。美国是战后世界上最大的军火商。但是，他们专门的军工厂却较少。在美国，除极少数特殊的军品由专门的军事企业生产外，绝大多数军品都由民间企业生产。全国有 1/3 的工业企业参加军工生产，航空工业中参加军工生产的占 80％，造船工业中占 60％，电子工业中占 40％，电机工业中占 34％，机械工业中占 28％，钢铁和石油工业中占 10％。

我们在美国看到一些大的电器公司和飞机公司，都同时制造军用产品和民用产品。从上到下，对军品、民品生产的管理不分两套。各公司在军事订货多的时候，就多产军品，少产民品；军事订货少的时候，就少产军品，多产民品，这就使企业能充分发挥生产能力。我们参观的飞机公司，同时生产民航客机、运输机、轰炸机、侦察机等多种类型的飞机，他们生产军品和民品在质量上都是同样严格要求，都是在同一条生产线上生产，只是军品增加某些特殊仪器、部件和性能。他们这样做的好处是，能经常保持大批量的生产，接受军民两方面消费者的检验和监督，有利于不断改进技术，提高产品质量，并且能获得很大的利润。

我国的军用工业和民用工业都自成体系，在管理上、原材料分配上，各搞一套，军民可通用的一些产品也是各搞各的。许多军工企业的优良设备和熟练技术工人，不能充分发挥作用。鉴于这种情况，可否考虑，现有军工企业，凡是有条件的，都要承担民用产品的生产任务，并实行独立的经济核算制。进一步，在管理体制上进行调整和改革，真正做到军民结合、平战结合。

（五）关于外贸问题

我们在美国参观了一些百货公司，几乎看不到中国商品。纽约的一家大百货公司，最近从上海定制了室内穿的鸭绒套鞋几万双，每双售价 30 美元，到货后一售而光。这家公司的经理说，中国商品在美国市场上是有信誉的，问题是美国市场变化很快，中国对外国市场情况了解很少，所以商品往往不对路。这次鸭绒套鞋之所以畅销，是因为适应了美国能源危机，家庭室内温度降低的情况。他们打算专门举办一个中国商品展览会，向消费者介绍中国商品。美国的大城市都有华人开的中国餐馆，他们反映，中国食品在国外是大有销路的，但质量差，包装不讲究，受到很大影响。他们用的酱油、醋等调料，本来应从中国进口，由于有杂质、沉淀，政府不允许进口，只得从日本买。我们回国途经日本时，参观了东京贸易中心的世界商品展览，几层楼的商品展览厅都没有我们的商品展出。

这些情况使我们联想到，我们对国际市场的需求，既不大了解，又未下功夫研究，更缺乏资本家那种灵活反映的经营体制和钻劲。同资本家打交道，就要学会资本家做生意的那一套。这个道理大家都明白，但在实际工作中，我们并没有在国际市场的调查研究、广告宣传等方面下大功夫。为了改变这种局面，我们应当深入研究和了解外国经济发展与市场需求的现状和趋势。外贸部门、工业部门和生产出口产品的企业，应经常派精干人员到国外调查市场情况，积极参加各种国际贸易展览会，加强广告工作，在这方面花点钱是值得的。

许多美国朋友还善意地批评我们进口成套设备肯花钱，进口技术却不愿花钱，更不重视利用外国的人才。买外国设备，也只愿买新的，不愿买那些稍旧但质量很好、国内又适用的便宜货。这些意见，都很值得重视。

我们接触的许多外商反映，中国机关办事效率低。柏克德工程公司的负责人说，他们半年前向我国有关部门正式写过一封信，联系有关业务，至今没有得到任何答复。美国许多大公司，为了打开和中国做生意的门路，急于派人到中国来，想在北京设立办事处，但长期不得解决。近几年来，我国和外国的联系越来越多，对外宾的接待工作有了很大进步，但是，我们通常重视接待外国政府官员而忽视接待企业家。在资本主义国家，企业家是实力派，加强和他们的联系，对于发展我国的对外经济关系是重要的。

我们这次考察，时间有限，与上层人物接触多，与下层群众接触少，对一些问题的看法，难免有局限性。

国家经委访美代表团

关于1979年工业交通生产情况和1980年的任务[*]

(1980年2月9日)

委员长、各位副委员长、各位委员：

现在，我受国务院的委托，将1979年工业交通生产情况和1980年的任务，作一简要汇报。

一、1979年工业交通生产情况

全国工业交通战线根据党的十一届三中全会和五届人大二次会议精神，在党中央和国务院的领导下，从去年开始，把工作的着重点转移到社会主义现代化建设上来，认真贯彻调整、改革、整顿、提高的方针，充分调动和依靠广大职工的社会主义积极性，深入开展增产节约运动，一面调整，一面前进，获得了可喜的成绩，夺取了四个现代化第一个战役的初步胜利。

经五届人大二次会议批准的1979年国民经济计划，规定工业生产比1978年增长8%，其中轻工业增长8.3%，重工业增长7.6%。一年来实际执行的结果，全年工业总产值完成4 573亿元，比1978年增长8.1%，其中轻工业增长9%，超过了重工业增长7.4%的速度，胜利地实现了1979年的国家计划。分地区来看，工业总产值增长8%以上的有浙江、湖北、江苏、湖南、四川、江西、北京、福建、西藏、天津、安徽、贵州、河南、上海等14个省、自治区、直辖市。全国100种主要产品产量，有79种提前完成和超额完成了国家计划，其中发电量、钢材、八种有色金属、化肥、纯碱、烧碱、水泥、棉纱、化纤、麻袋、机制纸及纸板、自行车、手表、缝纫机、电视机等57种产品，增长都在8%以上。一些

---

[*] 这是袁宝华同志在五届全国人大第十三次常委会上的汇报讲话。

短线、缺门产品，如小型钢材、线材、薄板、焊管等，比1978年增长16%以上。1979年各地区、各部门在大抓增产的同时，注意抓好增收，预算内独立核算的4万多个国营工业企业，全年实现利润507亿元，比上年同期增长9.4%。此外，工业产品的出口也有增加，据统计，1979年全年，出口共136亿美元，工业品占77.8%，工业部门全年提供的出口产品达106亿美元，其中纺织品、轻工业品、工艺品、五金矿产、化工产品、机械产品，都超额完成了全年的出口计划。

交通运输完成国家计划的情况也比较好。去年，铁路、交通、邮电部门狠抓了"卡脖子"区段、重点港口和电信的技术改造，加强了运输组织和管理工作，提高了运输和通信效率，提前完成了全年计划。港口压船压货的情况有所好转，从8月开始已消灭了"超月船"。

1979年是对国民经济进行调整的第一年，经过去年一年的实践，我们对于工业交通战线如何全面地、正确地贯彻执行调整、改革、整顿、提高的八字方针，找到了一些门路，摸索了一些经验，并取得了一定的成效。主要有以下几点：

1. 按照调整国民经济的要求，加快轻纺工业的发展。轻纺工业发展缓慢，是国民经济中的一个突出问题。使轻纺工业的增长速度赶上或略高于重工业的增长速度，使主要轻纺产品的增长大体上同国内购买力的增长相适应，并大量增加出口，这是三年调整中的一项重要任务。去年上半年，全国工业总产值比1978年同期增长4.1%，其中重工业增长6%，轻工业只有1.5%。五届人大二次会议后，各地区、各部门认真贯彻调整国民经济方针，采取各种有力的措施，例如，在燃料动力原材料供应和交通运输上，优先保证轻纺工业生产需要，在基本建设投资、银行贷款和技措费用安排上，大力支持轻纺工业，组织重工业部门和民用电子工业部门，积极生产市场需要的轻工产品，积极协调工商关系，搞好产销衔接，等等，促进了轻纺工业的发展。从7月份起，轻纺工业增长速度开始逐月超过了重工业的增长速度。这种轻重工业比例关系的调整，对于增加市场轻纺工业产品供应，增加外贸出口，起了积极作用。

2. 把工业交通生产逐步转移到品种、质量第一的轨道上来。继1978年在全国范围内开展第一个"质量月"活动之后，去年全国又开展了第二个"质量月"活动，充分发动群众，揭矛盾、找差距，制定提高质量、增加品种的赶超规划,加强技术基础工作,充实必要的检验和测试手段,推行全面质量管理,大搞质量攻关。不少地区和部门在这方面做出了显著的成绩。据21个省、自治区、直辖市不完全统计,主要产品质量指标80%以上恢复到了历史最好水平。其中北京、天津、上海、辽宁、四川五省市已达到90%以上。冶金、石油、化工、纺织、轻工、煤炭、建材等7个部门的重点企业,30项主要产品质量指标,全年平均都比去年有所提高。全国已有9个大电网周波合格率达到99%以上。农机产品质次价高的状况也有了改变,整机产品抽查合格率平均达到96%。在去年"质量月"活动中,全国共有172种民用工业产品获得了国家金质或银质奖章。据不完全统计,各部评定的优质产品还有817种,各省区市评定的优质产品有1 713种。在整顿和提高产品质量的同时,各地区、各部门普遍抓了产品品种的创新。据北京、天津、上海、四川、湖北等18个省、自治区、直辖市统计,去年试制的新产品、新品种有13 700多种,新花色、新规格15万多个。去年,全国和绝大多数省区市都搞了新产品展销会,对提高产品质量、增加花色品种,起了积极的推动作用,使长期以来工业产品质量低劣、品种陈旧的情况有所改进。交通运输和邮电通信的质量,也比往年有了提高。

3. 大力节约能源,以节约求增产。能源供应紧张同能源使用和管理落后,是当前工业交通生产中的一个突出矛盾。去年,我们在组织工业交通生产中,一面要求能源生产部门努力增产,减少自用和损耗;一面要求能源消费部门狠抓节约,千方百计降低能源消耗。全国开展了第一个"节能月"活动,普遍加强了节能工作的领导,加强了能源管理,开展能源利用大普查,核定能源消耗定额,实行凭证定量供应和择优供应,推广节能新技术,大搞余热利用、余热发电,提高热能利用效率。同时,充分发动群众反浪费,堵漏洞,挖潜力,广泛开展节约一度电、一滴油、一克煤、一滴水的群众性活动,并把节约能源同奖励挂起钩来。所有这些措施,都收到了好的效果。去年,全国工业总产值比1978年增长8.1%,而能源消耗总量只比1978年增长2%左右;和1978年实际能耗水平相比,由于单耗降低,相当于全年节约煤炭2 300万吨、石油150万吨、电60亿度,做到了从节约中求增产。

4. 在计划调节和市场调节相结合的方针指导下,充分发挥了市场调节作用,把生产搞活,把企业搞活,把经济搞活。去年,各地区、各部门和许多企业,解放思想,敢于实践,加强市场调查、预测工作,注意按照市场需要组织生产,调整产品方向,千方百计地使产品适销对路,提高产品的竞争能力,在质量上以优制胜,在花色品种上以新制胜,做到物美价廉、薄利多销。许多工业部门和企业,在完成国家生产计划和收购任务后,将国家不收购的产品,按国家规定的价格政策,采取多种多样的形式,直接投入市场。例如实行厂店挂钩,举办展销店、展销专柜、展销会、地方工业市场产品选样订货会,搞来料加工,组织推销队直接到各地或市场上销售产品,等等。这种产需直接见面的做法,促进了生产的发展,使原来一些企业积压滞销的产品变成了"热门货",一些原来生产任务"吃不饱"的企业变成"吃不了"。据统计,在省区市工业总产值中,通过市场调节实现的产值部分,江苏占40%,四川占20%,辽宁和天津各占10%,广西占15%(上述数字都有估算成分)。北京市到目前为止,工业部门已设立自销、试销门市部46个,有110多个工厂与基层商店直接挂钩,销售产品3 000多种;在市场调节的范围上,已从轻纺工业等生活资料生产部门,发展到冶金、机械、电子、化工等生产资料生产部门;市场调节方法也由简单的推销、展销形式,向设立经营中心、搞技术服务等更高一级形式发展。在国家计划指导下,充分发挥市场调节的作用,加强了产销结合,使企业的生产门路越来越宽,越搞越活;同时,更好地满足了各方面的需要。

5. 关停并转了一批消耗高、浪费大、长期严重亏损的工业企业。各地区、各部门按照经济合理、截长补短、择优供应、专业化协作的要求,本着少关停、多并转的原则,对一些消耗高、质量差、浪费大、亏损严重和重复生产、原材料无来源、产品无销路的企业,进行了初步调整。据21个省、自治区、直辖市的不完全统计,去年关停并转的企业约有3 600个,其中关停了1 300个。把关停企业的燃料、动力和原材料调拨给生产条件好、经营管理好的企业,使之吃饱开足,取得了更好的经济效果。例如,河北省关停并转13个小钢铁厂,省属重点炼铁厂停开了5座高炉,调整的结果,焦炭供应量减少了11万吨,而生铁产量增加了9万吨,钢产量增加了5万吨。事实说明,这样调整是完全必要的。

6. 扩大企业经营管理自主权,把企业的经济责任、经营效果和经济利益结合起来，充分调动企业的积极性。去年，经国家批准进行扩大企业经营管理自主权的试点企业，全国已有 2 000 个，连同省市自行试点的企业，总共达 3 000 多个。这些企业都是经过整顿，生产和管理工作比较正常的。从去年短短几个月的试点情况来看，效果是显著的。主要是促进了生产发展，增加了利润收入，加快了技术改造的步伐，改善了企业经营管理，扭转了干多干少一个样，干好干坏一个样，盈利亏损一个样的状况；把国家、企业和职工个人三者的利益更好地结合起来，做到了"三多"，为国家作出了更大的贡献。四川省试点的 84 个地方工业企业，工业总产值比 1978 年增长 14.7%，上缴利润增长 19%。在增长利润中，国家所得占 64%，企业所得占 36%，职工每人平均得到的奖金相当于两个多月的标准工资，体现了国家多收、企业多留、职工多得的要求。云南省试点的 100 个企业，生产发展和利润增长的速度都大大超过了全省的平均水平，实现利润比去年增长 44.9%，预计国家将比 1978 年多收 7 000 多万元，企业将多得 3 000 万元，职工平均全年可多得 30 元左右。全国扩大企业经营管理自主权的试点，去年一般还只是搞了利润分成，今年将按照国务院五个文件的规定，逐步扩大其他经营管理自主权的试点内容。

以上这些情况说明，工业交通生产的调整工作，起步是好的，变化是大的，成效是显著的。但是，按照三年调整、改革、整顿、提高的要求，任务还很艰巨，必须继续抓紧工作，进一步统一认识，统一计划，统一步调，加快前进的步伐，把调整工作做得更好。

二、1980 年工业交通生产的任务

1980 年是国民经济调整的第二年。今年的工作，对于夺取四个现代化第一个战役的胜利，具有重要的意义。我们工业交通战线一定要坚持党的领导，巩固和发展安定团结的政治局面，发扬艰苦奋斗的创业精神，建立一支坚持社会主义道路的、有专业知识的干部队伍，继续认真贯彻调整、改革、整顿、提高的方针，广泛深入地开展增产节约运动，确保完成和超额完成今年的国家计划。

经过全国计划会议讨论，1980 年工业交通生产的主要任务是：

1. 根据农、轻、重的方针，积极安排适销对路的化肥、农药、农业机具和农民需要的建筑材料等产品的生产，搞好技术服务工作，大力支援农业。

2. 优先保证轻纺工业的生产，并动员各行各业增产市场需要的产品，使轻纺工业生产的增长高于整个工业生产的增长，努力适应城乡购买力大幅度增长和增加出口的需要。

3. 狠抓降低能源消耗，在基本上不增加煤、油、电的条件下，从节约中求增产，从节约中求速度。

4. 调整各个行业内部的比例关系：煤矿和其他矿山的掘进、剥离欠账要补上；加强石油勘探，扩大新的储量；搞好现有电力工业的完善配套；改善森林的采育比例；增加轧钢能力，提高出材率，增产短线品种；机械工业要组织专业化协作，狠抓新产品试制，加强技术服务；加快现有铁路干线的技术改造，提高"卡脖子"区段的通过能力；抓紧搞好港口的挖潜配套，扩大吞吐能力；等等。

5. 把质量、品种摆在第一位。根据国家建设、人民生活和外贸出口的需要，增加花色品种，提高产品质量，使所有工业产品都要适销对路、合格合用。今年工业生产增长6％的速度，必须是扎扎实实的。

顺便在这里汇报一下今年1月份的生产情况，今年1月份工业生产有了一个良好的开端。1月份全国工业总产值393.6亿元，比去年1月增长20.8％，其中轻工业比去年1月增长30％（去年春节在1月），按平均日产值计算全国增长8.7％，轻工业增长17％。财政收入也比去年1月增长11％，收大于支17亿元。100种主要工业产品，绝大多数都比去年1月有不同程度的增长。应该说，这还仅仅是个好的开端，要完成今年的任务还要做艰苦的努力，要着重抓好以下工作：

第一，按照"六个优先"的原则，确保轻纺工业生产有一个较快的发展速度。

今年，轻纺工业的增长速度计划为8％，高于整个工业增长6％的速度。但是，根据社会购买力迅速增长和扩大出口的需要，轻纺工业应有10％～12％的增长速度才能基本适应。因此，在计划执行过程中，我们要向这个目标努力，争取超过8％的指标。

保证轻纺工业迅速发展的主要措施：一是对轻纺工业生产在安排上

实行"六个优先"的原则,即原材料、燃料、电力供应优先,挖潜革新改造措施优先,基本建设施工力量安排优先,银行贷款优先,外汇的分配和技术引进优先,交通运输优先。特别是原材料的供应,不要留缺口,宁肯挤一下其他行业的需要,也要保轻纺工业。二是把用于轻纺工业的各项资金、贷款管好用好。今年由国家安排用于轻纺工业的资金是相当多的。除了地方安排的以外,由国家集中安排轻纺工业的基本建设投资12.4亿元,重点技措4亿元,银行贷款20亿元,外汇贷款3亿美元,进口轻纺工业所需原材料25亿美元。这样的安排,按照国家目前财力物力的条件,已经是尽了最大的可能。一下子拿出这么多的资金用于发展轻纺工业,也是历史上少有的。一定要严格管好用好这些资金,使其发挥最大的经济效果。三是加强市场预测,搞好工商衔接,根据社会需要调整产品品种,进一步把轻纺工业生产搞活。要注意增产农村市场需要的结实耐用的中低档产品,还要注意增产城市和出口、旅游需要的高档产品。企业在国家计划范围内,可以根据用户的要求和市场的需要,具体安排产品的品种、花色和规格,主管部门不要乱加干涉,不要硬压产值。凡属商业统购包销或订购的产品,商业部门要按计划和合同及时收购,工业部门要按计划和合同按质按量交售;商业部门不收购的产品和新产品,企业可以采用各种形式自销。但是一定要严格执行国家的物价政策,不能自行随意提价或削价。还要协调好工商、工农、军工民用等各方面的关系,从全局出发,研究解决有关的经济政策和经济立法问题,保证轻纺工业生产能够顺利发展,保证市场稳定。四是要抓好城镇集体所有制工业企业的生产,努力增产城乡市场需要的日用工业品和手工业品。要尊重集体所有制企业的自主权,对它们的产品、资金和物资等,不能任意平调。对轻纺工业的"六个优先"原则,同样适用于城镇集体所有制轻纺企业。特别要注意解决好小商品的生产、销售和原材料供应等问题。

第二,狠抓能源的节约,确保工业生产增长6%的速度。

根据今年计划,能源的生产比1979年下降1%,而要求工业生产增长6%,节约能源已成为工业交通战线一项更加迫切的任务。今年要进一步开展"节能月"活动,要求各行各业必须做到节油10%、节煤5%、节电3%。

在节约能源方面,今年要着重抓好以下几项工作:一是组织节约能源工作队,深入基层,协助企业进行调查研究,制定节能规划,落实节能措施,推广节能新技术。国家专拨节能措施费13亿元用于锅炉改造压缩烧油、余热利用、煤矸石利用等。二是从上到下建立起全国能源管理体系。国家经委成立能源管理局,各省、自治区、直辖市经委和各工业交通主管部门也要建立相应的机构。所有大型企业和耗能量大的企业,都要在生产副厂长或总工程师领导下,设能源工程师和能源机构,其他企业也要设专人管理。三是开展能源利用情况的大普查。今年要对重点企业进行一次能耗查定和热平衡核算,搞好节约能源的基础工作。四是研究制定能源技术经济政策,逐步制定能源法规,以促进能源的开发和合理利用。

第三,大力加强矿山工作,尽快改变矿山的落后状况。

目前,矿山落后已经成为我国工业发展中的一个突出问题。无论是煤矿,还是冶金、化学、建材及其他非金属矿山,除了地质勘探和基本建设不适应今后发展需要外,当前都存在着采掘采剥关系严重失调(统配煤矿接替紧张和失调的矿井96处,占统配矿设计总能力的1/4。重点铁矿,开掘、剥离欠账1.12亿吨,掘进欠1万米。重点有色矿1/4失调,欠掘17.5万米,欠充81万立方米)、矿山设备陈旧落后、矿山更新改造资金提取比例太低(煤矿2.5元/吨,铁矿1.7元/吨,有色矿3.5元/吨,化学矿2.5~4元/吨)以及矿产品价格不够合理(鞍钢铁精粉售价31元/吨,而成本34元/吨)的问题,阻碍了矿山的发展,许多矿山连简单再生产都难以维持。此外,在矿山资源的保护、矿山职工的福利待遇等方面,也都存在一些亟待解决的问题。从当前情况来看,要着重解决两个问题:一是全力以赴地抓好矿山的调整工作,认真贯彻采掘并举、掘进先行的方针,调整采掘比例关系,力争在两三年内还清欠账。二是研究调整有关经济政策,解决挖潜革新改造的资金渠道,适当增加矿山的更新改造资金,调整矿产品的价格,改善矿山职工的安全劳保和福利待遇,以及取消进口铁矿石的价格补贴等等(到港成本52.54元/吨,调拨价38元/吨,每吨亏14.54元,去年进口840万吨,外贸部门补贴1.2亿元),扶植矿山的发展。

第四,多方采取措施,力争机械工业保持住去年的生产水平。

今年机械工业面临的突出问题是生产任务不足。据初步匡算，一机和农机系统产值大约比去年减少 1/4，即 100 亿元左右。我们一定要充分发挥主观能动性，千方百计，广开生产门路，使机械工业能够保持一定的生产水平。去年，各地机械工业部门已经创造了一些好做法、好经验，今年要继续总结、推广。例如，企业在完成物资部门订货计划以后，多余产品可以自销，或者委托商业网点和物资经营部门经销、代销；可以承接来料加工，积极"找米下锅"；进一步改善技术服务；等等。有些厂可以结合工业改组，转产市场急需的电表、水表、煤气表和耐用消费品。要同外贸部门密切配合，多搞一些补偿贸易、合作生产、来图来样加工，弥补生产任务的不足。同时，根据国家计划的安排，要利用现有生产能力，制造和储备一些将来有用的大型设备，如 10 万千瓦以上的火力发电机组 135 万千瓦、竖井施工机械 20 套、大型减速机、轧钢设备 1.3 万吨、综合采煤机组 11 套等，为今后的大规模建设做好准备。此外，要加强引进成套设备分交工作的管理和单机进口的审查，力争多分交一部分由国内制造。凡能引进新技术、国内能够自己制造的，就不要引进设备，支持国内机械工业生产，提高机械制造水平，为国家增加收入和节约外汇。

第五，从加强运输组织工作、改善经营管理和狠抓技术改造方面，挖掘运输潜力，加强交通运输这个薄弱环节。

1980 年，铁道、交通和邮电生产工作，主要以西煤东运、外贸物资运输和增加市内电话通信能力为重点，努力提高铁路"卡脖子"区段和主要港口的通过能力，既要完成当年运输生产任务，又要为今后承担更大运输任务创造条件。要大力组织合理运输和铁路、公路、水路的联合运输，在保证安全的前提下，开展满载、超轴、超列运输，多运一些货物，落实造车、造船计划和老线老港的挖潜革新改造。要重点抓好陇海东、西段，石太、石德、胶济、京包、包兰、湘黔、柳黎（柳州到黎塘）线，以及上海、天津、秦皇岛、大连、连云港等煤炭、石油、集装箱专用码头的改造。邮电通信方面，要重点抓好市话建设。自动电话，我国大陆共 100 多万部，香港 120 万部，台湾 100 万部；电话普及率（百人有电话机数），美国为 90%，日本为 60%，我国为 0.35%。同时，要努力增加长途通信能力。

第六，有计划有重点地进行老企业的挖潜革新改造。

依靠现有企业，充分发挥它们的作用，这是我们搞四个现代化的立足点，进行新长征的"根据地"。尤其在三年调整期间，工业交通生产的增长，国内市场和出口商品的增加，资金积累的扩大，几乎完全有赖于挖掘现有企业的潜力来实现。因此，我们要坚持"先生产、后基建，先挖潜、后新建"的方针，搞好现有工业交通企业的挖潜革新改造（挖革改资金1980年约有54亿元，其中国家预算拨款15亿元，折旧基金提取22亿元，地方部门自筹约17亿元）。1980年，挖潜革新改造的重点是：节约能源；优先发展轻纺和手工业；加强交通运输的薄弱环节；提高产品质量，增加花色品种；增产短线原材料。要通过这些措施，完成压缩烧油400万吨能力，节煤、节油、节电折合原煤1 000万吨能力，增加西煤东运能力1 000万吨，增加沿海港口吞吐能力1 000万吨，并大幅度地增加市场急需的轻纺工业产品。

第七，坚持质量第一的方针，继续大打产品质量的进攻仗。

这两年，在全国范围内连续开展了两次"质量月"活动，这对于加强质量管理的基础工作、整顿和提高产品质量起了很大作用，但是产品质量不高，花色品种不多，结构性能落后，仍然是当前工业交通生产中的一个突出问题。我们一定要把提高产品质量作为贯彻"八字方针"的一项重要内容，继续开展"质量月"活动，深入持久地抓下去。

今年要大力推行全面质量管理，切实加强质量管理的各项基础工作，从产品设计、原材料进厂、生产过程中的每道工序直到产品出厂和技术服务，逐步形成完整的质量管理体系。同时，要继续整顿好图纸、工艺、工卡量具，充实测试手段，修订、制定技术标准，加强设备维修，搞好文明生产。本着高标准、严要求的精神，搞好优质产品的评比工作。对已经获得国家金质、银质奖章的产品，要狠抓巩固提高，不能倒了牌子。今年优质产品的评选，要严格把关，凭数据说话，宁少毋滥。评上的优质产品，必须是经过多年考验、在国内外市场上享有盛誉的产品。同时，要继续推广和采用先进技术，发展新产品、新花色、新品种，加速产品的升级换代。

第八，继续抓好扭亏增盈，全面开展清产核资。

根据中央和国务院的指示，我们工业交通部门和企业，都要加强财政观念，努力做到增产增收，严肃财经纪律，保证国家财政收入。据初步统计,去年底全国工业企业还有1万个亏损户,亏损总额达36亿元,其中由于经营管理不善发生的亏损就有12亿元,因此,扭亏增盈的任务还是相当艰巨的。要求各地区、各部门对那些消耗高、浪费大、亏损严重的企业,要坚决进行调整和整顿。从今年起,凡属经营性亏损,不准列入亏损计划。凡属政策性亏损企业,没有完成扭亏计划的,不得提取企业基金和职工奖金。

清产核资工作,按照国务院的部署,要在去年试点的基础上全面铺开,并在今年底以前基本搞完。所有工业交通企业,都要对固定资产和流动资金进行全面的清查盘点,核实入账,做到账实相符,家底清楚。对于多余或积压的物资,应当尽量利用,积极处理。要求今年内,全国利用库存钢材300万吨,利用多余积压的机电产品20%~30%。

第九,继续搞好扩大企业自主权的试点,进一步搞好工业改组和企业性公司的试点工作。

目前,全国正在进行扩大企业自主权试点的3 000多个企业,占全国预算内工业企业总数的7%,工业总产值的30%以上,工业利润的45%左右。这些企业,对于全国是举足轻重的。要加强对试点工作的领导,把企业的经济责任、经营效果和经济利益结合起来,做到增产增收。今年内,要按照国务院五个文件的规定,逐步在计划、产销、物资、价格、劳资、人事等方面扩大试点内容,并进一步总结经验,为明年全面推广做好准备。

关于工业改组和组织企业性公司,今年主要抓好各地区、各行业改组工业的规划,继续抓好去年确定的35个企业性公司的试点工作。

第十,认真整顿企业,继续坚持工业学大庆。

目前,全国县以上工交企业共11.1万个,其中大庆式先进企业1.4万个,占13%;大中型工交企业6 600个,其中大庆式2 700个,占40.9%。从全国大多数工业交通企业特别是大中型企业来看,恢复性的整顿工作已经基本完成。随着全党工作着重点的转移,企业整顿的重点应当转到按现代化建设的要求,以生产为中心,以提高经济效果为重点,提高生产水平、技术水平和管理水平上来。工业学大庆,要学习大庆的好经验,还要学习本地区、本行业的先进经验,广泛开展比学赶帮超活动,评选出一批向现代化进军的先进单位和个人,迎接全国劳模大会的召开。

今年，我们要花大力量来抓企业整顿，首先要按照中央的要求，在企业中建立一个团结一致搞四化的、精干的领导班子。凡是不符合这个要求的，主管部门要负责进行调整。对于至今还在那里闹派性的人，要坚决调离领导岗位。要把那些坚持社会主义道路、年富力强、懂业务技术、有干劲的优秀干部提拔到领导岗位上来。其次，要建立严格的责任制度。在党委领导下，生产的组织指挥由厂长全权负责；生产技术工作由总工程师负责，财务工作由总会计师负责。各级、各个环节以及各个岗位、各道工序，都要有明确的责任制。坚决改变那种名义上谁都负责、实际上谁也不负责的状况。三是要普遍实行厂内经济核算制，开展经济活动分析，要抓好各项基础工作，逐步建立起质量管理体系、能源和原材料管理体系、经济核算体系。四是整顿和改进奖励办法。企业内部的奖励制度要整顿。要制止滥发奖金，克服平均主义。对严重违反财经纪律的，要追查责任，严肃处理。五是要结合企业整顿，办好技工学校、业余教育和各种训练班，开展岗位练兵活动，大力加强职工培训，提高干部的管理业务水平，提高工人的文化知识和技术熟练程度。

工业交通战线1980年的任务是十分艰巨的。我们一定遵照党中央、国务院的指示，兢兢业业地做好工作，切切实实地、一个一个地解决实际问题，一天也不放松。我们要认真地研究解决工业交通生产中的经济政策问题，协调好各方面的关系，促进工业交通生产的调整和增产节约运动的深入发展，保证完成和超额完成1980年的国家计划。

建立永久性的培训基地是
经济发展的需要[*]

(1980年2月28日)

去年以来，工交系统大力进行了经济管理干部的培训工作，已取得显著效果。据29个省、自治区、直辖市和18个工交部（总局）的初步统计，去年举办多种类型的研究班、轮训班和技术业务学习班，共培训各类经济管理干部46万多人次，其中县属以上企业领导干部15.3万多人次。同时，在中国企业管理协会的协助下，国家经委、全国总工会去年还举办了四期企业管理研究班，共培训学员475人。参加学习的有各省、自治区、直辖市及部分工业城市的经委和工会的负责人，国务院工交各部门和重点企业的负责人。参加研究班学习的不少同志在结业时写出了具有一定水平的经济管理方面的论文。总之，通过学习，学员们提高了认识，增长了见识，学到了经验。一些同志在经济管理、企业管理方面从理论到实践有不少突破。比如，打破了生产资料不是商品的禁区，使生产资料进入了市场；注意了市场调节的作用，把生产越搞越活；进行了扩大企业自主权的试点，把国家、企业、职工三者利益结合起来，调动了企业和职工的积极性；提高了对管理是一门科学以及培养人才的重要性的认识，广泛开展了企业管理教育工作；注意学习研究外国先进经验，大力推广全面质量管理，收到显著效果。上述成绩的取得是各方面共同努力的结果，各地举办的各类研究班、轮训班培训了大批干部，也起了很重要的作用。

当然，目前干部培训工作也还存在不少问题，需要进一步加以解决。

---

[*] 这是袁宝华同志在中国企协第一次年会开幕式和国家经委、全国总工会第五期企业管理研究班开学典礼上的讲话摘要。

邓小平同志在今年1月16日关于《目前的形势和任务》的讲话中指出："对于我们的建设事业说来，八十年代是很重要的，是决定性的。这个十年把基础搞好了，加上下一个十年，在今后二十年内实现中国式的四个现代化，就可靠，就真正有希望。"① 把80年代的基础打好，工交系统在培训工作上要抓好以下几件事：

目前培训干部的主要形式是办研究班、轮训班，这从目前来看是必要的。但是，由于这种形式时间短，课程不够系统，就内容看基本上属于"入门"教育。今后，必须研究对干部的系统培训，使各级经济干部能掌握系统的管理知识并且学以致用，把学到的知识和科学管理方法用到工作实践中去。必须建立永久性的培训基地，以适应形势发展的需要。

实现今明两年内把县以上企业领导干部轮训一遍的规划，要切实加强组织领导，认真解决培训工作中的各种实际问题。工交各部、各级经委都要有专门机构和负责同志亲自抓，并作为一项经常性的业务管起来。

在抓好各级领导干部培训工作的同时还要抓好全员培训工作，特别是基层干部的培训工作。企业的基层干部，如车间主任、工段长，是生产第一线的指挥者，生产第一线管理得好坏，在很大程度上取决于他们的工作水平。对于现有工程技术人员和工人的培训工作，也必须抓紧抓好。

做好派出去、请进来的工作。要选派一批具有专业知识和业务水平，年纪较轻的厂长（经理）或中层管理干部到国外进行系统培训。同时请国外专家来华讲学或到企业进行"诊断"，引进智力工作，先试点，取得经验，再逐步扩大。出国培训预选名单要精选，并做好语言训练的准备。

加强教材编写工作。近期首先要编印出《工业经济管理概论》、《企业管理概论》两本教材。要继续认真地、系统地总结各地区、各部门、各先进企业的管理经验，作为教材，并在教学过程中逐步完善，不断提高。

---

① 《邓小平文选》，2版，第2卷，241页，北京，人民出版社，1994。

把标准化工作提到议事日程上来[*]

(1980年3月17日)

过去我们对标准化、系列化、通用化重视不够,贯彻不力,没有坚决按照"三化"来办事情,使我们的工作受到一些损失,经济上付出不少学费。当前,在工业生产技术水平越来越高的情况下,要进行专业化生产,就需要组织协作,就需要有共同的技术标准,也就必须加强标准化工作。所以,我们要重视标准化,把这项工作放到各部门、各地区、各企业、各单位的重要议事日程上来。

搞标准化工作的部门要不断地加强调查研究工作。要不断地提高标准化工作水平,为企业服务,为四个现代化服务。标准不是一成不变的,要不断地修订。而我们的标准往往是20年一贯制,解放牌汽车就是一个例子,类似这种情况还不少。当然,这同我们生产能力太小有关,但是,这种状况无论如何不能适应今天加速国民经济发展的要求。要解决这个问题,就要加强调查研究工作。首先是向我们自己做调查,向国内实际做调查,要了解我们自己的情况。同时,要向外国做调查,了解外国标准化工作情况,加强国内外的情报工作。标准化是一门技术,是一门科学,是经济管理、工业管理、企业管理中不可缺少的一部分。我们要进行科学管理,一定要把标准化工作搞好,不能按长官意志办事,要按客观规律办事。不能只靠我们在机关里,参考中国和外国资料去制定标准,我们要深入实际,进行调查研究,了解情况,才能够帮助和促进企业提高产品质量。标准化管理机构和检验机构,都要为国家把好质量关,做好质量监督检验工作。很重要的一条就是要深入实际,调查研究,全心全意为企业服务,为四个现代化服务。据说,日本规格协会标准资料部门,藏有80多个国家的成千上万份标准。我们现有标准太少,要做的工

---

[*] 这是袁宝华同志在全国标准化工作会议上的讲话摘要。

作很多，搞标准化工作的同志大有用武之地。日本企业生产的目标是满足用户需要，"用户即帝王"。用我们的话说，就是用户第一，根据用户需要，不断地修订标准。

要搞好标准化工作，必须把各方面的力量动员、组织起来，加强协作。不仅靠管理部门，还要靠以管理部门为主组织起来的标准化工作网。同时要靠广大群众，靠组织企业、学校、研究机构、检验机构的力量，加强协作，才能做好工作。全国标准化协会要赶快成立起来。协会是群众团体，要动员和组织广大的群众，组织各方面的力量，共同把这个工作做好。

要搞好标准化工作，必须大力培养干部。从领导机关到广大企业、学校、研究机构、检验机构，要动员和组织所有搞标准化工作的同志，学习标准化工作的业务知识和科学技术知识。可以派人出去，也可以请进来。日本人介绍说，当标准化工作还不为大家所认识的时候，要有一批积极分子，拼命地搞宣传工作。日本当时的积极分子都是二三十岁的年轻人，他们一天到晚大喊大叫。一个新生事物，新的工作，不大喊大叫便不能为人们所了解、所重视。我看参加会议的同志就应该是积极分子，是我国开展标准化工作的骨干，要大喊大叫，做宣传工作，让大家认识标准化工作的重要性，把标准化工作提到议事日程上来，把标准化推进和提高到一个新水平。

联邦德国、瑞士、奥地利经济管理考察报告[*]

(1980年7月)

应欧洲管理论坛的邀请，于1980年4月30日至6月4日，国家经委代表团访问了瑞士、联邦德国和奥地利，此行主要考察西欧的企业管理、工业管理和经济管理，而以企业管理为重点。

这三国的经济发展水平都较高，按人口平均的国民生产总值，瑞士和联邦德国都在一万美元以上，超过了美国；奥地利也高达6 000美元。三国都是联邦制，在经济管理上有许多共同之处，特别是联邦德国、奥地利两国尤其相似，瑞士在企业组织上受英美影响多些。此次考察在联邦德国时间较长，本考察报告以联邦德国情况为主。

一、关于企业经营管理的特点

同美、日相比，联邦德国企业经营管理的主要特点有：

1. 企业的所有制形式比较复杂。虽然都是资本主义企业，但具体形式却有：(1) 由一个或几个家族所有，对外不出售股票。(2) 由一个或几个资本家和银行家掌握主要股份，其余的股份分散在较多的股票持有者手中。这类企业大型的较多，其股票进交易所。(3) 政府和私人合资经营，有的政府占有主要股份，有的私人占有主要股份，出售股票。(4) 联邦政府和州政府合营，不售股票。(5) 完全国营，不售股票。

联邦德国的国营经济，在11个主要工交行业中，邮政、电信、铁路、航空全为国营；电力中国营部分约占3/4；煤气和煤炭中约占1/2；

---

[*] 这是袁宝华同志率国家经委代表团应欧洲管理论坛邀请考察联邦德国、瑞士和奥地利回来后给国务院写的报告摘要。

石油产品、汽车和造船中约占 1/4；钢全部私营。国营部分的比重，联邦德国和瑞士差不多，奥地利多些。

2. 国营企业，都按私人资本主义经营原则进行管理。国营企业在组织上、经营管理的原则和方法上都和私人资本主义企业一样，除了铁路、高速公路等由政府垄断外，其余的都和私人企业在市场上竞争。我们访问私人公司时，他们也认为，自己同国营企业处于平等地位。

虽然如此，国营企业的经营管理水平一般还是低于私人企业，如经营铁路的国营企业，历来就是赔钱的，原因是在公众反对提高运价的条件下，很难转亏为盈；管理人员的个人积极性和责任心也差些。

3. 职工在企业经营管理方面起较大的作用。联邦德国法律对企业的监督委员会、管理委员会和工人委员会的组织和职责，都有明确的规定。

监督委员会类似美、日的董事会，但它的成员一半是股东代表，另一半是职工代表。监委会的主席一般由股东代表担任，副主席由职工代表担任，但必须取得 2/3 以上委员的同意。监委会表决问题时，如双方票数相等，主席有最后决定权。监委会讨论并决定企业经营管理的重大方针政策，控制预算，决定管理委员会的人选。凡 2 000 人以上的企业，必须成立监督委员会。

管理委员会负责企业的日常经营管理工作，管理委员会的主席就是总经理。管委会成员一般都是管理和技术方面的专家，有的是有专长的股东，有的是雇用的专家。

工人委员会由全厂职工选举产生，凡雇用五人以上的企业都必须成立。它的主要任务是维护工人的工资、福利、安全等权益，每两年改选一次。工人委员会和企业中的工会是两回事，非会员也有选举权和被选举权。工人委员会的委员数取决于职工人数。法律规定，300 人以下的企业，委员人数不得超过 7 人，并且不设脱产人员；300 人以上的企业，委员和脱产委员的人数都相应增多。工人委员会对管理委员会涉及工人权利的某些决定，如解雇工人、调整工资等，有否决权，但不能干预企业的生产经营活动，在这方面只有了解情况和提意见的权利。一般企业，管理委员会为了处理好同职工的关系，在生产经营方面，如在购置新设备、增加新品种、改变经营方式等问题上，通常都与工人委员会商量。我们在访问奔驰汽车公司等企业时，都有工人委员会代表同管理委员会负责人一起参加接待。

联邦德国工人在企业中的权利较大,并有法律保证。这除了社会民主党的影响较深外,还与德国的特殊历史条件有关。战后,原国营企业被占领军控制,它们要依靠职工恢复生产,给职工代表以较大的经营管理权。私人企业的资本家因与战争有牵连,许多人逃往国外,职工为了生活,组织起来护厂,恢复生产,进行经营活动。后来这些资本家陆续返回,也不得不照顾已经形成的现实。

4. 管理机构的设置灵活多样。联邦德国企业在经营多样化、生产专业化和协作社会化方面,同美、日没有多大差别。但是,在管理机构的设置上,美国和日本都大体有一个格式,大中小企业的管理机构基本相同。而联邦德国各企业的管理机构却差别很大,企业都根据自己的需要,设置相应的机构,而不彼此模仿。如奔吉色化学公司,在管理委员会下设四个管理部门:营业部,负责国内外市场调查、产品推销和原材料采购;技术部,负责研究发展、组织生产、质量控制;财会部,负责经济核算;人事福利部,负责劳动工资、职工福利、职工培训。而普发夫缝纫机公司,由于其产品销往130个国家和地区,因而单独设立了由350人(其中包括80名工程师)组成的庞大的技术服务部门。克疠伯电子公司则根据自己的情况,把环境保护、财务管理、成本控制、原材料采购等都划归商务部门管理。奔驰汽车公司认为搞好现代化管理可以归结为五个"M",即管理、人、钱、设备、原材料(这五个词英文首字母都是M),他们认为好的管理会带来好的技术和好的经济效果,不好的管理可以破坏企业的一切。因此,15个副总经理中有10人分别负责抓这"五M",另外5人分别管计划、销售、发展和产品质量,他们的管理机构又有自己的特点。他们按照企业的特点设置相应的管理机构的做法,使管理部门的效率更高,又可避免机构臃肿的毛病。

5. 在技术改造中充分利用旧设备,重视传统的手工技巧。他们在对老企业进行技术改造的过程中,比美国更加重视旧厂房、旧设备的利用,还特别注意发挥传统手工技巧的优势。例如,联邦德国奥尔德分离器公司是1892年建立的老厂,战后陆续购置了一批现代化的数控机床和电子检查设备,但同时保留着战前使用过的一些旧式机床,还专门保留一个手工车间,有一批技术熟练的50岁左右的老工人,专门用不锈钢片镶包分离器的生铁铸件,这种技术可以使分离器的铸铁缸体同全部用不锈钢制造的缸体发挥同样的效用,而成本却大为降低了。在工厂培训的青年工人中还有一批专门学习这种手工技术的。又如奥地利安德列兹机械公司,是1852年建立的,他们把1900年修建的木结构厂房,与50年代扩建的钢筋混凝土结构的厂房联结起来,又同70年代新建的钢结构玻璃厂房联结起来,在现代化生产线的旁边配置有战前使用过的皮带车床,水轮机叶片用手工打磨,他们的口号是"传统加进步"。他们说,木结构的老厂房还能继续使用,并且噪音较现代化钢结构厂房小。旧的16米立式车床采用三班生产,产量并不比新式自动车床两班生产低,质量也不差,如果用新式设备取代,需投资200万美元。由于他们采用这种方法,产品成本比10年前降低了30%,因而使竞争力提高了。

6. 劳资关系和工资福利。联邦德国、瑞士、奥地利三国实行自由雇佣制度,企业招工时,劳资双方在工会介入下签订合同。他们对日本的终身雇佣制度不以为然,也不赞成美国那种不稳定的雇佣关系,认为其职工流动性太大。

三国的工资制度基本上是一样的,工人实行小时工资制和集体计件或超额计件工资制,职员、工程技术人员和管理人员实行月工资制。美国工人的工资形式与西欧相同,但职员、工程技术人员和管理人员则实行年薪制,日本工人和职员一般都实行月工资制,政府官员才实行年薪制。西欧和美国都实行能力工资制度,即按技术和实际工作成果拿工资,日本则实行年功序列工资制,只有少数大的电子公司才实行能力工资制。联邦德国人认为,能力工资制度更能调动人们的积极性,便于发现人才,使能干的年轻人有充分的用武之地。而日本人认为年功序列工资符合他们的国情,又能使职工在一个企业里长期安心工作。

联邦德国职工平均月工资约2 500马克,实际工资水平高于日本,与美国相仿。联邦德国按人口平均的居住面积每人在30平方米以上,美国不到30平方米,日本只有14平方米。福利和各种社会保险,美国和日本都相当于工资总额的30%左右,而联邦德国则达到50%左右。

联邦德国在福利方面还有以下特点:第一,养老金一律由政府发放,这样,在各个企业工作的工龄都被承认,而不像日本养老金由企业发放,只承认在本企业的工龄。美国也由企业发放,却承认在其他企业的工龄。

联邦德国养老金一般占正常交税后工资的80%。第二,每年除115个法定假日外,还有六周的假期,这六周假期工资照发,还要加发66%(有的企业说是35%)的工资,用以津贴职工的旅游,这在美、日都是没有的。第三,联邦德国40%的家庭有私人住宅,企业修建的职工宿舍尽管房租比市价低50%,本国工人仍少租用,多半是外籍工人居住。联邦德国职工2 300万人,外籍工人200多万,有些企业的外籍工人超过一半,外籍职工也享受同样福利。企业职工食堂供应的午饭相当于市价的30%～40%。第四,根据企业经营情况,除每年给职工多发1～2个月工资作为奖励外,一般没有奖金。但对企业有重大贡献的职工,公司以赠送礼物的形式发给奖金,有的可以得到一辆汽车,还有些公司用打折扣的价格每年向职工出售一次股票,这实际上也是一种奖励。

二、关于职业教育和职工培训

联邦德国的职业教育有较长的历史传统。19世纪末,为适应工业发展的需要,工业界开始对青年工人进行大规模培训。到19世纪20年代,学徒工在企业和学校同时培训的双轨制,以及各种职业学校已经很普遍了。战后,职业教育作为重建经济的一部分,受到极大重视。国家规定了受训的专业,联邦各部也制定了各类工作的培训标准;建立了联邦职业教育研究所,负责研究和制定有关政策;全国从联邦科教部、各州政府一直到企业,都有专管职业教育的机构和人员。近几年,各州政府一年用于职业教育的经费达40亿马克,企业用于学徒工培训和职工再教育的费用一年近200亿马克,职业教育与正规教育平行地迅速发展起来。1979年,联邦德国已有各类学校3.5万所,其中普通中小学和正规大学2.6万所,有大学生100万人,中小学生1 200万人;各类职业学校9 000所,有学生240万人。在15岁到18岁的青年中,每两人就有一人在职业学校学习。全国从学徒工培训到中等、高等职业教育,形成一个完整体系,各州、各市已形成职业教育网。可以说,联邦德国不仅普及了普通中学的义务教育,在某种程度上也普及了职业教育。这对联邦德国经济的发展、技术水平的提高和提高青年就业率、稳定社会秩序,都起了重大的作用。联邦德国朋友一再讲,战后联邦德国经济受到巨大破坏,但是技术人才大部分保留下来了,正是依靠这批技术力量,加上不断培养出大批的熟练技术人才,才有战后的"经济奇迹",使联邦德国成为西方生产效率和工资水平最高的国家之一。他们说,"职业教育是联邦德国经济发展的柱石","是一个民族能否存在的基础",这些话是很有道理的。

联邦德国的职业教育和职工培训,在西方国家中是比较突出的,与我们在美国和日本看到的情况相比,有很大不同,其主要特点如下:

1. 国家对职业教育有专门的立法。美国和日本企业也都很重视职业培训,有设备完善的培训中心,花费大量的人力和资金,但是,国家对此并没有专门的立法。联邦德国政府于1969年综合以往有关的立法内容,制定了统一的《联邦职业培训法》,它详尽地规定了学徒工与企业签订合同的内容,培训师傅的资格,培训车间的性质,国家承认的13类450项培训专业的课程内容和教学时间,对学徒工的考试和对培训的监督检查,对职工进行再教育的培训,等等。各有关方面必须严格执行,违法者要加以追究。

2. 学校、企业对学徒工培训各自负有明确的责任。美国和日本的学徒工培训,都是局限于企业内,招收学徒工后就作为企业的一员,至于培训内容和怎样培训,完全由企业自定,国家和社会并不干预。在联邦德国,学徒工培训统一实行双轨制教育,即在企业里学实际操作,在职业学校里学理论知识,平行进行,在三年学徒期间,每周三天半到四天在企业学习,一天到一天半在学校学习,双方共同负责培训。学徒工生活费由企业开支,但并不算企业正式人员,毕业后,既可留在本企业,也可到其他企业工作。因此,企业把培训学徒看作是对社会承担的义务之一。

双轨制教育要求各个方面密切配合,互相支持。州政府要根据本州企业有多少学徒工、企业的性质、专业的内容,来确定建立多少和包括哪些专业的职业学校。企业凡是有条件的都要建立学徒工培训车间,每15~20名学徒工要配备一名专职的培训师傅。有14万名职工的奔驰汽车公司,就有6 000名学徒工学习33个专业,由400名专职培训师傅和2 500名兼职师傅分别指导。据介绍,目前联邦德国共有学徒工155万人,占就业职工总数的6%。企业在三年内培训一名学徒工,包括工资和教学经费,约需5万马克,培训费约占一些大公司销售额的2%。另外,全国还有400所跨企业培训中心，专为缺乏培训能力的中小企业培训学徒工。

3. 对学徒工培训的检查和考核十分严格。在美国和日本，学徒工是否达到技术标准，由企业负责考核，而在联邦德国，却实行严格的社会监督，由联邦德国工商联合会及其在各地的69个基层组织具体负责。所有学徒工与资方签订的培训合同，都要经当地工商联合会审查批准。他们有权到企业检查学徒工培训情况，包括教材内容和教学计划是否适当，学徒工的学习时间、待遇和休假是否得到保证，企业是否有能力培训学徒工等。学徒工三年学习期满，由工商联合会组织学校、企业共同考试，合格者发给毕业证书。这个证书不仅在联邦德国，在西欧也都是承认的，是合格技术工人的文凭。如果由于企业未尽到责任而学徒工不及格，企业要依法赔偿学徒工不能按期成为技术工人的工资差额，并取消企业承担培训的资格。这种严格的统一的检查考核制度，保证了学徒工培训的质量，使各个行业培训出来的学徒工有大体一致的水平，从而满足了工业部门对技术工人的需要。

4. 对企业在职职工的进修和深造，已形成一个庞大的职业教育网。目前，联邦德国全国共有学徒工职业学校2 321所，职业补习学校2 862所，中等专科学校956所，高等专科学校165所，这些学校为企业职工进修深造提供了广泛的机会。学徒工毕业工作两三年后，可以考中等专科学校，学习两年，毕业后为技术员；还可以再进入高等专科学校，学习三年，毕业后为助理工程师。在联邦德国有相当一部分技术人员是通过各级职业学校培训的。这部分学员由于理论与实践结合紧密，专业知识比较扎实，深受企业欢迎，许多大企业的中级领导人员是高等职业学校毕业生。此外，还有各种业余大学，有一定学历和实践经验而又立志深造的职工，可以利用业余时间进修，学习三年至四年，毕业通过考试可得学士学位。许多州的雇主协会，为培养企业领导人员和管理人员，还开设了设施先进的培训中心，会员企业都可派人去学习。他们对职员进行再教育的形式是多种多样的，有为适应工作要求、形势变化而进行的进修教育，有为调整行业和工作而进行的改行教育，也有为交流同行业经验、提高水平而举办的各种短期培训。时间可长可短，形式灵活多样，既可为许多企业组织同一专业的学习班，也可为某个企业解决某个问题在企业里举办专题学习班。

5. 对职工中残疾人员进行改行教育,是联邦德国职业教育的一大特色。我们在联邦德国参观了两所残疾人员再就业的职业学校,留下了很深的印象。凡企业在职职工由于各种事故、职业病或其他原因造成某种残疾,不能从事原来职业的,都可以申请接受改行教育。通过18个月的训练,掌握一门新的力所能及的专业。这两所学校都有第一流的教学设施,所设的专业又是社会上急需的,因而学员毕业后能很快找到新的工作。据介绍,全国有21所这类学校,1.5万个学习岗位,基本上能满足需要。平均一个残疾者在一年半学习期间需要花8万马克(包括养活家属费用),这笔钱在州的社会保险费内开支。在美国和日本,虽然也有社会保险,但残疾后一般是靠养老金过活,还没有像联邦德国这样,把社会福利和职业教育结合起来,使残疾者尽可能重新恢复工作。

三、关于税收制度

联邦德国、瑞士、奥地利的财政收入同美、日一样,主要也是靠税收。1980年联邦德国联邦政府财政预算收入为2 144.8亿马克,其中税收为1 780.1亿马克,占83%,其余的17%来自银行贷款、发行公债和其他收入。税收是政府干预经济的重要杠杆,又是政府活动的重要经济来源。因此,他们对税收非常重视。

1. 实行多税种、多次征收的复税制。这种复税制是资本主义国家税收制度的一个共同特点,税种大同小异,所不同的主要是税率的高低和税收的管理与分配。联邦德国共有50多种税,其中占收入比重较大的,只有四五种。

(1) 个人收入所得税,约占全国税收总数的43%,按累进税率征收,起征点为月收入3 029马克,最低税率为22.5%,年收入在13万马克以上者,按最高税率56%征收。个人收入的计算范围,包括工资和分得的股息、红利、个人经营收入、各种佣金、稿酬等。

(2) 公司所得税,约占全国税收总数的6%,按比例税率(即一个税率)征收,税率为56%,由公司按其实现的利润在规定的期限内交纳。不论国营企业、私营企业,或国家同私人合营企业,都征这种税。

(3) 增值税即销售税,占全国税收总数的21%以上。凡属工商企业活动的业务收入,不管经营目的和经营效果怎样,都要按产品销售或经营业务收入征收。按企业商品或劳务销售收入中的增值部分(即在销售收入中减去为生产和经营这种产品而购入的原材料、燃料、动力、低值易耗品、零配件和其他外购件的费用以后所余的部分)计算税额。税率为6.5%和13%两种。除生活用品、新闻、报纸等行业按6.5%的税率征税外,其余行业都按13%的税率征税。在按产品具体计算税额时,还要扣除该项产品在生产过程中已交的税款。例如一辆小汽车出厂价为1万马克,按13%的税率征收增值税,税款应为1 300马克,可是汽车厂生产这辆汽车时外购零部件费用为5 000马克,这部分已按13%的税率交过增值税650马克了,因此,汽车厂就在应交的1 300马克中扣除已交的部分,再交650马克就行了。企业外购的零部件,在发货票上都明确记载货款多少、税款多少,以此作为扣除已交税款的依据。增值税由购买者交给销售者,再由销售者上交税收部门。

这种增值税,实行最早的是法国,已有20多年的历史。目前欧洲经济共同体各国都实行了这种税,其他比较发达的资本主义国家有的也试行,有的正在研究。按这种办法征税,一个产品最后销售时只交一次税,避免征几次税,这就有利于专业化的发展和扩大商品流通。

(4)消费税,约占全国税收总数的11%,是国家为限制某些商品的过多消费而征收的,如对矿物油、卷烟、茶叶、酒等商品,在零售时向消费者征消费税。税率按单项商品制定,如矿物油每百公升税额为44马克,茶叶每公斤税额为4.15马克,甜菜糖每百公斤税额为6马克。

(5)营业税,这种税属地方税收,约占全国税收总数的8%。对一切营业机构都征这种税,按工商企业利润、资本总额(包括固定资本和流动资本)和支付工资总额三个方面分别计算,对利润征5%,对资本总额和工资总额征2%。但各州政府可以规定起征点和改变税率,如不来梅州就规定对利润额按12%征收。

以上五种税收,占全国税收总数的90%左右。此外,还有关税、财产税、继承税、土地买卖税、汽车税、彩票税、交易所税、保险税、汇兑税等等。

联邦德国的税收,按纳税人划分,主要是两大类:一类是直接税,一类是间接税。直接税占税收总数的60%，间接税占40%。全国税收占国民生产总值的25%左右。我们在考察时，听到一些企业和职工讲，一般企业的利润约有2/3交了税，一般职工个人收入约有20%交了税。

2. 税收立法权集中在联邦政府，收入由三级政府分配。联邦德国实行联邦制，有11个州，州下面设区。三级政府的权限由宪法规定。财政上也分为三级预算，各级预算由各级政府按规定程序确定，地方政府的独立性较大。联邦政府的财政预算，不包括地方两级预算。

税种、征税对象、税收分配，都由联邦议会统一立法，具体的税收条例、细则、法令，则由联邦财政部制定。州和区政府在执行全国统一的税收政策和法令时，按规定也有一定的机动权力。地方有权对某些地方性税收根据实际情况规定起征点和加成；有权开征某些特殊捐税，如娱乐税、狗税等；有权对地方性税收采取某些临时性减免措施等。

在税收管理上，则把各项税收分为三级政府的共享税收和各级政府的固定税收。重要的、大宗的税收，包括个人所得税、公司所得税、增值税、营业税（属地方税收），约占全国税收总数的72%，统称为共享税，由三级财政分成。分配比例是：个人所得税，联邦和州各为43%，区为14%；公司所得税，联邦和州各为50%，区没有；营业税，联邦和州各为20%，区为60%；增值税，联邦为67.5%，州为32.5%，区没有。联邦要从分得的增值税中拿出1.5%补助经济条件差的州。上述个人所得税、公司所得税和营业税的分配比例，固定若干年不变，增值税的分配比例，每两年由联邦和州协商调整一次，据说争吵很凶。

各级政府还有各自的固定的税收。属于联邦的有：关税、资本流动税、保险税、汇兑税、消费税、一次征收的财产税等。这部分税收占全国税收总数的12%。属于州的有：财产税、继承税、土地经营税、机动车税、啤酒税、彩票税、防火税、赌博税等。这部分税收占全国税收总数的5%。属于区的有：土地税、地方消费税（如狗税、饮料税）等。这部分税收占全国税收总数的11%。

从预算收入上看，各级政府分得的共享税，再加上自己的固定税收，占全国税收总数的比重是：联邦为48.7%，州为34.7%，区为13.6%。此外欧洲经济共同体还抽去3%。据联邦德国财政部讲，税收在各级预算分配多少，主要是根据各级预算承担的支出确定的，划给的收入基本上可以解决支出的需要。

各级预算的支出项目是：联邦支出，包括国防费、外交费、重大的建设投资（如铁路、公路、航运、国有企业）、国家对社会经济的干预拨款和津贴、联邦行政事业费、社会安全费、国债还本付息以及对地方的补贴等；州和区的支出，包括文教卫生经费、市政建设等公共工程投资、社会福利事业经费、地方治安经费、公用事业经费、地方行政机构经费以及地方债务的还本付息等。

为了保证税收任务的完成，各级政府的税务机构都比较健全，征收力量比较强。联邦财政部设关税司、税务司。关税司有140人，负责关税、进口增值税、消费税的征收工作，在各地设有直属机构，具体办理这几种税的征收业务。税务司有130人，负责起草税收法令、条例、方针、政策等文件，掌握各地税收情况，搞好地区间的协调工作，与州和区税务局不是直接领导关系，不能直接发文件和部署工作。各州财政部设税务局，下面有直属税务所，负责征收属于州的固定税收、共享税收和联邦的部分固定税收。区的税务局只负责征收区的固定税收。州税务局和它领导的税务所，与区税务局也没有领导关系，而是相互联系，互通情报。

联邦德国各地根据政府法令，成立了300多家托管公司，这是一种私营的股份公司，类似美国的会计、簿记公司。它们的任务是，对企业的账目、财务情况和年终会计报表进行审查鉴定，主要是审查资产和财务状况是否真实，经营活动是否符合国家法令。鉴定后，写出鉴定报告，由企业监督委员会向股东大会报告。托管公司里有近三万名税收顾问，帮助企业按照政府税收法令纳税，解答有关税收问题，并协助企业在不违法的前提下，寻找少纳税的办法。托管公司不直接监督企业交税，但在审查企业结算时，如发现有不按规定交税的问题，也有责任提出质问，因而起间接的监督作用。

3. 运用税收的杠杆作用，贯彻经济政策。联邦德国各级政府不仅把税收视为保证财政收入的工具，而且看成是重要的经济政策，利用税收的征免和税率的增减进行鼓励与限制，使税收发挥调整国民经济的杠杆作用。

据联邦政府财政部的负责人介绍，他们制定税收政策的出发点是：

一要保证国民经济适度发展；二要保证充分就业；三要保证有比较稳定的价格；四要保证有比较稳定的货币。实现这几条需要各方面的配合，税收起重大作用。根据经济形势的变化及时确定多征或少征，有助于避免经济大起大落，如增值税，十多年来曾几次提高税率，由10％以下已提高到现在的13％；而为了鼓励投资，公司所得税曾几次降低。联邦经济部的负责人讲，在制定税收政策时，要有利于生产，合理负担，不能挫伤私人积极性，更不能因企业增加生产就过多加税，使他们受到惩罚，要使他们在增加生产中得到更多收益。企业经济情况好时，可适当多征一些，经济困难时，就减少税收。

目前联邦德国在税收上采取的奖限措施主要有：

（1）为鼓励企业节约能源，改善环境，消除污染，对企业在这方面的投资，给予减税或免税优待。

（2）为鼓励企业增加投资和资本输出，对企业的新投资，给以减免税照顾。如企业用利润在发展中国家投资，可免税；在非发展中国家投资，也可减税。

（3）为鼓励企业发展对外贸易，对出口商品免征增值税。

（4）为鼓励私人建房，对私人新建房屋，在税收上有所减免。如果私人向银行贷款建房，对银行的这部分业务收入，税收上也给予优惠。

（5）为鼓励试制新产品，对一些新产品免税，如"空中客车"飞机。

（6）为限制某些商品过多消费，就提高消费税，如提高赌博税和狗税等。

（7）对外国人在本国办的企业，同本国企业一样，一律按照本国的税收法令征税。在国外投资办的企业，则按所在国税收法令纳税。如果有些总公司对国外分公司的利润统一核算，在国内征收所得税时，则扣除在国外交纳的那部分税款。联邦德国还同一些国家（如美国）签订了避免双重课税的协定，有的还实行互免税收。

四、关于银行和有价证券交易所

联邦德国、瑞士、奥地利等三国的银行都是多样化的，大体上分为联邦银行（国家银行）、商业银行、专业银行等几大类。随着经济的增长，银行的数目不断增加，联邦德国目前已有各类银行和信贷机构 6 000 多家，加上它们的分支机构，达 4 万家以上。

(一) 联邦银行

1. 联邦银行是国家银行，却又独立于政府，银行有支持政府工作的一般义务，但政府不能对银行发布指示。联邦银行对金融政策和货币发行有决定权，政府如有不同意见，可在联邦银行作出决定后的 14 天以内提出，如政府没有不同意见，14 天后即执行。

2. 联邦银行的资本归政府所有，但不受国家财政需要的束缚。财政如需要向银行借短期贷款，或发债券时，也和一般债务人一样，要按照严格的规定，向银行提供资料，履行债务手续，支付利息，承担义务，到期结算。

3. 联邦银行是根据法律工作的。法律对联邦银行的职责范围及其独立性，都有明确规定，如保卫通货，调节货币流通，保证各银行在国内和国外的正常收付，等等。议会有权修改法律，但不能干预联邦银行的工作。法律还授权联邦银行在规定的限额内对联邦政府和州政府，对铁路、邮政等特定机构发放短期贷款。

4. 联邦银行负责发行纸币，但发行铸币的权力归联邦政府。铸币发行总量按人口计算，每人平均不得超过 20 马克。法律规定，政府不得用大量铸币代替纸币，侵犯联邦银行的职权。

5. 联邦银行的领导机构为联邦银行理事会，由 19 个理事组成，其中 11 个理事是各州的银行行长，8 个理事是联邦德国联邦银行的领导人。理事会是联邦银行的最高权力机构，理事会的决定由行长、副行长负责执行。行长、副行长由政府提名，议会通过，共和国总统任命，任期 8 年。据说任期长，是为了保证联邦银行的独立性。

联邦德国联邦银行是在 1957 年由各州银行和德意志银行合并而成（原来这些银行是在 1948 年货币改革时建立的），至今仍保持联合组成的特色，以各州银行作为区域性机构，但各州银行在处理本州业务方面有相当高的独立性。

各州银行的业务活动，过去只限于本州的范围，但实际上早已突破，现在基本上无地区性限制，可以把业务扩展到全国及国外，以便配合自己的客户在全国和国外开展业务。

(二) 商业银行和其他各类银行

1. 这些银行有的是股份公司性质的大银行,有的是以公共经济单位投资为主的专业银行。它们也都是独立的金融企业,联邦银行只是在金融政策、贴现率、存储准备金等方面对它们施以影响,以控制金融市场,而不能干涉它们的业务。它们的业务活动根据法律规定进行。有关法律的主要内容大致是:

(1) 银行经理必须是学过银行专业的;

(2) 银行贷款有限额规定,以保持信贷平衡;

(3) 银行要保证一定的现金储备,以保证存款的提取,法定储备金存联邦银行;

(4) 银行不能对一个企业贷款过多,防止垄断和控制;

(5) 政府不能直接指挥银行;

(6) 各银行的存贷款利率,参照联邦银行的贴现率自行规定,联邦银行加以监督。联邦银行贴现率的确定,一般是在市场资金紧缺、经济衰退时,就降低一些,以放宽信贷;当经济扩张、资金充斥时,就提高一些,以紧缩信贷。基尔市德意志银行目前的私人存款年利率为5%~8%,私人贷款年利率为13.5%,公司贷款年利率为12.5%,联邦银行对其贴现率是年利率7.5%。

2. 这些银行对贷款的发放和监督是非常严格的。特别是投资性贷款的条件相当苛刻,贷款企业必须:一是可靠,领导人有管理经验和信誉,投资中有20%以上的自有资本;二是符合国家经济发展方向;三是能盈利,并有按期偿还贷款的能力。具有这些条件的企业,还要履行下列手续,接受银行的审查。

(1) 要提供最新的资产负债表,经过审查认为这个企业的现有经营情况是好的,而且前景也乐观,才给贷款。

(2) 审查企业原有生产能力的发挥情况,新投资所增加的新生产能力能否发挥作用,有无原料来源和动力保证,国内同行的生产情况,国际市场情况,有无市场和竞争能力。

(3) 了解新产品的技术、质量、成本和利润等。

(4) 确认企业的管理人员特别是领导人员是否善于管理企业。

经过审查,认为有条件贷款时,方与企业商谈贷款数额、利率和期限。贷款合同签署后，企业还要继续向银行提供有关报表。如经营情况恶化，银行有权要求企业提出抵押保证，用产品销售收入归还银行贷款；如企业破产，银行有权拍卖企业的财产，抵偿银行贷款。银行的这种权利，受法律保障。

各银行在实际信贷活动中，也有一定的灵活性，如对有信誉的老客户和有基础的大企业，资金或经营一时出现困难，贷款的条件相应放宽。对一些有老关系且经营好的企业，给予优惠利率，一般比正常利率低 1/3 或 1/4。

随着社会经济的发展，各类银行的业务活动已没有明显的划分。原来的商业银行，专门吸收工商企业和民间储蓄，并发放短期周转性贷款。专业银行，则专门从事投资贷款业务。现在，除了联邦银行的任务未变以外，其余各类银行已区别不大。它们既吸收存款，又发放贷款；既放短期贷款，又放中长期投资性贷款；既从事货币信贷业务，又从事证券交易和各种抵押贷款业务。同时各地银行也打破了区域界限，既在本地从事信贷业务，又在外地以至国外发放贷款和投资。银行通过股票和证券交易，占有不少工业企业的股份，工业企业也大量占有银行的股份，金融资本和产业资本互相渗透的趋势不断加强。此外，通过国际证券交易，不少企业和银行还握有国外资本，它们也直接向国外投资，资本国际化的势头也在发展。

（三）有价证券交易所

有价证券交易所是资本主义社会不可缺少的经济活动场所。联邦德国共有八个有价证券交易所，分布在各大城市。在交易所里进行交易的有两种证券，一种是大股份公司的股票，一种是通过银行发行的固定利息的各种有价债券票证。股票和债券有联邦德国国内的，也有外国的。

交易所是由有资格的银行和经纪人作为会员组成的，只有本所会员才能在本交易所进行买卖。企业和私人如买卖证券，都要通过银行和经纪人进行。参加交易所买卖股票的公司，必须向交易所董事会申请，并提供经营情况，经审查批准。联邦德国有 20 万个较大的股份公司，其中 2 000 家的股票允许进交易所。

据介绍，交易所的作用主要是：（1）给投资者提供投资的机会；（2）把社会上的闲散资金集中起来，提供给大企业，保证大企业有足够的资金；(3) 保证投资者随时抽回投资，选择新的投资对象。

交易所作为"银行的市场"，对经济活动起着重要的作用，它同时也是资本家投机、冒险的乐园。

五、思考与建议

联邦德国、瑞士和奥地利，社会制度与我们根本不同，但他们的经济管理方法，有许多是科学的，是适应社会化大生产要求的东西，值得我们借鉴。

(一) 关于老企业技术改造问题

我们在西欧三国看到，他们在实现工业现代化的过程中，在发展某些尖端技术和新兴工业部门的同时，主要依靠原有工业企业的技术改造，从而大大加快了整个国家工业现代化的进程。他们强调，这样做资金省，见效快，工人易于掌握，管理人员易于管理，并且可以保持就业的规模，避免引起社会动荡。曾到中国访问过的奥地利安德列兹机械公司总经理说，大型的现代化的成套设备，如果不能充分发挥作用，那就要积压很多资金，因此，在引进大型先进技术设备的同时，也应引进必要的"中等程度技术"。中国劳动力多，技术基础还不强大，用中等技术改造原有的工厂，会取得较大的经济效果。

这些话很中肯。其实，任何时候，任何国家，技术的先进、中等和落后都是相对的，在工业发达国家，最先进的技术也是少量的，中等技术则是大量的。我国搞工业现代化，资金不足，技术水平起点低，但已建设起来的工业基础却相当庞大。在这种情况下，用先进技术和中等技术改造老企业，对加速工业现代化具有特别重要的意义。过多地引进先进的成套设备，建设大规模的现代化企业，不仅财力负担不起，在组织生产和经营管理方面也会出现许多困难，不易迅速取得经济实效，这方面我们是有深刻教训的。特别是在调整时期和今后一个相当长的时期内，在积累率逐步降到25%的情况下，似应下决心砍掉一些新摊子，把引进的技术和设备主要用在原有企业的技术改造上。如果能从2 000多亿元的流动资金中挤出一些油水，也应考虑主要用于老企业的技术改造，而不应用于基本建设。同时应很好地总结"挖、革、改"的经验，加强指导，提倡职工把关。

(二) 关于联合化和经济核算问题

联邦德国、瑞士、奥地利和其他发达的资本主义国家一样，许多公司、工厂、银行之间都存在资本交叉和各种形式的联合。这是在自由竞争推动下，顺应社会化大生产的要求，必然出现的现象；也是为了适应瞬息万变的国内外市场的情况，发展企业经营多样化的需要。他们有的实行企业合并性的联合，有的只有资本的交叉，企业各自仍保持原来的独立性。任何形式的联合，都实行公司内部的权力分散化，各生产单位和经营单位独立核算，自负盈亏。有的按产品进行核算，类似美、日的事业部制。有的按生产厂核算。核算单位如连续三年赔本，就要撤换经理或关闭。

他们的这些做法，使我们联想到，在社会主义制度下，有计划地引导和发展各企业、部门、地区之间的联合，既是生产社会化的要求，又是提高经济效果的一项重要措施。中央及时提出保护竞争、促进联合的方针，是完全正确的。我们有可能避免资本主义制度下那种自发的联合所带来的某些混乱和损失，但是现行的经济管理体制，却给联合化造成了各种障碍。看来，在扩大企业自主权试点的基础上，打破行政区划、部门和所有制的界限，按经济区划、用经济办法搞各种形式的联合，是完全必要的。在联合的时候，应当强调各生产、经营单位的独立核算和自负盈亏，以避免"大锅饭"的弊病。

(三) 关于城乡差别和工业分散布局问题

人们都说联邦德国的城乡差别较小，我们看了以后也有同感。联邦德国100万人口以上的城市只有汉堡、慕尼黑和西柏林，绝大多数工业企业分散在中小城镇，工业较集中的鲁尔地区，也是分散在该地区的中小城镇，而中小城镇又是较现代化的。城乡差别主要在精神文化生活方面。

这种状况是长期形成的，从根本上说是生产力高度发展的结果。我们过去把城乡差别问题通常首先当作社会制度问题和生产关系问题，这种认识有很大片面性。在联邦德国，随着生产力的不断发展，交通运输业，特别是公路非常发达，又大兴莱茵河、易北河等大水系的舟楫之利，再加上战后在重建和发展工业的过程中，为避免大城市的迅速扩张所带来的住房、交通、污染、服务等方面的困难，他们逐步在广大中小城镇创造了发展工业的各种有利条件，如交通、输电、公用事业、服务事业、教育、卫生等。联邦德国实行联邦制，各州竞相吸引投资，以便有更多的税收，求得本州的繁荣，这无疑也促进了工业的分散化。

我们现在已经深受大城市不断膨胀之苦，近几年来虽然不断强调控制大城市的进一步发展，但收效甚微，其原因是多方面的，最根本的原因，可能是我们未能有计划地创造工业分散化的各种社会经济条件。在这种情况下，即使强令某些工业在边远地区建厂，也不能很好地发挥经济效果。至于"人心思城"，更是因为外地的工作和生活条件与大城市相差甚远造成的。因此，在我国现代化建设的今天，联邦德国这方面的经验是很值得我们注意的。

（四）关于职业教育和学徒工制度问题

在联邦德国，小学四年毕业后（即10岁），考虑选择发展方向，成绩优异的上九年制中学，准备将来升大学；大多数上五六年制普通中学，再通过各种职业学校，学习专业，准备就业。这种教育与就业相结合的体制，有很大优越性。我们今后在城市中也应只普及初中教育，少数成绩好的学生上重点高中，升入大学；同时把相当一部分普通高中改为各种专科学校、技工学校，加上企业办的以及企业与地方合办的各种职业学校，招收初中毕业生，进行职业教育。这样就可为企业需要的技术工人开辟广阔的来源。实行这种改革，必须先从思想上打破那种正规教育高于职业教育并将两者截然分开的传统观念，把职业教育纳入正规教育，并从计划上、经费上加以支持。这将有力地促进我国职工队伍文化技术素质的迅速提高，也有利于安排青年就业。

我国工业企业现有学徒工158万人，占全民所有制工业职工的5%。现行的学徒工制度有不少弊病：一是学徒工进厂就端起了"铁饭碗"，不论学习好坏，三年期满，按期转正，不利于学徒工钻研技术；二是缺乏明确的技术标准和严格的考核，出徒水平悬殊，不能保证质量；三是企业没有明确责任，有的企业把学徒工单纯当劳动力使用。今后可否逐步将企业招工改为招生，学徒工与企业订立培训合同，学徒期间不算就业，学业期满，考试合格，才能成为企业的一员，不合格的要延长学习时间或加以淘汰。同时，主管部门应制定本行业学徒工的培训内容和标准，毕业考试要由主管部门和工会、共青团联合主持。大企业要建立学徒工培训车间，中小企业可联合举办培训中心。同时建议由有关部门选择几个有条件的企业，搞"双轨制"教育试点。

（五）关于税收制度问题

税收的杠杆作用本身，既可以为资产阶级服务，也可以为无产阶级服务。我国的税收，在三大改造时期和社会主义建设时期，都发挥过重要作用。但是，由于林彪、"四人帮"的干扰破坏，前些年有人主张取消税收，目前有些人仍然存在着"厌税"情绪。

看来，为了更好地发挥税收的杠杆作用，应当逐步建立一套适合我国具体情况的税收制度。联邦德国等资本主义国家税制非常繁琐，而我国目前的税制又过于简单，对国营企业只征一种工商税，对集体企业除征工商税外，再按利润征一种所得税。而且国家的收入主要靠利润上缴，而不是靠税收。这种做法，不可能适应复杂的经济情况，不利于发挥税收的杠杆作用，特别是在开展对外经济交往中，人家税种多，我们税种少，经济上吃亏。因此，我们似应适当增加一些新的税种，譬如用增值税来解决现存的重复征税不利于专业化协作发展的问题；用资源税来解决级差收入的问题；用国营企业所得税来逐步取代利润上缴制度；等等。税制改革，可考虑先定个范围进行试点。

在全国第三次"质量月"广播电视大会上的讲话

(1980年9月1日)

同志们:

全国第三次"质量月"活动今天开始了。

根据国务院决定,从1978年开始,我们工业交通战线每年9月开展一次"质量月"活动。在"质量月"活动中,对工业产品质量和交通运输质量进行一次群众性的检查、总结,以进一步推动质量管理工作的深入开展。

两年多来,在各省、自治区、直辖市党委的领导下,经过广大职工的努力,我们迅速扭转了由于林彪、"四人帮"的长期破坏所造成的质量严重下降的局面,工业生产和交通运输的质量都是稳定提高的。去年9月,国家经委对全国优质产品进行了国家质量奖的评选工作,给63种产品颁发了金质奖章,给147种产品颁发了银质奖章,有力地鼓舞了工交战线广大职工,掀起了一个提高产品质量,增加花色品种,创优质、创名牌的竞赛。今年以来,各地区、各部门在对国民经济进行调整、改革、整顿、提高的工作中,认真贯彻党中央提出的"发挥优势,保护竞争,促进联合"的方针,在推行全面质量管理、采用新技术、发展新产品等方面作出了比较显著的成绩。由于管理加强,产品质量提高,能源的使用更加节约、更加有效。越来越多的企业在实践中认识到:高质量的产品是工业现代化的重要标志;质量是企业的生命,是提高产品竞争能力,用尽可能少的物质消耗取得更好的经济效果、实现增产增收的可靠保证。今年上半年,据工业交通12个部门所属重点企业的统计,68项主要产品和铁道运输质量指标,有53项比去年同期有提高,6项持平,占86.8%;27个省、自治区、直辖市的8 167个重点产品中,比去年同期稳定提高的有6 955项,占85.2%。优质产品大幅度增加,各地区推荐申请国家质量奖的产品,从去年的1 200多项增加到今年的2 100多项。根据《中华人民共和国优质产品奖励条例》,国家质量奖审定委员会经过严格审查、认真评比,确定对云南昆明机床厂的双柱镗床、江苏常州柴油机厂的S195柴油机、兰州炼油厂的飞天牌一号喷气燃料、上海第十二棉纺织厂的水杉牌纯棉精梳卡其、山东青岛啤酒厂的青岛牌啤酒、石家庄华北制药厂的青霉素等300多个单位的293种产品颁发金质奖章和银质奖章。同时还要给全国第二次质量管理小组代表会议评选出来的70个优秀质量管理小组颁发奖牌。现在,我受国务院委托,向荣获国家质量奖的先进单位的全体职工,向评选出的优秀质量管理小组的同志们表示热烈的祝贺!

同志们!我们开展"质量月"活动的根本目的,不仅仅限于颁发国家质量奖和表彰在提高质量方面作出突出成绩的单位和个人,更重要的是认真总结一年来质量管理工作的经验教训,向广大职工深入进行"质量第一"方针的教育,牢固树立"质量第一"、全心全意为用户服务的思想,采取有效措施,扎扎实实地推进我们的质量管理工作。应当看到,我们许多企业的技术水平、管理水平同四化建设的要求还很不适应,许多产品的结构和性能落后。有些企业质量事故还时有发生,给我国的社会主义建设、人民生活以至国家声誉带来不好的影响。我们各级工业交通部门要从"渤海二号"翻沉事故①中吸取教训,尊重科学,遵守法制,严格执行质量管理和质量检验制度。对已经发生的质量问题,要认真对待,责成企业按照"三包"原则,进行严肃处理,不能姑息迁就。对于那些只求数量、粗制滥造,给国家和人民造成严重损失的单位和个人,必须追究经济和法律责任。

为了把质量管理工作搞得更好,取得更大成效,着重提出以下三点意见:

1. 继续做好质量管理的基础工作,广泛开展全面质量管理。

稳定提高产品质量,关键在于提高企业管理水平。要认真贯彻国家经委颁发的《工业企业全面质量管理暂行办法》,切实加强质量管理的各项基础工作。全面质量管理是现代化工业生产的一种科学的质量管理办

---

① 1979年11月25日,石油部海洋石油勘探局渤海2号钻井船在渤海湾迁移井位时拖船作业途中翻船,死亡72人。

法，是企业管理的中心环节，是企业全体职工参加的，包括产品设计、试制、生产到销售后服务全过程的质量管理。只有搞好全面质量管理，才能生产出更多的适销对路、物美价廉、用户满意的产品，并在国内外市场上具有竞争能力。

所有企业都要普遍开展群众性的质量管理小组活动，特别要注意培养一批懂得全面质量管理基本原理、主要内容和工作方法，并能结合实际灵活运用的技术骨干，作为推动全面质量管理的中坚力量。同时，各企业都要进一步健全质量管理机构和监督检验机构，形成全面质量管理体系，明确各部门、各工序和所有职工在质量管理上的责任制。还要充分发挥用户的监督作用，开展各种形式的为用户服务的工作。所有扩大自主权试点企业，更要抓紧抓好全面质量管理，生产更多的优质产品和名牌产品。

2. 坚持高标准、严要求，创造更多的优质产品。

各地区、各部门在今年"质量月"活动中，要从实际出发，发挥各自的优势，制定一个三年到五年的创造优质产品的规划。项目不要太多，要重点抓一批对国计民生有重要影响的、能代表我国工业技术水平的产品，并要一个一个地落实技术组织措施。同时要把结构陈旧、技术经济指标落后的产品，有计划地予以淘汰。所有企业都要注重市场情况的调查研究，根据社会需要加强科研设计工作，不断改进老产品，积极研制新产品。

要增加用于提高产品质量的技术措施费和新产品试制费。挖潜、革新、改造和新技术的推广，都要充分注意安排为提高产品质量服务的项目，帮助现有企业大力发展新产品，采用新技术，进行技术改造，切实保证品种、质量的发展提高。

优质产品的评选工作，要坚持高标准、严要求。要在总结两年来实践的基础上，研究改进评选方法。所有参加评比的产品，都要从大量生产的，已经出售给用户或商业、外贸、物资部门的产品中抽取，不能是试制品和特制品。

3. 从原材料、元器件、配套件抓起，保证产品质量。

原材料、元器件、配套件的生产，要服从整机发展的需要，要以用户满意为目标。

所有企业在进行生产时,都要坚持不合格的原材料不投产,不合格的元器件、配套件不组装,不合格的产品不计算产值产量的原则。今后,凡是使用不合格的原材料、元器件、配套件组装整机的,除了追究生产者的责任以外,还要追究装配者的责任。使用单位对于不符合质量要求的产品,有权拒绝接受。质量管理部门、质量监督检验部门、工商行政管理部门和经济司法部门,都要按此要求对企业进行管理和监督。

各地区、各部门要注意表扬那些具有全局观念,为生产优质产品提供优质原材料、元器件和配套件的先进企业。每个企业、车间直至班组,都要使自己生产出来的产品、零部件、配套件,件件是优质,个个信得过,让人民放心,让用户放心。

同志们!加强质量管理,提高工业产品和交通运输的质量,关系到四化建设的大局。要做到各种工业产品个个优质,任务还是十分艰巨的。我们要坚持不懈地抓下去,扎扎实实地做工作,要在主要工业产品质量已经恢复历史最好水平的基础上,争取创造出更多的名牌产品、优质产品,赶上和超过国际先进水平,为四化建设作出更大贡献!

解放思想、独立思考、
研究问题、总结经验*

（1980年9月8日）

研究班是在党的十一届三中全会提出工作着重点转移以后，针对各级经济工作领导同志科学管理水平比较低，企业管理不适应现代化建设要求的情况而开办的。到现在已经办了六期，有722位同志参加了学习，其中工交系统473人，工会系统182人，其他部门67人。开始办研究班时一无教师，二无教材，三无校舍，四无经验。第一、二期的办学地点是"打游击"，到第三期才和全国总工会合办，工作才逐渐走上正轨。研究班能取得今天的成绩，是同各方面的大力支持分不开的。

据统计，参加过前六期研究班学习的，在省、自治区、直辖市经委主任、副主任中有50%，在工业城市经委主任、副主任中有24%，在省、自治区、直辖市工会主席、副主席中有41%，在各工业城市工会主席、副主席中有18%。由此可见，还有一半或大半的同志未参加学习。参加这个层次学习的同志其特点是：老同志多，年纪大一些；老工交、老工会多。一方面，他们实际工作经验多一些，工作担子重，抽出来学习比较困难；另一方面，他们经验虽多，理论少一些，有些同志文化水平也低一些。因此，要下决心把这些同志抽出来参加学习，提高他们的理论水平，以便更好地适应四化建设的要求。同时，也要选拔一批年轻的同志到研究班来学习，学习后担负更重要的工作。为此，对研究班今后工作提出以下四条意见：

第一，继续坚持把解放思想放在首位。不仅要坚持"三不主义"①，

---

* 这是袁宝华同志在第七期企业管理研究班开学典礼上的讲话摘要。

① 1962年1月30日，毛泽东同志在扩大的中央工作会议上说："我们提倡不抓辫子、不戴帽子、不打棍子，目的就是要使人心里不怕，敢于讲意见。"（《毛泽东文集》，第8卷，309页，北京，人民出版社，1999）

而且要不划禁区，在讨论中也不强求一致。这样更便于大家大胆去思考，大胆去创新，大胆提出改革的意见。

第二，继续坚持学以致用。着重研究当前经济工作中亟须解决的实际问题。研究班的学习内容，要体现贯彻党中央的方针、政策和研究工交部门的中心工作。

第三，继续争取各方支持，充分发挥"社会教师"的作用。在教学的安排上，既要"因人施教"，也要"因题择师"。探讨理论问题请专家，分析形势讲政策请有关领导，系统学习管理知识请教师。这样做，既可以发挥各方面的积极性，又可以提高教学水平。

第四，教学方法要生动活泼，讲求实效。要搞好讲课、交流、自学、讨论、参观、总结等环节。讲课是教学的主导环节，要安排适当。自学是发扬学员内因作用的重要一环，要根据学员的特点做出适当的安排。同时，还要有一定的讨论时间，以便学员之间交流经验、互相启发。至于现场参观，这是感性教学，是对讲课的补充，不宜太多，因为办研究班毕竟和开经验交流会不同。当然，最后还要有总结，这也要适当安排。总之，只要这几个环节运用得好，安排得当，就会取得好的效果。

至于第七期研究班的任务，仍然要继续坚持"解放思想，独立思考，研究问题，总结经验"的方针，也就是坚持实事求是的思想路线，坚持实践是检验真理唯一标准的观点，坚持理论联系实际的学风。这期研究班的学习内容，在总结过去经验的基础上，提出了三个单元：第一单元内容是研究社会主义经济理论与政策；第二单元内容是研究工业经济管理的问题；第三单元内容是研究企业管理的问题。

图书在版编目（CIP）数据

袁宝华文集．第1卷，文选．1946年8月～1980年9月/袁宝华著．—北京：中国人民大学出版社，2013.12
国家出版基金项目
ISBN 978-7-300-17884-4

Ⅰ.①袁… Ⅱ.①袁… Ⅲ.①社会科学-文集 Ⅳ.①C53

中国版本图书馆CIP数据核字（2013）第276580号

国家出版基金项目
袁宝华文集　第一卷
文选（1946年8月—1980年9月）
Yuan Baohua Wenji Diyijuan

出版发行	中国人民大学出版社				
社　　址	北京中关村大街31号		邮政编码	100080	
电　　话	010-62511242（总编室）		010-62511398（质管部）		
	010-82501766（邮购部）		010-62514148（门市部）		
	010-62515195（发行公司）		010-62515275（盗版举报）		
网　　址	http://www.crup.com.cn				
	http://www.ttrnet.com（人大教研网）				
经　　销	新华书店				
印　　刷	涿州市星河印刷有限公司				
规　　格	158 mm×236 mm　16开本		版　次	2013年12月第1版	
印　　张	31.5　插页5		印　次	2013年12月第1次印刷	
字　　数	481 000		定　价	98.00元	

版权所有　侵权必究　　印装差错　负责调换